Finanz, Industrie und Währung in Italien und im deutschsprachigen Raum

Volkswirtschaftliche Schriften

Begründet von Prof. Dr. Dr. h. c. J. Broermann

Heft 396

Finanz, Industrie und Währung in Italien und im deutschsprachigen Raum

Herausgegeben von

Onorio Clauser

Peter Mooslechner

Giovanni Pegoretti

Duncker & Humblot · Berlin

Internationale Tagung Finanzmarkt und Industrie
Italien, Schweiz, Österreich und Bundesrepublik Deutschland
Trient, 20. - 22. Oktober 1988

Veranstalter:
Istituto Trentino di Cultura, Trient
Dipartimento di Economica, Universität Trient
Die Zeitschrift „Economia e Banca" der Banca di Trento e Bolzano

Wissenschaftlicher Ausschuß:
Beniamino Andreatta (Präsident), Silvio Borner, Karl Häuser, Egon Matzner,
Romano Prodi, Alberto Quadrio Curzio, Giovanni Pegoretti (Koordinator)

Redaktion und Übersetzungen:
Istituto Trentino di Cultura, Trient
Adalberta Bragagna, Karin B. Krieg, Friederike C. Oursin

CIP-Titelaufnahme der Deutschen Bibliothek

Finanz, Industrie und Währung in Italien und im deutschsprachigen Raum / [Internat. Tagung Finanzmarkt u. Industrie, Italien, Schweiz, Österreich u. Bundesrepublik Deutschland, Trient, 20. - 22. Oktober 1988]. Hrsg. von Onorio Clauser ... [Veranst.: Istituto Trentino di Cultura, Trient ... Wiss. Ausschuss: Beniamino Andreatta ...]. — Berlin: Duncker u. Humblot, 1990.
(Volkswirtschaftliche Schriften; H. 396)
ISBN 3-428-06830-0
NE: Clauser, Onorio [Hrsg.]; Internationale Tagung Finanzmarkt und Industrie, Italien, Schweiz, Österreich und Bundesrepublik Deutschland ⟨1988, Trento⟩; Istituto Trentino di Cultura; GT

Druck: Berliner Buchdruckerei Union GmbH, Berlin 61
Printed in Germany

ISSN 0505-9372
ISBN 3-428-06830-0

Inhaltsverzeichnis

Einleitung

Finanz, Industrie und Währung in Italien und im deutschsprachigen Raum: Bedeutung einer Tagung

von Onorio Clauser, Giovanni Pegoretti *

1. *Einführung*

„Finanz, Industrie und Währung in Italien und im deutschsprachigen Raum" ist ein etwas langer Titel für eine Aufsatzsammlung und er war es eigentlich auch für die Tagung, die dieser Sammlung zugrundeliegt [1]. Trotzalledem ist es nicht gelungen, im Titel eine Synthese aller behandelten Themen auszudrücken und wer in diesem Band eine Sammlung fachspezifischer Beiträge zum Thema *Finanzmarkt und Industrie* sucht, wird wohl enttäuscht sein. Das liegt am eigentlichen Grundgedanken dieser Studientagung, der in erster Linie darauf gerichtet war, den wissenschaftlichen Ideenaustausch in einem Raum zu fördern, der – trotz seines geographischen, geschichtlichen und auch immer stärkeren wirtschaftlichen Zusammenhanges – aus verschiedenen historischen und kulturellen Gründen den Wirtschaftswissenschaftlern nie viele Gelegenheiten zu regelmäßigen Begegnungen geboten hat.

Aufgrund dieser Ausrichtung wurde ein Arbeitstitel für die Tagung gewählt, der die Idee einer empirischen – nicht theoretischen – Untersuchung und das Interesse an einer Gegenüberstellung gemeinsamer Probleme widerspiegelt, auch wenn die Wirtschaftssysteme der einzelnen Länder Verschiedenheiten aufweisen. Eine Gegenüberstellung verschiedener Erfahrungen, die eine im Wandel begriffene Realität betreffen, die für alle

---

* Wissenschaftlicher Mitarbeiter beziehungsweise Außerordentlicher Professor für Volkswirtschaft, Dipartimento di Economia, Università degli Studi di Trento. Wertvolle Anregungen und Ratschläge haben sich aus der Diskussion mit den Professoren Elisabetta De Antoni, Cesare Imbriani und Ferdinando Targetti ergeben. Die Verantwortung für etwaige Fehler und Unterlassungen obliegt den Autoren. Obwohl dieser Einführung eine gemeinsame Diskussion zugrundeliegt, wurden die Abschnitte 2. und 3.1. von Onorio Clauser und die Abschnitte 1., 3.2., 4.1. und 4.2. von Giovanni Pegoretti ausgearbeitet.

[1] Die vom 20. bis 22. Oktober 1988 in Trient stattgefundene Tagung wurde vom Istituto Trentino di Cultura, vom Dipartimento di Economia, Università di Trento und von der Zeitschrift Economia e Banca veranstaltet.

zu einer *gegenseitigen Abhängigkeit* führen wird. Es gibt also keinen besseren Diskussionsgegenstand als die realen Probleme, die für alle beteiligten Länder, sowohl für die Mitgliedsstaaten der Europäischen Gemeinschaft als auch für die Länder, deren Wirtschaftssysteme der kommerziellen, finanziellen und monetären Entwicklung des Gemeinsamen Marktes nicht gleichgültig gegenüberstehen können, von Interesse sind.

Unter diesen Voraussetzungen erschien es selbstverständlich, das Tagungsthema vom Doppelbegriff Industrie-Finanz aus in zwei *natürliche* Richtungen weiterzuentwickeln: zur Industriepolitik in Anbetracht der Globalisierung der Märkte auf der einen und zu den Entwicklungen und Perspektiven der Geldpolitik auf der anderen Seite. Die Tagung gliederte sich daher in Sessionen über Finanzinstitutionen, die Industrie- und die Geldpolitik und wurde von einer Reihe von Beiträgen abgeschlossen, die sowohl die zukünftigte Entwicklung der Märkte, die Wachstumsstrategien der Unternehmen als auch die Schaffung des europäischen Währungssystems betrafen. Das letztere fordert – trotz seiner scheinbaren Distanz zu den anderen behandelten Themen – die Diskussion und Lösung weitreichender Probleme über den monetären Bereich hinaus. Ohne den Anspruch auf eine erschöpfende Behandlung erheben zu wollen, kann die Gegenüberstellung dieser Probleme als äußerst anregend bezeichnet werden und die anläßlich dieser Tagung gehaltenen, und in diesem Band gesammelten, Referate sind ein Beweis dafür.

Trotz seiner Einbettung in eine Reihe weitreichender Beziehungen stellt das Verhältnis von Finanz und Industrie zweifellos einen zentralen Mechanismus jedes kapitalistischen Wirtschaftssystems dar. Konkret betrachtet stellt es auch einen seiner wandelbarsten Aspekte dar, auch wenn der eigentliche Kern dieses Verhältnisses wie auch die Beweggründe und Rollen der beiden Seiten im Laufe der Zeit unverändert geblieben sind. Vor zweihundert Jahren schrieb Adam Smith:

„The gold and silver money which circulates in any country may very properly be compared to a highway, which, while it circulates and carries to market all the grass and corn of the country, produces itself not a single pile of either. The judicious operations of banking, by providing /.../ a sort of waggon-way through the air, enable the country to convert, as it were, a great part of its highways into good pastures and corn-fields, and thereby to increase very considerably the annual produce of its land and labour“ [2].

Er fügte jedoch sogleich hinzu:

„The commerce and industry of the country, however, it must be acknowledged, though they may be somewhat augmented, cannot be alto-

[2] A. Smith: An Inquiry into the Nature and Causes of the Wealth of Nations, London 1776.

gether so secure when they are thus, as it were, suspended upon the Daedalian wings of paper money as when they travel about upon the solid ground of gold and silver. Over and above the accidents to which they are exposed from the unskilfulness of the conductors of this paper money, they are liable to several others, from which non prudence or skill of those conductors can guard them" [3].

Leistungsfähigkeit und Risiken des Finanzsystems sind also gleichermaßen angesprochen. Das Verhältnis Finanz – Industrie ist von zahlreichen Kontrastelementen, von Interessensübereinstimmungen und potentiellen Gegensätzlichkeiten geprägt [4]. Seitdem Jean Baptiste Say [5] und später Hans von Mangoldt [6] einen wesentlichen Unterschied zwischen dem „Kapitalisten" und dem „Unternehmer" nachwiesen, ist das von Kooperation und Antagonismus gezeichnete Verhältnis dieser beiden Figuren zum Gegenstand zahlreicher Untersuchungen geworden. Die Praxis ist jedoch stets viel differenzierter als die Theorie und Unterschiede, die in gewissen historischen Momenten scharf umrissen erschienen, verwischen sich in anderen. Man denke beispielsweise an die Organisation der großen Konzerne, die immer stärker dazu tendieren, Funktionen der Finanzintermediation selbst wahrzunehmen [7] und zwar in Formen, die zu einer Vermischung zwischen dem sich selbst finanzierenden Unternehmer/Kapitalisten und dem fremdfinanzierten Unternehmer führen.

Gleicherweise wandelbar ist das Verhältnis zwischen dem Finanzvermittler und dem Produzenten und zwar nicht nur langfristig aufgrund institutioneller Aspekte, sondern auch im zyklischen Verlauf der Wirtschaftstätigkeit. Eine Beziehung, geprägt von einem unterschiedlichen, wechselhaften und nicht immer zu verallgemeinernden Machtverhältnis, welches wiederum von Faktoren der Größenordnung und der Organisation abhängt. Zweifellos wird das Auftauchen derartiger Phänomene nicht nur vom Funktionieren der Finanzierungsinstitutionen und den Begrenzungen, die ihrem Funktionieren von Fall zu Fall auferlegt werden, gefördert oder gebremst, sondern auch von den Geschäftsstrategien der Produktionsbetriebe und von ihrer Wirtschafts- und Finanzlage. In anderen Worten: es verknüpfen sich institutionelle Probleme mit Konjunkturerscheinungen.

---

3 Ebd.

4 Vgl. z.B. G. Pegoretti: Capitale finanziario, profitto, interesse, Mailand 1983.

5 J.B. Say: Traité d'économie politique, 1803.

6 H. Von Mangoldt: Die Lehre vom Unternehmergewinn, 1855.

7 Die Ergebnisse einer bedeutenden, von G. Vaciago geleiteten Untersuchung über die italienischen Unternehmen wurden in: Il processo di finanziarizzazione delle imprese italiane: implicazione per il sistema bancario, Turin 1988, veröffentlicht. Vgl. auch A. Niccoli: L'innovazione finanziaria nell'impresa reale e l'innovazione reale nell'impresa finanziaria in: A. Niccoli (Hrsg.): Credito e sviluppo, Mailand 1989.

Wechselhaft ist schließlich auch – und damit komme ich zum letzten, jedoch nicht erschöpfenden Beispiel – die Rolle des Erzeugers selbst, den der Prozess der finanziellen Umstrukturierung zuweilen firmenexterne Finanzierungsvermittlungstätigkeiten unternehmen läßt.

Neben den Entwicklungen, welche die traditionellen Kategorien der theoretischen Analyse in Schwierigkeiten bringen oder sie zumindest in der praktischen Anwendung ungenau werden lassen, bleiben immerhin einige feste Anhaltspunkte bestehen. Der wesentlichste ist vielleicht der des logischen Vorranges, um nicht zu sagen, der Überlegenheit der Produktionstätigkeit gegenüber der Finanztätigkeit. Nur wenn es jemanden gibt, der unbehindert von Einkommensbeschränkungen Zinsen zahlen kann, wie es beim tief in öffentlichen Schulden steckenden Staat der Fall ist, kann die Illusion der Verteilung des Produkts gegenüber seiner Finanzierung durch Verschuldung hervorgerufen werden. Unter normalen Umständen bilden die Pläne und Bilanzen der *Produktionsbetriebe* den Ausgangspunkt für die Finanzierungstätigkeit, welche diese Pläne unterstützt und zuweilen auch bei ihrer Realisierung eine entscheidende Rolle spielt. Sie kann jedoch niemals deren Stelle einnehmen, wenn sie nicht Gefahr laufen will, Kartenhäuser zu bauen, die früher oder später einstürzen werden. Damit soll natürlich nicht die wesentliche Rolle im wirtschaftlichen Entwicklungsmechanismus und die Autonomie der „auf dem Zahlungsmittelsektor auftretenden Prozesse" abgeleugnet werden, wie sie u.a. bereits von Joseph Schumpeter in seinen „ketzerischen" Bemerkungen über Kredit und Kapital [8] aufgezeigt wurde. Es ist im übrigen schwierig abzuschätzen, *wie sehr* und *ob* sich das Finanzsystem im Verhältnis zum Produktionssystem zu *stark* entwickelt [9]. Damit bleiben die Fragen zur Bedeutung der davon ausgehenden Einflüsse und zur Rolle der Wirtschaftspolitik, speziell in der Gestanltung einer entsprechenden institutionellen Ordnung, weitgehend offen.

Es besteht kein Zweifel darüber, daß die Theorie derartige Phänomene analytisch erfassen kann, indem sie sie in die üblichen grundlegenden Kategorien zerlegt und gemäß ihrer verschiedenen Charakteristik (nach *Paradigmen*) zusammenfaßt. Die Zeit der raschen Veränderungen, in der wir leben, fordert jedoch nicht nur theoretische Erklärungen und Auslegungen, sondern auch konkrete, wirtschaftspolitische Anweisungen. Eine Gegenüberstellung der verschiedenen Erfahrungen und Lösungen im Hinblick auf derartige Probleme stellt sicher eine Anregung dar. Das gilt besonders für die Globalisierung der Märkte, die auch die Wirtschaft jener

[8] J.A. Schumpeter: Theorie der wirtschaftlichen Entwicklung, Duncker & Humblot, Berlin 1946.

[9] Eine interessante Diskussion hinsichtlich der italienischen Situation, jedoch mit reichen Hinweisen auf internationale Phänomene finden sich in den Akten der Tagung: I rapporti attuali tra finanza e industria in Italia, in: Economia e politica industriale, Nr. 56, 1987.

Länder einbeziehen wird, die nicht direkt an ausdrücklichen Abkommen in dieser Hinsicht beteiligt sind.

Die in diesem Band veröffentlichten Aufsätze wurden in nachstehender Reihenfolge geordnet: Den Anfang bilden die Referate, die die *reale* Wirtschaft, die Strategie der Industrienunternehmen, die Wettbewerbspolitik sowie die Wachstumsperspektiven betreffen. Es folgen die Beiträge über die Finanzsysteme, die eine interessante, vergleichende Analyse verschiedener Aspekte darstellen und schließlich einige Aufsätze über Geldpolitik und das europäische Währungssystem, ein Thema, das auch in der abschließenden Podiumsdiskussion behandelt wurde.

Die auf den folgenden Seiten dieses Überblicks dargelegten Kommentare erheben keinen Anspruch auf eine erschöpfende Behandlung aller Aspekte einer Debatte, die sowohl im akademischen wie auch im wirtschaftspolitischen Bereich noch in vollem Gange ist. Sie sollen vielmehr nur den Zusammenhang zwischen den vorgetragenen Referaten herausarbeiten.

2. *Die Globalisierung der Realmärkte*

Die zunehmende Integration der Märkte stellt die europäischen Unternehmen vor Probleme, auf die auch von den Unternehmen außerhalb der Europäischen Gemeinschaft eine Antwort erwartet wird. Die Wettbewerbspolitik auf gemeinschaftlicher und nationaler Ebene und die Strategie der Unternehmen auf einem neuen Niveau des Konkurrenzkampfes werden im Integrationsprozeß mehr als nur einen zu vernachläßigenden Konfliktpunkt bedeuten. Was auf jeden Fall festeht ist, daß sich der Wettbewerb nicht nur auf der kommerziellen Ebene abspielen wird, sondern – und vielleicht sogar besonders – auf der finanziellen. Nicht zu vernachlässigen ist auch, daß die Integration nicht nur im spektakulären Kampf zwischen den *Titanen* der Wirtschaft bestehen wird, sondern daß Unternehmen jeder Größe betroffen sein werden. Eine Folge davon wird die Einschränkung bzw. wenigstens Veränderung des Bereiches spezieller *Marktnischen* sein, in dem sich die kleineren Unternehmen erfolgreich bewegen könnten.

In den letzten Jahren haben auf dem internationalen Markt tiefgreifende Veränderungen stattgefunden. Die Konkurrenz zwischen Unternehmen, die früher durch Teilung der einzelnen Heimmärkte vonstatten ging, neigt heute dazu, sich in weltweite Konkurrenz zu verwandeln. Unternehmen müssen demnach ein Angebot entwickeln, das den Charakteristiken der weltweiten Nachfrage entspricht.

Diese Art der Konkurrenzfähigkeit ist haupsächlich großen Unternehmen zuträglich, die ihre Kapazität dem Volumen der weltweiten Nachfrage anpassen können. Aber auch kleinere Unternehmen können ein eigenes Feld auf eng begrenzten Teilgebieten finden oder für bestimmte lokale Märkte produzieren, deren Bedarf für große Unternehmen nicht rentabel ist. Für Unternehmen bedeutet die Globalisierung der Märkte also – was das Feststellen der zu befriedigenden Nachfrage und die Programmierung des passenden Angebots betrifft – sich in einer weltweiten Dimension zu bewegen [10].

Die Entwicklung der globalen Konkurrenz wird hauptsächlich von *economies of scale* und technischen Innovationen begünstigt. Die Preiswettbewerbsfähigkeit wird durch die komparativen Vorteile aber auch durch die Ausnüzung von *economies of scale* unterstützt. Die komparativen Vorteile verlieren im Vergleich zu den *economies of scale* zunehmend an Gewicht. Diese können sich in Situationen vollkommener Konkurrenz voll entfalten, in denen die relativen Kosten nur mittels der geringeren Kosten der Faktoren und nicht auch mittels der Ausnutzung der *economies of scale* verringert werden, da die Produktion zu konstanten Skalenerträgen erfolgt. Unter den aktuellen Bedingungen unvollkommener Konkurrenz und steigender Skalenerträge erfolgt die Senkung der relativen Preise hauptsächlich über die volle Inanspruchnahme der *economies of scale,* die eine Senkung der Durchschnittskosten und so der Preise ermöglichen. Die Einführung effizienterer Techniken, die Zunahme der Anlagengröße und die Ausrichtung der Produktion auf den Weltmarkt erlaubt die volle Entfaltung der *economies of scale.* Die Zunahme der Anlagengröße vermehrt aber auch die *barriers to entry* und beschränkt den weltweiten oligopolistischen Wettbewerb auf eine begrenzte Anzahl von Unternehmen.

Die flexible Automatisierung, die – insofern sie die optimale Minimalgröße der Anlagen reduziert hat – die Wichtigkeit der *economies of scale* zum Teil herabgesetzt hat, hat die Globalisierung der Märkte nicht verhindert, sondern weiter erleichtert. So ist das große flexible Unternehmen in der Lage ein differenzierteres Güterbündel zu produzieren, was vorher aufgrund rigider Techniken nicht rentabel war.

Neben der preislichen Konkurrenzfähigkeit setzt sich auch eine *Nicht-Preis-Wettbewerbsfähigkeit* durch, die wesentlich auf technischen Innovationen beruht. Die Unternehmen, die zuerst neue Produkte oder Verfahren einführen, genießen Konkurrenzvorteile. Das ermöglicht es ihnen in Auslandsmärkte einzudringen und sich solange dort zu behaupten,

---

[10] Zur Globalisierung der Wirtschaft vgl. M.E. Porter (Hrsg.): Competition in Global Industries, Boston 1986. Eine Interpretation der Globalisierung nicht als Betonung der zur Homogenisierung von Produktion und Nachfrage führenden Verflechtung, sondern als Verstärkung der vorhandenen Beziehungen zwischen den verschiedenen Produktions- und Verbrauchssystemen durch die Hervorhebung spezifischer Charakteristiken der verschiedenen Länder, findet man bei S. Vaccà / A. Zanfei: L'economia globale ed i processi di internazionalizzazione: un approccio teorico, in: Economia e politica industriale, Nr. 54, 1987.

solange sie in der Lage sind, den technischen Vorsprung vor anderen Unternehmen zu verteidigen. Gleichzeitig verkürzt die Entwicklung der modernen Kommunikationstechnologie den Lebenszyklus von Innovationen. Das Maximieren der aus dem Innovationsvorsprung zu erzielenden Gewinne verlangt deren gleichzeitige Einführung auf den wichtigsten Märkten. Außerdem müssen in der Forschung finanzielle Barrieren überwunden werden, die selbst über die Kapazitäten großer Unternehmen nationaler Dimension hinausgehen und mindestens kontinentale Dimensionen erforden [11] .

Drei Verhaltensmuster von Industrieunternehmen und auch der Industriepolitik, die von besonderem Interesse für den Ausgang der laufenden Entwicklungsprozesse sind, wurden auf der Tagung diskutiert: die Wettbewerbspolitik; die Strategien der Industrieunternehmen und das Akquisitions- und Fusionsphänomen auf internationalem Niveau; die Entwicklung der Finanzstruktur von Industrieunternehmen. Letztendlich wird das Wachstumspotential des internationalen Wirtschaftssystems im Verhältnis zu den osteuropäischen Marktaussichten bewertet (dies aus der privilegierten Sicht Österreichs, welches sich in einer Schlüsselposition für den Handelsverkehr mit dem Osten befindet); Überlegungen zum Beitrag der deutschen Wirtschaft – welche nicht länger als *Lokomotive* sondern heute vielfach eher als *Bremsklotz* gesehen wird – finden sich dann in dem Beitrag von Zeitel, der aus Gründen, die später noch klar werden, neben den Beiträgen zur Geldpolitik steht.

Der erste Aspekt ist in dem Beitrag von De Giovanni analysiert worden, der die Art und Weise betont, in der die Globalisierung der Wirtschaft zur Veränderung der nationalen Antitrust-Bestimmungen beiträgt. Die Tatsache, daß für ein Unternehmen nicht mehr der nationale sondern der Weltmarkt ausschlaggebend ist, läßt die wirtschaftspolitischen Autoritäten ihre Zielsetzungen modifizieren: Die Verbesserung der Wettbewerbsfähigkeit der nationalen Unternehmen ist wichtiger, als die Umverteilung des Einkommens von den Konsumenten zu den Produzenten zu verhindern. In Anbetracht der Ausweitung des internationalen Marktes und der vorherrschenden unvollkommenen Konkurrenzbedingungen werden Fusionen und Ankäufe von Unternehmen gestattet, die das Erreichen eines effizienteren Produktionsvolumens und folglich das Herabsetzen des Monopolpreises ermöglichen, bis jener unter dem Konkurrenzpreis liegt. Diese Verbesserung der Konkurrenz bringt eine Erhöung der gesamtwirtschaftlichen Wohlfahrt mit sich, auch wenn die Verzerrung in der Verteilung der Erträge anhält [12] .

---

[11] Letzlich kommt es zur Globalisierung des Konkurrenzkampfes der Wirtschaft, der sich auf dem von unvollkommener Konkurrenz charakterisierten internationalen Markt abspielt. Zu den neuen Theorien des internationalen Handels, die hauptsächlich Marktformen unvollkommener Konkurrenz voraussetzen, vgl. E. Helpman /P.R. Krugman: Market Structure and Foreign Trade, Cambridge (Ma) 1985 und F. Onida: Economia degli scambi internazionali, Bologna 1984.

Im Hinblick auf die relevanten allokativen Folgen schlagen die nationalen Antitrust-Politiken oft in protektionistische Strategien um, die die zur Erhöhung der Leistungsfähigkeit notwendige Konzentration – und damit die Konkurrenzfähigkeit der nationalen Industrien – unterstützen sollen.

De Giovanni zeigt mit Hilfe der Analyse der Antitrust-Gesetzgebungen Großbritanniens, der Bundesrepublik und der Vereinigten Staaten, wie im Namen höherer „öffentlicher Interessen" versucht wird, den Ankauf nationaler Unternehmen durch ausländische Unternehmen zu verhindern oder Fusionen nationaler Unternehmen anzuregen.

Schließlich analysiert er die Wettbewerbspolitik der EG und Italiens. Beiden fehlt es an spezifischen Richtlinien. Aber während die EG durch die Artikel 85 und 86 des Vertrages vom Rom wenigstens *ex post* in der Lage ist, die Konzentrationsaktionen zu kontrollieren sowie Absprachen von Unternehmen und das mißbräuchliche Anwenden einer marktbeherrschenden Stellung zu verbieten, besitzt Italien überhaupt keine Instrumente zum Eingreifen. Die gegenwärtige Politik der EG versteht den gemeinsamen Markt als Wettbewerbsraum. So ist das mißbräuchliche Anwenden einer marktbeherrschenden Stellung in einem einzelnen Staat erlaubt, weil dies den Handel mit den anderen Mitgliedstaaten nicht beeinträchtigt. Die Monopolkontrolle überlagert also, kohärent mit den allgemeinen Zielen der Gemeinschaft und einer Perspektive der Globalisierung der Märkte entsprechend, den nationalen Bereich. Die kontinentale Dimension von Unternehmen erlaubt es ein Effiizienzniveau zu erreichen, das mit jenem amerikanischer oder japanischer Unternehmen vergleichbar ist. Sie sind nämlich die direkten Konkurrenten auf dem internationalen Markt und den jeweiligen nationalen Märkten.

Der Gesetzentwurf zum Schutz der Konkurrenz, der zur Zeit in Italien diskutiert wird, ist in eine Perspektive der Vereinigung des europäischen Marktes und der Globalisierung der Märkte eingebettet. Der Eingriff des italienischen Gesetzgebers wird zur Kontrollaktion der EG komplementär sein. Die italienischen Behörden werden nur in dem Fall eingreifen, in dem es sich um den Heimmarkt handelt und konsequenterweise die EG-Gesetzgebung nicht angewendet werden kann. Es kündigt sich also eine Integration italienischer und europäischer Gesetzgebung an.

Romano Prodi befaßt sich in seinem Beitrag mit den Strategien von Unternehmen, die auf Akquisitions- und Fusionsprozesse ausgerichtet sind. Die globale Konkurrenz erfordert eine Verstärkung der industriellen Struktur zuerst auf nationaler und dann auf kontinentaler Ebene. Nationale Unternehmen, die kleiner sind als andere europäische nationale Unternehmen des gleichen Sektors, sind nicht in der Lage auf dem gemein-

---

[12] Über die Notwendigkeit die Antitrust-Bestimmungen in den Fällen zu revidieren, wo das Monopol effizienter ist als die vollkommene Konkurrenz vgl. R.A. Posner: Antitrust Laws, An Economic Perspective, Chicago 1976.

samen Markt zu konkurrieren. Und schließlich erfordert die Auseinandersetzung mit den amerikanischen und japanischen Unternehmen eine Konzentration der europäischen Hersteller, um eine Produktions- und Finanzkraft ähnlich jener der außereuropäischen Konkurrenten zu erreichen.

Prodi analysiert die Art, in der sich in Europa die doppelte Entwicklung der industriellen Konzentration – auf nationaler Ebene und auf kontinentaler Ebene – realisiert hat. Die 60er und 70er Jahre waren von Akquisitionen und Fusionen innerhalb nationaler Grenzen gekennzeichnet und die wirtschaftspolitischen Behörden haben versucht, trotz der verschiedenen Antitrust-Gesetzgebungen das Ziel nationaler Unternehmen von großen Dimensionen zu erreichen. So sieht die französische Gesetzgebung zum Beispiel den europäischen Markt als Bezugspunkt, während die deutsche Gesetzgebung im Prinzip auf den Heimmarkt abstellt, aber am Ende des Zeitabschnitts hat der Konzentrationsgrad in beiden Ländern ein ähnliches Niveau erreicht. Italien wird zwar von keinem Gesetz über Konkurrenz behindert, trotzdem schreitet die Konzentration auf Grund eines ausgeprägten Dualismus in der Unternehmensgröße (kleine Unternehmen – große Unternehmen) und im Eigentum (öffentliche Unternehmen – private Unternehmen) nur langsam voran, was den Prozeß der Homogenisierung der industriellen Strukturen erschwert.

Mit dem Ende der 70er Jahre zeichnet sich der Übergang zur zweiten Phase der industriellen Konzentration ab. Die Unternehmen haben ihre oligopolistische Macht auf den jeweiligen Heimmärkten konsolidiert und haben nun die Kraft, ihre Kontrolle auf den Kontinent auszuweiten. Auch in diesem Fall ist die Richtung der Entwicklung deutlich, aber Widersprüche und Rückstände bestehen weiter.

Deutsche Unternehmen sind aktiv mit Akquisitionen und Fusionen ausländischer Unternehmen beschäftigt, aber äußerst verschlossen gegenüber Operationen in entgegengesetzter Richtung. Prodi führt dieses anomale Verhalten auf die engen Besitzverhältnisse zwischen Banken und Industrie zurück. Die Unternehmen im Besitz von Bankengruppen verfügen über größere finanzielle Mittel, um *take-overs* im Ausland auszuführen und um *take-overs in patria* zu verhindern. Im Fall der Bundesrepublik Deutschland – können wir in Übereinstimmung mit der Analyse von de Giovanni – von „verborgenem Protektionismus“ sprechen, der zum Schutz der nationalen Industrie über die öffentlichen Eingriffe hinausgeht.

In Italien stellt sich das Problem des Widerstandes gegenüber dem Eintritt ausländischer Unternehmen erst gar nicht, einfach weil kein Gesetz zur Regelung der Konkurrenz existiert. Die privaten Unternehmen, besonders nach ihrer Umstrukturierung und ihrer Rückkehr in die Gewinnzone in den 80er Jahren, sind in Sachen Akquisitionen und Fusionen außerhalb der nationalen Grenzen sehr aktiv geworden. Jedoch waren sie nur im europäischen Raum erfolgreich und haben auf dem internationalen Terrain manche Niederlage erlitten. Das beweist die Richtigkeit von Prodis Theorie, derzufolge man sich erst auf nationaler Ebene stärken muß, dann auf kontinentaler, um erst danach internationale Akquisitions- und Fusionsoperationen mit Erfolg durchführen zu können. Die öffentlichen Unternehmen haben Schwierigkeiten außerhalb der nationalen Grenzen zu agieren und zwar aus demselben Grund, der ihr Handeln auf nationaler Ebene behindert. Dieser liegt in den gegensätzlichen politischen Interessen, die das Handeln des Ministeriums für verstaatlichte Industrie paralysieren.

Prodi hebt ein anderes internationales Phänomen hervor, aufgeworfen durch die Verschärfung der Konkurrenz aufgrund der Vereinigung der Märkte. Er betont die Entwicklung der sektoralen Spezialisierung von Unternehmen zu Lasten des konglomeraten Wachstums. Die Unternehmen vernachlässigen die sekundäre Produktion und verstärken ihre wichtigen Produktionslinien. Akquisitionen finden oft über den gegenseitigen Technologieaustausch statt, mit dessen Hilfe jedes Unternehmen dort, wo es stärker ist, die eigene Marktposition zu stärken sucht. Die Erweiterung des Marktes erlaubt es nicht mehr, bedeutende Anteile in verschiedenen Bereichen zu besitzen. Die Intensivierung des oligopolistischen Wettbewerbs erfordert eine zunehmende Spezialisierung der Unternehmen, um die eigenen Anteile zu konsolidieren und zu erweitern, sowie eine Reduktion der sektoralen Diversifikation, um die Mittel zu konzentrieren. Aber um die Risiken einer äußerst instabilen weltweiten Nachfrage zu verringern und um die finanzielle Macht in den Bereichen beizubehalten, in denen das Unternehmen in höherem Grade spezialisiert ist, bleibt ein gewisser Diversifikationsgrad bestehen.

Die Globalisierung der Märkte schaltet die Protektion aus, deren Wirkungen Unternehmen auf den lokalen Märkten und den diversen Heimmärkten genießen. Sie wird so zum mächtigen Ansporn zur Steigerung der Leistungsfähigkeit. Das Unternehmen kann nicht mehr damit rechnen ein wirtschaftliches Gleichgewicht zu erreichen, indem es im geschützten Bereich der Wirtschaft oder auf besonderen Heimmärkten agiert. Das wird immer seltener vorkommen, gleichzeitig erhöht die Erweiterung der Sektoren, die der globalen Konkurrenz ausgesetzt sind, die Risiken des Ungleichgewichts für Unternehmen. Aber das Ungleichgewicht kann nicht nur als Krisensignal interpretiert werden, man kann in ihm auch einen zusätzlichen Anreiz zu Rationalisierung und technologischer Erneuerung sehen [13].

In seinem Beitrag über die Antwort der österreichischen Unternehmen auf die Strategien der europäischen Unternehmen, setzt Kurt Bayer den Akzent hauptsächlich auf die Globalisierung der Märkte als Krisenfaktor, aber auch als Entwicklungschance für die österreichische Industrie, die so

---

[13] Für eine Bewertung der positiven Folgen, die aus Ungleichgewichtspositionen hervorgehen können, siehe A.O. Hirschmann: Ascesa e declino dell'economia dello sviluppo ed altri saggi, hrsg. von A. Ginzburg, Turin 1983.

zur Umstrukturierung und verstärkten Internationalisierung gezwungen wird. Außerdem hält er die Vervollständigung des gemeinsamen europäischen Marktes für einen Teil des weltweiten Erweiterungsprozesses und deshalb den Beitritt Österreichs nicht für ausschlaggebend, auch wenn dieser sich letztendlich gezwungenermaßen vollziehen wird. Ausschlaggebend ist, daß sich die österreichische Industrie in den weltweiten Globalisierungsprozeß einfügt, ohne sich den daraus resultierenden Konsequenzen für den Produktionsapparat und die Internationalisierung der Unternehmen zu entziehen.

Österreichs Konkurrenzfähigkeit auf ausländischen Märkten ist hauptsächlich auf die rohstoffintensiven Basissektoren und die traditionellen arbeitsintensiven Sektoren konzentriert. Hingegen fehlt die Konkurrenzfähigkeit auf den technologie- und verarbeitungsintensiven Sektoren.

Bayer analysiert die Strategie der österreichischen Industrie zur Verbesserung ihrer Konkurrenzfähigkeit im Hinblick auf die Veränderungen auf dem Weltmarkt und auf das vom Land erreichte höhere Entwicklungsniveau. Er beurteilt die Strategie der verstaatlichten Industrie äußerst kritisch, die nach dem neuen Gesetz (1986) zur Umstrukturierung der ÖIAG (der öffentlichen Holding, die die staatlichen Unternehmen kontrolliert), vorrangig eine Politik des Unternehmensgleichgewichts verfolgt und den Anschluß an die Industriepolitik verloren hat. Das birgt das Risiko, daß es zu Disinvestitionen in defizitären aber strategisch wichtigen Sektoren kommt. Schneider teilt diese Meinung in seinem Kommentar zu Bayers Bericht nicht und behauptet, daß zuerst die Bilanzen saniert werden müssen und erst dann makroökonomische Ziele angepeilt werden können. Tatsächlich kann man aber einwenden, daß eine zwei-Phasen-Politik riskiert auf Entwicklungsmöglichkeiten zu verzichten, die zu einem späteren Zeitpunkt nur schwer nachzuholen sind.

Die Strategie österreichischer Tochtergesellschaften ausländischer multinationaler Konzerne, die nicht nur bloße dezentralisierte Produktionseinheiten sind, sondern eine relative Autonomie in der Produktion, in der Vermarktung und in der Forschung haben, wird von Bayer positiv bewertet, da sie einen engen Kontakt mit der österreichischen Wirtschaft aufrechterhält und es gleichzeitig erlaubt, die Vorteile eines engen Kontakts mit dem Stammsitz auszunutzen (größere Möglichkeit interner und externer Zusammenarbeit als Konzequenz der produktiven und finanziellen Solidität, welche durch die Zugehörigkeit zu einem multinationalen Konzern garantiert wird – Entwicklung der Forschung und neuer Produkte).

Dynamisch sind diejenigen Privatunternehmen, die in einem der internationalen Konkurrenz ausgesetzten Sektor arbeiten, im Unterschied zu denjenigen, die im geschützten Sektor agieren. Sie erhöhen ihre Kapitalbasis mittels Aktien und durch die Inanspruchnahme der Börse. Sie treiben nicht nur die Entwicklung der Exporte voran, sondern auch die direkten Investitionen im Ausland. Sie verfolgen eine Strategie der *spezia-*

lisierten Nischen, indem sie standardisierte und sektoral diversifizierte Produktionen aufgeben, um sich auf spezielle Teilbereiche zu konzentrieren.

Ihre kleine bis mittlere Größe ist ihr wunder Punkt, dem sie nach dem Beispiel der Unternehmen in den Industriegebieten Mittelitaliens durch mehr Kooperation Abhilfe schaffen sollten. Der Hinweis Bayers muß aktualisiert werden, weil es diesen Industriegebieten zwar in der Produktion und zum Teil auch in der Vermarktung gelungen ist, externe *economies of scale* zu erreichen. Es ist ihnen aber nicht gelungen, ihre Kräfte auf dem finanziellen Sektor sowie auf jenem der Information und der technischen Erneuerung zu konzentrieren, die, um auf einem globalen Markt konkurrieren zu können, ausschlaggebend sind. Wahrscheinlich ist der Aufbau von Unternehmensnetzen, die sich auch über mögliche Anschlüsse außerhalb des Industriegebiets bilden können, effizienter zur Maximierung der Synergien zwischen den Unternehmen [14].

Obwohl Schneider in seinem Kommentar zusammen mit Bayer die schwachen Punkte der österreichischen Industrie betont, hebt er die erreichten Resultate stärker hervor. Letztendlich stimmt er aber mit Bayer überein, was die Herausforderung durch den Globalisierungsprozeß angeht und fürchtet, daß die verlangten strukturellen Veränderungen zu langsam sind. Er hebt hervor, daß Österreich traditionell eine langsamere Anpassungsfähigkeit als andere Länder aufweist.

Dies ist sicherlich eine Folge der sozio-ökonomischen Charakteristiken Österreichs, auf die auch seine besondere Wirtschaftspolitik zurückgeht. Die Wirtschafts- und Sozialpartnerschaft erleichtert über die direkte Beteiligung der großen Interessengruppen an wirtschaftspolitischen Entscheidungen die Stabilisierung der Konjunktur, behindert aber die notwendigen Veränderungen. Der Neo-Korporatismus, für den Österreich eines der besten Beispiele ist, ist besonders gut für Zeiten struktureller Stabilität geeignet, aber nicht für die jetzige Epoche großer technologischer Veränderungen und dynamischer Erweiterung der Märkte [15].

Der Internationalisierungs- und Integrationsprozeß Österreichs ist auf den Märkten des Ostens zweifelsohne weit fortgeschritten. Kienzl äußert sich aber besorgt darüber, welche Folgen die finanzielle Krise dieser Länder für Österreich haben wird, da Österreich stärker als die anderen westlichen Länder exponiert ist.

---

[14] Zur Analyse der positiven Aspekte der *industrial districts* in Italien vgl. G. Fua / M. Zacchia: Industrializzazione senza frattura, Bologna 1983.

[15] Zu den Charakteristiken der österreichischen Wirtschaftspolitik vgl. T. Lachs: Wirtschaftspartnerschaft in Österreich, Wien 1976; G. Tichy: Austro-Keynesianismus - Gibt's den? Angewandte Psychologie als Konjunkturpolitik, in: Wirtschaftspolitische Blätter, Nr. 3, 1982; O. Clauser: Un'interpretazione post-keynesiana della politica economica austriaca, in: Economia e banca, Nr. 1, 1986.

Die Gründe für die Finanzkrise des Ostens sieht er in der Ineffizienz des östlichen Wirtschaftssystems. Auch die Modernisierung der 70er Jahre mittels Einfuhren von technologisch fortgeschrittenen Produktionsgütern ist genau an der Unfähigkeit gescheitert, den Importzuwachs in höhere Exporte umzusetzen. Der ineffiziente Einsatz importierter Technologien hat eine Steigerung der Konkurrenzfähigkeit der exportierten Produkte verhindert.

Für Kienzl ist es also nicht ausreichend, die Modernisierung der östlichen Länder zu finanzieren. Um Garantien für die von westlichen Ländern erteilten Kredite zu haben, ist eine radikale Wirtschaftsreform notwendig. Gorbatschows Initiativen zielen zwar in diese Richtung, aber erzeugen noch Unsicherheit und ziehen sich zumindest in die Länge.

Man muß sich aber vor Augen halten, daß sich die internationalen wirtschaftlichen Bedingungen der 70er Jahre radikal verändert haben. Die Globalisierung der Wirtschaft hat der wirtschaftlichen Hegemonie – unterstützt auch durch die militärische Macht der Vereinigten Staaten und der Sowjetunion – ein Ende gesetzt. An die Stelle hegemonistischer Beziehungen sind multipolare Beziehungen getreten [16].

Man ist von der einseitigen wirtschaftlichen Abhängigkeit zur gegenseitigen wirtschaftlichen Abhängigkeit übergegangen, was größere Autonomie, größere Initiative im Bestimmen der eigenen Entwicklung bedeutet. Aber die erhöhte gegenseitige wirtschaftliche Abhängigkeit verlangt – in aller Verschiedenheit – auch eine Annäherung der wirtschaftlichen Systeme. Die Globalisierung der Märkte, die auf gegenseitiger Abhängigkeit basiert, wird die unabhängige Entwicklung und die Integration der nationalen Wirtschaften fördern.

3. *Die Globalisierung der Finanzmärkte*

3.1. Reale Kapitalakkumulation und Finanzierung

An die Globalisierung der realen Wirtschaft schließt sich jene der Finanzwirtschaft an. Dieselben technologischen Innovationen, die zur Verringerung räumlicher und zeitlicher Entfernungen geführt haben (neue Transport- und Transmissionsmittel für Informationen) [17], haben die

[16] Zur Analyse der multipolaren Beziehungen vgl. A. Ninni / S. Vaccà: L'economia mondiale verso un'assetto multipolare, in: Economia e politica industriale, Nr. 60, 1988.

[17] Zu den Folgen der Verringerung der räumlich-zeitlichen Dimension für die Globalisierung der Märkte und besonders die Finanzmärkte, vgl. S. Vaccà: L'evoluzione dei contesti economici internazionali, Manuskript, 1987 und außerdem R. Campanini / M. Frey: I rapporti tra industria e finanza in Italia: atti di un seminario,

Ausweitung der Finanzmärkte hervorgerufen. Die Finanzwirtschaft hat diese Möglichkeiten schneller und umfassender umgesetzt. Hinzu kommt, daß Realinvestitionsprozesse komplexen Bewertungen unterworfen sind und relativ lange Realisationszeiten verlangen, nicht vergleichbar mit jenen der Finanzinvestitionen, die dank computerisierter Verfahren in *real-time* abgewickelt werden können. Diese Verschiedenheiten haben in der Wirtschaft und auch in Unternehmen selbst eine Spreizung zwischen dem Realsektor und dem Finanzsektor hervorgerufen. Die finanzielle Aktivität der Wirtschaftssubjekte wird nicht länger allein von der Produktionssphäre bestimmt und erst danach tätigt das Industrieunternehmen neben den Sach- auch Finanzinvestitionen. Produktion und Finanzierung entwicklen sich vielmehr immer stärker zu selbstverständlichen parallelen Aktivitäten, die auch einen antagonistischen Verlauf nehmen können, wenn die Expansion des Finanzkapitals das Wachstum des Realkapitals behindert.

Die zunehmende Bedeutung von Finanzierungstransaktionen ist charakteristisch für die gegenwärtige Wirtschaftsentwicklung. Für sich genommen handelt es sich nicht um ein negatives Phänomen. Andererseits bringt die Ausdehnung der Finanzierungstransaktionen Stabilitätsrisiken mit sich und wirft erneut das Problem der Beziehungen zwischen verschiedenen Institutionen (z.B. Bank und Industrie) und der Strategien zur Verknüpfung von Effizienz und Sicherheit auf [18].

Der Bericht von Ehrlicher vertieft die spezifische Rolle des Finanzsektors. Für ihn müssen die Finanzmärkte die Realinvestitionen tragen. Ihre Autonomie ist suspekt. Um seine Theorie zu belegen, analysiert er strukturelle Veränderungen in der Realkapitalbildung und der Ersparnisbildung im Zeitraum 1950-1987.

Die Investitionsquote im Produktionsbereich verringert sich im Laufe des untersuchten Zeitraums drastisch (von 58,8% fällt sie auf 34%, um in

in: Economia e politica industriale, Nr. 56, 1987. Zur Internationalisierung der Finanzmärkte vgl. auch die Berichte der Tagung „Internazionalizzazione dei mercati finanziari: evoluzione recente e nuove tendenze“, in: Economia Italiana, Nr. 3, 1988.

[18] Hierzu siehe die anregenden Aufsätze von E. Corrigan: La struttura del mercato finanziario. Un approccio di lungo periodo, sowie die Debatte, die im Centro Alberto Beneduce stattgefunden hat und in der Reihe: Documenti del Centro Albero Beneduce, Nr. 1-2, Rom 1988 veröffentlicht ist. Vgl. auch M. Sarcinelli: Liberalizzazione ed integrazione dei mercati finanziari, in: Economia Italiana, Nr. 3, 1988. Sacinelli unterscheidet zwischen einer geringen und annehmbaren Reglementierung, die auf mikroökonomischem Niveau darauf ausgerichtet ist, die Risiken zu verringern und einer Reglementierung auf makroökonomischem Niveau, z.B. in Form von Devisen- und Kapitalverkehrskontrollen, die seiner Meinung nach die notwendige Koordinierung der Wirtschaftspolitiken auf internationalem Niveau nicht ersetzen kann. Zu den möglichen Risiken der finanziellen Liberalisierung vgl. auch D. Llewellyn: Integrazione finanziaria europea: tendenze evolutive con implicazioni per il sistema bancario, in: Economia Italiana, Nr. 3, 1988.

den letzten Jahren wieder auf 37,5% anzusteigen) zu Gunsten der Investitionen der Wohnungswirtschaft und des Infrastruktursektors. Dies kann zwar geringe Auswirkungen auf das Niveau der Nachfrage gehabt haben, hatte aber äußerst negative Folgen für die Produktionskapazität und folglich für das Sozialprodukt, da das Wachstum des Volkseinkommens hauptsächlich von der Ausweitung des Produktionsbereichs abhängt.

Die Gesamtersparnis wird als direkter oder indirekter Finanzierungsbeitrag zur gesamten Realkapitalbilding betrachtet. Der Anteil der Produktionsunternehmungen an der Ersparnisbildung sinkt von 29,6% auf 11% und ist in den letzten Jahren wieder auf 17,9% angestiegen. Demgegenüber wachsen der Anteil der privaten Haushalte – bedingt durch das Wachstum des verfügbaren Einkommens – und der des Finanzbereichs kontinuierlich.

Wenn man den Beitrag der Finanzmärkte zur Finanzierung der Realkapitalbildung analysiert, wird deutlich, daß dieser stark zugenommen hat. So wächst die Quote der Fremdfinanzierung kontinuierlich, bis sie 1976-82 ihr höchstes Niveau erreicht. Die Eigenfinanzierungsquote verringert sich parallel dazu. Dies bedeutet, daß sich das Spardefizit der investierenden Bereiche vergrößert hat und parallel dazu der Überschuß der anderen Sektoren zugenommen hat. Daraus folgt eine stärkere Beteiligung der Finanzmärkte, um diesen *surplus* zu vermitteln. Wenn man nicht nur die finanziellen Salden sondern auch die Bruttogrößen der Bildung und Verwendung von Finanzkapital betrachtet und den Gesamtgeldmittelbedarf mit dem Bedarf zur Realkapitalfinanzierung vergleicht, wird deutlich, daß dieser langsamer als der erste wächst und daß also der Bedarf zur Finanzierung des Umlaufkapitals und der Finanzinvestitionen schneller gewachsen ist als das Volumen der Finanzmittel zur Investitionsfinanzierung.

Betrachtet man nur die Produktionsunternehmen, so haben sich die Realinvestitionen im Untersuchungszeitraum etwa verdreifacht, die Bruttogeldvermögensbildung aber um gut das 14-fache vergrößert. Sie übersteigt die Werte der Realinvestitionen um 1/3 – dies bedeutet eine wachsende Finanzverflechtung der Industrieunternehmen, also eine Zunahme der rein finanziellen Operationen.

Ehrlicher schließt, daß sich die enge Verbindung, die zwischen den Investitionen jedes Sektors und der Außenfinanzierung bestehen muß, aufgelöst hat und so ein gefährlicher Destabilisierungsfaktor entstanden ist. Dennoch scheinen uns, wenn man die Veränderungen der Funktionsmechanismen von Real- und Finanzwirtschaft bedenkt, diese Bedenken – wenn auch grundsätzlich angebracht – im Fall der deutschen Wirtschaft nicht sehr schwerwiegend.

Die Zunahme der finanziellen Aktiva in der Bilanzsumme der Unternehmen – ein Phänomen, das auf diesen Seiten des öfteren angesprochen wird – findet keine übereinstimmende Bewertung seitens der Wirtschaftler.

Es geht in der Debatte nicht nur um die Risiken für das gesamte Finanzwesen, sondern auch um die Risiken für die Unternehmen selbst. Auf der mikroökonomischen Ebene stellt sich der Besorgnis derer, die in diesem Prozeß eine gefährliche Ablenkung der Unternehmen von ihrer eigentlichen Tätigkeit auf der Ebene der Produktion und der Innovationen sehen, die Haltung jener gegenüber, die das Phänomen im Rahmen der Portfeuillewahl des Unternehmens für normal erachten, wenn es gewinnbringendere und weniger riskante finanzielle Aktiva gibt, als es reale Aktiva sind [19].

Müller und Tomann versuchen in ihrem Bericht die Ursachen darzulegen, die zur Reduktion der Eigenkapitalquote der deutschen Unternehmen geführt haben. Sie beschäftigen sich aber nicht mit der Verwendung der beschafften Mittel. Wenn diese vorwiegend zu Finanzinvestitionen und nicht zur Steigerung der Leistungsfähigkeit herangezogen werden, ist es nur wenig befriedigend zu wissen, daß die sinkende Eigenkapitalquote in diesen Kontext nicht zum Abfall des Finanzierungsangebots auf dem Kapitalmarkt führt.

Müller und Thomann zeigen, daß die mit einer sinkenden Eigenkapitalquote verbundene Veränderung der Finanzierungsstruktur von Unternehmen verschieden interpretiert und nicht einfach auf das geringe Wachstum des Wirtschaftssystems zurückgeführt werden kann. Sie legen das Hauptgewicht ihrer Argumentation auf strukturelle Veränderungen außerhalb und innerhalb der Unternehmen.

Die vertikal integrierten Funktionen eines Unternehmens werden ausgesondert und an neue, rechtlich autonome Unternehmen im Besitz von Finanzgesellschaften übertragen, die dann ihre Entwicklung kontrollieren. Bei zunehmender Dezentraliesierung der Produktion steigt also gleichzeitig die Finanzkonzentration. Die Gründung von Konglomeraten zahlreicher autonomer operativer Gesellschaften nehmen zu. Diese stehen in enger ökonomischer Bindung mit der Hauptgesellschaft und können so den Bestand an Eigenkapital gering halten, da das Risiko innerhalb der Gruppe verteilt wird.

Die Entwicklung der großen Konzerne hat also zu einer Integration von Produktions- und Finanzaktivitäten geführt – es hat ein Internalisierungsprozeß der Finanzierung stattgefunden [20]. Die Trennung von realer und finanzieller Akkumulation wird verwischt, da Unternehmen auf gruppeninterne Finanzierungen zurückgreifen können, anstatt notwendigerweise vom Finanzsystem abhängen zu müssen.

---

[19] Vgl. hierzu die Beiträge in der oben angeführten Debatte, veröffentlicht in: Economia e politica industriale, Nr. 56, 1987.

[20] Siehe hierzu auch G. Garofalo: Dalla via finanziaria allo sviluppo centrato sulla finanza: riflessioni sulla politica finanziaria delle imprese, in: L'industria, Nr. 2, 1988.

Die wirtschaftspolitische Empfehlung einer solchen Analyse lautet, sich keine festgesetzten Kapitalrelationen zum Ziel zu setzen, sondern den Strukturwandel auf dem finanziellen Sektor zu unterstützen, um die schon eingetretenen Veränderungen nachzuvollziehen.

3.2. Die nationalen Finanzsysteme

Wie auch immer das Urteil über das Verhalten der Unternehmen auf finanziellem Gebiet lauten mag, es ist offensichtlich, daß diese Teil der Fortentwicklung des Finanzsystems selbst und der Beziehungen zwischen Finanzmärkten und dem Bankwesen sind. Einige der Vorträge der Tagung haben versucht, die wichtigsten Elemente dieser Entwicklung aufzuzeigen, indem sie die Beschreibung der einzelnen nationalen Trends mit der Veränderung des internationalen Rahmens konfrontiert haben.

Der Beitrag von Matthias Wolf befaßt sich mit dem Strukturwandel auf dem schweizerischen Finanzplatz, der bis vor wenigen Jahren zweifelsohne zu den wichtigsten der Welt zählte, heute aber von London, New York und Tokio in den Schatten gestellt wird. Geht man von den Hauptgründen aus, die aus dem schweizerischen Finanzplatz einen der attraktivsten der Welt gemacht haben (Stabilität und Freiheit des Kapitalverkehrs), so rückt das Bild eines zunehmenden Bedeutungsschwundes in ein neues Licht. Seiner Meinung nach beginnt das schweizerische Bankenwesen auf die verstärkte Konkurrenz auf den internationalen Kapitalmärkten, die Verbreitung der Verhaltensweisen des EuroMarktes und die für angelsächsische (und japanische) Investmenthäuser typische Unternehmenskultur dynamisch zu reagieren. Außerdem ist die Position der schweizer Banken – auch wenn sie einer starken Konkurrenz durch die angelsächsischen und japanischen Banken ausgesetzt sind (die besser als die „Universalbanken" gerüstet sind, um den Veränderungen der Finanzintermediation standzuhalten) – auf jeden Fall durch die Charakteristiken des nationalen Bankenssystems geschützt.

Was den Kapitalmarkt anbelangt, so hebt Wolf die besonderen Bedingungen hervor – hauptsächlich durch die Auflagen der Syndizierungsvorschrift der Schweizerischen Nationalbank –, die die Existenz eines echten sFr-EuroMarktes bis jetzt verhindern. Dieser ist jedoch in Zukunft unvermeidlich. Der Schweizerfranken ist immer noch die wichtigste Währung auf dem Markt für Auslandsanleihen, auch wenn er gegenüber dem Dollar und dem Yen auf dem Markt für internationale Anleihen – inklusive Euroanleihen – an Boden verloren hat. Die operativen Merkmale des EuroMarktes üben starken Druck auf die Strukturwandlungen des schweizerischen Kapitalmarktes aus.

Der Autor beruft sich insbesondere auf die Starrheit des schweizerischen Marktes, was die Zusammensetzung der Emissionssyndikate von Anleihen anbelangt (das Syndikat der schweizerischen Großbanken teilt einen großen Teil des Marktes mit fixen Quoten unter sich auf, was sich auch auf die Höhe der Komissionen auswirkt). An zweiter Stelle hebt er die Dominanz von Privatanlegern auf dem schweizerischen Markt hervor, welche daran interessiert sind, kleine Stückelungen zu erwerben und langfristig anzulegen. Dies bedingt eine geringe Liquidität des Marktes und das Fehlen eines Zwischenhandelsmarktes auf Großhandelsniveau, was aber für die institutionellen Investoren besonders wichtig wäre. Diese Merkmale lassen den Euromarkt verlockend erscheinen und werden wahrscheinlich zu tiefgreifenden Veränderungen des schweizerischen Kapitalmarktes führen müssen, um sich so den Bedürfnissen der institutionellen Investoren anzupassen.

Wolf analysiert außerdem die Merkmale des – von 5 Großbanken dominierten – schweizerischen Bankensystems im Hinblick auf das Auslandsgeschäft, die Hypothekaranlagen sowie die Spar- und Depositeinlagen. Von besonderer Bedeutung ist die Rolle der Großbanken im Interbankgeschäft, vor allem auf Grund des aus fiskalischen Gründen wenig entwickelten Geldmarktes. Die schon im Gang befindliche Öffnung des Großbankensyndikats wird für notwendig aber nicht ausreichend erachtet, um dem wachsenden Druck der internationalen Konkurrenz standzuhalten, sowohl was die Preise, als auch die angebotenen Instrumente anbelangt. Der Autor bewertet jedoch die Lage positiv und verweist auf die Position der Stärke, aus der die schweizerischen Großbanken den notwendigen Erneuerungspozeß unternehmen können.

Ähnlich optimistisch drückt sich Heinz Zimmermann in seinem Korreferat aus. Er hält die Situation des schweizerischen Finanzplatzes unter dem Druck der internationalen Konkurrenz nicht für bedenklich, hebt aber einige innovationsbedürftige Schlüsselpunkte hervor. Die allgemeine Vorbedingung liegt in der Notwendigkeit, ein passendes Klima für die notwendigen Innovationen zu schaffen und Zimmermann bewertet die Funktion der Finanzmärkte im Vergleich zu den Positionen jener neu, die heute eine überproportionale Entwicklung des Finanzsektors gegenüber der realen Wirtschaft ausmachen. Der erste wunde Punkt, auf den der Autor hinweist, ist die Struktur der schweizerischen Börse. Ihre geringe Liquidität ist auf verschiedene Börsenplätze verteilt und es gibt kein *Market Maker System,* das in der Lage wäre, die Transaktionsungewißheit zu reduzieren, die Liquidität des Marktes zu erhöhen und auch rechtzeitig Informationen zur Liquidität zur Verfügung zu stellen. An zweiter Stelle kritisiert er die Regelung der Namensaktien (die eine Kontrolle des Managements der Gesellschaften durch den Kapitalmarkt praktisch unmöglich macht) und die Gewohnheit der schweizerischen Gesellschaften, das Aktienkapital groß zu stückeln. Das macht es den kleinen Investoren unmöglich, ihr Portfolio hinreichend zu diversifizieren.

Als letztes betont Zimmermann die hohen Transaktionskosten und das hohe institutionelle Risiko, dem die neuen Instrumente in einer Situation unterliegen, die durch die Langsamkeit administrativer Entscheidungen und die Unsicherheit (und Unkenntnis) der Behörden gegenüber Finanzinnovationen charakterisiert ist. Er prangert die Skepsis an, mit der die neuen Instrumente bewertet werden und die geringe Anerkennung der *positiven* Rolle, die die Spekulation im Rahmen der Informationseffizienz und der Schaffung von Liquidität spielt, auch auf Kosten einer erhöhten Volatilität der Märkte. Eine Position, die mit der des Autors über die Bedeutung der Finanzmärkte kohärent ist. Es ist hinzuzufügen, daß die Risiken, die von einer Dominanz spekulativer Positionen ausgehen, nur in einem realen Kontext bewertet werden können: im Verhältnis zu den Beziehungen zwischen Finanzmarkt und Geldmarkt, zu den Salden der verschiedenen Sektoren der Wirtschaft, zur relativen Bedeutung der verschiedenen Investoren (man denke zum Beispiel an die Auswirkungen der Volatilität der Kurse auf das Verhalten der kleinen Investoren).

Vom schweizerischen zum italienischen Finanzsystem – auch dieses ist auf Grund der Veränderungen auf internationaler Ebene in Bewegung geraten. Das Referat von Giangiacomo Nardozzi untersucht die jüngste Entwicklung des italienischen Finanzsystems im Lichte der besonderen historischen Beziehungen zwischen Bank und Markt sowie der derzeitigen Probleme, das System den internationalen Modellvorstellungen anzupassen. Das italienische Modell, das aus der Bankenkrise des Jahres 1931 hervorgegangen ist und auf der Trennung von Bank und Industrie beruht, hat bis in die 70er Jahre die Vorherrschaft der Banken in der Finanzintermediation – so wie in der Bundesrepublik, wo jedoch die Universalbank die dominante Institution geblieben ist – aufrechterhalten. Die mit dem Wachstum der Finanzmärkte verbundene Weiterentwicklung mit einem Abbau der Bankintermediation in Italien geht nach Nardozzi sowohl auf interne Beweggründe – an erster Stelle das öffentliche Defizit und der Finanzierungsbedarf der Industrie in der Phase des Wiederaufbaus [21] – als auch auf internationale Entwicklungen zurück. Auf der anderen Seite hat sich die Lage des Bankensystems – absolut gesehen – von dem Moment an nicht verschlechtert, als sich die Banken auf die neue Marktlage einstellten und direkt Finanzintermediation am Wertpapiermarkt und über Investmentfonds anboten. Die Richtung der Veränderungen läuft auf das Modell

[21] Nardozzi betont die Unzulänglichkeit des Kredit- und Finanzsystems für die Notwendigkeiten des Wiederaufbaus der italienischen Industrie. Es muß auch an einen anderen Aspekt erinnert werden, der von der Verbesserung der Profitspanne und der finanziellen Struktur der Industrieunternehmen als Folge des Umstrukturierungsprozesses herrührt. Die Schaffung von Liquiditätsreserven in Unternehmen hat es erlaubt, sich teilweise vom Bankensystem zu befreien und finanzielle Aktiva zu erwerben (z.T. von Großunternehmen mit Bankkrediten finanziert, deren Zinsen geringer als das *prime rate* sind). Eine Zusammenfassung dieser und anderer Aspekte der Entwicklung der Beziehungen von Finanz und Industrie findet sich bei R. Campanini / M. Frey: I rapporti tra industria e finanza in Italia, vgl. Anm. 17.

des „Mehrzweckbankkonzerns“ hinaus: auch in dieser Wahl – die, wie der Autor betont, gerechtfertig ist, „wenn sich die *economies of scope* aus der Konzentration verschiedener Tätigkeiten in einem einzigen Betrieb als vorteilhafter erweisen als die *economies of scale*“ – macht sich die Position der Banca d'Italia bermerkbar, die immer etwas gegen das Trennprinzip gerichtet war.

Nach Nardozzi sind noch drei Fragen zu klären, um das neue italienische Bankmodell voll zu bestätigen. Eine bezieht sich auf den staatlichen Einfluß im italienischen Bankwesen, was Einmischungen, Ernennung des Mangements und möglicherweise mangelhafte Effizienz zur Folge hat. Ein zweiter Aspekt ist die Notwendigkeit, auf legislativer Ebene die Investmentgesellschaften zu reglementieren [22]. Ein drittes Problem sind die Beziehungen zwischen Banken und Industrie, die angesichts des Übergangs zur Mehrzweckbank neu zu bestimmen und zu reglementieren sind. Diese wird zum einzigen Gesprächspartner der finanzierten Unternehmen werden und muß deshalb vom Unternehmenssektor unabhängig sein. Dieses Problem – das in Italien heftig diskutiert wird – erinnert an die Bankenkrise der 30er Jahre und die Einführung des strikten Trennungssystems in einigen Ländern. Besonders in Italien betrifft der umstrittenste Punkt nicht so sehr die Möglichkeit, daß das Eigentümerinteresse der Bank an Industrieunternehmen zu verzerrten Bewertungen der Grundlagen für Kreditgewährungen führt, sondern vielmehr die eventuelle Übernahme der Bank durch das Unternehmen [23]. In der Debatte spricht sich Nardozzi für die Trennung von Banken und Industrieunternehmen aus [24].

Nach Lösung der drei angeführten Probleme wird sich das italienische Finanzsystem den zwei – teilweise gegensätzlichen – Zielen Stabilität und Wettbewerbsfähigkeit und damit auch den internationalen und für Unsicherheiten anfälligeren Märkten nähern können. Für den Autor [25] ist gerade die Unsicherheit Grund für das Niveau und die Schwankungen der realen Zinssätze; und sie ist auch ein wichtiger Faktor, der mit zur Verlagerung von unternehmerischen Aktivitäten (die eine gewisse Sicherheit verlangen) zu finanziellen Aktivitäten beiträgt [26].

---

[22] Das betrifft besonders die in Italien völlig fehlende Aufsicht dieser Gesellschaften. Das stellt die traditionelle Vorzugsposition der Banken auf den Kopf, die einerseits strengen Kontrollen und andererseits der Konkurrenz von Zwischenhändlern ausgesetzt sind, die in großer Freiheit operieren können. Das Problem besteht nicht im Erhalten der Position der Banken, sondern darin, die Stabilität eines Finanzsystems zu sichern, das sich immer mehr am Markt orientiert.

[23] Vgl. hierzu G. Vaciago: Novità e problemi nei rapporti tra industria e finanza, in: Economia e politica industriale, Nr. 56, 1987, S. 49-64.

[24] Siehe G. Nardozzi: Riflessioni sulla finanziarizzazione dell'economia, in: Economia e politica industriale, Nr. 56, 1987, S. 121-125.

[25] Ebd.

Nardozzi untersucht in seinem Beitrag auch die Performance des amerikanischen Modells, das durch hohe Spezialisierung, beschränkte Bankintermediation und stark entwickelte Märkte charakterisiert ist. Die Theorie erlaubt es zwar nicht, das „beste" System ausfindig zu machen, trotzdem stellt er fest, daß beide Systeme mehr oder weniger starke negative Auswirkungen haben. Folge davon ist eine Annäherung der beiden Modellvorstellungen, verringerte Spezialisierung auf amerikanischer Seite und stärkere Öffnung in Richtung Markt auf der deutschen Seite des Modells, an dem sich auch Italien – trotz Abkehr von der „Allzweckbank" – grundsätzlich orientiert hat.

Eine ähnliche Annäherung hebt Peter Mooslechner in seinem Beitrag über die Rolle der Universalbank im österreichischen Finanzsystem hervor. Während seiner Meinung nach die Banken historisch gesehen als Spezialbanken entstanden sind, berhut das Prinzip der „Universalität" auf dem Unternehmenswachstum und der Strategie gegenüber Konkurrenten. Anhaltende Spezialisierung beruht auf Regulierungen (wie in den Vereinigten Staaten) oder auf Marktaufteilungen. Auch in Österreich hatte sich die Universalbank, seit 1979 gesetzlich anerkannt, in Wirklichkeit schon als Produkt der wirtschaftlichen Entwicklung gebildet. Die Entwicklung der internationalen Finanzmärkte hat aber die Debatte über die Zweckmäßigkeit der Alternative Spezialisierung oder Universalität wieder entfacht, auch in Anbetracht der geringen Größe österreichischer Banken im Vergleich mit der internationalen Konkurrenz.

Mooslechner beschreibt die jüngere Entwicklung der österreichischen Banken und hebt die Charakteristiken und Schwachstellen eines Systems hervor, das sich besonders dem Konzept der Universalität verschrieben hat. Zwei Aspekte reichen aus, um die Wichtigkeit der Universalbanken im österreichischen Wirtschaftsystem darzustellen. An erster Stelle steht die *Konzentration,* die den 10 größten Universalbanken 53% des österreichischen Marktes zuteilt; mehr als 95% aller österreichischen Banken und mehr als 88% des Marktvolumens entfallen auf Universalbanken. Zweitens reicht die Beteiligung – oder wenigstens der Einfluß – der Universalbanken von Industrieunternehmen bis zu Bausparkassen, Investment- und Beteiligungsfonds, Sonderbanken sowie Leasing- und Börsengeschäften. Der Intermediationsprozeß wird also fast ausschließlich vom Bankensystem gesteuert. Dies hat auch Auswirkungen auf den Sparer, dem standardisierte Finanzierungsinstrumente angeboten werden, mit der fast einzigen Alternative, zur Portfoliodifferenzierung ausländische Wertpapiere zu kaufen.

---

26 Andere Autoren betonen unter Berufung auf jüngste Erfahrungen in den USA die Rolle, die die Überbewertung des Wechselkurses (mit verschlechterten Wachstumsmöglichkeiten der exportierenden Unternehmen), begleitet von hohen Zinssätzen, für die Verlagerung zu den Finanzmarktaktivitäten gehabt hat; z.B. M. De Cecco: Le imprese tra banca e finanza, in: L'industria, Nr. 1, 1988, S. 5-13.

Diese Entwicklung hat eine Reihe von Problemen mit sich gebracht. Hauptziel der österreichischen Banken ist das Bilanzsummenwachstum gewesen (ein Verhalten, das sich – so der Autor – mit Managementtheorien der Unternehmen gut erklären läßt), hauptsächlich über die Entwicklung des internationalen Marktes und die wachsende Intermediatisierung in Wertpapieren. Für diese beiden Marktsegmente bestand nach dem Kreditwesengesetz von 1979 keine Unterlegungspflicht mit Eigenkapital, jedoch waren die Ertragsspannen relativ gering. Als Folge sind die Banken unterkapitalisiert und – vor allem was ihre Auslandspositionen betrifft – wachsenden Risiken ausgesetzt. Letztendlich haben die über die Rentabilitätsmöglichkeiten hinaus betriebene Expansion und der erbitterte Wettbewerb der Universalbanken um Marktanteile dazu beigetragen, die Rentabilität zu verringern.

Abschließend sieht Mooslechner im Modell der Universalbank Elemente, die dem Ziel stabiler und funktionsfähiger Finanzmärkte entgegengerichtet sind. Andererseits kann das angelsächsische Modell seiner Meinung nach nur als extreme Alternative gesehen werden. Aber es existiert ein weitgefächertes Spektrum möglicher Regulierungen für das Universalbankensystem, welche in der Lage sein sollten, diese Probleme zu mildern.

4. *Die Entwicklung der monetären Beziehungen*

Die im letzten Teil des Bandes enthaltenen Referate behandeln die monetären Aspekte der Veränderungen, die sich in den letzten Jahren auf nationaler und internationaler Ebene, sowohl im politischen als auch im institutionellen Bereich ereignet haben. Auch hier dürfen die charakteristischen nationalen Besonderheiten nicht außer Acht gelassen werden. Sie müssen unter dem Gesichtspunkt der jeweiligen wirtschaftspolitischen *Philosophie* und unter spezifischen Erfordernissen, wie zum Beispiel der öffentlichen Verschuldung in Italien, betrachtet werden. Ein anderes Thema von großer Bedeutung ist die Entwicklung des europäischen Währungssystems. Dabei dominiert das Problem der geldpolitischen Abstimmung zwischen den beteiligten Ländern.

Die ersten beiden Arbeiten in diesem Teil des Bandes behandeln die Ziele und Grundlagen der schweizerischen Geldpolitik (Tobias Rötheli) und die aktuellen Entwicklungen und Perspektiven der italienischen Geldpolitik (Giacomo Vaciago). Gegenstand ihrer Darstellungen sind zwei Arten von Geldpolitik, die nicht nur aufgrund ihres unterschiedlichen realen Umfeldes, sondern auch im Hinblick auf verschiedene Zielsetzungen und den ihnen zugrunde liegenden theoretischen Beurteilungen voneinander abweichen. Das Referat von Hans-Hermann Francke untersucht hingegen eine der umstrittensten Perspektiven des europäischen Währungssystem: die Gründung einer – übernationalen – europäischen Notenbank. Francke konfrontiert dabei den für eine Weiterentwicklung eines integrierten europäischen Währungssystems ausschlaggebenden Standpunkt der Bundesrepublik Deutschland mit dem der Länder mit *schwacher* Währung.

In diesem Zusammenhang ist es wichtig, die Verantwortung der Bundesrepublik Deutschland für das Wachstum der Weltwirtschaft zu beurteilen. Dieses Thema behandelt Gerhard Zeitel in seinem Referat.

Über das zukünftige europäische Währungssystem fand schließlich im Rahmen der Tagung eine Podiumsdiskussion statt, an der sich die Wirtschaftswissenschaftler Beniamino Andretta, Guido Carli, Karl Häuser, Heinz Kienzl und Gerhard Zeitel beteiligten. Ihre direkten, im Bereich der Wirtschafts- und Währungspolitik gesammelten Erfahrungen bereicherten die Diskussion um interessante Aspekte.

4.1. *Die Geldpolitik*

Tobias Rötheli beschreibt in seinem Referat die Entwicklung der schweizerischen Geldpolitik im Rahmen ihrer institutionellen Eigenschaften und in Bezug auf ihre haushaltspolitische Ausrichtung. Unter ersteren kommt dem auf dem Arbeitsmarkt herrschenden Régime besondere Bedeutung zu. Obgleich die niedrige Arbeitslosenrate zum Teil einer *konsensorientierten* Gewerkschaftspolitik und einer „umsichtigen" Sozialgesetzgebung zuzuschreiben ist, besteht kein Zweifel darüber, daß ausländische Arbeitskräfte eine wesentliche Rolle gespielt und in den Phasen des wirtschaftlichen Aufschwungs als *Ventil* und in jenen des Rückgangs als *Dämpfer* gewirkt haben. Im Bereich der Finanzpolitik wurde nach den Ereignissen der 70er Jahre mit Erfolg das Ziel eines nicht-defizitären Haushalts verfolgt. Unter diesen Bedingungen und durch den Verzicht auf feste Wechselkurse wurde im Bereich der Geldpolitik das vorrangige Ziel der Preisniveaustabilität wahrgenommen, wobei die Geldmengenkontrolle (mit öffentlicher Publikation der Geldmengenziele) hauptsächlich den Devisengeschäften vorbehalten blieb.

Ein derartiges Verhalten, betont Rötheli, bedeutet keineswegs, daß in der Schweiz ein Konsens darüber besteht, die Geldpolitik nicht zu konjunkturpolitischen Zwecken einzusetzen. Die Schweizerische Nationalbank hat im übrigen nie auf die Möglichkeit der Anwendung geldpolitischer Maßnahmen verzichtet (vor allem nicht in Zeiten einer Überbewertung des Wechselkurses), noch darauf, Kursschwankungen auszugleichen. Abschließend gibt Rötheli der Hoffnung Ausdruck, daß die Geldpolitik auf jeden Fall so auszurichten sei, daß die mit konjunkturstabilisierenden Maßnahmen verbundenen Preisschwankungen weitgehend ausgeglichen werden.

Der hier kurz dargestellte Inhalt dieses Referats liefert interessante Ansatzpunkte. Darunter verdient besonders die Tatsache Beachtung, daß die Schweizerische Nationalbank – trotz einer an Preisniveaustabilität orientierten Geldpolitik – ausdrücklich die Möglichkeit konjunktureller Maßnahmen zuläßt. Seitens der Nationalbank eines Landes, in dem der Arbeitsmarkt durch die Einwanderungspolitik weitgehend dereguliert funktioniert und in dem der Bundeshaushalt keinerlei Defizit aufweist, ist diese Aussage besonders bedeutsam.

In seinem der italienischen Geldpolitik gewidmeten Referat beschreibt und kommentiert Giacomo Vaciago die in den 80er Jahren im Bereich des Geldrégimes eingetretenen Veränderungen. Er schildert sowohl ihre Voraussetzungen und Ziele, als auch ihren Erfolgsgrad und die noch bestehenden Probleme.

Für Vaciago bedeutete der Beitritt Italiens zum EWS im Jahre 1979 eine Wende in der italienischen Geldpolitik [27]. Die durch den Beitritt zum EWS auferlegte Disziplin kommt in erster Linie in einer nicht-akkommodierenden Geldpolitik zum Ausdruck, der man zur Senkung der Inflationsrate den Vorrang gibt und in zweiter Linie in einer schwächeren Monetisierung der öffentlichen Schulden, die jedoch nicht von einer konsequenten Haushaltspolitik begleitet wird. Den veränderten geldpolitischen Strategien, die in wenigen Jahren die Wachstumsrate der Geldmenge um die Hälfte herabsetzten, ging darüberhinaus ein wenig entschiedenes Verhalten der Währungsbehörden voraus, welches – nach Ansicht des Verfassers – die Inflationstendenzen bereits im Frühstadium hätte abschwächen und die Kosten der Verlangsamung des Inflationsprozesses hätte verringern können.

Das derzeit in Italien bestehende Geldrégime weist jedoch, so Vaciago, eine Reihe von Problemen auf, die im Widerspruch zur Strategie und zur konkreten Durchführung der Geldpolitik stehen, wenn man ihre Ursachen nicht beseitigt. Dabei wird vor allem darauf verwiesen, daß die Steuerbarkeit der Geldaggregate, soweit dies die Schöpfung von Zentralbankgeld betrifft, von der *Autonomie* der Banca d'Italia und von der *Effizienz* der Übertragung geldpolitischer Eingriffe abhängt. Hier haben Mängel auf beiden Ebenen zu Schwankungen im kurzfristigen Verlauf der als Zwischenzielsetzungen angesehenen Geldaggregate und demnach auch in der Realisierung der Endzielsetzungen (Inflation und Zahlungsbilanzausgleich) [28] geführt.

---

[27] In einem internationalen Rahmen, der von einem drastischen Wandel im Bereich der Geld- und Finanzpolitik der maßgeblichen Industriestaaten gekennzeichnet ist, hat sich auch diese natürlich verändert. Ein knappes, scharf umrissenes Bild dieser Veränderungen liefert M. Arcelli: Nuove tendenze in tema di politica monetaria nei principali paesi dell'occidente, in: Economia Italiana, Nr. 2, 1987.

[28] Andererseits muß darauf hingewiesen werden, daß das Ansteigen der Zinssätze über des Ziel das Leistungsbilanzausgleichs hinausgegangen ist und einen

Was die Unabhängigkeit der Zentralbank vom Schatzministerium betrifft, so wurden in den 80er Jahren dank der 1981 erfolgten „Scheidung" (die die Kaufverpflichtung der Banca d'Italia bei der Placierung von Schatzscheinen beendete) und der Verringerung des dem Schatzministerium zur Verfügung stehenden Spielraums einige Hindernisse beseitigt. Ernsthafte Einschränkungen erfährt die Autonomie jedoch immer noch aufgrund der einseitigen Struktur der öffentlichen Schulden (hoher Anteil der kurzfristigen Wertpapiere) und des durch die steigende Last der Zinssätze erzeugten „finanziellen" Charakters des Haushaltsdefizits. Dies reduziert die Flexibilität der Zinssätze und bringt die Möglichkeit mit sich, daß die Steuerung von Zentralbankgeld zu einer Steigerung des Bedarfs des Schatzministeriums führt. Eine Verbesserung in dieser Hinsicht würde eine energische Korrektur der Haushaltspolitik erfordern.

Hinsichtlich einer Geldpolitik, die von der direkten Kontrolle zu marktkonformen Eingriffen übergeht, werden von Vaciago einige Mängel aufgezeigt, die sowohl auf die langsame Anpassung der Banken an das neue Régime, auf die durch eine lange Tradition direkter Eingriffe gebildeten Erwartungen und nicht zuletzt auf die unzureichende Entwicklung der Märkte zurückzuführen sind. In einer derartigen Situation, in der ein Strategiewechsel noch nicht erfolgreich durchgesetzt werden konnte, haben besondere Umstände – wie die Währungskrisen der Jahre 1986 und 1987 – notwendigerweise zu Rückschlägen geführt.

Schließlich stellt der Verfasser fest, daß die schrittweise Aufhebung der Devisenkontrollen bei tendentiell festen Wechselkursen das Risiko von Währungskrisen erhöht. Gegen dieses Risiko nimmt allerdings Italien auch weiterhin den breitesten Schwankungsspielraum innerhalb des EWS in Anspruch. Trotzdem bringt die Beibehaltung dieses, von unseren Währungsbehörden auf verschiedene Weise gerechtfertigten, Schwankungsspielraums Kosten im Sinne von höheren kurzfristigen Zinssätzen – aufgrund des höheren Risikos bei Investitionen in italienische Finanzaktiva – mit sich.

Abschließend kann man sagen, daß die italienische Geldpolitik in stabilitätsorientierter Richtung verändert wurde, die Bedingungen zu ihrer effizienten Durchführung jedoch noch nicht vollständig vorhanden sind. Das Ungleichgewicht in den öffentlichen Finanzen und in der Struktur der öffentichen Schulden einerseits und die Unzulänglichkeit der Finanzmärkte andererseits bilden nach Ansicht des Verfassers die Elemente, die die Unabhängigkeit der italienischen Geldpolitik am meisten beeinträchtigen. Und förmliche Autonomieerklärungen nützen hier wenig.

---

tendeziell positiven Gesamtsaldo erzeugt hat. Von der herkömmlichen Exportunterstützung mittels einer akkommodierenden Wechselkurspolitik ist man in den 80er Jahren zu einer Politik der Währungsstabilität übergegangen, die den Leistungsbilanzausgleich dem Strukturwandel der von der restriktiven Politik betroffenen Unternehmen anvertraut. Vgl. hierzu E. De Antoni: Politica monetaria, sistema finanziario e livelli di attività nell'esperienza italiana dagli anni sessanta ad oggi, Manuskript, Trient 1989.

In der Auseinandersetzung über dieses Thema wird von italienischer Seite die Analyse der aufgeführten Mängel größtenteils geteilt. Nicht alle Wissenschaftler stimmen jedoch mit den grundlegenden Strategien der italienischen Geldpolitik überein, noch sind sie mit den Zwischenzielsetzungen und den verschiedenen Instrumenten (und natürlich auch mit den theoretischen Grundlagen und den analytischen Ansätzen) einverstanden. Kritik wird besonders von den Befürwortern einer Politik der inneren Währungsstabilität geübt, die durch eine Ankündigung des geplanten Wachstums der Geldaggregate getragen werden müßte, wobei vollstes Vertrauen in die Kräfte des Marktes gesetzt wird (mit dementsprechenden Reaktionen auf den Einsatzt der Instrumente) [29]. Andererseits auch von denjenigen, die die Wiedereinführung einer ausschließlich marktbezogenen Logik ablehnen [30]. Die Beurteilung der mit der Ausdehnung der öffentlichen Schulden in Italien verbundenen Probleme erzeugt hingegen nur wenige Meinungsverschiedenheiten. Kürzlich entfachte sich jedoch eine Auseinandersetzung bezüglich der makroökonomischen Aspekte, die die schwierige Situation in den vergangenen beiden Jahrzehnten hervorgerufen haben [31].

4.2. *Das Europäische Währungssystem*

Von der Diskussion der nationalen Geldpolitiken bis zur Debatte der zukünftigen Entwicklung des Europäischen Währungssystems ist es nur ein Schritt. Das später in der Podiumsdiskussion erörterte Thema wurde von Hans-Hermann Francke eingeführt, der ein klares Bild der verschiedenen Aspekte des Problems der Gründung einer europäischen Notenbank aus der Sicht der Bundesrepublik Deutschland entwirft, deren Währung auf jeden Fall eine entscheidende Rolle im EWS spielen wird. Im Beitrag Franckes werden die theoretischen Aspekte und die Motive der an der Auseinandersetzung beteiligten Partner ausführlich diskutiert. Er unterscheidet sowohl zwischen der Stellung der Länder mit schwacher Währung und jener der Bundesrepublik als auch zwischen den Meinungen der Wirtschaftswissenschaftler und der Politiker.

---

[29] Vgl. z.B. A. Penati / F. Spinelli: I progressi ed i nodi irrisolti della politica monetaria italiana nei primi anni Ottanta, in: Note Economiche, Nr. 1-2, 1986, S. 35-71.

[30] Vgl. z.B. V. Valli: Politica economica, Rom 1987; M. De Cecco: Una politica economica per gli anni '80, in: Note Economiche, 1982; C. Gnesutta: Sistema finanziario e intermediari in una fase di transizione, in: Politica Economica, 1987.

[31] Vgl. z.B. F. Giavazzi / L. Spaventa: Italy: The Real Effects of Inflation and Disinflation, Economic Policy, Nr. 8, 1989; C. D'Adda / B. Salituro: L'economia italiana negli anni settanta ed ottanta, Rivista di politica economica, 1989.

Die Ergebnisse der ersten Jahre des Bestehens des EWS sind nicht sehr enthusiastisch. Dies aufgrund der Anzahl der eingetretenen Paritätenänderungen und auch aufgrund der Tatsache, daß die Konvergenz, die sich zweifellos zwischen den Inflationsraten der am EWS beteiligten Länder ergeben hat, von positiven äußeren Einflüssen profitiert und einem chronischen Stabilitätsmangel in vielen beteiligten europäischen Ländern gegenübergestanden hat.

Was den ersten von Francke erörterten Punkt betrifft, so muß darauf hingewiesen werden, daß das EWS in den ersten 9 Jahren seines Bestehens, in denen elf Realignments stattfanden, sicherlich nicht von einer „ruhigen Lage" des von Veränderungen der effektiven Wechselkurse der maßgeblichen Weltwährungen gezeichneten internationalen Währungssystems profitieren konnte [32]. Zum Beweis der nicht zu verachtenden Performance des EWS wird auf die Verringerung der kurzfristigen Wechselkursveränderungen zwischen den beteiligten Währungen hingewiesen [33]. Auf der anderen Seite heben die Realignments die schwachen Punkte des Systems hervor: neben den von der Situation der realen Wirtschaft abhängigen Strukturproblemen sind vor allem die unzureichende Angleichung der Geld- und Haushaltspolitik der beteiligten Länder, die dadurch entstehenden Spannungen – vor allem bei Dollarabwertungen – sowie die Schwierigkeiten der Wechselkursgestaltung infolge der zunehmenden Finanzintegration in Europa zu nennen.

Was den zweiten Punkt anbelangt, so stimmt es, daß analoge Senkungen der Inflationsrate auch in den nicht am EWS beteiligten Ländern zu verzeichnen waren. Dabei bleibt jedoch die Frage offen, ob diese Ergebnisse in den Partnerländern mit *weicher Währung* ohne den von den Wechselkursabkommen auferlegten, wenn auch freiwilligen, Disziplinierungszwang möglich gewesen wären. Die Motive der einzelnen Partnerstaaten des EWS werden von Francke einleuchtend dargestellt. Ein plausibler Grund für die *Weichwährungsländer* mag in der Möglichkeit liegen, die Durchsetzung unpopulärer, wirtschaftspolitischer Maßnahmen durch den moralischen Disziplinierungszwang zur Stabilisierung der Wechselkurse zu erleichtern, indem man die Verantwortung dafür auf internationale Verpflichtungen abwälzt. Ein zweites Motiv könnte in der Erhöhung des „Überraschungserzeugungspotentials" bei der Durchführung expansiver geldpolitischer Maßnahmen liegen, die sowohl in der Glaubwürdigkeit der Deutschen Bundesbank – und daher indirekt auch in den von den anderen Ländern eingegangenen Verpflichtungen – als auch in der schweren Prognostizierbarkeit kurzfristiger Interventionen der Notenbanken und des Ausgangs

---

32 Vgl. R. Masera: L'unificazione monetaria e lo SME, Bologna 1987.

33 Ebd. Eine aktuelle ökonomische Untersuchung liefern R.G. Avesani / G. Gallo: Volatilità e stabilizzazione nel sistema monetario europeo: un'analisi econometrica, in: F. Spinelli / R.G. Avesani / R. Tamborini (Hrsg.), Atti del I Convegno di Economia e Politica monetaria, Trient 1989.

der für eventuelle Realignments erforderlichen politischen Verhandlungen begründet ist.

Der Verfasser stellt sich die Frage, worin das Interesse der Bundesrepublik Deutschland am EWS besteht. Er führt zunächst historische Gründe an, die mit der Entwicklung des internationalen Währungssystems in den 70er Jahren zusammenhängen. Damals lief die DM Gefahr, den Rang einer Reservewährung einzunehmen, was die Möglichkeiten der Kontrolle des Geldangebots zu einer Zeit eingeschränkt hätte, in der auch in Deutschland die Inflation beunruhigende Größenordnungen erreichte. Angesichts der starken Schwankungen des Dollars hätte das EWS in Anbetracht der beschränkten Dimensionen von Wirtschaft und Finanzmarkt in Deutschland einen besseren Beitrag zur Erhaltung der inneren Handelsbeziehungen Europas leisten können.

Ein zweiter *ex-post* festgestellter Vorteil liegt in der Tatsache, daß die Realignments, die bis jetzt stets zu Aufwertungen der DM führten, im allgemeinen mit einer gewissen Verspätung stattfinden und es somit der DM ermöglichen, für längere Zeiträume und völlig „legitim" unterbewertet zu bleiben, ohne Reaktionen seitens der Handelspartner hervorzurufen. Ein dritter Vorteil, der von Francke allerdings nicht als solcher angeführt, sondern an anderer Stelle seines Beitrags erörtert wird, besteht in der effektiven Asymmetrie der Anpassungskosten; die *Weichwährungsländer* müssen restriktive Maßnahmen anwenden, um übermäßige Verluste an Währungsreserven zu vermeiden, während die Bundesrepublik Deutschland Reserven gewinnt, deren Liquiditätseffekte sie eventuell „sterilisieren" muß. Schließlich unterstreicht der Verfasser die Tatsache, daß dank der EWS-Verpflichtungen auch die Bundesbank unter gewissen Umständen ihre Verantwortung lockern kann, insbesondere wenn es notwendig wird, Zielverfehlungen zu entschuldigen.

Was das Problem der Gründung einer Europäischen Zentralbank betrifft, so werden zunächst die Interessen der *Weichwährungsländer* erklärt, die hauptsächlich die Kosten fürchten, die eine Aufrechterhaltung ihrer Mitgliedschaft am EWS in dessen derzeitiger Form bei einer völligen Liberalisierung der Kapitalmärkte mit sich brächte [34]. Bezüglich der Bundesrepublik Deutschland wird hingegen auf die Befürchtungen hingewiesen, die die Gründung einer Europäischen Zentralbank im Hinblick auf die innere Währungsstabilität und den unvermeidlichen Autonomieverlust der Deutschen Bundesbank heraufbeschwört. Die eventuelle Ausstattung

[34] Unter den Wissenschaftlern gibt es allerdings keine einheitliche Meinung hinsichtlich der Risiken, denen das System bei der Liberalisierung des Kapitalmarktes gegenübersteht. Vgl. dazu z.B. M. Monti: Integrazione monetaria e finanziaria: prospettive di breve e di lungo periodo, in: Economia Italiana, Nr. 3, 1988; M. Sarcinelli: L'integrazione finanziaria europea e la sfida del 1992: è l'approccio di mercato sufficiente?, in: Moneta e credito, Nr. 164, 1988.

der Europäischen Zentralbank mit einer ähnlichen Autonomie wird von Francke als unangebracht, unwahrscheinlich und auf jeden Fall als unzureichende Garantie betrachtet: unangebracht auf rechtlicher und politischer Ebene, weil sie keine demokratische Kontrolle über die Geschäftsführung zulassen würde; unwahrscheinlich als *de facto-Autonomie,* weil abhängig von einem Abkommen zwischen Regierungen mit divergierenden wirtschaftspolitischen Interessenlagen; unzureichend, weil gerade die Autonomie der Bank eine Handlungsfreiheit verleihen würde, die nicht unbedingt zur Erhaltung der Währungsstabilität ausgeübt werden würde (vor allem in Anbetracht divergierender Interessen, die die Bank auf jeden Fall beachten müßte). Auch die Annahme, der Bank Regelbindungen für europäische monetäre Zwischenziele aufzuerlegen, wird, sowohl im Hinblick auf die Währungspolitik als auch auf die realen Bezugsgrößen, als schwer praktikabel erachtet.

Zum Abschluß wird die Möglichkeit der Integration einer eventuellen Europäischen Zentralbank in das Weltwährungssystem erörtert. Ein Weltwährungssystem mit Fixkursen würde seitens der USA die Anpassung an ein Standardmodell oder die Beachtung einer konstanten Geldmengenregel voraussetzen, da für eine Europäische Zentralbank die Emission des ECU als dominierende internationale Reservewährung illusorisch ist. Auf jeden Fall würde die Teilnahme an einem Fixkurssystem die Wirkungen exogener Schocks auf die Inflationsrate übertragen. Wenn andererseits die Europäische Zentralbank einer Regel konstanten Geldmengenwachstums folgte, anstatt sich in ein weltweites Fixkurssystem zu integrieren, würden die Wirkungen der exogenen Schocks auf die Wechselkurse übertragen werden. Francke ist der Meinung, daß die letzte Lösung die weniger risikoreiche sei, da der Außenhandel der EG vorwiegend innerhalb der Gemeinschaftsgrenzen abgewickelt wird.

Aufgrund der im Referat dargelegten Analyse kann man zusammenfassend sagen, daß der Verfasser die Gründung einer Europäischen Zentralbank eher negativ beurteilt, während das EWS den Erfordernissen einer „effizienten Geldordnung“ durchaus nachkommt.

Obwohl seine Beurteilung der Erfolge des EWS nicht gerade enthusiastisch ist, zieht Francke doch das Weiterbestehen des gegenwärtigen Systems der Alternative Zentralbank vor, die die Überwindung neuer und vielleicht nicht zu bewältigender Probleme voraussetzen würde. Doch selbst wenn man diese Lösung akzeptiert, weist das gegenwärtige System Mängel auf, die beseitigt werden müssen. Es handelt sich vor allem um zwei auch von Francke erläuterte Probleme und zwar die Anfälligkeit des Systems gegenüber spekulativen Transaktionen im Hinblick auf die in Aussicht genommene vollständige Liberalisierung der Finanzmärkte sowie die Frage einer gemeinsamen Wechselkursstrategie gegenüber dem Dollar. Dieses Thema wurde auch im Rahmen der Podiumsdiskussion erörtert, deren Beiträge ebenfalls in diesem Band enthalten sind.

Das dritte Problem betrifft die Länder mit den höchsten Inflationsraten, die im Laufe der Wechselkursentwicklungen bei jedem Realignment gegensätzlichen Spannungen ausgesetzt sind: rezessiven Tendenzen vorher und inflationistischen nachher [35]. Das System lastet damit den schwächeren Ländern zusätzliche Probleme auf, die abgeschwächt werden könnten, wenn das *Hartwährungsland* entsprechende, vom Abkommen allerdings nicht vorgesehene, Stützungsmaßnahmen anwenden würde.

Eine weitere Konsequenz des Systems ist, daß die Währung des „glaubwürdigsten" Landes in den Mittelpunkt gestellt wird. Dieses Land wird auf diese Weise zum Schrittmacher einer monetären Disziplin, nach der sich die anderen richten müssen. Die Politik dieses Landes wird daher ausschlaggebend für den Wachstumsrhythmus des gesamten Systems. Im Fall der Bundesrepublik Deutschland bedeutet das, daß die Wachstumsrate der Inlandsnachfrage niedriger ist, als die der am Währungsabkommen beteiligten Partnerstaaten. Zusammen mit der bereits erwähnten periodischen Unterbewertung der DM beeinträchtigt dies die Wachstumsmöglichkeiten der *Weichwährungsländer* und produziert strukturelle Überschüsse der deutschen Handelsbilanz, die ihrerseits Wechselkursspannungen hervorrufen [36]. Die gegenwärtige Ordnung des EWS beeinträchtigt demnach die Wachstumsmöglichkeiten der zu höheren Inflationsraten neigenden Länder aufgrund der Doppelwirkung der Unterbewertungstendenz des DM-Kurses – zum Nachteil der Konkurrenzfähigkeit der europäischen Handelspartner – und der deflationistischen Politik, die diesen Ländern durch die von der Bundesbank und den fixen Wechselkursen gesetzten monetären Ziele indirekt auferlegt werden. In Anbetracht des bestehenden Systems von Handelsbeziehungen, in dem die Bundesrepublik Deutschland gegenüber den anderen europäischen Partnern immer mehr im Vorteil ist und das gleichzeitig Anzeichen einer Verschlechterung der außergemeinschaftlichen Handelsbeziehungen aufweist, besteht die Gefahr, daß sich das in der Gemeinschaft bereits bestehende Problem des *catching up* weiterhin verschärft, wenn keine politischen Maßnahmen zur Wiedergewinnung des Gleichgewichts angewandt werden. Damit diese akzeptiert werden ist es notwendig, die verbreitete und drastische Unterscheidung zwischen „guten" (mit niedriger Inflationsrate) und „bösen" Ländern aufzugeben, da letztere hauptsächlich Entwicklungsprobleme bei Produktivität, Einkommen und Beschäftigung aufweisen, die auch mit Hilfe einer noch so „virtuosen" Politik sicher nicht schnell zu lösen sind [37]. Dies erklärt das Anliegen einiger Länder, die

---

[35] Siehe auch R. Masera, L'unificazione monetaria e lo SME, vgl. Anm. 32, § 3.2.

[36] Dieses Problem wurde in einem von Wirtschaftsexperten des italienischen Schatzministeriums verfaßten Dokument eindringlich dargestellt. Vgl. Ministero del Tesoro: A proposito della „Costruzione monetaria europea": la posizione italiana, Rom 1988.

Wachstumsrate für eine spannungsfreie Entwicklung des EWS nicht mehr von einem einzigen Land, sondern von einer gemeinschaftlichen Absprache bestimmen zu lassen, die die hauptsächlichen Wirtschaftsprobleme wie Inflation, Wachstum und Beschäftigung gleichermaßen berücksichtigt. Der Vorschlag der Gründung einer Europäischen Zentralbank wird unter diesem Gesichtspunkt als Absicht gesehen [38], ein institutionelles Instrument zur Formulierung einer gemeinsamen Geldpolitik zu schaffen, die gemeinsam vereinbarte Ziele berücksichtigt (es ist natürlich klar, daß diese Hypothese die Definition einer „Autonomie" der Europäischen Zentralbank erschweren würde). Einige sehen in einer Bank auch ein effizientes Mittel zur Absicherung des für einen gemeinsamen Geldmarkt unerläßlichen Festkurssystems und zur Koordinierung der Geldpolitik.

Es muß schließlich noch darauf hingewiesen werden, daß das System nicht nur asymmetrische Anpassungskosten auferlegt, sondern auch die Gefahr in sich birgt, durch die Liberalisierung der Finanzmärkte innerhalb der EG ein noch stärkeres Ungleichgewicht zu erzeugen. In einer derartigen Situation würden die nicht am EWS beteiligten Länder von der Liberalisierung profitieren, ohne sich der Disziplin des Festkurssystems unterziehen zu müssen. Andererseits würde die Einbeziehung einer Währung wie des Sterlings – eine Petro- und internationale Reservewährung – die Aufrechterhaltung der Paritäten sicherlich erschweren.

Aus diesen kurzen Hinweisen ist ersichtlich, daß die Gründung einer Europäischen Zentralbank Probleme bezüglich ihrer Konzeption und Realisierung aufwerfen würde, aber die Aufrechterhaltung des gegenwärtigen Systems auf jeden Fall Änderungen und Lösungen fordert, die weder leicht zu vereinbaren, noch leicht durchzuführen sind.

Bevor die im Rahmen der Podiumsdiskussion stattgefundene Debatte über das Europäische Währungssystem kommentiert wird, ist es nützlich, auf das Referat Gerhard Zeitels über den Beitrag der Bundesrepublik Deutschland zum internationalen Wirtschaftswachstum einzugehen. Diesem Thema kommt, wie wir eben gesehen haben, im Rahmen der gegenwärtigen Funktion des Systems beträchtliche Bedeutung zu.

Nach einer Darstellung des internationalen Stellenwertes der deutschen Wirtschaft und ihrer Spitzenposition im Außenhandel mit den OECD-Ländern, die größer ist als ihr am Sozialprodukt gemessenes anteiliges Gewicht, zeigt der Verfasser die Elemente auf, mittels der die Bundesrepublik Deutschland auf das internationale Wirtschaftswachstum einwirkt. Sie betreffen erstens die Währungs- und Finanzebene, zweitens die Merkmale

---

[37] Zu diesen Themen vgl. auch R. De Luzenberger / C. Imbriani: La partecipazione allo SME e l'apprezzamento del tasso reale di cambio: i recenti sviluppi nel commercio estero italiano, in: Rivista di Politica Economica 1989.

[38] Vgl. das unter Anm. 36 zitierte Dokument, S. 7-8.

des Angebots und schließlich die Offenheit des nationalen Wirtschaftssystems. Zum ersten Punkt wird besonders das von den Regierungsbehörden verfolgte vorrangige Ziel der Währungsstabilität hervorgehoben. Aufgrund der Leitwährungsfunktion der DM im EWS hat diese Politik Stabilisierungsimpulse im gesamten europäischen Bereich gezeigt. Es wird auch auf den Beitrag der Bundesrepublik Deutschland zur Finanzierung der verschiedenen internationalen Währungsorganisationen hingewiesen und schließlich noch besonders auf die marktorientierte Währungspolitik eingegangen, die in den letzten Jahren zur Akzeptanz einer starken Aufwertung gegenüber dem Dollar geführt hat (dabei darf daran erinnert werden, daß die DM gleichzeitig für lange Zeitabstände gegenüber den anderen Währungen des EWS unterbewertet blieb).

Der zweite Punkt betrifft den deutschen Einfluß auf die internationalen Kapitalströme. Da sie auf dem Kapitalmarkt eine herausragende Gläubigerposition einnimmt, trägt die Bundesrepublik Deutschland zur Erleichterung der Finanzierungsbedingungen für das Wirtschaftswachstum anderer Länder (besonders der Entwicklungsländer) bei.

In gleichem Maße wie die Kapitalausfuhr trägt der Warenexport zum Wirtschaftswachstum anderer Länder bei, meint Zeitel weiterhin, da der Großteil der deutschen Exporte aus Investitionsgütern besteht, was eine beträchtliche Übertragung von Technologien zur Unterstützung der Entwicklung anderer Länder mit sich bringt. Die deutsche Wirtschaft stellt also sowohl Kapitalhilfen als auch Produktionsausrüstungen zur Verfügung und leistet daher angebotsseitig einen Beitrag zum internationalen Wirtschaftswachstum.

Der Verfasser stellt schließlich die Bundesrepublik Deutschland als ordnungs- und prozeßpolitisches Beispiel hin, indem er ihre auf marktwirtschaftliche Effizienz sowie Stabilität von Wirtschaft und Währung ausgerichteten Grundvorstellungen erläutert. Diese Grundprinzipien haben sowohl auf institutioneller Ebene als auch im Bereich der internationalen Beziehungen Konsequenzen (zum Beispiel die Offenheit des eigenen Marktes) gezeitigt.

In diesem Bild haben die Impulse, die die deutsche Nachfrage an die internationale Wirtschaft gibt, nur Randbedeutung. Zeitel weist darauf hin, daß das Gewicht der Exporte und Importe am gesamten Außenhandel der OECD 16% und 12% beträgt. Nur in bezug auf Europa (an dessen Bruttosozialprodukt die Bundesrepublik Deutschland einen Anteil von 21,8%, an den Exporten von 30,7% und bei den Importen von 24,5% hat), hat die Wachstumsrate der deutschen Wirtschaft einen erheblichen Einfluß. In diesem Zusammenhang weist der Verfasser darauf hin, daß die Bundesrepublik Deutschland der höchste Nettobeitragszahler des EG-Haushaltes ist und so den integrationspolitischen Wachstumsimpuls fördert.

Nachdem der Beitrag der deutschen Wirtschaft zum internationalen Wirtschaftswachstum hauptsächlich auf die Währungs- und Finanzebene verlagert wird, mißt man dem durch die Nachfrage erzeugten Impuls weniger Bedeutung bei. In Zeitels Referat wird insbesonders die Tatsache, daß die durchschnittliche Wachstumsrate der deutschen Wirtschaft in den 80er Jahren unter den Gesamtwerten der OECD-Länder liegt, kaum erwähnt. Dies scheint implizit zu bedeuten, daß die aus den beträchtlichen Leistungsbilanzüberschüssen der Bundesrepublik und den Defiziten der anderen europäischen Partnerstaaten resultierenden Ungleichgewichte von den letzteren bereinigt werden müssen. Diesen ist zwar erlaubt, von der Währungsstabilität abweichende Ziel- und Prioritätsvorstellungen zu haben, sie müssen aber wissen, daß „diese verschiedenen Auffassungen nicht ohne Konsequenz für die internationale Kooperationswilligkeit und -fähigkeit sind“. Wie man sieht ein Grundproblem wesentlicher Meinungsverschiedenheiten, die von Zeit zu Zeit in Europa – und besonders in der gegenwärtigen Phase der institutionellen Veränderungen – auftauchen.

Lassen Sie uns nun zur Podiumsdiskussion über das europäische Währungssystem kommen, die viele interessante Punkte ergeben und es durch die direkte Gegenüberstellung ermöglicht hat, die verschiedenen *Philosophien* herauszustellen, die der einen oder der anderen Entwicklungsperspektive des Systems den Vorzug geben. Nach Franckes geradliniger und rigoroser Argumentation, die sich auf einen genau umrissenen Standpunkt gründet, vermittelt uns die Debatte der Teilnehmer der Podiumsdiskussion Einsicht in die verschiedenen Voraussetzungen sowie *politischen* und praktischen Auffassungen. Nachdem der Kommentar zu Franckes Referat natürlich auch viele der in der Podiumsdiskussion erörterten Themen behandelt, werden wir uns darauf beschränken, die in der Debatte zutagegetretenen gegensätzlichen Einstellungen aufzuzeigen, ohne dabei die einzelnen Themen weiter zu vertiefen.

Man sollte dabei von einem Punkt ausgehen, nämlich der positiven Bewertung der Performance des EWS in den ersten Jahren seines Bestehens seitens aller Diskussionsteilnehmer, jedoch mit verschiedenen Akzentsetzungen in Bezug auf seine einzelnen Aspekte. Wenn Kienzl einerseits sofort die Gefahr hervorhebt, die von der Divergenz der *fundamentals* herrühren könnte, betonen die deutschen Wirtschaftswissenschaftler andererseits die Tatsache, daß das System bis jetzt auf konvergierende Weise funktioniert hat, was vor allem dem „Disziplinierungszwang“ zuzuschreiben ist. Zur führenden Position der DM erklärt Häuser vorausgreifend, daß diese in Deutschland, besonders von der Bundesbank, als Last empfunden wird und daß dieses Problem auf jeden Fall für eine harte Währung „jeglicher Art“ bestünde. Diese Meinung wird auch von Carli geteilt, der seine Befürchtung hinsichtlich eines eventuellen Verzichts auf ein System bekundet, welches auf die gesamte Gemeinschaft stabilisierend gewirkt hat.

In der Beurteilung der verschiedenen Entwicklungshypothesen des Systems und besonders der Idee der Gründung einer Europäischen Notenbank gehen die Meinungen hingegen auseinander.

Die bereits schon erwähnten Probleme, mit denen sich das System auseinandersetzen muß, sind die folgenden:

- das Problem des Ungleichgewichts der Zahlungsbilanzen, sowohl innerhalb Europas als auch auf internationaler Ebene;
- die Gefahr, daß spekulativer Kapitalverkehr in Folge einer Marktliberalisierung die Währungsstabilität schwer beeinträchtigt;
- das Problem der Beziehungen zu den anderen großen Währungsräumen.

Die Meinungen zum ersten Punkt sind unterschiedlich, wenn auch nicht extrem gegensätzlich. Das von Carli unter Bezugnahme auf die in den USA bestehende Debatte aufgeworfene Problem betrifft die verschiedenen Formen einer Korrektur der Ungleichgewichte (durch Herstellung eines besseren Verhältnisses von Investitionen und Ersparnissen oder durch Wechselkursveränderungen). Dieses Thema ist für den europäischen Raum (Carli führt den Überschuß an Erspannissen der deutschen gegenüber dem Überschuß an Investitionen der englischen Wirtschaft an) und für das Defizit der USA und dessen Folgen auf die internationalen Handels- und Finanzbeziehungen von großer Bedeutung.

Während sich Carli für einen Ausgleich des Verhältnisses zwischen Ersparnissen und Investitionen ausspricht, bemerkt Häuser, daß in Anbetracht der Tatsache, daß das Überschießen der Wechselkurse oft weit ab von realen Faktoren lag, die andere Hypothese vorzuziehen ist, um eine schnellere Anpassung monetärer und realer Faktoren zu erzielen. Andreatta weist auf den Fall der USA hin, wo aufgrund der Ausschöpfung aller Ressourcen weitere Abwertungen zu einem übermäßigen Anstieg der Nachfrage und zur Inflation führen würden. Die Möglichkeit einer Lösung seitens der amerikanischen Behörden mittels einer einzigen Wechselkursmanipulation ohne entsprechende finanzierungs- und haushaltspolitische Maßnahmen würde ein großes Risiko für die internationalen Währungsbeziehungen bedeuten.

Interessant ist auch der von Zeitel bezüglich des Problems der Ungleichgewichte in Europa und der Übertragungen zwischen Überschuß- und Defizitländern vertretene Standpunkt. Da diese Ungleichgewichte der Zahlungsbilanzen Dauerprobleme darstellen und weder durch Wechselkursmanipulationen noch durch wirtschaftpolitische Interventionen zu beseitigen sind, wird es – seiner Meinung nach – wahrscheinlich notwendig werden, Formen eines *Finanzausgleichs* zu finden. Ein neues Finanzgleichgewicht ist für Zeitel eine der wichtigsten, langfristigen Zielsetzungen.

Auf dem Gebiet des Finanzausgleichs oder der externen Interventionen besteht jedoch keine einheitliche Meinung. In seinem Beitrag spricht sich Mooslechner zum Beispiel dafür aus, den Überschußländern die Anpassungslasten aufzuerlegen, um ein System zu korrigieren, das – wenn man Leistungsbilanzüberschüsse als positiv und Leistungsbilanzdefizite als negativ beurteilt – automatisch eine restriktive Ausrichtung aufweist. Carli hingegen warnt vor Vorschlägen, die nicht entsprechende politische Korrekturmaßnahmen in den Defizitländern enthalten, auch wenn er betont, daß diese Maßnahmen darauf zielen sollten, das Gleichgewicht zwischen Investitionen und Ersparnissen (was natürlich auch die Bundesrepublik betrifft) wiederherzustellen.

In engem Zusammenhang mit den bestehenden Ungleichgewichten der Zahlungsbilanzen steht das Problem des kurzfristigen Kapitalverkehrs, dessen bevorstehende vollständige Liberalisierung das EWS einer harten Probe unterziehen wird. Sie läßt die Verteidigung der Paritäten teuer werden und wird (so Carli) außerdem eventuell die Notwendigkeit mit sich bringen, Schutzklauseln mit den entsprechenden Nachteilen anzuwenden. Um der Spekulation entgegenzutreten bestehen die deutschen Wirtschaftswissenschaftler, wenn auch mit verschieden starkem Nachdruck, auf der Priorität einer Koordinierung der geld- und haushaltspolitischen Maßnahmen. Während für Zeitel der vom EWS auferlegte Disziplinierungszwang dazu beitragen kann, die Spekulation zu verringern, auch wenn die strukturellen Probleme des zwischenstaatlichen Ausgleichs bestehen bleiben, ist Häuser der Meinung, daß eine klare und glaubwürdige Geldpolitik die spekulativen Bewegungen abschwächt. Es ist also widersprüchlich, Freizügigkeit des Kapitalverkehrs zu fordern und gleichzeitig nach Maßnahmen zur Abwehr von Spekulation zu rufen.

Für Andreatta hingegen scheint die Koordinierung der geldpolitischen Maßnahmen vor allem aufgrund der unterschiedlichen *Glaubwürdigkeit* der einzelnen Länder nicht auszureichen. Wenn verhindert werden soll, daß die Spekulation die Oberhand gewinnt und die *fundamentals* zwingt, sich nach ihr zu richten, ist es notwendig auf ein System hinzuarbeiten, daß die Möglichkeit von Realignments ausschließt. Dieser Schritt ist von großer Dringlichkeit, wenn man vermeiden will, das System in einer Krisensituation verändern zu müssen, womöglich in einem Augenblick, in dem der deutsche Markt von europäischem und amerikanischem Kapital überschwemmt wird und das System starken Spannungen ausgesetzt ist. Eine Erklärung der Unveränderbarkeit des Wechselkurses (natürlich innerhalb eines Systems, das ihn zu halten imstande ist) würde neue Bedingungen der Glaubwürdigkeit nationaler Politik sowohl nach innen als auch nach außen schaffen und zu einer Änderung des Verhaltens, das „die Neigung zur Inflation bestimmt", führen.

Damit betreten wir das Feld der Vorschläge einer Systemänderung in Richtung einer stärkeren europäischen Währungsintegration. Im Mittelpunkt der Diskusion steht die Gründung einer Europäischen Notenbank, ein sowohl vom Standpunkt der Geldtheorie und Geldpolitik als auch in bezug auf die Europapolitik faszinierendes Thema. Wie es dem Referat Franckes entnommen werden konnte, sind die Schwierigkeiten für den Aufbau einer solchen Institution fast unüberwindbar und ihre geldpolitischen Vorzüge gegenüber anderen Alternativen fraglich. Ihre „psychologischen" Vorteile sollten jedoch nicht unterschätzt werden. Auf politischer Ebene wäre dies vor allem ein von einer derartigen übernationalen Institutionen ausgehende Impuls zur europäischen Integration. In zweiter Linie wäre es die Glaubwürdigkeit, welche die europäische Währungsinstitutionen und die ihr angehörenden Länder durch die zur Realisierung eines derartigen Projekts notwendige Anstrengung und Entschlußkraft gewinnen könnten. Eine Glaubwürdigkeit, die wohl eine „psychologische" Nuance haben mag, jedoch gleichzeitig Ströme von Milliarden von Dollarn zu lenken vermag. Aus diesem Grunde glauben wir, daß die in der Podiumsdiskussion vertretenen Standpunkte nicht alle mit den Schlußfolgerungen der zweifellos klaren Analyse Franckes übereinstimmen. Während Häuser auf der Vervollkommnung der Mechanismen des EWS besteht, ohne dessen Struktur zu verändern, zieht Andreatta die Hypothese einer gemeinsamen Notenbank vor. Die Standpunkte Carlis und Zeitels sind weniger klar umrissen; sie schließen die Lösung einer Bank zwar nicht aus, betrachten sie jedoch nicht als optimal und auf jeden Fall als ein langfristiges Ziel. Es lohnt sich kurz auf die Gründe und Vorschläge einzugehen, die teilweise recht originell sind.

Häuser befürwortet am eindeutigsten das Weiterbestehen des gegenwärtigen Systems ohne wesentliche Veränderungen. Er sieht eine mögliche Evolution aufgrund folgender Entwicklungen:

- Verengung des Schwankungsspielraums der Währungsparitäten;
- Einbeziehung der noch aus der Gemeinschaft ausgeschlossenen Länder;
- engere Koordinierung der Geld- und Finanzpolitik, welche jedoch stets des Disziplinierungszwanges des EWS bedarf.

In diesem Rahmen wird das Hauptinstrument – die *conditio sine qua non* – zur Währungsintegration von einer engen Koordinierung der wirtschaftspolitischen Maßnahmen gebildet: ein konservativer und vernünftiger Standpunkt, der ungefähr der Idee „die Ochsen vor den Wagen zu spannen" entspricht. Bestehen bleibt das Problem des Schutzes der Paritäten vor kurzfristigen Spekulationen und die Tatsache (wie auch Häuser zugibt), daß die Wechselkursbewegungen nicht immer die reale Situation widerspiegeln. Man kann daher weder auf die – notwendigerweise langfristigen – Wirkungen der Zusammenarbeit in der Wirtschaftspolitik warten, noch auf den „Ankündigungseffekt" einer derartigen Absicht vertrauen, da die Wirtschaftspolitik (und die Regierungsbehörden) der einzelnen Länder nicht alle dieselbe Glaubwürdigkeit genießen.

Dem Vorschlag Andreattas zugunsten eines Festkurssystems mit unveränderlichen Paritäten innerhalb des EWS liegen Überlegungen dieser Art zugrunde. Andreatta sieht zwei Alternativen. Die erste kennt keine wesentlichen Veränderungen des gegenwärtigen Systems (abgesehen vom prinzipiellen Ausschluß der Möglichkeit einer Währungsangleichung); die *Weichwährungsländer* müßten jedoch einige Jahre lang möglichst hohe Zinssätze beibehalten und es würde die Gefahr bestehen, daß aufgrund der zentralen Stellung der DM der Kapitalverkehr den deutschen Finanzmarkt überschwemmen würde.

Die zweite – von Andreatta vorgezogene – Alternative sieht die Gründung einer übernationalen, von den nationalen Parlamenten und Exekutivausschüssen unabhängigen Währungsbehörde vor, die die Geldpolitik in einem Festkurssystem lenken könnte und sicher größere Glaubwürdigkeit als die einzelnen nationalen Behörden (die Bundesbank ausgenommen) genießen würde. Um dem verständlichen Mißtrauen der Deutschen und ihrer Besorgnis hinsichtlich der inneren Währungsstabilität zu begegnen, schlägt Andreatta vor, daß in der in bundesstaatlicher Struktur organisierten europäischen Notenbank der Bundesbank spezifische Aufgaben zuerkannt würden (so wie im amerikanischen System der Federal Reserve in New York) und vor allem, daß im Komitée der Bank eine von Vertretern der Bundesrepublik Deutschland und den Niederlanden gebildete Vetominderheit eingesetzt würde. Dieser Minderheit stünde das Recht zu, sich in besonderen Fällen, bei denen sie es für angebracht hielte, auf eine „Stabilitätsklausel" zu berufen, die auf einer monetarischen Regel begründet ist.

In bezug auf die Einwände Franckes gegenüber der Autonomie einer eventuellen europäischen Notenbank (unangebracht, unwahrscheinlich und unzureichend) hat dieser Vorschlag den Vorteil, eine *prinzipielle* Starrheit zu vermeiden, welche den *Weichwährungsländern* den Anschluß erschweren und gleichzeitig aber eine für die deutschen Behörden vielleicht ausreichende Sicherheit im Hinblick auf Stabilität – oder, besser gesagt, Begrenzung der Stabilität – darstellen würde. Es bleibt auf jeden Fall das Problem einer demokratischen Aufsicht über eine Behörde bestehen, die nicht nur unabhängig von Regierung und Parlamenten ist, sondern auch unter den noch ziemlich schwachen gemeinschaftlichen Institutionen bereits ein starkes Profil hat.

Zwei Aspekte von Andreattas Vorschlag, die im Gegensatz zu den verbreiteten Meinungen stehen, betreffen das Fehlen einer Funktion des ECU im neuen System sowie die Möglichkeit, daß Europa nicht geschlossen auf die Währungsunion zusteuert und sich einige Länder zusammenschließen könnten, um das Ziel vor anderen zu erreichen. Diese letztere Möglichkeit wird von Andreatta provokatorisch genützt, um den Deutschen das Gespenst eines „lateinischen Bündnisses" vor Augen zu führen, das vor den anderen eine eigene Währungsunion gründet, die sowohl für Unternehmen als auch für den Verbraucher Vorteile bietet. Gegenüber den Darlegungen Häusers und Andreattas vertreten die anderen Diskussionsbeiträge „mittlere“ Standpunkte, unter denen sich jedoch einige präzise Linien und Vorschläge abzeichnen.

Zeitel ist der Meinung, daß die Notwendigkeit der *formellen* Gründung einer europäischen Notenbank überbewertet worden sei und unterstreicht, daß die Geschichte der Entwicklung der Notenbanken einen Werdegang von politischer Integration und darauffolgender wirtschaftlicher Integration in einem funktionsfähigen Finanzausgleich aufzeigt. Hinsichtlich des Vorschlags von Andreatta ist er der Ansicht, daß im Bereich der Geld- und Finanzpolitik noch nicht genügend Übereinstimmung besteht und daß man zu ihrer Erreichung vielleicht eine Zwischeninstanz schaffen könnte, die imstande wäre, mit *Ratschlägen* die Wirtschaftspolitik in den einzelnen Länder zu lenken. Zwischen den einzelnen Partnern der europäischen Gemeinschaft besteht noch kein Finanzausgleich, der nur als sehr langfristiges Ziel und nur mit entsprechenden Kompensationsmechanismen erreicht werden kann. Auch Zeitel rät also dazu, der Zeit nicht vorauszueilen [39]. Seine Ausführungen beschränken sich nicht auf monetäre Aspekte, sondern befassen sich auch mit den realen Ungleichgewichten innerhalb der EG.

Carli führt einige Voraussetzungen für die Realisierung einer Währungsunion an. Diese sind: a) der freie Kapitalverkehr; b) ein System fester (oder innerhalb sehr enger Spielräume schwankender) Wechselkurse; c) die Irreversibilität dieses Systems, die wiederum eine koordinierte Wirtschafts- und Finanzpolitik vorraussetzt. Ohne diese Koordinierung – und ohne einen nationalen Autonomieverzicht im Bereich der Wirtschafts- und Finanzpolitik – sind die anderen Entwicklungen nicht miteinander zu vereinbaren. Grundvoraussetzung ist darüberhinaus eine Koordinierung der grundlegenden Zielsetzungen des Systems. Das Hauptziel soll nach Carlis Meinung in der *internen,* nicht in der externen, *Währungsstabilität* liegen. Mit dieser Zielsetzung kann man langsam, Schritt für Schritt, der Gründung einer europäischen Notenbank näherkommen. Ein Fortschritt auf diesem Weg könnte eine Zentralisierung der Devisenreserven sein, die gemeinsam von den Zentralbanken verwaltet werden müßten. Dies würde Einvernehmen hinsichtlich einer externen Politik gegenüber dem Dollar und dem Yen voraussetzen (Carli bemerkt in diesem Zusammenhang, daß

[39] Die im Delors-Bericht erläuterte „Dreiphasenstrategie“ zur Verwirklichung einer europäischen Währungsunion sieht bereits in der zweiten Phase institutionelle Veränderungen vor, die sich in einer adäquaten Anpassung des EG-Vertrags niederschlagen sollen. Maßgebliche deutsche Wirtschaftswissenschaftler haben Bedenken angemeldet, daß der einmal angekurbelte Revisionsmechanismus des Vertrags mit zuviel Enthusiasmus gehandhabt werde und zu Ergebnissen – wie der Gründung einer europäischen Notenbank – führen könnte, bevor eine ausreichende Konvergenz der Wirtschafts- und Geldpolitik der beteiligten Länder realisiert worden ist. Vgl. hierzu den Beitrag von N. Kloten in: The World Today, 1989.

bereits das gegenwärtige System einen Verzicht auf die nationale Souveränität gegenüber den Außenwährungen mit sich gebracht hat).

Auch das letztgenannte Außenverhältnis ruft verschiedene Stellungnahmen hervor. Wenn Häuser die mit dem EWS gemachten Erfahrungen positiv beurteilt, da es den Vorteil bringt, die äußeren Risiken auf mehrere Währungen zu verteilen und die Bedingungen dafür geschaffen hat, damit sich das Weltwährungssystem auf drei, anstatt auf zwei Beine stützen kann, meldet Zeitel Bedenken hinsichtlich der spekulative Bewegungen an, die ein Hindernis für die Stabilität der Wechselkurse darstellen. Andreatta hingegen sieht die Möglichkeit, mittels eines Systems gegenseitiger Disziplinierung eine Stabilität zwischen den großen Währungräumen herzustellen. Die Vereinigten Staaten haben allerdings bis jetzt noch kein Interesse daran gezeigt.

Diese kurze Zusammenfassung kann natürlich nicht die ganze Breite der Diskussionsbeiträge und Stellungnahmen wiedergeben, über deren vollständigen Inhalt der Leser sich selbst ein Urteil bilden wird. Wir haben uns lediglich darauf beschränkt einige Punkte anzuführen, die die Gesamtheit des Themas und die Verknüpfung verschiedener Fragestellungen widerspiegeln, die aber schwer voneinander und von den politischen Aspekten des Problems zu trennen sind.

Besonders wichtig ist, daß die in Aussicht gestellten Alternativen unweigerlich den wirtschaftlichen Entwicklungsprozeß Europas miteinbeziehen, auf den die neue Währungsordnung, welcher Art sie auch immer sein möge, Einfluß nehmen wird. Dies über die Auseinandersetzung über die realen Wirkungen der Geldpolitik hinaus, denn der Währungsintegrationsprozeß muß auf jeden Fall die gesamte Wirtschaftspolitik jedes Landes miteinbeziehen. In dieser Hinsicht gibt es extreme – wenn auch teilweise unrealistische Vorstellungen.

Auf der einen Seite kann man an das von von Hayek [40] bevorzugte System frei konvertierbarer Währungen, ohne Wechselkurseingriffe seitens der Währungsbehörden und mit vollständiger Freiheit für Finanzmärkte bei völliger Beseitigung der Hindernisse für den Warenverkehr und einer generellen Philosophie der Nichteinmischung des Staates in Wirtschaftsangelegenheiten denken. Diese Lösung würde den Wachstumsmechanismus vollkommen den Marktkräften überlassen. Sie wäre unter Umständen akzeptabel, wenn das europäische Wirtschaftssystem nicht von einem starken *Ungleichgewicht* der *realen* Variablen gekennzeichnet wäre: Einkommens- und Produktivitätsniveau, Beschäftigung, Akkumulationsneigung. Massive Faktorströme wären wahrscheinlich unvermeidbar und zwar nicht nur bei Kapital, sondern auch bei Arbeitskraft. Dies wäre auf einem Kon-

---

[40] Vgl. F. von Hayek: Denationalization of Money. An Analysis of Theory and Practice of Concurrent Currencies, London 1976. Diese Möglichkeit wird auch in Franckes Referat erörtert, jedoch als realistisch nicht anwendbar beurteilt.

tinent, dessen einzelne Länder tiefgreifende und verschiedenartige Identitäten und nationale Eigenheiten aufweisen, gesellschaftlich wahrscheinlich unannehmbar.

Ein weiteres Extrem stellt die Lösung dar, das Wachstum im Rahmen einer von den europäischen Ländern in diesem Sinne koordinierten Politik durch wirtschaftspolitische Maßnahmen anzuregen. Von diesem Standpunkt aus ist es relativ gleichgültig, ob diese Politik von einer Belebung der Inlandsnachfrage durch die Überschußländer oder von Übertragungen der Überschüsse getragen wird. Eine Unterscheidung ist natürlich für die verschiedenen makroökonomischen Implikationen und Durchführungsprobleme wichtig, sie steht aber gegenüber der Vereinbarung einer gemeinsamen, auf Wachstum und die Überwindung der Divergenzen ausgerichteten Politik erst an zweiter Stelle. Wenn diese Orientierung im Inneren des europäischen Währungssystems mit festen Wechselkursen zur Anwendung käme, so stände sie im Gegensatz zur derzeitigen Struktur des EWS, welche eher die Länder benachteiligt, die größere Wachstumschancen erhalten sollten. Die Gründung einer europäischen Notenbank könnte den Vorteil größerer Klarheit bringen, wenn sie das Problem der Währungsstabilität von jenem des strukturellen Ausgleichs trennen könnte. Die Kosten und die Gewinne derartiger Lösungen sollten auch von jenen Ländern sorgfältig abgeschätzt werden, die gegenwärtig ein hohes Maß an Währungsstabilität besitzen, weil sie zukünftig der Gefahr starker Spannungen im realen und finanziellen Bereich ausgesetzt sein könnten.

Die zur Verfügung stehenden Alternativen sind wahrscheinlich zahlreich und unterschiedlich, da sie allein von der (meist starken) Phantasie der Wirtschaftswissenschaftler abhängen. Sicher ist jedoch, daß die Gründung einer europäischen Währungsunion nicht nur unter geldpolitischen Aspekten zu planen und zu beurteilen ist. Sowohl in Anbetracht der Ausgangsbedingungen als auch der Konsequenzen sollte aber eine Bewertung der realen Aspekte ausschlaggebend sein.

Wettbewerbspolitik: Gegenwart und Zukunft

von Daniele De Giovanni *

Einleitung

Die Rolle antimonopolistischer Gesetze im Rahmen der verschiedenen Eingriffe zur Regelung und Kontrolle der Tätigkeit von Unternehmen analysieren und bewerten zu wollen ist heute ohne Zweifel viel schwieriger als vor ein paar Jahren, da sich die Methoden geändert haben, mit denen sich der Wettbewerb zwischen den Unternehmen abspielt, aber auch weil sich alle anderen Begleitumstände, unter denen sie heute agieren, grundlegend verändert haben.

Im vorliegendem Referat werden, nach einer kurzen Analyse der Kennzeichen des „neuen Wettbewerbs", die die Rolle der Antitrust-Regelungen und deren Anwendung am meisten in Schwierigkeiten bringen, die Grundlagen der zur Zeit geführten Debatte über das Wesen und die Bedeutung erörtert, die die Antitrust-Gesetzgebung heute innehat. Besonders wird dabei auf Italien Bezug genommen, das sich als letzter größerer Industriestaat nun anschickt, eine Antitrust-Gesetzgebung einzuführen; aber auch auf die Europäische Gemeinschaft (EG), die im Hinblick auf den gemeinsamen Binnenmarkt im Begriff ist, das ihr dazu zur Verfügung stehende gesetzliche Instrumentarium fertigzustellen.

Die Antitrust-Regelungen in den 80er Jahren

Als Folge des industriellen Strukturwandels hat der Wettbewerb einen ständig globaleren Charakter angenommen. Das führt dazu, daß die einzelnen Binnenmärkte nicht mehr den Umsatzanforderungen der Unternehmen entsprechen. Dieser Globalisierungsprozeß und besonders die Schaffung des europäischen Binnenmarktes haben dazu geführt, daß der „relevante Markt", d.h. der Rahmen, in dem es einen Sinn hat, etwaige Verletzungen wettbewerbsrechtlicher Bestimmungen durch Firmen zu bewerten, nicht mehr mit dem Eingriffsbereich der einzelnen nationalen Behörden übereinstimmt. Er hat daher das Bestehen unterschiedlicher antimonopolistischer Regelungen, wie sie in den verschiedenen Ländern den Wettbewerb regeln und schützen, anscheinend seines Sinnes beraubt.

* Ich möchte mich bei F. Gobbo bedanken, der die vorliegende Arbeit gelesen und kommentiert hat, für deren Inhalt ich allerdings der alleinig Verantwortliche bin.

Eine weitere Auswirkung, die mit der Globalisierung des Marktes einhergeht, ist die eingehende Revision der Unternehmensstrategien. In den letzten Jahren haben sich die Unternehmen mehr und mehr auf Abkommen, Fusionen und Aufkäufe konzentriert [1]. Gerade diese Vorgänge stehen im Mittelpunkt der bestehenden Kartellgesetzgebung und haben ein Interesse für den Begriff "Marktschutz" wiederbelebt, von dem seit Jahren auf wirtschaftspolitischer Ebene nicht mehr die Rede gewesen war.

Eine der Folgen aus der neuen Charakteristik des Wettbewerbs zwischen den Unternehmen ist daher ein laufender Revisionsprozeß der Antitrust-Gesetzgebungen [2]. Das nicht nur, weil der „relevante Markt" nicht mehr mit den einzelnen Binnenmärkten identisch ist, sondern vor allem, weil in einigen Fällen die Regelungen selbst zu großen Hindernissen für die durch die Marktglobalisierung erforderlichen Internationalisierungsprozesse der Unternehmen werden [3].

Einer der bedeutendsten Beiträge zur Revision der Kartellpolitik stammt von der Chicagoer Schule, die den Interpretationsansatz der Antitrust-Gesetzgebungen, besonders im Fall USA, zum Teil revolutioniert hat [4].

Die Wettbewerbsregelung ist üblicherweise darauf ausgerichtet, die Auswirkungen auf die Verteilung und die Allokation der Ressourcen zu neutralisieren, die monopolistische Marktstrukturen mit sich bringen. Nach Ansicht der Vertreter der Chicagoer Schule sollten sich die Antitrust-Behörden aufgrund der Unwichtigkeit der Auswirkungen auf die Verteilung lediglich mit der Allokationen der Ressourcen befassen und so eine Maximierung des kollektiven Nutzens garantieren [5]. Diesem Ansatz folgend ist es demnach unmöglich, diejenigen Verhaltensweisen auf dem Markt als illegal zu erklären, die – trotz offensichtlicher Benachteiligung des Verbrauchers – nicht mit Sicherheit Verzerrungen in der Allokation der Ressourcen erzeugen.

Aufgrund dieses Identitätsverlusts ist es unvermeidlich gewesen, daß die einzelnen Antitrust-Regelungen als industriepolitische Eingriffe gestaltet

---

1 Vgl. M. Porter, *Competition*.

2 Vgl. Prodi / De Giovanni, *Mutamenti*.

3 Die Revision der Wettbewerbspolitik ist oft in den Rahmen breiterer „Liberalisierungs"-Prozesse eingebettet, wie z.B. Deregulierungen und Privatisierungen staatlicher Betriebe.

4 Ein weiterer theoretischer Beitrag, der die Nützlichkeit und die Notwendigkeit einer Kartellgesetzgebung zur Diskussion gestellt hat, ist die „Schule der Transaktionskosten". Eine Zusammenfassung der Grundlagen dieses Ansatzes findet sich bei O. Williamson.

5 Eine vollständige Erläuterung der Thesen der Chicagoer Schule ist in R. Bork, *Paradox* und L. Posner, *Law* enthalten.

wurden. Teilweise nahmen sie auch die Eigenschaften von protektionistischen Maßnahmen an, wenn die „Öffentlichkeit" und die politischen Umstände den Schutz von inländischen Unternehmen vor ausländischen Anlegern sowie die Realisierung der in einigen Sektoren notwendigen Konzentrationen erfordert haben.

Dieser Verdacht wird duch das Handeln einiger Regierungen und einiger europäischer Antitrust-Behörden bestätigt, die in den letzten Jahren ihre Industrie für ausländisches Kapital schwerer zugänglich gemacht haben.

Die interessantesten Beispiele in diesem Zusammenhang betreffen das Vereinigte Königreich, dessen Antitrust-Gesetzgebung von allen europäischen Ländern am meisten auf das „öffentliche Interesse" [6] ausgerichtet ist. Eine sehr klare Beschreibung der Anwendungskriterien dieses Prinzips und die Bestätigung, daß es eine protektionistische Note annehmen kann, ist der Vorgangsweise der *Monopolies and Mergers Commission* zu entnehmen, als das britische Zuckerraffinerieunternehmen Berisford aufgekauft werden sollte.

In Anbetracht zweier Angebote (das eine vom Ferruzzi-Konzern, der über seine Finanzgesellschaft Agricola UK bereits ca. 24% des Kapitals des Berisford-Unternehmens besaß; das andere vom dem auf diesem Sektor führenden britischen Unternehmen Tate & Lyle) behauptete die *Commission* in erster Instanz, daß die Anwendung des Vertrags von Rom nicht in ihren Kompetenzbereich gehöre, da sie im Rahmen des *Fair Trading Act* operiere, der sich ausschließlich auf das Vereinigte Königreich bezieht [7].

Bei der Untersuchung des Vorschlags zum Zusammenschluß der Unternehmen Tate & Lyle und Berisford wog die *Commission* sehr sorgfältig die Vor- und Nachteile ab und erklärte, daß trotz diverser positiver Faktoren eine Fusion dem öffentlichen Interesse zuwiderlaufen würde, da sie eine Reduktion des Wettbewerbs zur Folge hätte, die nicht durch die damit verbundenen positiven Auswirkungen ausgeglichen werden könnte [8].

Eine Demonstration, wie das Prinzip des öffentlichen Interesses zu protektionistischen Zwecken verwendet werden kann, lieferte die Begründung, die die *Monopolies und Mergers Commission* anführte, um einen Ankauf durch die Ferruzzi Finanzgesellschaft (Ferruzzi Finanziaria) zu unterbinden. In diesem Fall zeigte sich die *Commission* – in offensichtlichem Widerspruch zu dem, was sie ursprünglich erklärt hatte – wegen der

---

6 Zum ersten Mal wurde das Kriterium des „öffentlichen Interesses" im *Monopolies and Restrictive Practice Act* aus dem Jahre 1948, Abs. 14., formuliert.

7 Vgl. D. Gribbin, *La politica*.

8 Vgl. Monopolies and Mergers Commission, *A Report*.

Auswirkungen besorgt, die ein etwaiger Aufkauf auf den europäischen Markt und auf den Einfluß des italienischen Konzerns in der Festlegung der europäischen Agrarpolitik ausüben könnte.

Abgesehen von der Verwendung einer Antitrust-Gesetzgebung als protektionistische Maßnahme [9], zeichnet sich das Vereinigte Königreich durch seinen besonderen Ansatz bei der Behandlung von Fragen der Exterritorialität aus. Die britische Regierung behauptet, daß die Exterritorialität der Rechtsprechung in Sachen Wettbewerbspolitik nur aufgrund der Prinzipien der „Nationalität" und der „Territorialität" [10] zu behaupten sei und nicht aufgrund des Prinzips der Auswirkungen. In dieser Hinsicht verhält sie sich feindselig gegenüber anderen Ländern, vor allem den USA, wo letzteres Prinzip auch gilt [11].

Diese Haltung wurde 1980 von der britischen Regierung mit der Verabschiedung des *Protection of Trading Interest Act* unterstrichen, der dazu befähigt, einem britischen Unternehmen zu untersagen, sich an die Regelungen bzw. Gesetze eines Landes zu halten, in dem die Wirkungsdoktrin in einer Art angewendet wird, die den Interessen des Vereinigten Königreiches zuwiderlaufen könnte [12].

Ein weiteres äußerst undurchdringliches europäisches System ist das der Bundesrepublik Deutschland, wo allerdings die Schwierigkeiten derjenigen, die versuchen deutsche Unternehmen aufzukaufen, nicht so sehr in der Anwendung der deutschen Regelung durch die Antitrust-Behörden bestehen, als vielmehr im Gesetz selbst. Das deutsche Antitrust-Gesetz sieht nämlich im Art. 24 (Abs. 3-5) vor, daß der Wirtschaftsminister einen Unternehmenszusammenschluß bewilligen kann, der wegen der daraus resultierenden marktbeherrschenden Stellung vom Bundeskartellamt [13] verboten worden ist. Noch jedesmal, wenn die Interessen des Landes auf dem Spiel standen, hat der Minister auf diese Sonderprozedur zurückgegriffen

---

[9] Ein weiterer Fall in diesem Sinne ist der Versuch, den Aufkauf der Firma Rowntree durch den Schweizer Konzern Nestle zu blockieren.

[10] Während das Prinzip der Nationalität es einem Staat ermöglicht, seine Rechtssprechung auf alle nationalen Unternehmen auszudehnen, ganz gleich wo sie angesiedelt seien, ermöglicht das Prinzip der Territorialität die Bewertung der alleinigen Tätigkeiten im Inland.

[11] Nach diesem Prinzip kann die Rechtsprechung eines Staates auf die Tätigkeit von Unternehmen im Ausland ausgedehnt werden, wenn die Auswirkungen dieser Tätigkeit auch in dem betreffenden Staat zu bemerken sind.

[12] Im Rahmen der Wettbewerbspolitik ist dieses Gesetz nur ein einziges Mal angewendet worden, und zwar 1984. Laker Airways berief sich damals gegen Tiefstpreisangebote anderer Fluggsellschaften auf eine US-Regelung.

[13] Überdies hat auch der Bundesgerichtshof sich gegen die Entscheidungen des Bundeskartellamtes ausgesprochen und die Schaffung wesentlicher Konzentrationen zugelassen, wie zum Beispiel im Fall Kaufhof (1986) und Coop-Supermarkt (1987) auf dem Lebensmittelsektor.

und Fusionen und Aufkäufe genehmigt, wie zum Beispiel die zwischen Veba und Gelsenberg [14], zwischen Thyssen und Hueller-Hiller [15] usw.

Abgesehen von der Genehmigung von Fusionen, die die Antitrust-Behörden untersagten, hat die Bundesregierung durch verschiedenartige Erleichterungen sogar Aufkäufe gefördert, deren Auswirkung eine merkliche Steigerung der Konzentrationen in einigen Sektoren war; mit der Folge, daß sich die Stellung der deutschen Industrie auf dem Weltmarkt verstärkt hat.

Dies war auch der Fall, als der Wirtschaftsminister dem Airbus-Konsortium ein Angebot von ungefähr 43 Milliarden Mark unterbreitete, um den Verlust auszugleichen, den die Kursschwankungen zwischen dem Dollar und den europäischen Währungen hervorgerufen hatten; der eigentliche Zweck allerdings war es, Daimler-Benz zu überreden, die Kontrolle und das Management von Messerschmitt-Bölkow-Blohm (MBB) zu übernehmen, das die deutschen Interessen im Konsortium repräsentiert. Nach Angaben der Bonner Behörden sei dies zu dem Zweck erfolgt, die Zukunft des Airbus-Projekts sicherzustellen [16].

Was in Deutschland Unternehmensaufkäufe besonders erschwert, ist auch die Besonderheit eines Wirtschaftssystems, das den Banken eine beträchtliche Macht einräumt. Den Kreditunternehmen gelingt es in vielen Fällen, durch die Zusammenlegung ihrer Aktienpakete mit den Stimmrechtsermächtigungen der Einzelaktionäre (=Depotstimmrecht) den Fusionskontrollen zu entgehen [17].

---

[14] Dieser Zusammenschluß sollte es Deutschland langfristig ermöglichen, die Zulieferung von Erdöl zu sichern und sich somit wirksam gegen den Wettbewerb ausländischer Unternehmen durchzusetzen.

[15] Thyssen kaufte 45% des Gesellschaftskapitals von Hueller-Hiller (HH) auf, um so zu verhindern, daß Deutschland das *Know-how* von HH auf dem Werkzeugmaschinensektor einbüßte, den Thyssen seit Jahren beherrscht.

[16] In diesem Fall hat auch die Kommission der Europäischen Gemeinschaft eingegriffen, da die Aktion der Bundesregierung einen klaren Bruch des Art. 92 des EG-Vertrags hätte darstellen können, demzufolge diejenigen Hilfeleistungen an Unternehmen mit dem Gemeinsamen Markt nicht vereinbar sind, die den Wettbewerb bedrohen oder verzerren. In einer Entschließung hat die Kommission allerdings jüngst bekanntgegeben, daß die Aktion der Bundesregierung im Sinne desselben Artikels 92 (3) für legal zu erachten sei. Dieser Artikel besagt, daß die Hilfeleistungen zur Förderung und Realisierung eines wichtigen Projekts von gemeinschaftlichem europäischem Interesse wie des Airbus zulässig sind; vgl. CEE, *Trattati*.

[17] Die in der Bundesrepublik gültige Regelung über die Beziehungen zwischen Banken und Industrie unterscheidet sich aufgrund ihrer außerordentlichen Großzügigkeit grundlegend von der in anderen EG-Ländern. Die deutschen Kreditinstitute können nämlich ohne vorherige Genehmigung Anteile an jeglicher Art von anderen Unternehmen erwerben. Es wird sich später noch zeigen, daß in Italien die Beziehung zwischen Banken und Industrie eines der am heftigsten debattierten Themen im Hinblick auf die Einführung einer Antitrust-Regelung ist.

In Anbetracht dieser Situation hat die Monopolkommission [18] in Bonn in einem ihrer jüngsten Berichte aufgrund des festgestellten langsamen, doch stetigen Zuwachses an Konzentration in der deutschen Wirtschaft eine Beschränkung des Eigentums von Banken an Produktionsunternehmen auf höchstens 5% des Grundkapitals vorgeschlagen. Der Bezugspunkt der Kommission war von Anfang an implizit die Deutsche Bank, deren wesentliche Rolle bei der Neugestaltung der deutschen Industrie nunmehr konsolidiert ist (Tabelle 1). Ihre Macht ist nach den Aufkäufen durch den Daimler-Benz-Konzern offensichtlich geworden, bei dem sie mit 28% des Grundkapitals zu den Hauptaktionären gehört. Gegen diese Aktionen [19] konnte das Bundeskartellamt gerade wegen des Einflusses der Deutschen Bank und der Landesregierung in Stuttgart nicht vorgehen. Diese wollte bayrischen Interessen nach einem Konkurrenten für Daimler-Benz entgegentreten.

Tabelle 1

Die von der Deutschen Bank kontrollierten Gesellschaften

Kontrollierte Gesellschaften	Anteil	Umsatz in Mrd. $
Daimler-Benz	28%	38,8
Karstadt	25%	6,6
Metallgesellschaft	11%	5,8
Kloeckner & Co.	100%	5,5
Ph. Holzmann	35%	2,7
Hapag Lloyd	12%	2,0
Horten	19%	1,4
Kraus Maffei	10%	1,1
Didier	15%	0,5
Phoenix	10%	0,4
Hutschenreuther	19%	0,2

Quelle: Deutsche Bank

[18] Die Kommission wurde 1973 eingesetzt, nachdem das Gesetz über die Kontrolle von Unternehmenszusammenschlüssen verabschiedet worden war. Sie untersucht den Stand der Unternehmenskonzentration und legt Vorschläge zur Neugestaltung wettbewerbsrechtlicher Bestimmungen vor.

[19] Besonders bedeutend war die Opposition gegen den Zusammenschluß zwischen Daimler-Benz und AEG, der die Konzentration auf dem Sektor der Elektronik wesentlich erhöht hat.

Nach der tiefgreifenden Revision der Antitrust-Gesetzgebung, die zu Beginn der 80er Jahre durchgeführt wurde, schicken sich nun auch die Vereinigten Staaten an, diese zu protektionistischen Zwecken anzuwenden. Nach Meinung einiger Wirtschaftswissenschaftler gehört zu den Ursachen, die der Wettbewerbsfähigkeit der amerikanischen Unternehmen am meisten geschadet haben, neben der Überbewertung des Dollars auch die bremsende Rolle, die die Antitrust-Gesetzgebung gespielt hat. Sie hat die Unternehmen sicherlich nicht zur Entwicklung solcher technologischer Kooperationsformen angehalten, wie sie von ihren Rivalen in Japan oder Europa verfolgt werden.

Auf der Basis dieser Überlegung scheint nun ein Versuch unternommen zu werden, die Maschen der Regelungen soweit zu öffnen, daß *joint ventures* in den Bereichen Forschung, Produktion und Handel besonders auf den Gebieten ermöglicht werden, auf denen die amerikanischen Unternehmen die größten Schwierigkeiten haben, sich gegen die ausländische Konkurrenz durchzusetzen. Es sind dies die Bereiche Betriebsautomation, Supraleitung und CAD.

Um die Rückkehr der Unternehmen zur Wettbewerbsfähigkeit zu erleichtern, hat sich die US-Regierung allerdings nicht darauf beschränkt, die bestehenden Regelungen zu revidieren. Sie hat auch neue Gesetze erlassen, die darauf ausgerichtet sind, das externe Wachstum ausländischer Unternehmen durch Kontrolle ihrer Unternehmenskäufe in den USA zu erschweren. Nach dem Versuch von Fujitsu (1987), das Unternehmen Fairchild Semiconductor aufzukaufen, begann die Regierung Reagan, die Kontrolle über den Kauf amerikanischer Unternehmen durch ausländische Anleger zu verstärken [20]. Der *Omnibus Trade Act* aus dem Jahr 1988 ermächtigt den Präsidenten, aufgrund des Prinzips der „nationalen Sicherheit" Käufer fernzuhalten [21].

Wettbewerbspolitik in der EG

Im Gegensatz zum Geschehen in den USA, wo seit Verabschiedung des *Sherman Antitrust Act* (1890) eine Diskussion über den Zweck der Antitrust-Regelungen im Gange ist, ist in der Europäischen Gemeinschaft die Zielsetzung der im Vertrag von Rom festgehaltenen wettbewerbspolitischen Leitlinien schon immer klar und weitgehend von den Erfordernissen geprägt gewesen, die die Schaffung eines gemeinsamen Marktes mit sich bringt.

---

[20] Ein bereits bestehendes Gesetz autorisierte die Untersagung des Erwerbs von Fernsehsendern und von Unternehmen, die auf dem Kernforschungssektor tätig sind.

[21] Ein Fall, der gegenwärtig erörtert wird, bezieht sich auf den angestrebten Erwerb der Firma Monsanto Electronics Materials, des größten Herstellers von „Silizium-Waffeln", durch das deutsche Unternehmen Huels.

Im 9. Bericht über den Wettbewerb [22] hat die Kommission ihre Weigerung bekräftigt, die dogmatische Anschauung der Wettbewerbspolitik zu akzeptieren, die manchmal den US-Ansatz charakterisiert hat. Sie tut dies unter Hinweis darauf, daß die Artikel des Vertrags von Rom, die die Linie der gemeinschaftlichen Wettbewerbspolitik vorgeben, kein Selbstzweck, sondern ein Instrument sind, um das Ziel der wirtschaftlichen Harmonisierung zu erreichen.

Auf der Grundlage dieses Ansatzes hat die Kommission bestimmt, daß die Wettbewerbspolitik in der EG ausdrücklich auf folgende Ziele ausgerichtet sei:

- auf die Öffnung der einzelnen Binnenmärkte und deren Vereinigung;
- auf die wettbewerbsfähige Gestaltung des gemeinsamen Marktes;
- auf „Fairneß" bei der Ausübung wirtschaftlicher Tätigkeit.

Zum Erreichen dieser Zielsetzungen greift die Kommission auf die Artikel 85, 86, 90, 91 und 92 des Vertrags von Rom zurück, die jeweils – von einigen Ausnahmen abgesehen – Absprachen zwischen Unternehmen, mißbräuchliches Ausnutzen einer marktbeherrschenden Stellung, Privilegien für öffentliche Unternehmen, *Dumping* sowie von den Mitgliedstaaten gewährten Hilfeleistungen für Unternehmen verbieten.

In scheinbarem Widerspruch zu dem Ziel, den gemeinschaftlichen Markt wettbewerbsfähig zu gestalten, steht das Fehlen einer *ex ante* Kontrolle von Unternehmenskäufen und Fusionen [23], d.h. derjenigen Aktionen, die das Niveau an Marktkonzentration am meisten erhöhen und die heute immer mehr den Schwerpunkt der Wachstumsstrategien von Unternehmen bilden.

Warum in dem EG-Vertrag nicht auch eine spezifische Norm zur Regelung von Unternehmenszusammenschlüssen und -käufen aufgenommen wurde, mag daran liegen, daß zu der damaligen Zeit das Problem der Konzentrationen noch nicht als solches erkannt worden war. Die Tatsache, daß Länder wie Großbritannien [24] und Deutschland [25], die bereits über

[22] CEE, *Nona relazione*.

[23] In den Gemeinschaftsurkunden ist anstelle von „Aufkäufen" und „Fusionen" das Wort „Konzentrationen" gebräuchlich.

[24] In Großbritannien galt die Kontrolle der Konzentrationen nicht als Priorität der Wettbewerbspolitik, bevor 1965 der *Monopolies and Mergers Act* verabschiedet wurde.

[25] In Deutschland war bereits im ersten Entwurf des Antitrust-Gesetzes (1957) eine Regelung von Unternehmenszusammenschlüssen und -käufen vorgesehen, die zum Teil auf dem *Clayton Act* beruhte. Dennoch kam es erst 1973 zu einer Kontrolle der Konzentrationen, nachdem die geltende Gesetzgebung überarbeitet worden war.

detaillierte Antitrust-Normen verfügten, noch keine Regelung für Konzentrationen eingeführt hatten, kann als indirekte Bestätigung dieser Annahme gelten [26].

Gegen Mitte der 50er Jahre, als die Grundlagen für die Errichtung der Europäischen Gemeinschaft geschaffen wurden, war man noch nicht so sehr darauf bedacht, Konzentrationen unter Kontrolle zu halten. Vielmehr wollte man gerade umgekehrt die Schaffung großer europäischer Unternehmen fördern, die in der Lage sein sollten, mit amerikanischen multinationalen Konzernen in Wettbewerb zu treten [27]. Wie die Wirschaftsgeschichte Europas in der Nachkriegszeit allerdings gezeigt hat, haben sich bis Mitte der 80er Jahre noch keine echten europäischen multinationalen Konzerne herausgebildet. Die bestehenden europäischen multinationalen Konzerne sind dieselben, die bereits vor dem Zweiten Weltkrieg oder schon früher entstanden waren [28].

Um zunehmender Konzentration entgegenzutreten, die im Laufe der Zeit die Entwicklung eines Teils der Verarbeitungsindustrie und einiger Bereiche des Dienstleistungssektors charakterisiert hat, versuchte die Kommission – in Ermangelung eines spezifischen *Ad-hoc-Reglements* – unter Schwierigkeiten die im Vertrag genannten Instrumente anzuwenden.

Im Memorandum über das „Problem der Konzentration im gemeinsamen Markt" aus dem Jahr 1966 hat die Kommission jedoch hervorgehoben, daß Artikel 85 nicht auf die Verträge anwendbar sei, deren Ziel vollständige oder teilweise Unternehmensaufkäufe sind. Im Fall von Fusionen und Aufkäufen könne nicht auf dieselbe Art und Weise verfahren werden wie bei restriktiven Vereinbarungen, die derselbe Artikel 85, Abs. 1 untersagt [29].

Da die Kommission den Artikel 85 von der Anwendung ausgeschlossen hatte (obwohl sie ihn nicht für das beste Instrument hielt, um den Konzentrationen eingegenzutreten, da dieser Artikel *ex ante* keine Kontrolle

---

[26] In offensichtlichem Widerspruch zu dieser Annahme steht allerdings, daß bereits 1951 Artikel 66 des EGKS-Vertrags Unternehmenskonzentrationen regelte.

[27] Diese konzentrationsfördernde Ausrichtung findet sich auch noch 1970 im Memorandum der Kommission an den Rat über die Industriepolitik der Gemeinschaft, besser bekannt unter dem Namen „Colonna-Bericht". Darin wurde in Anbetracht der unverändert gebliebenen Zersplitterung der europäischen gegenüber der amerikanischen Industrie die Schaffung großer europäischer Unternehmen – nicht notwendigerweise aber die Zunahme der Konzentration auf den einzelnen Binnenmärkten – befürwortet; vgl. CEE, *La politica industriale.*

[28] Vgl. R. Prodi, *Alla ricerca.*

[29] Bernini bemerkt dazu in *Le regole di concorrenza:* „diese Schlußfolgerung (...) hat sich unter dem Gesichtspunkt der Wettbewerbspolitik als versäumte Gelegenheit erwiesen. Sie hat nämlich die Eingriffsmöglichkeiten der Kommission gerade zu einer Zeit geschmälert, da sich der Trend zur Konzentration (...) besonders intensiv entwickelt hat".

über Fusionen und Aufkäufe zuläßt), wendete sie nur Artikel 86 in Einklang mit der im Memorandum angewendeten Interpretation an. Derzufolge würde eine Fusion aufgrund der Tatsache, daß sie eine Verstärkung einer Monopolsituation darstellt, für mißbräuchliches Ausnutzen einer marktbeherrschenden Stellung gehalten werden müssen, wenn die freie Wahl der Verbraucher dadurch auf eine Weise eingeschränkt wird, die mit dem im Vertrag vorgesehenen Wettbewerb unvereinbar und somit gemäß Artikel 86 des EG-Vertrags untersagbar ist [30].

Praktisch wurde dieser Artikel jedoch nur ein einziges Mal angewendet, und zwar im Fall der Continental Can Company. Die Kommission [31] hatte der Gesellschaft einige Aufkäufe zur Last gelegt, die diese im Bereich der Leichtmetallverpackungen vorgenommen hatte. Obwohl der Europäische Gerichtshof das Prinzip bekräftigte, demzufolge Aufkäufe durch Unternehmen in marktbeherrschender Stellung für einen Bruch des Artikel 86 des EG-Vertrags zu halten seien, hielt er allerdings den Artikel in diesem Fall nicht für zutreffend [32], da die Kommission in ihrem Beschluß eine inkorrekte Definition von „relevantem Markt" gegeben hatte.

Durch Anwendungsschwierigkeiten bei Art. 85 und 86 im Fall von Aufkäufen bzw. Unternehmenszusammenschlüssen hat die Kommission demnach nicht einmal eine *ex post* Kontrolle der Konzentrationen vornehmen können. Diese Situation scheint sich allerdings durch das Urteil des Europäischen Gerichtshofes vom 17. November 1987 im Fall der gemeinsam vorgebrachten Rechtsangelegenheiten 142/84 und 156/84 (besser bekannt als „Philip-Morris-Fall") geändert zu haben.

Dieser Fall wurde 1981 eröffnet, als die Kommission eine Untersuchung in die Wege leitete, ob die Vereinbarung zwischen Philip Morris und Rothmans, die den Austausch von Aktienpaketen vorsah, Art. 85 des EG-Vertrags zuwiderlief. Aufgrund der Abänderung der Vereinbarungen beschloß die Kommission, den Fall abzuschließen. Allerdings wurde er im Wege der Berufung beim Europäischen Gerichtshof wieder aufgenommen, die zwei der wichtigsten Konkurrenten (British American Tabacco Company und R.J. Reynolds Industries Inc.) eingebracht hatten. Diese beiden Konkurrenten vertraten die Meinung, daß die Philip Morris-Rothmans-Aktion den Wettbewerb auf dem europäischen Zigarettenmarkt einschränken würde. Im Urteil des Europäischen Gerichtshofes wurde festgestellt, daß Artikel 85 auf Vereinbarungen anwendbar ist, die den Austausch von Minderheitsaktienpaketen oder die Schaffung gemeinsamer Handelsstrukturen vorsehen, wenn mit der Aktion eine Gesellschaft Kontrolle über einen Wettbewerber ausüben kann [33].

---

30 CEE, *Il problema della concentrazione.*

31 GUCE, *Decisione* 1972.

32 GUCE, *Sentenza* 1973, Nr. C 68.

33 GUCE, *Sentenza* 1988.

Dieses Gerichtsurteil verlieh somit der Kommission ein Instrument, dessen Fehlen sie 1966 selbst verursacht hatte. Obwohl dieses Instrument nicht als optimal gelten kann, bietet es der Kommission doch die Möglichkeit, Kontrolle über Konzentrationen auszuüben. Schon im Verlauf des Jahres 1988 war die Kommission eingeschritten, um den Versuch eines aggressiven *take-over* der Irish Distillers Group durch ein Unternehmenskonsortium zu stoppen. Diese Aktion wurde demnach aufgrund Art. 85 des Vertrags von Rom und auch auf der Grundlage des Urteils durch den Europäischen Gerichtshof im Fall Philip Morris-Rothmans als mit dem gemeinsamen Markt für unvereinbar erklärt [34].

Diese – durch die Definition von „relevantem Markt" sehr diskutable – Entscheidung stellt einen gefährlichen Präzedenzfall dar, der es vor einiger Zeit dem englischen Fernmeldeunternehmen Plessey ermöglicht hat, das öffentliche Ankaufsangebot von General Electric und Siemens zeitweilig zu stoppen. Unter Berufung auf die Entscheidung der Kommission im Fall Irish Distillers vertrat Plessey die Auffassung, daß die Allianz GE und Siemens in die Art von Vereinbarungen fallen würde, die Art. 85 aufgrund der wettbewerbsverzerrenden Auswirkungen als unvereinbar mit dem gemeinsamen Markt bezeichnet.

Welche Entscheidung die Kommission [35] auch immer in diesem Fall fassen wird, eines ist sicher: ihr Eingriff wird – wenn auch indirekt – dazu beitragen, die Struktur einiger wichtiger Sektoren (Elektronik, Haushaltsgeräte, Fernmeldeanlagen) neu zu definieren. Dadurch wird sie die Zweifel derjenigen Regierungen schüren, die bezweifeln, daß „Marktschutz" die Schaffung einiger europäischer Pole in den auf globaler Ebene am meisten der Konkurrenz ausgesetzten Sektoren tatsächlich beeinflussen und steuern kann.

Abgesehen von dieser wesentlichen Rolle, die der eines echten europäischen Industrieministeriums gleichgestellt werden kann, hat die Kommission trotz Ermangelung eines ausdrücklichen Reglements zur Ordnung des externen Wachstums von Unternehmen seinen Kompetenzbereich ausgedehnt. Das scheint auf zweierlei zurückzuführen zu sein. Erstens hat die lange Erfahrung der Kommission nach 25 Jahren Tätigkeit dazu geführt, daß der Vertrag heute in wirksamerer Weise angewendet werden kann; dies nicht nur dank der Interpretation der Kommission, sondern auch dank der Rechtsprechung des Europäischen Gerichtshofes [36].

---

[34] Die Kommission hat diesen Beschluß dadurch begründet, daß der Versuch des Aufkaufs ein klarer Ausdruck der Absicht sei, die Konkurrenz auf dem irischen Whisky-Markt einzuschränken.

[35] Die Ablösung von Kommissionsmitglied Sutherland durch den Briten Sir Brittan hat dem Fall GE-Siemens/Plessey besondere Bedeutung verliehen, da sich dadurch nicht nur das Interesse in dieser Angelegenheit klären, sondern vor allem auch der Standpunkt der britischen Regierung zum Problem der Konzentrationskontrollen beleuchtet werden wird.

Der zweite Grund dafür, daß das Thema Wettbewerb heutzutage im Rahmen der gemeinschaftlichen Politik eine besondere Bedeutung innehat, ist darin zu suchen, daß in zunehmendem Maße die Unternehmen die Kommission im vorhinein über ihre Vorhaben in Kenntnis setzen [37]. Die Kommission rufen – wie erwähnt – oft auch Unternehmen an, die Ziel von aggressiven *take-overs* sind. In diesen Fällen handelt es sich allerdings nicht um die ausdrückliche Absicht seitens der Unternehmen, die Kommission über die sie betreffenden Aktionen in Kenntnis zu setzen, sondern vielmehr um den Versuch, die „Aufsteiger" zu stoppen, indem sie sich auf die Antitrust-Regelung ebenso wie auf viele andere Maßnahmen zum Schutz gegen einen Aufkauf berufen [38].

Die Häufigkeit dieser Fälle gibt Anlaß, über das Wesen und die Zielsetzungen der Antitrust-Regelungen nachzudenken. Das wirft das Problem auf, wie man die Effizienz der für den Marktschutz zuständigen Behörde sicherstellen kann. Die Antitrust-Regelung und die Modalitäten ihrer Anwendung könnten nämlich paradoxerweise keine Garantie dafür bieten, daß der Wettbewerb auch tatsächlich geschützt wird. Wenn diese Behörde nämlich die gerechtfertigten Berufungen nicht umgehend erledigt, würde die Regelung dazu führen, daß auch die Aktionen blockiert werden, die dem Markt nicht schaden bzw. sogar von Nutzen wären, da sie ihn „effizienter" gestalten würden.

Die Aufgabe der Kommission ist wegen des Fehlens eines spezifischen Reglements über Konzentrationen besonders schwierig. Die Kommission selbst hat bereits zweimal versucht, eine solche Regelung einzuführen, doch in beiden Fällen ist ihr Versuch an dem Widerstand einiger Mitglieder gescheitert, die sich auf ihre nationale Souveränität beriefen. Sie meldeten Zweifel an der Möglichkeit an, einheitliche Bewertungskriterien festzulegen, da einige EG-Länder schon über bewährte Gesetzgebungen in diesem Bereich verfügen.

Der erste Versuch wurde 1973 durch die „Borschette-Kommission" [39] vorgenommen. Dieser Versuch scheiterte aufgrund politischer Probleme, die hauptsächlich folgende Punkte betrafen:

---

[36] Ein Beispiel aus jüngerer Zeit ist der Urteilsspruch im Fall Philip Morris/Rothmans.

[37] Das kann als Beweis dafür gelten, daß in einigen Fällen die Unternehmen schon vor den jeweiligen Regierungen begriffen haben, daß zur Realisierung eines gemeinsamen Binnenmarktes eine europäische Antitrust-Gesetzgebung notwendig ist, die auch über dementsprechende effektive Befugnisse verfügt.

[38] Im Fall des öffentlichen Kaufangebots an Plessey hat dieses Unternehmen eine besonders detaillierte Verteidigungsaktion, unter Berufung auf den sogenannten „White Knight", auf eine Gegenofferte (Packman) und auf die britische Antitrust-Regelung (Prinzip des öffentlichen Interesses), ausgearbeitet.

[39] Der Ausschuß stellte seinen Vorschlag (GUCE, *Proposta* 1973) im Anschluß an die Veröffentlichung der Ergebnisse einer Untersuchung über die Konzentration

- die Rechtsgrundlage des Reglements;
- die Kompetenzverteilung zwischen nationalen und gemeinschaftlichen Behörden;
- die Mitwirkung der Mitgliedsstaaten am Entscheidungsprozeß der Kommission [40].

Obwohl das Reglement dreimal abgeändert worden war, und zwar in den Jahren 1981, 1984 und 1986 [41], war diese Regelung vom Rat nicht angenommen worden. Das Europäische Parlament hat seinerseits in einer Resolution zum 15. Bericht über die Wettbewerbspolitik erklärt, daß die Kommission durch den unverzüglichen Rückzug des vorhergehenden Reglementsentwurfes die bestehenden Gegensätze bereinigen hätte müssen, damit wieder versucht werden kann, diese schwerwiegende Lücke in der europäischen Wettbewerbspolitik zu füllen [42]. Die Realisierung des gemeinsamen Binnenmarktes 1992 setzt darüberhinaus voraus, daß die Kommission über besonders energische und wirksame gesetzgeberische Instrumente verfügt. Setzt also die Notwendigkeit voraus, die gegenwärtig geltenden Normen um ein Instrumentarium zur Kontrolle der wettbewerbsschädlichen Marktkonzentrationen zu ergänzen.

Anfang 1987 unterbreitete die Kommission dem Rat daher noch einmal das Problem der mit der Kontrolle von Konzentrationen zusammenhängenden politischen Aspekte, wobei sie sich positiv zu einem möglichen Reglementsentwurf äußerte, der auf folgenden vier Grundkriterien beruhen sollte:

- Anwendbarkeit der Kontrolle von Konzentrationen nur bei Aktionen europäischen Ausmaßes;
- obligatorische vorherige Mitteilung von Konzentrationsprojekten;
- Verbot von wettbewerbsschädlichen Konzentrationsaktionen, doch Möglichkeit einer Genehmigung im Fall von Aktionen, die mit den in Art. 85 Abs. 3 des Vertrags von Rom genannten Prinzipien in Einklang stehen;
- laufende enge Zusammenarbeit zwischen Kommission und Mitgliedsstaaten, um eine schnelle Erledigung der Fälle zu begünstigen.

Im Laufe des Jahres 1987 wurde ein zweiter Richtlinienentwurf zur Kontrolle von Konzentrationen ausgearbeitet. Im Vergleich zu jenem aus dem

---

in der Gemeinschaft vor, aus dem hervorging, daß zwischen 1962 und 1969 ein Konzentrationsprozeß stattgefunden hatte, der fast alle Länder und Sektoren betraf (CEE, *Seconda relazione*).

40 CEE, *Decima relazione*.

41 GUCE, *Modifica* 1982, *Proposta* 1984, *Proposta* 1986.

42 CEE, *Sedicesima relazione*.

Jahre 1973 waren in diesem zweiten Entwurf nicht so strenge Verordnungen vorgesehen. Nach Angabe des für Wettbewerbsfragen zuständigen EG-Kommissars, der den Entwurf vorgetragen hatte, war dagegen ein weitaus realistischerer Ansatz zur Lösung des Konzentrationsproblems auf dem Markt verfolgt worden. Das neue Reglement sieht vor – wie vom Rat erwünscht –, daß nur die Konzentrationen mit „gemeinschaftlicher Dimension" die Aufmerksamkeit der Kommission verdienen sollen, d.h. nur diejenigen Konzentrationen, deren Gesamtumsatz eine Milliarde ECU überschreitet [43].

Wie bereits aus dem Entwurf von 1973 hervorgeht, wirft die neue Richtlinie einige Fragen in bezug auf ihre Vereinbarkeit mit Art. 86 des Vertrags von Rom auf. Art. 2 über die Bewertung von Konzentrationen besagt, daß die „Konzentrationsvorhaben, die zur Schaffung oder Stärkung einer beherrschenden Stellung auf dem gesamten gemeinsamen Markt bzw. auf einem Teil dieses Marktes dienen, mit diesem unvereinbar sind". Diese Auffassung, die den in Art. 86 des Vertrags zum Ausdruck kommenden Beschluß verzerrt, demzufolge eine Zunahme an Marktmacht als „neutral" zu betrachten sei und lediglich die mißbräuchliche Ausnutzung in Betracht zu ziehen sei, die aus der Ausübung dieser Macht entsteht, widerspricht der vom EG-Kommissar selbst abgegebenen Erklärung vom November 1985, derzufolge „im gegenwärtigen wirtschaftlichen und industriellen Kontext die Aktionen, die zu Konzentrationen führen, eine Antwort auf die Notwendigkeit darstellen, die die gegenwärtige Wirtschaftsentwicklung aufwirft" [44].

Dem Vorschlag von Kommissar Sutherland begegneten die Mitgliedsländer mit weniger Widerstand als im Jahre 1973. Auf verschiedener Seite ist man allerdings der Meinung, daß man sich vor der konkreten Erörterung eines jeglichen Entwurfs zur Regelung der Konzentrationsfragen zuerst darüber klar werden muß, welche Wirtschaftspolitik in Europa verfolgt werden soll. Es ist in der Tat nicht möglich, die in den jeweiligen Ländern gültigen Instrumente zur Kontrolle von Konzentrationen zu harmonisieren, ohne vorher eine Absprache über die politischen – mit der

[43] Damit eine Konzentration ein europäisches Ausmaß erreichen kann, müssen also mindestens zwei Unternehmen daran beteiligt sein, deren Haupttätigkeit im Gebiet der EG in zwei verschiedenen Mitgliedsstaaten ausgeübt wird bzw. wenn die an dem Konzentrationsvorhaben interessierten Unternehmen ihre Tätigkeit in ein- und demselben Staat ausüben, muß wenigstens eines in anderen Mitgliedsstaaten eine bemerkenswerte Tätigkeit aufweisen. Ausnahmen von dieser Regel sind in den Fällen möglich, in denen der Umsatz des aufgekauften Unternehmens weniger als 50 Millionen ECU ausmacht bzw. wenn die sich zusammenschließenden Unternehmen mehr als drei Viertel ihres EG-Gesamtumsatzes in ein- und demselben Mitgliedsstaat erzielen.

[44] Entnommen aus der Rede des für Wettbewerbsfragen zuständigen Kommissars Peter Sutherland anläßlich der *ESC Conference*, Brüssel, 15. November 1985.

Schaffung eines europäischen Binnenmarktes verbundenen – Zielsetzungen getroffen zu haben. Darüberhinaus sind einige Mitgliedsländer der Auffassung, daß ihre Wirtschaftssysteme den für eine Auseinandersetzung mit der internationalen Konkurrenz notwendigen Strukturwandel noch nicht abgeschlossen haben.

Hinter dieser Argumentation verbergen die Mitgliedsländer oft die Befürchtung, daß die Einführung einer *ex ante* Kontrolle von Aufkäufen und Unternehmenszusammenschlüssen den gemeinschaftlichen Behörden eine Macht einräumen könnte, die weitaus größer als für den Schutz des Wettbewerbs notwendig ist, und daß diese Macht *de facto* in eine Kontrolle über den gegenwärtig in Gang befindlichen Strukturwandel in der europäischen Industrie ausarten könnte.

Die Kommission vertritt den Standpunkt, daß die Einführung einer Regelung von Aufkäufen und Unternehmenszusammenschlüssen im Interesse der europäischen Industrie liegen sollte. Erstens, weil dadurch den Unternehmen die rechtliche Sicherheit gegeben würde, daß sie rechtens handeln, und zweitens, weil ihnen dies den gleichen Zugang und die gleiche Behandlung in allen Ländern der Gemeinschaft zusichern würde, in denen sie Aufkäufe zu tätigen für angebracht erachten.

Im Hinblick auf die Anwedung der bereits existierenden Normen, ist die Kommission zu Beginn der 70er Jahre – nach den Schwierigkeiten, im ersten Jahrzehnt der Gründung der Gemeinschaft, als fast ausschließlich die Normen über die Unternehmensvereinbarungen [45] (Art. 85) angewendet wurden – mit einer Reihe von spezifischen Untersuchungen zur Feststellung etwaiger Mißbräuche von marktbeherrschenden Stellungen auch zur Anwendung von Art. 86 geschritten. Dabei unterstrich sie in einigen besonderen Fällen ihre Absicht, die beiden dem Artikel zugrundeliegenden Aspekte gemeinsam zu behandeln: die Kontrolle von rechtswidrigem Verhalten auf dem Markt und die Einschränkung der freien Wahl der Verbraucher durch Konzentrationen, mit denen das vorherrschende Unternehmen praktisch den Wettbewerb ausschaltet und die Kontrolle einer Konkurrenzfirma übernehme [46].

---

[45] In den Jahren von 1960 bis 1969 wurde Art. 85 nur in 19 Fällen angewendet, Art. 86 hingegen kein einziges Mal, vgl. CEE, *Prima relazione*.

[46] Mit diesem Ansatz hat die Kommission auch versucht, die rechtliche Lücke in Sachen Kontrolle von Unternehmenszusammenschlüssen und Aufkäufen zu füllen. Vgl. CEE, *Prima relazione*.

Die Debatte in Italien

Italien ist das einzige hochentwickelte Industrieland, das noch über keine auf den Marktwettbewerbsschutz ausgerichtete Regelung [47] verfügt. Das bedeutet aber nicht, daß das Problem nicht gesehen worden und daß die Rechtslücke nur das Resultat mangelnden Interesses des Gesetzgebers wäre.

Bereits 1950 war von einer Antitrust-Regelung die Rede gewesen, als der damalige Industrieminister Togni mit seinen „Disposizioni per la vigilanza sulle intese consortili" [Verordnungen zur Kontrolle von Konsortiumsvereinbarungen] dem Verbraucher Einschränkungen und Kosten ersparen wollte. Wenngleich sich diese Maßnahme auf den Handelssektor beschränkte, hat sie doch viele der Fragen aufgeworfen, die die Entwicklung der Debatte zu Antitrust-Regelungen in Italien charakterisierten. Seit damals sind denn auch verschiedene Vorschläge zur Regelung von Monopolstellungen, zur Unterdrückung von Restriktionsmaßnahmen, zum Wettbewerbsschutz usw. unterbreitet worden, von denen sich jedoch keiner in einem Gesetz niedergeschlagen hat [48].

Die Gründe für das Scheitern dieser ersten Versuche können zunächst einmal im Wesen des italienischen Wirtschaftssystems erkannt werden, sowie in der Befürchtung, daß die Einführung einer Antitrust-Regelung in irgendeiner Weise den Konsolidierungsprozeß der italienischen Produktionsstruktur behindern könnte [49].

Ende des Zweiten Weltkriegs litt Italiens Produktionsstruktur trotz des eingeleiteten „liberalen Kurses" der Wirtschaftspolitik noch unter dem starken Einfluß des Staates durch die verstaatlichten Unternehmen. Diese Situation wurde später durch die Entscheidung festgeschrieben, das Unternehmen IRI nicht an Private abzugeben, ein Ministerium für verstaatlichte Industrie zu schaffen und die verstaatlichten Unternehmen von der Confindustria [Industrieverband] abzukoppeln [50].

Neben der „Stärkung" des Systems der verstaatlichten Industrie wurde die Reglementierung einiger *public utilities* eingeführt, die nicht zufällig gerade den verstaatlichten Unternehmen zur Verwaltung übergeben wurden, wodurch diese dann rechtlich in einer Monopolsituation arbeiteten.

---

[47] Einzige Ausnahme ist das Gesetz vom 5. August 1981, Nr. 416, das sich mit Konzentrationen bei Tageszeitungen befaßt. Siehe dazu Gobbo, Scorcu (1988).

[48] Von 1955 bis 1966 wurden dem Parlament nicht weniger als fünf Gesetzesvorlagen unterbreitet – Bozzi-Malagodi (1955), Foschini (1959), Carcaterra (1959), Amendola (1960) und La Malfa-Lombardi (1966) – sowie der Gesetzesentwurf Colombo im Jahre 1960. Überdies ist noch die parlamentarische Untersuchung von Tremelloni 1960 zu nennen.

[49] Vgl. hierzu F. Momigliano, *Concentrazione economica*.

[50] Vgl. hierzu V. Castronovo, *L'industria italiana*.

Die starke Beteiligung des Staates an der Wirtschaft hat also implizit die Einführung von Antitrust-Gesetzen verhindert.

Abgesehen von der beträchtlichen Beteiligung des Staates am italienischen Industriesystem hat sich mit der Zeit auch zunehmende Skepsis gegenüber gesetzgeberischen Maßnahmen zum Schutz des Marktes verbreitet, da diese die Stärtung der italienischen Unternehmen im Hinblick auf die verstärkte Konkurrenz nach der Öffnung des Binnenmarktes verhindern hätte können.

Zur Einführung einer Antitrust-Regelung schien auch die nötige empirische Grundlage in bezug auf die Konzentration in der Verarbeitungsindustrie zu fehlen, wenngleich in den Schlußfolgerungen des „Parlamentarischen Untersuchungsausschusses über die Einschränkungen des Wettbewerbs in der Wirtschaft“ [51] hervorgehoben wurde, daß „die Festlegung einer spezifischeren (antimonopolistischen) Regelung... eine häufigere, geordnetere Berufung auf parlamentarische Untersuchungen... ermöglicht hätte, besonders jener kognitiven, die mehr und mehr bei der Dokumentierung der gesetzgeberischen Eingriffe zu einem nützlichen Instrument zu werden scheinen“ [52].

Aus der Entwicklung der Debatte und der Gesamtheit der Gesetzesinitiativen, die das Ende der 50er und den Beginn der 60er Jahre charakterisiert haben, stechen zwei Trends besonders hervor. Erstens ist der Versuch zu erkennen, die nationalen Gesetzesentwürfe mit der gemeinschaftlichen Gesetzgebung zu verbinden, die – wenngleich sie auch wegen des Fehlens von Reglementierungen noch keine konsolidierte Rechtsprechung bieten konnte – die Bestimmung der Eingriffsprioritäten erleichterte.

Das zweite Element betrifft die Ausnahmen, die für den öffentlichen Sektor vorgesehen waren. In allen vorgelegten Gesetzesentwürfen sind denn auch Ausnahmen für die staatlichen Monopolbetriebe und die öffentlichen bzw. konzessionierten privaten Unternehmen enthalten. Die Notwendigkeit, die Regulierungen entweder durch Teilaufhebungen oder durch Ausschließung gewisser Sektoren nicht anwendbar zu machen, fußt auf der Erkenntnis, daß es in der damaligen Marktsituation „illusorisch sei, den wirtschaftlichen Automatismus wiederherstellen zu wollen“ [53].

Ab Mitte der 80er Jahre, also nach fast 20 Jahren Abwesenheit, ist das Thema Wettbewerb und die Einführung von Antimonopolgesetzen wieder in den Mittelpunkt der wirtschaftspolitischen Diskussion zurückgekehrt [54]. In

---

[51] Der Ausschuß war am 18. Mai 1961 einberufen worden.

[52] Vgl. Camera dei Deputati, *Atti della Commissione parlamentare.*

[53] Camera dei Deputati, *Atti parlamentari.*

gewisser Hinsicht hat sich das italienische Wirtschaftssystem kaum geändert; trotz der geschmälerten Rolle der öffentlichen Unternehmen durch den seit einigen Jahren andauernden Entnationalisierungsprozeß [55] ist die Präsenz des Staates in der Wirtschaft noch deutlich zu spüren. Was sich geändert hat, waren vielmehr die Modalitäten des Marktwettbewerbs: man bedenke nur den Globalisierungsprozeß in einigen Industriesektoren und die darauffolgende Internationalisierung der Unternehmen.

Trotz der Opposition derjeniger, die – aufgrund des Gesetzes Nr. 1203 vom 14. Oktober 1957, das die Gemeinschaftsverträge ratifiziert und zur Anwendung bringt, und der Vorschriften der nationalen Ordnung in Art. 41 der Verfassung sowie der Art. 2595, 2597 und 2598 des italienischen bürgerlichen Gesetzbuches [56] – der Aufassung waren und noch sind, daß die Einführung einer nationalen Antitrust-Gesetzgebung überflüssig sei, hat der Industrieminister im Dezember 1987 einen Ausschuß eingesetzt – Romani-Ausschuß [57] –, dem er die Aufgabe übertragen hat, in kürzester Zeit operative Vorschläge zu einem Gesetz zur Regelung des Marktwettbewerbs auszuarbeiten.

Diesbezüglich hat der Minister in Anlehnung an einen vorhergehenden Versuch, der 1966 schon zu einem Gesetzesentwurf geführt hatte, mehrmals hervorgehoben, daß eine nationale Regelung des Wettbewerbs ein grundlegend wichtiges Element der Industriepolitik sei. Es müsse in der Lage sein, die Anpassung des italienischen Produktionssystems an europäische Gegebenheiten zu fördern.

Im Gegensatz zu der Debatte der 60er Jahre, die ausschließlich auf die Konzentration im Industriebereich ausgerichtet war, erstreckt sich die gegenwärtige Diskussion auch auf den Dienstleistungssektor und dabei besonders auf das Kredit- und Versicherungswesen. Einbezogen sind auch die sogenannten natürlichen Monopole, für die jedoch zunächst ein Liberalisierungsprozeß erforderlich sein wird. Für die Einführung von Antitrust-Normen sprechen sich auch gewisse Kreise des italienischen Finanzbereiches aus, die in dieser Art von Eingriffen die Lösung des Problems der Beziehungen zwischen Banken und Industrie sehen. Dazu reicht es nicht aus, das Bankgesetz aus dem Jahre 1936 zu erneuern. Vielmehr sei ein

---

[54] Eigentlich war die Debatte bereits 1979 wieder eröffnet worden, als die Confindustria einen Vorschlag zur Schaffung eines Unternehmensstatuts (Confindustria, *Tutela del mercato*) unterbreitete. Mit diesem Thema hat sich auch der Ferri-Ausschuß befaßt.

[55] Vgl. hierzu P. Bianchi, *Denazionalizzazione*.

[56] Diese Artikel legen die allgemeingültigen Vorschriften zur Wettbewerbsregelung fest und definieren den unlauteren Wettbewerb, für den die Sanktionen in Art. 2599 gelten.

[57] Der Romani-Ausschuß war schon im Dezember 1986 von Minister Zanone einberufen worden.

Gesetz notwendig, das Bankenkartelle untersagt, die Möglichkeit mißbräuchlicher Verwendung einer marktbeherrschenden Stellung – auch auf lokaler Ebene – verringert und eine Grenze für die Beteiligungen vorschreibt, die Banken an Industrieunternehmen und umgekehrt halten dürfen.

Die Legitimität einer nationalen Gesetzgebung ist in Art. 21, 41 und 47 der Verfassung festgelegt. Darüberhinaus wurde sie vom für Wettbewerbsfragen zuständigen EG-Kommissar vor kurzem bei einer Anhörung des Industrieausschusses des italienischen Senats unterstrichen. Er sagte, daß „es zusammenhängende Angelegenheiten gibt, bei denen der Eingriff des nationalen Gesetzgebers auf alle Fälle notwendig ist und in denen er im Einklang mit der gemeinschaftlichen Regelung zu handeln hat" [58].

Die Gültigkeit dieser Aussage wird durch den Inhalt und den Anwendungsbereich der gemeinschaftlichen Regelung bestätigt. In bezug auf Art. 85 ist dessen ausschließliche Anwendbarkeit auf Abmachungen wichtig, die den Handel des gemeinsamen Markt behindern. Allerdings hat der Europäische Gerichtshof in seinem Urteil im Fall Van Cement/Handelern vs. EG-Kommission [59] erklärt, daß Vereinbarungen, die sich auf einen nationalen Markt auswirken, *per se* den Handel zwischen den Mitgliedsstaaten behindern. Noch enger gesteckt ist die Anwendbarkeit des Art. 86 auf nationale Fälle, da der Europäische Gerichtshof wiederholt betont hat, daß Verhalten mit Auswirkungen in einem einzelnen Mitgliedsstaat nicht mit dem gemeinsamen Markt unvereinbar ist, da es nicht den Handel zwischen den Mitgliedsstaaten behindert [60].

Zum Abschluß seiner Arbeiten hat der Romani-Ausschuß den Entwurf einer Wettbewerbsregelung ausgearbeitet, die „aus dem Kontext eines graduellen Vereinheitlichungsprozesses des europäischen Marktes entsteht und somit nicht umhin kann, sich an den Kriterien der gemeinschaftlichen Gesetzgebung zu orientieren" [61]. Der Vorschlag hat im Gesetzesentwurf Nr. 1240 „Vorschriften zum Schutze des Wettbewerbs" seinen Niederschlag gefunden, der am 26. Juli 1988 vom Industrieminister Battaglia vorgestellt wurde. Er steht dem Gesetzesentwurf Nr. 1012 „Vorschriften zum Schutze des Marktes" gegenüber, den Senator Rossi bereits am 10. Mai 1988 unterbreitet hatte.

Obwohl in beiden Gesetzesentwürfen eine Konvergenz zur Gemeinschaftsgesetzgebung zu erkennen ist, also zum Verbot von Absprachen und

---

[58] Der Kommissar nannte als Beispiel die Preiskontrolle. Vgl. Senato della Repubblica, *Relazione*.

[59] GUCE, *Sentenza* 1973, Nr. C 15.

[60] Siehe zum Beispiel das Urteil des Gerichtshofes im Fall Hugin vs. EG-Kommission vom 31. Mai 1979, GUCE, *Sentenza* 1979.

[61] Commissione Romani.

dem Mißbrauch einer marktbeherrschenden Stellung, verfolgen sie zwei verschiedene Ansätze. Diese wurden allerdings in der engeren Kommission des Industrieausschusses des Senats in Einklang gebracht und liegen somit nun als ein einziger Gesetzesentwurf vor [62].

Der neue Gesetzesentwurf steht im Einklang mit den gemeinschaftlichen Regelungen. Das belegt Art. 7, der die vorgesehenen Vorschriften auf öffentliche bzw. staatliche Unternehmen ausdehnt, für die alle vorhergehenden Gesetzesentwürfe die Möglichkeit von Ausnahmen vorgesehen hatten [63]. Besonders wichtig ist in diesem Gesetzesentwurf die Regelung der Beziehungen zwischen Banken und Unternehmen. Sie fußt auf zwei wesentlichen Aspekten: einer Höchstgrenze von 20% für die Beteiligungen von Unternehmen am Kapital von Banken und einer Genehmigungsbefugnis, die der Banca d'Italia übertragen wird [64].

Bezüglich einer Reglementierung von Konzentrationen sieht der Gesetzesentwurf vor, daß der zuständigen Behörde Mitteilung gemacht werden muß, wenn der von allen an der Konzentration beteiligten Unternehmen auf nationaler Ebene erarbeitete Umsatz 500 Milliarden Lire übersteigt.

Auch dieser Ansatz erscheint wie der des für Wettbewerbsfragen zuständigen EG-Kommissars in gewisser Hinsicht widersprüchlich [65]. Wie

---

[62] Einer der Punkte, in dem die Vorschläge von Battaglia und Rossi am weitesten auseinandergingen, betrifft die Möglichkeit, Absprachen und Zusammenschlüsse von Unternehmen zuzulassen. Nach dem Vorschlag von Rossi würde in Anlehnung an andere europäische Gesetzgebungen „sowohl für Vereinbarungen als auch für Konzentrationen eine Höchstbefreiungsgrenze politischen Charakters" eingeführt „die zur Bewertung einem interministeriellen Ausschuß für Wirtschaftsprogrammierung zu übertragen sei". In diesem Punkt stieß der Vorschlag auf den heftigen Widerstand von Battaglia, demzufolge die Übertragung der Befreiungen an diesen Ausschuß nicht nur eine Abwendung von den in Europa sichtbar werdenden Tendenzen darstellen würde, sondern auch einen beträchtlichen Schritt zurück im Versuch, das Wirtschaftsleben in Italien weitestgehend vom Einfluß der Politik und der Parteien unabhängig zu machen.

[63] Eine einzige Ausnahme ist in den Fällen vorgesehen, in denen die Anwendung des Gesetzes Dienstleistungsversorgungen von allgemeinem wirtschaftlichem Interesse behindern würde.

[64] Dieser Gesetzesentwurf ersetzt einen vorhergehenden, in dem die Genehmigungsbefugnis dem Schatzministerium übertragen werden sollte.

[65] Dieser Widerspruch ist wiederholt von denjenigen hervorgehoben worden, die sich gegen die Einführung eines Antitrust-Gesetzes in Italien ausgesprochen haben. Nach deren Meinung würde die Verwirklichung des Rationalisierungsprozesses im italienischen Produktionssystem auf diese Weise nur noch problematischer. Die Confindustria ist ziemlich besorgt ob des plötzlichen Interesses, das die italienische Politik an diesem Thema zeigt. Sie meint, es sei nicht nur paradox, in Italien überhaupt von Antitrust zu sprechen, wenn der relevante Markt nicht mehr der nationale Binnenmarkt ist. Vielmehr könnte es das Wachstum der italienischen Unternehmen ernsthaft behindern, die Vereinbarungen und Zusammenschlüsse noch nötig haben, um es mit der ausländischen Konkurrenz aufnehmen zu können.

kann sich denn das italienische Industriesystem auf die Herausforderungen des europäischen Binnenmarktes vorbereiten und es dabei mit den amerikanischen und japanischen multinationalen Konzernen aufnehmen, wenn es die zuständige Behörde den Unternehmen untersagen kann, größere Fusionen und Aufkäufe zu tätigen[66]?

Schlußfolgerungen

Der Prozeß der Revision der Antitrust-Regelungen scheint sich auf das Thema der Kontrolle von Aufkäufen und Unternehmenszusammenschlüssen zu konzentrieren. Im Gegensatz zu der in den 60er und 70er Jahren vorherrschenden Idee, daß ein Zuwachs an Industriekonzentration an und für sich als negativ zu bewerten sei, ist man heute realistischer eingestellt und vertritt die Auffassung, daß in vielen Fällen eine Konzentration die Vorbedingung für einen gesunden Wettbewerb zwischen den Unternehmen sei.

Wenn man das Phänomen der Aufkäufe und Fusionen falsch interpretiert, läuft man Gefahr, mit auf überholten Denkschemata beruhenden Gesetzen eingreifen zu wollen und bei deren Anwendung den Entwicklungsprozeß des Wirtschaftssystems ernsthaft zu behindern. In diesem Sinne darf sich eine Antitrust-Regelung heute nicht darauf beschränken, vertikal oder horizontal restriktive Verhaltensweisen zu unterbinden, sondern muß vor allen Dingen auf der Grundlage von natürlichen Oligopolsituationen die Dynamik des Wechsels von neuen Strukturen und neuen Gleichgewichten gewährleisten.

Die Antitrust-Regelung kann und darf nicht zu einem protektionistischen Instrument werden, auf das zurückgegriffen wird, um den Besitz und die Kontrolle des inländischen Produktionssystems gegen ausländisches Kapital abzuriegeln. Alle Fälle, in denen Marktschutzgesetze als Barriere für das externe Wachstum von ausländischen Unternehmen angewendet werden, stellen gravierende Hindernisse für die Realisierung eines europäischen Binnenmarktes sowie für die Harmonisierung der jeweiligen nationalen Gesetzgebungen dar.

Bei der Fortführung des Erneuerungsprozesses der Antitrust-Regelungen und bei der gegenwärtig in Italien geführten Diskussion über die Einführung eines nationalen Gesetzes sollte hervorgehoben werden, daß das

---

[66] Das wiedererwachte Interesse an der Einführung von Antimonopolgesetzen soll, nach Angaben des Industrieausschusses des Senats, „keine Hindernisse für den Prozeß der Internationalisierung und Konzentration an und für sich mit sich bringen, sondern die Gefahr eines Mißbrauches einer marktbeherrschenden Stellung verhindern und den freien Wettbewerb gegen jegliches restriktive oder verzerrende Verhalten schützen" (Industrieausschuß des Senats, 1988).

Ziel jeglichen Eingriffs nicht die Verhinderung des Wachstums von Industriesystemen ist, sondern vielmehr die Degenerierung der „wirtschaftlichen Macht“ in „politische Macht“. Um dieses Ziel erreichen zu können, wäre es auf alle Fälle notwendig, den Marktschutz im Rahmen eines durch Vollständigkeit und Transparenz charakterisierten wirtschaftlichen Kontextes zu sehen, was zunächst einmal einer Regelung bedürfte, die die Begriffe „Unternehmensgruppe bzw. Konzern“ definiert und die zwischen den Unternehmen ein- und derselben Gruppe bestehenden finanziellen Bindungen klar herausstellt.

Das Problem des Wettbewerbsschutzes in dieser Weise anzupacken würde auch bedeuten, daß die wirtschaftliche Macht von der politischen zu trennen wäre, was in fast allen Ländern – ob Industrieländer oder nicht – anscheinend unerreichbar ist, weil die politischen Machthaber zur Festigung ihrer Macht Allianzen mit den wirtschaftlichen Machthabern schließen.

In Italien ist eine Gesetzgebung zum Schutz des Wettbewerbs zwischen den Unternehmen notwendig. Nicht so sehr, weil alle fortschrittlicheren Länder über eine solche verfügen, sondern damit die gegenwärtig in der italienischen Wirtschaft im Gange befindliche und auf Privatisierung und Neugestaltung der Industrieunternehmen ausgerichtete tiefgreifende Veränderung nicht unter unklaren Bedingungen vor sich geht, sondern auf klar und deutlich formulierten Grundsätzen fußt.

Literaturverzeichnis

(Im Anmerkungsteil werden die *kursiv* gesetzten Kurztitel verwendet.)

Advokaterne Bredgade 3 et al.: Merger Control in the EEC, Deventer 1988

Bernini, G.: *Le regole di concorrenza* nei trattati comunitari, Rimini 1982

– Beitrag zu: Linee per una legislazione antimonopolistica in Italia, in: Diritto e Economia, 1988

Bianchi, P.: *Denazionalizzazioni* e privatizzazioni dell'impresa pubblica in Italia, 1988 (Fotokopie)

Bork, R.: The Antitrust *Paradox:* A Policy at War with Itself, New York 1978

Camera dei Deputati: *Atti Parlamentari,* III Legislatura – Documenti – Disegni di Legge e Relazioni, Disegno di Legge Nr. 2076, Rom 1960

– *Atti della Commissione parlamentare* di inchiesta sui limiti posti alla concorrenza nel campo economico, Volume I, Relazione alla Camera dei Deputati, Doc. XVIII, Nr. 1, Rom 1965

Castronovo, V.: *L'industria italiana* dall'ottocento a oggi, Mailand 1966

CEE: *Il problema della concentrazione* nel mercato comune, Memorandum della Commissione al Consiglio, Brüssel-Luxemburg 1966

– *La politica industriale* della Comunità, Memorandum della Commissione al Consiglio, Brüssel-Luxemburg 1970

– *Prima relazione* sulla politica di concorrenza, Brüssel-Luxemburg 1972

– *Seconda relazione* sulla politica di concorrenza, Brüssel-Luxemburg 1973

– *Nona relazione* sulla politica di concorrenza, Brüssel-Luxemburg 1980

– *Decima relazione* sulla politica di concorrenza, Brüssel-Luxemburg 1981

– *Trattati* che istituiscono le Comunità Europee, Brüssel-Luxemburg 1987

– *Sedicesima relazione* sulla politica di concorrenza, Brüssel-Luxemburg 1987

Commisione Ferri: 'Lo statuo dell'impresa', in: Rivista delle Società, Nr. 1-2, 1984

Commissione Romani: Relazione conclusiva della commissione ministeriale per lo studio della concorrenza, Rom 1988

Confindustria: *Tutela del mercato* e controllo degli abusi di potere economico, interventi pubblici nell'esercizio e nel finanziamento di im prese, bilanci delle imprese e degli enti pubblici: proposte per uno statuto dell'impresa, in: Rivista della Società, 1979

Gobbo, F. / De Giovanni, D.: Verso una normativa antitrust anche in Italia?, in: Etruria Oggi, 1987

Gribbin, D.: *La politica* della concorrenza nel Regno Unito, Laboratorio di Politica Industriale, Acquisizioni Fusioni Concorrenza, Bologna 1988

GUCE: *Decisione* della Commissione del 9.12.1971 sul caso Continental Can Company Inc., GUCE [ABIEurGem.] Nr. L 7, Brüssel-Luxemburg 1972

– *Sentenza* della Corte di Giustizia delle Comunità Europee del 21.2.1973 sulla causa 6/72 Continental Can Company vs. Commissione CEE, GUCE [ABIEurGem.] Nr. C 68, Brüssel-Luxemburg 1973

– *Proposta* di regolamento (CEE) del Consiglio sul controllo delle concentrazioni, GUCE [ABIEurGem.] Nr. C 92/1, Brüssel-Luxemburg 1973

– *Sentenza* della Corte di Giustizia delle Comunità Europee del 17.10.1972 sulla causa 8/72 Van Cement-Handeleren vs. Commissione CEE, GUCE [ABIEurGem.] Nr. C 15, Brüssel-Luxemburg 1973

– *Sentenza* della Corte di Giustizia delle Comunità Europee del 31.5.1979 sulla causa 22/78 Hugin vs. Commissione CEE, GUCE [ABIEurGem.] Nr. C 168, Brüssel-Luxemburg 1979

- *Modifica* della proposta di regolamento (CEE) del Consiglio sul controllo delle concentrazioni, GUCE [ABIEurGem.] Nr. C 36/3, Brüssel-Luxemburg 1982
- *Proposta* modificata di regolamento (CEE) sul controllo delle concentrazioni fra imprese, GUCE [ABIEurGem.] Nr. C 51/8, Brüssel-Luxemburg 1984
- *Proposta* modificata di regolamento (CEE) sul controllo delle concentrazioni fra imprese, GUCE [ABIEurGem.] Nr. C 324/5, Brüssel-Luxemburg 1986
- *Sentenza* della Corte di Giustizia delle Comunità Europee del 17.11.1987 sulle cause congiunte 142/84 British American Tabacco Company Ltd. vs. Commissione CEE e 156/84 R.J. Reynolds Industries Inc. vs. Commissione CEE, Luxemburg 1988
- *Proposta* modificata di regolamento (CEE) del Consiglio sul controllo delle operazioni di concentrazione tra imprese, GUCE [ABIEurGem.] Nr. C 130/5, Brüssel-Luxemburg 1988

Momigliano, F.: *Concentrazione economica* e legislazione antimonopolistica, in: Economia Pubblica, Nr. 4-5, S. 171-174, 1988

Monopolies and Mergers Commission: Tate & Lytle PLC and Ferruzzi Finanziaria Spa and S&W Berisford PLC: *A Report* on the Existing and Proposed Mergers, Cm 89, London, HMSO 1987

Porter, M. (Hrsg.): *Competition* in Global Industries, Cambridge 1986

Posner, R.: Antitrust *Law:* An Economic Perspective, Chicago 1976

Prodi, R.: *Alla ricerca* di una strategia multinazionale per l'impresa europea, in: L'industria, n.s., Nr. 2, 1974

- / De Giovanni, D.: *Mutamenti* concorrenziali e regole del gioco, in: Bianchi P. (Hrsg.): Antitrust e gruppi industriali, Bologna 1988

Senato della Repubblica: *Relazione* della 10ª Commissione permanente (Industria, Commercio, Turismo) su internazionalizzazione delle imprese e concentrazioni industriali, Mai, Doc. XVI, Nr. 3, 1987

Williamson, O.: The Economic Institution of Capital, New York 1985

- Antitrust Economics, Oxford 1987

Konzentrationen, Fusionen und internationale Dimensionen der Industrie

von Romano Prodi *

Zunächst möchte ich mich für die Einladung und bei Prof. Andreatta für die herzliche Vorstellung bedanken. Meine Doppelfunktion als Universitätsprofessor und Präsident des IRI gestattet es mir, aufgrund von Erfahrungen einige Überlegungen zum heutigen Thema anzustellen. Außerdem halte ich es für wichtig, die Beziehungen zum deutschsprachigen Raum besonders hervorzuheben, da sie meines Erachtens nach einen ausschlaggebenden Einfluß auf die Zukunft der italienischen Industrie ausüben werden. Abgesehen davon, daß diese Tagung die Wirtschaftsbeziehungen zwischen Italien und den deutschsprachigen Ländern zum Thema hat, glaube ich, daß dies einer der Schlüssel für die Zukunft der italienischen Industrie ist. Es ist aber doch eigenartig, daß die Beziehungen zwischen den Industriesystemen der einzelnen Länder fast keinen Zusammenhang mit den jeweiligen Normen haben – und wenn, ist er keinesfalls so eng, wie man annehmen möchte. Viel wichtiger sind nämlich die tatsächlichen und strukturellen Unterschiede. Im Vorausgehenden wurden Antitrust-Bestimmungen und Wettbewerbsregeln erwähnt sowie die Tatsache – um nur einige Begriffe wieder aufzugreifen – daß in Europa eine Reihe von nationalen, voneinander völlig verschiedenen Ansätzen zu dieser Thematik existiert.

Zuerst haben wir die deutsche Industrie, die grundsätzlich gegen alle Zusammenschlüsse ist, obwohl wir später noch sehen werden, daß gerade die BRD das Land ist, das auf besondere Art und Weise die größten Konzentrationen geschaffen hat. Dann haben wir Frankreich, das eine positive Einstellung gegenüber Zusammenschlüssen an den Tag legt, obwohl die französische Industrie in der Praxis viel schwächer als alle anderen ist. Drittens haben wir Großbritannien mit seinem „pragmatischen" Ansatz, was bedeutet, daß man dort so vorgeht, wie es momentan am günstigsten scheint. Dann gibt es auch noch eine vierte Schule, die italienische. Hier gibt es keine Gesetzgebung und folglich auch keine Interpretationsprobleme – dies erleichtert uns die Analyse. Und dann haben wir natürlich die europäischen Bestimmungen, die von den Artikeln 85 und 86 der Römischen Verträge über Fusionen und Zusammenschlüsse

---

* Das Referat von Prof. Dr. Prodi wurde nach einer Tonbandaufnahme reproduziert.

ausgegangen sind und die von den nationalen Unternehmen immer mehr als Bezugspunkt angesehen werden. Die nationalen Strategien wurden aber völlig unabhängig von diesen Normen, so wie es die einzelnen Regierungen für angebracht hielten, ausgearbeitet.

Es gab in bezug auf Zusammenschlüsse äußerst interessante historische Entwicklungen. In den 50er Jahren, während des Wiederaufbaus, stellte sich das Problem erst gar nicht.

Die Strategie der 60er Jahre war hingegen von großer Bedeutung und ist eingehend erforscht und dokumentiert worden. Gemäß dieser Strategie der „nationalen Gesellschaften" schloß jedes Land so viele Unternehmen wie möglich zusammen. Diese Strategie geht auf De Gaulle zurück und wurde von allen europäischen Ländern aufgegriffen. Die 60er Jahre erlebten die stärkste Konzentration von Großunternehmen – es entstanden neue Industriekonzerne, die dann eine Hauptrolle im europäischen Wettbewerb übernehmen sollten. Als dieses Phänomen offen sichtbar wurde, waren alle Beteiligten – und ich meine hier auch die jungen Wissenschaftler, zu denen ich gehörte – in gewissem Maße empört darüber, daß gerade im Zeitalter des Gemeinsamen Marktes nationale Zusammenschlüsse und wirtschaftliche Nationalismen so überschwänglich gelobt wurden. Diese Beobachtung wurde dadurch unterstrichen, daß im Zeitalter des Faschismus, des Nationalsozialismus und noch davor solche großen europäischen multinationalen Konzerne wie ROYAL DUTCH SHELL, UNILEVER, NESTLE, PHILIPS und SIEMENS gegründet worden waren. Für das Zeitalter des Gemeinsamen Marktes konnten wir hingegen nur das Beispiel von AGFA GEVAERT anführen. Und dabei handelte es sich um eine Fusion besonderer Art, fast wie bei „Whisky & Soda", zwei Dinge, die einfach zusammengehören.

Eine eingehendere Interpretation ergab jedoch, daß dies eine notwendige Phase war. Die Vorbereitung der einzelnen Länder auf den zukünftigen Konkurrenzkampf war im Grunde genommen eine Vorbereitung auf den Gemeinsamen Markt und keine ablehnende Haltung. Aber – und hier kommen wir zu einer weiteren Überlegung zum heutigen Thema – die einzelnen Länder haben sich nicht alle gleich schnell dieser Situation angepaßt. Frankreich und die BRD gewannen das Rennen, gefolgt von Großbritannien und Italien an der letzten Stelle – darauf soll später noch näher eingegangen werden.

Im Lauf von wenigen Jahren ist in Europa alles was zusammenzuraffen war, zusammengerafft worden und wehe dem, der Fehler machte. Hier soll an den Versuch von FIAT erinnert werden, in den 60er Jahren CITROEN aufzukaufen, was von De Gaulle verhindert wurde; weiterhin an die zahlreichen Versuche im Bereich der chemischen Industrie, sowie an eine Reihe von Versuchen, die Fusionen und eine Internationalisierung des Wettbewerbs zum Ziel hatten, wo der Staat aber angesichts der damaligen historischen Entwicklungsphase keine Ausnahme zuließ.

In Europa war in der zweiten Phase des Gemeinsamen Marktes – wie ich sie nenne – Mitte der 70er Jahre national alles konzentriert worden, was nur möglich war. Dies war eine eindeutige faktische Stellungnahme, die den Wettbewerbsregeln gleichgültig gegenüberstand. Auf diese Situation vermochte auch das „Bundeskartellamt", trotz seiner legislativen Struktur (die nur für den Heimmarkt Bedeutung hatte), die zwar strenger war als die französische (für welche hingegen der kontinentale Markt der wichtigere war), kaum Einfluß auszuüben. Also zwei verschiedene Grundeinstellungen – aber *de facto* zwei recht ähnliche Verhaltensweisen.

In den 80er Jahren wurde klar, daß die Karten neu gemischt werden mußten, da nun eine Phase endgültig abgeschlossen war. Eine statistische Analyse der Ereignisse der 80er Jahre ergibt, daß bei einem Großteil der Fusionen und Konzentrationen in den europäischen Ländern entweder nationale oder amerikanische Unternehmen die Hauptrolle gespielt haben. Im Augenblick betreiben nur die Vereinigten Staaten eine weltweite Akquisitionspolitik. Dafür gibt es viele mögliche Erklärungen. Die wahrscheinlichste ist die fortgeschrittene Reife des amerikanischen Finanz-Marktes. Einige Wirtschaftsexperten haben es aber auch mit der Tatsache erklärt, daß die Amerikaner bereits große Erfahrung auf diesem Gebiet hatten, da sie schon mit der Gesetzgebung der einzelnen US-Staaten zu tun hatten. Tatsächlich handelt es sich um eine strategische Kapazität der Amerikaner auf Weltebene, welche instrumental flexibel je nach Art des einzelnen Unternehmens zum Einsatz kam. IBM expandierte so zum Beispiel indem eigene Filialen gegründet wurden, während HONEYWELL oder GENERAL ELECTRIC auf dem gleichen Sektor expandierten, indem sie Unternehmen in anderen Ländern aufkauften. Der Erwerb wurde zu einem der Instrumente der Unternehmensstrategie, die jedoch auch andere Instrumente vorsah.

Die Amerikaner handelten also nicht auf diese Weise, um nur europäische Unternehmen zu erwerben. Sie verfolgten eine weltweit angelegte Strategie, derzufolge sie – wenn notwendig – auch europäische Unternehmen aufkauften. Die Unternehmen hatten bis dahin keinen einzigen Ankauf von Bedeutung im Ausland getätigt. Doch dann änderte IBM seine Strategie plötzlich total. Es war die außerordentliche Kapazität mit der die Amerikaner in das Weltgeschehen eingriffen, was ihr Eingreifen so interessant machte.

In den letzten Jahren hat sich die Situation grundlegend verändert. Unternehmen begannen plötzlich Strategien anzuwenden und Ziele zu verfolgen, die nicht mehr nationalen, sondern kontinentalen Charakter hatten. Das Fusionsfieber war ausgebrochen. Natürlich gab es auch hier Unterschiede von Land zu Land, insbesondere auf Grund der unterschiedlichen Produktionsstrukturen der einzelnen Länder. An dieser Stelle muß etwas zu den Besonderheiten des italienischen Industriesystems gesagt werden. Im Vergleich zu anderen Ländern ist die Größe italienischer

Betriebe viel geringer und wenn man die letzten Daten der 80er Jahre betrachtet, spricht nichts für eine Zunahme der durchschnittlichen Betriebsgröße – im Gegenteil: es gibt eher Anzeichen für einen weiteren Rückgang. Dies läßt sich dadurch erklären, daß neben Fusionen und Konzentrationen auch die Gründung vieler neuer Kleinunternehmen erfolgt ist. So kann die Struktur also ihre Dynamik und Vitalität beibehalten. Nach Abschluß dieser ersten nationalen Phase begann der Umstrukturierungsprozeß auf europäischer Ebene. Italien ist in diesem Konzentrationsprozeß ein Nachzügler und der Grund liegt darin, daß auf einigen Sektoren die notwendige Konzentration im Inland noch nicht verwirklicht worden ist. Für diese Verspätung wird unser Land in Zukunft einen sehr hohen Preis zu zahlen haben, da wir der europäischen Konkurrenz gegenüber viel schwächer dastehen. Und ich muß hinzufügen, daß ein Großteil dieser Verspätung auf den Dualismus zwischen öffentlichen und privaten Unternehmen zurückzuführen ist. So gibt es zahlreiche Fälle, wo dieser Dualismus zwischen öffentlichen und privaten Unternehmen oder auch der Pluralismus öffentlicher Unternehmen den für notwendig erachteten Konzentrationsprozeß erschwerte. Das ist das Drama der 80er Jahre, welches mich in einigen Fällen zum hartnäckigen und entschiedenen Protagonisten hatte. Die anderen europäischen Länder haben bereits alles zusammengerafft und sich ihr Häuslein wieder aufgebaut. In Italien hingegen gibt es noch Sektoren von grundlegender Wichtigkeit, in denen die Unternehmen noch nicht dementsprechend gehandelt haben. Der vor drei Jahren an das IRI gerichtete Slogan „IRI sei ein aus Zwergen zusammengesetzter Riese" unterstrich, daß Konkurrenz heute nicht die großen Konzerne betrifft, sondern die einzelnen Subsektoren. Gerade hier gilt es stark zu sein. Die Konzentrationen auf dem Eisenbahnsektor, in der Luftfahrt und die Konzentrationen in der elektromechanischen und in der energieproduzierenden Industrie sind alles Vorschläge, die zwar „bruchstückhaft" wirken, aber eine organische Notwendigkeit darstellen etwas nachzuholen, was andere bereits verwirklicht haben. Diese eigenartige Situation des aufholbedürftigen Italiens ist eines der dramatischen Probleme, vor dem wir stehen. Zum Teil ist diese Umstrukturierung bereits verwirklicht worden – man denke nur an die Eingliederung von ALFA ROMEO in den FIAT-Konzern. Im Grunde genommen handelt es sich um den Abschluß eines traditionellen Prozesses – selbst wenn von der Presse als absolut neu interpretiert. Es war der Abschluß eines selbstverständlichen und traditionellen Prozesses. Die Strategie der öffentlichen Unternehmen – jedenfalls einiger – war und ist es, einen Schlußstrich unter die Vergangenheit zu ziehen. Dieser Dualismus, die problematische Beziehung zwischen öffentlichen Unternehmen und der politischen Welt, lebt jedoch weiter und erschwert den Umstrukturierungsprozeß auf dramatische Weise. Ein Prozeß, der sich mit dem inzwischen festen Stellenwert der Politik innerhalb der Privatunternehmen ausgeweitet hat. Die Haltung der Politiker in den letzten Jahren gegenüber dem IRI und öffentlichen Unternehmen war folgende: solange die Situation dramatisch war, konnte man privatisieren; wo im Grunde genommen die Dinge ganz gut laufen, gibt es keinen Grund für eine industrielle Umstrukturierung. Das ist ein großer Fehler, denn in einer statischen Phase mag zwar alles funktionieren, aber mit dem Eintritt in eine dynamische Phase wird das Betreiben des ganzen Gefüges unmöglich. Dies gilt für die Banken, für die elektromechanische Industrie und für alle oben erwähnten Sektoren. Leider ist dieses Argument auch für das gesamte Industriesystem voll gültig. Ich wiederhole, ich bin sehr pessimistisch und zwar aus den folgenden zwei Gründen:

- Erstens aufgrund der neuen Einstellung der Politik, die die Umstrukturierung und folglich auch die Privatisierung einiger Unternehmen nicht mehr als dringlich erachtet;
- zweitens aufgrund der Stellung und der Politisierung vieler Privatunternehmen. Das hat zur Folge, daß, wenn die Umstrukturierung eine bestimmte Richtung einschlägt, sie die Reaktion der Christdemokraten hervorruft, und wenn sie in eine andere Richtung läuft, die Reaktion der Sozialisten heraufbeschwört, was schließlich zur absoluten Lähmung der Industriepolitik in unserem Lande führt.

Inzwischen findet in Europa ein Wandel statt. Es beginnt die zweite Phase, die nach der Stagnation der 70er Jahre vorauszusehen war, das heißt: die Phase der europäischen Umstrukturierung. Eine Fusionswelle von großem Ausmaß hat ihren Anfang genommen, begleitet von einem großen europäischen Problem: der „Anomalie" zwischen der deutschen und der nichtdeutschen Welt. Meiner Meinung nach gibt es in Europa drei „anomale" Länder – die BRD, die Schweiz und Schweden – wo es in der Praxis fast unmöglich ist, Unternehmen aufzukaufen oder zumindest ein feindliches „take-over" auszuführen: man kann sie nur kaufen, wenn sie zum Kauf angeboten werden. In den anderen Ländern ist fast alles möglich: völliger Handlungsspielraum in Frankreich, ziemlich große Möglichkeiten in Großbritannien, eine verworrene aber doch offene Situation in Italien – mit Ausnahme des öffentlichen Bereichs. In unserem Land gibt es aber auch Anomalien, so daß man miterlebt, wie zum Beispiel die Firma BUITONI binnen 24 Stunden an ein ausländisches Untenehmen verkauft wird und sich niemand dagegen auflehnt, während indessen ein Mineralwasser für die nationale Entwicklung als „strategisch" wichtig erklärt wird. Die Erklärung liegt in der Tatsache, daß es sich im Falle der Mineralwasserfirma um ein öffentliches Unternehmen handelte und man sich deswegen einmischen durfte, während die Firma BUITONI Herrn De Benedetti gehörte und sie somit, wann und wie er wollte, verkauft oder gekauft werden konnte und es unmöglich war, sich einzumischen, außer *a posteriori*. So stehen wir von Neuem vor der Analyse der Folgeerscheinungen des Dualismus zwischen öffentlichen und privaten Unternehmen. Ich glaube, daß die Präsenz öffentlicher Unternehmen in einem Lande tatsächlich sehr wichtig ist und sicherlich positive Aspekte hat. Aber der interessanteste Aspekt des europäischen Wettbewerbs ist das unterschiedliche Verhalten der drei oben angeführten Länder im Vergleich zu den anderen. Hier muß man jedoch unterscheiden: In Schweden und in der Schweiz gibt es eine Asymmetrie. Dort ist es schwierig kleine Unternehmen zu erwerben, während jedoch diese beiden Länder eine außerordentlich rege Akquisitionspolitik im Ausland betreiben. In der BRD gibt es, zugegeben, eine liberale Gesetzgebung, aber in der Tat erschweren die Beziehungen zwischen Banken und Industrie die Akquisition großer Unternehmen oder machen sie schon im voraus unmöglich. Schlußendlich müßte man ja die Deutsche Bank erwerben und die kostet viel Geld... Diese Verflechtung führt dazu, daß sich das deutsche System von dem der anderen Länder unterscheidet und dies mit entsprechend schwerwiegenden Folgeerscheinungen.

In der Tat hat sich das europäische Bild in den 80er Jahren sehr stark verändert und in dieser Hinsicht scheint mir auch meine persönliche Erfahrung sehr aufschlußreich. Während meines ersten Jahres als Präsident des IRI hatte ich fast ausschließlich Kontakte zu Japanern und Amerikanern. In den letzten Jahren hingegen ist der Dialog mit den Europäern alltäglich geworden. Aber bei deutschen Unternehmen müssen 51% in den Händen des deutschen Unternehmers verbleiben – es kommt sonst zu keinem Geschäftsabschluß. Diesbezüglich sind einige statistische Daten sehr interessant. Italienische Unternehmen haben in den 80er Jahren ziemlich viele ausländische Betriebe aufgekauft: 31% davon waren amerikanische Unternehmen (hier handelt es sich um einen interessanten Sonderfall, da es sich hauptsächlich um solche Unternehmen handelt, die zu Beginn der 80er Jahre auf Grund des Terrorismus das Land verlassen haben und die oft für wenig Geld von den Italienern zurückgekauft wurden), 20% sind französische Unternehmen (es ist von größter Wichtigkeit, daß italienische Industrieunternehmen aktiv in Frankreich Unternehmen aufkaufen), weiterhin kommen 9% englische und nur 4% deutsche Unternehmen hinzu. Bei den letzteren handelt es sich aber um Handelsunternehmen. Das bedeutet, daß die BRD praktisch undurchdringlich ist. Umgekehrt ist aber die BRD aktiv bei Akquisitionen in Italien vertreten, auch wenn sie nicht an erster Stelle steht – 8% und steigend. Dies zu einer Zeit, da sich Italien in einer heiklen Phase befindet und die Deutsche Bank und die anderen großen deutschen Banken dabei sind, den italienischen Markt gründlich zu erforschen, um eine koordinierte massive Penetration abzuwägen. Auch für die Japaner befindet sich Italien noch in einer Beobachtungsphase. Das Problem der Asymmetrie betrifft nicht nur Italien, sondern ganz Europa. Daher glaube ich, daß in Zukunft etwas Großes auf uns zukommen wird, vielleicht erst in fünf oder zehn Jahren. Aber es wird sehr schwierig werden ein Europa zu realisieren, wenn eine so starke, eindeutige und motivierte Asymmetrie, belegt durch statistische Daten und tägliche Erfahrungen, weiterexistieren wird. Eine Ausnahme bildet die Bank für Trient und Bozen, wahrscheinlich weil es schon seit langer Zeit gute nachbarschaftliche Beziehungen gibt. Aber es bleibt in der Tat ein Ausnahmefall, daß ein deutsches Unternehmen eine Minderheitsbeteiligung an einem italienischen Unternehmen erwirbt. Ich persönlich glaube, daß diese Situation ein großes Problem ist.

Ein weiteres Merkmal ist, daß fast keine dieser italienischen Transaktionen über die Finanzmärkte, über die Börse erfolgt ist. Die Zahl liegt weit unter 5%. Fast alle Unternehmensumstrukturierungen erfolgen auf Privatebene und als direkte Transaktionen zwischen Unternehmen.

Eine weitere Besonderheit besteht darin, daß die in Italien erfolgten Ankäufe und Fusionen zu einem großen Teil – zu 25% – von Unternehmen getätigt werden, die sich zwar in Italien befinden, jedoch Tochtergesellschaften ausländischer Konzerne sind. Das bedeutet, daß auch bei Umstrukturierungen in Italien ausländische Unternehmen sehr aktiv sind. Mehr als ein Viertel der in Italien verwirklichten Fusionen wurde von ausländischen Konzernen getätigt: 28% von amerikanischen Firmen, 14% von französischen, 10% von englischen, 9% von schweizerischen und 8% von deutschen Unternehmen. Stellt man einen Vergleich an, so erkennt man, daß Italiener prozentual weniger deutsche Unternehmen aufkaufen, doch ist der deutsche Akquisitionsanteil, gemessen an der Rolle, welche die deutsche Industrie auf dem gemeinsamen Markt spielt, relativ gering.

Außerdem befinden sich bei den meisten Zusammenschlüssen und Fusionen sowohl die aufkaufende als auch die aufgekaufte Firma in dem gleichen Sektor. Es handelt sich also um Fusionen, die eine größere Marktpenetration ermöglichen sollen. Dies ist ein positiver Faktor, da es sich um eine Vorbereitung auf den eigentlichen Gemeinsamen Markt handelt. Ich halte nicht viel von sogenannten „konglomeraten" Fusionen. Ich glaube nicht an derartig merkwürdige Unternehmen, die einfach entstehen, weil rechts und links ein paar Firmen aufgekauft werden – es sei denn, es steckt rein finanzielle Absicht dahinter. Wir leben in einem Zeitalter harter, entschlossener Konkurrenz – jeweils auf einem spezifischen Sektor. Daher glaube ich, daß sich Fusionen hauptsächlich auf denselben Markt beziehen müssen.

Bei Fusionen erfolgt immer häufiger ein Technologieaustausch. Ein typischer Fall dafür ist GENERAL ELECTRIC, das dem Unternehmen THOMPSON die Konsumgüter für die Firma BRAUN, das heißt die sogenannten „braunen Haushaltsgeräte", wie zum Beispiel Fernsehapparate, liefert und medizinische und elektronische Geräte vom Partner kauft. Der gegenseitige Technologietransfer wird zum dominierenden Instrument und symbolhaft hat das GENERAL ELECTRIC-Vorstand Welch so ausgedrückt: „GENERAL ELECTRIC wird nur in den Bereichen tätig sein, wo es weltweit an erster oder zweier Stelle steht". Und genauso wird es auch gemacht: das Unternehmen veräußert ganze Betriebsstrukturen, die Umsätze von Milliarden von Dollarn erbringen, nur weil sie an vierter oder fünfter Stelle der Weltrangliste stehen. Welch treibt diese Politik bis zum

Extrem, aber unter seiner Führung ist aus dem schlafenden Riesen GENERAL ELECTRIC ein äußerst dynamisches Unternehmen geworden.

Die Technologie stellt meines Erachtens ein schwerwiegendes Problem dar. Im Laufe eines Jahres haben wir im Ausland 16.000 Patente angemeldet, Frankreich 37.000, Großbritannien 38.000 und die BRD fast 100.000. Hinzu kommt noch ein weiteres Problem, das immer mehr in den Vordergrund rückt: der Marktanteil. Das zu erobernde europäische Oligopol ist zum Hauptziel der heutigen Industrie geworden. Natürlich habe ich mich bei meiner Analyse hauptsächlich auf die großen und mittelgroßen Unternehmen beschränkt, die harte Schale des Oligopols, da sie am wichtigsten und aussagekräftigsten ist. Eine genaue Untersuchung der Produktionsstruktur würde noch einen weiteren besorgniserregenden Strukturunterschied aufdecken: die Präsenz von Unternehmen mittlerer Größe – ein wichtiges Element der Stärke der deutschen Industrie. Sie sind nicht besonders groß – 100-500 Beschäftigte – aber sie dominieren einen kleinen Marktbereich, zum Beispiel den der Schleifscheiben, der Meßkontrollgeräte, der Holzlacke und Holzklebstoffe. Sie machen die Stärke der deutschen Industrie aus, da es sich zwar um Unternehmen mittlerer Größe handelt, diese jedoch einen sehr hohen weltweiten Marktanteil in den einzelnen Subsektoren besitzen. In Italien gibt es diese Situation nicht, hier haben wir nämlich eine sehr starke Präsenz von Kleinunternehmen (mit weniger als 100 Beschäftigten). Dieser strukturelle Unterschied sollte Gegenstand einer tiefgreifenderen Analyse werden, aber einige Konsequenzen sind auch so offensichtlich.

Abschließend möche ich die strukturellen Unterschiede betonen. Meines Erachtens liegen keine großen legislativen Unterschiede vor. Und doch bestehen in den einzelnen Ländern Differenzen in der institutionellen Struktur, in den Beziehungen zwischen Banken und Industrie und in der Gesamtorganisation der Industriepolitik. Das führt dazu, daß Europa sich in diesem Augenblick der Einheit mit Unterschieden präsentiert, die einer äußerst detaillierten Analyse bedürfen. Es wäre sicherlich sehr interessant, dieses Thema in zehn Jahren wieder aufzugreifen, um festzustellen, ob diese Überlegungen realen Wert gehabt haben oder ob es sich nur um Befürchtungen eines Professors gehandelt hat.

Das Verhalten österreichischer Industrieunternehmen gegenüber den Strategien der europäischen Unternehmen

von Kurt Bayer

Einleitung

Die angestrebte Vollendung des EG-Binnenmarktes, die zunehmende Internationalisierung der Wirtschaften und die Globalisierung der Unternehmungen werden in Zukunft den Wettbewerb für österreichische Industriefirmen im In- und Ausland bedeutend erhöhen. Dabei spielt für diese Entwicklung die Frage, ob Österreich der EG als Mitglied beitritt oder nicht, nur eine untergeordnete Rolle.

Bevor ich mich mit den (neuen) Strategien der österreichischen Industrieunternehmen angesichts dieser europäischen und weltwirtschaftlichen Tendenzen befasse, erscheint es sinnvoll, die österreichische Industrie kurz in einer Reihe ihrer Eigenarten zu charakterisieren, um ihre historisch-institutionellen und ökonomischen Besonderheiten aufzuzeigen. Dabei wird auf die Branchenzusammensetzung, auf die Eigentümerstruktur, die Größenklassenstruktur, Finanzierungsstrukturen und den Grad ihrer internationalen Einbindung hingewiesen. Auf Grundlage dieser Charakteristik werden dann Strategievarianten skizziert, die bereits jetzt unternommen werden, bzw. im Anlaufen sind. Im Anschluß daran werden diese Strategien unter dem Blickwinkel einer aktiven, an den gesamtgesell-schaftlichen Intressen orientierten Industriepolitik analysiert.

Charakterisierung der österreichischen Industrie

Die Produktionsstruktur der österreichischen Industrie weist noch immer einen überdurchschnittlichen hohen Anteil des Basissektors auf, ein Defizit in der Chemieindustrie und bei Technischen Verarbeitungsprodukten, sowie ein Übergewicht in der Baustoffproduktion und bei den Traditionellen Konsumgütern (siehe Abbildung 1).

Dies bedeutet, daß die Produktionsstruktur zu stark (international und gemessen am Entwicklungsstandard) auf material-, energie- und umweltintensive Erzeugung gerichtet ist, die tendenziell relativ wenig wertschöpfungsintensiv ist [1].

[1] Siehe Schulmeister/Bösch, S. 295 f.

Abbildung 1

Sektorale Struktur der österreichischen Industrie

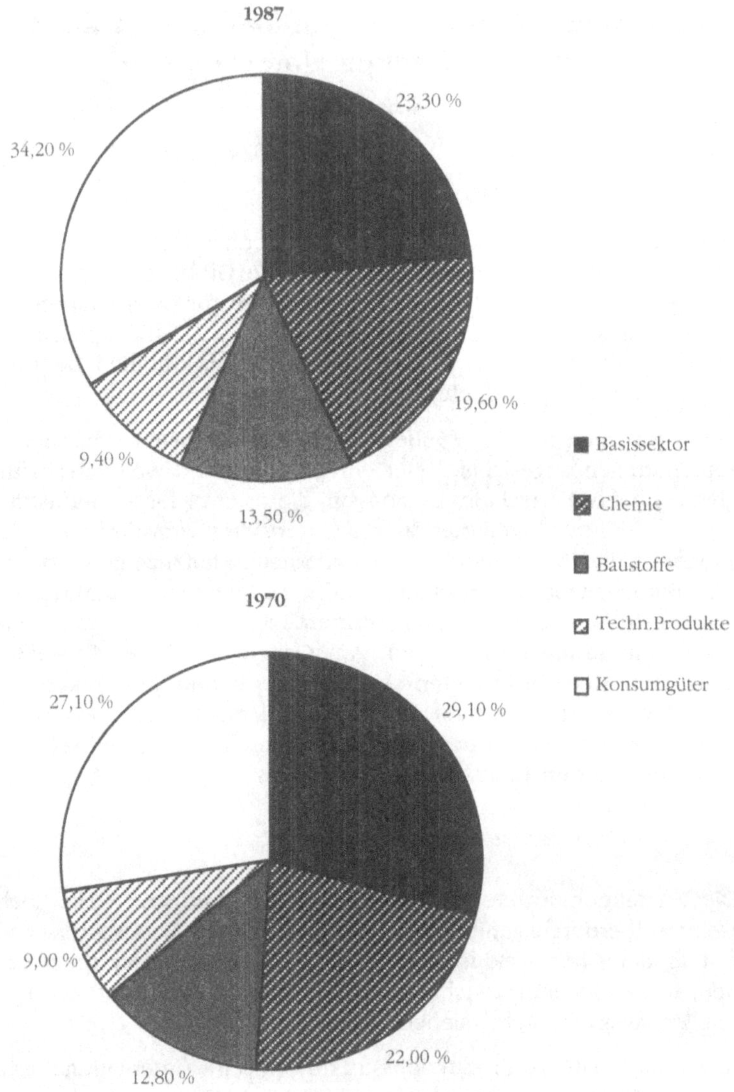

Abbildung 2

Eigentumsverhältnisse in der Industrie (Verteilung des Nominalkapitals)

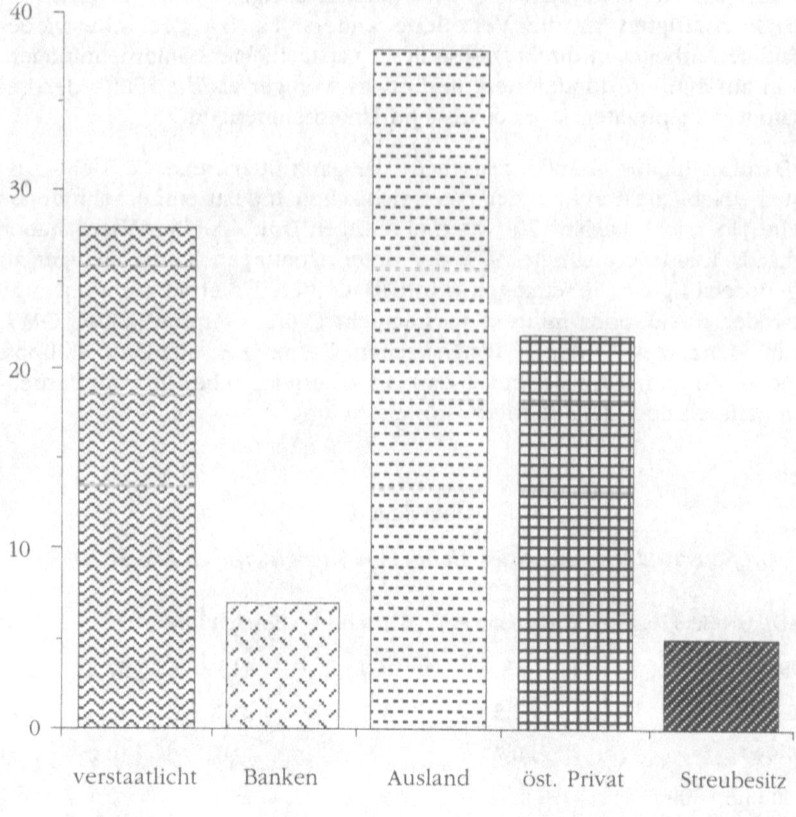

Dieses Defizit läßt sich etwa am Mengeneinheitswert (*unit value*) der österreichischen Warenexporte darstellen, der mit 26 S/kg deutlich niedriger ist als jener der Importe (40 S/kg) und auch als jener der Schweiz (viermal so hoch) und der BRD (50% höher) [2]. Zwar hat sich in den letzten Jahren die Produktionsstruktur weg von den Grund- und Baustoffen und Konsumgütern hin zu den höherwertigen Technischen Verarbeitungsprodukten verschoben, dennoch weist Österreich hier immer noch ein starkes Defizit auf.

Die Eigentümerstruktur der österreichischen Industrie (letzte Daten stammen aus dem Jahr 1978) weist, international gesehen, einen äußerst

[2] Siehe Aiginger, *Verarbeitungsgrad*, S. 376.

hohen Anteil ausländischen Eigentums und öfentlichen Eigentums (Bundesbetriebe, direkt und indirekt verstaatlicht) auf (siehe Abbildung 2). Direkt und indirekt (das heißt im Besitz der Verstaatlichten Banken) verstaatlicht sind 35% des Nominalkapitals in der österreichischen Industrie, in ausländischem Eigentum stehen fast 40% des Nominalkapitals, wodurch nur 22% für das österreichische Privatkapital übrigbleiben. Gemessen an den Beschäftigten ist die Verteilung anders: ca 1/4 der Industriebeschäftigten arbeitet in direkt und indirekt verstaatlichten Unternehmungen, 1/3 in ausländisch dominierten, und etwas weniger als die Hälfte der Beschäftigten in privaten österreichischen Unternehmungen.

Darüber hinaus charakteristisch ist die ganz überwiegende klein- und mittelbetriebliche Struktur der österreichischen Industrieunternehmungen (siehe Übersicht 1). Nur 70 Unternehmungen (mit 400 Betrieben) haben mehr als 1.000 Beschäftigte, 97% der Unternehmungen haben weniger als 100 Beschäftigte. Die einzigen wirklich großen Unternehmungren sind entweder direkt oder indirekt verstaatlicht (VÖEST-Alpine, VEW, ÖMV, Chemie-Linz, Steyr) oder in ausländischem Besitz (z.B. Siemens, Philipps, General Motors). Dies bedeutet, daß die österreichischen Privatunternehmen generell höchstens mittlere Größenordnung aufweisen.

Übersicht 1

Größenstrukturen der österreichischen Sachgüterproduktion (1983)

Besch. Größenklasse	Unternehmen	Betriebe	Beschäftigte	BPW	NPW
0-99	97,0	94,1	41,8	31,2	31,5
100-499	2,5	4,2	23,7	26,5	24,1
500-999	0,2	0,8	9,0	10,2	10,0
1.000 und mehr	0,01	0,9	25,5	32,1	34,4

Quelle: Östz; Nicht-Landwirtschaftliche Bereichszählung 1983

Der relativ kleine Heimmarkt, die im Zuge des zweiten Weltkrieg auf die Größenordnung des damaligen Deutschen Reichs ausgelegte Grundstoffproduktion und die internationale Tendenz zu Spezialisierung und weitergehender Arbeitsteilung haben dazu geführt, daß auch in der Vergangenheit die österreichische Industrie sich zunehmend auf ausländischen Märkten engagiert hat. Mehrere unterschiedliche Phasen und Optionen der verstärkten Internationalisierung sind hier zu unterscheiden: der Warenaustausch, die Internationalisierung des Kapitals, die Internationalisierung der Produktion (Komponentenproduktion) und letzlich neue Formen der internationalen Kooperation [3].

Die österreichische Industrie hat ihre Exportquote zwischen 1970 und 1987 von 33% auf nunmehr 50% gesteigert. Trotz dieser Zunahme liegt aber die österreichische Industrie damit noch immer deutlich hinter den Exportquoten einer Reihe anderer europäischer Industrieländer zurück: Gemessen am BIP hat Österreich eine Waren-Exportquote von 22%, Holland eine von 44%, die Schweiz von 29%, Dänemark von 26% und Schweden von 25% [4]. Fast gegengleich mit der Entwicklung der Exportquote hat der Importanteil an der heimischen Industriegüternachfrage zugenommen, und zwar von 39% auf 54%. Das österreichische Defizit im Warenhandel ist von 18 Mrd. S auf 60 Mrd. S angestiegen (nachdem im Jahre 1980 mit 86 Mrd. S der bisherige Höchststand erreicht war), das waren 1970 und 1987 jeweils ca. 9% des nominellen Industrieoutput. Besonders hohe Exportanteile sind im Bereich der Eisenhütten (90%), der Maschinen- und Elektroindustrie (80%) und der Metallhütten, Glas- und Lederindustrie (jeweils 2/3) zu verzeichnen.

Historisch eine höhere Entwicklungsstufe, die jedoch den grenzüberschreitenden Warenverkehr nicht ablöst, sondern ergänzt, stellen ausländische Direktinvestitionen dar. Hier hat Österreich für die Gesamtwirtschaft einen relativ großen, aber international durchaus vergleichbaren Anteil an Fremdkapital im eigenen Land (gemessen, am BIP ca. 4%, im Vergleich dazu: Schweiz 9%, Niederlande 11%, Schweden 2,5%, BRD 4%). In der Industrie liegt allerdings der Auslandsanteil überdurchschnittlich hoch. Weit signifikanter aber ist, daß ebenso wie beim Warenhandel auch beim Kapitalverkehr ein sehr hohes Defizit gegeben ist. Österreichische Direktinvestitionen im Ausland belaufen sich nur auf 2% des BIP, im Gegensatz etwa zur Schweiz mit 34%, Holland mit 20%, aber auch Schweden mit 7%, BRD ebenfalls 7%. Das bedeutet, daß österreichische Unternehmungen bisher den Schritt ins Ausland mit eigenen Vertriebs-, Produktions- oder Servicestellen nur sehr wenig gegangen sind. Kumuliert über die letzten 26 Jahre haben Ausländer in Österreich 53 Mrd. S investiert (Wirtschaftsunternehmungen und Private, ohne Banken), während Österreich im Ausland nur auf knapp 27 Mrd. S kommt. Erstmals war 1986 der Direktexport von Kapital höher als der Import (siehe Abbildung 3). Quantitativ kann man diesen österreichischen Weg, ausländische Märkte stärker durch Warenexporte als durch Produktion an Ort und Stelle zu bedienen, durch einen Index anzeigen, der den OECD-Marktanteil bei Direktinvestitionen in Relation zu jenem bei Exporten setzt: Für Österreich beträgt dieser Index 62, für Schweden 158, für Finnland 82 [5].

---

[3] Siehe dazu Borner/Wehrle.

[4] Siehe dazu Breuss/Stankovsky, S. 104.

[5] Siehe Pichl-Szopo.

Abbildung 3

Entwicklung der Direktinvestitionen in Österreich (Wirtschaftsunternehmen ohne Banken) (in Mio.S)

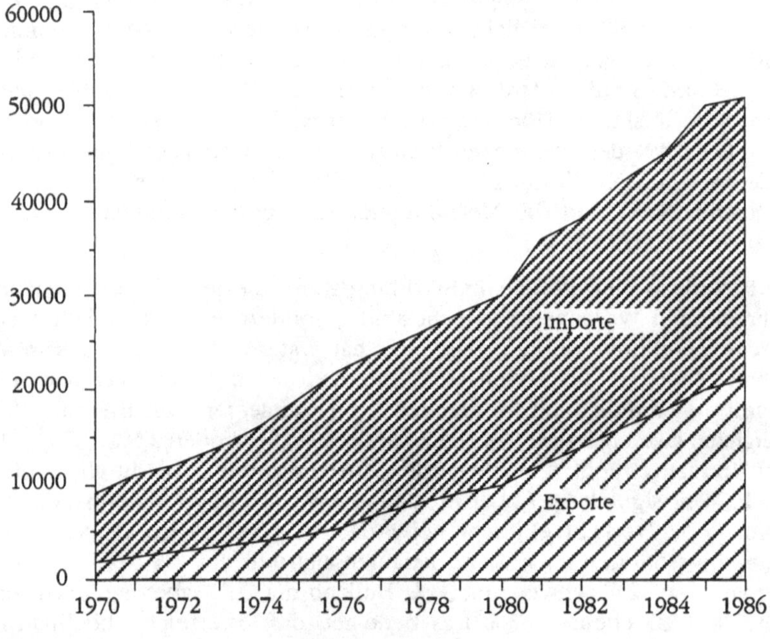

Eine im internationalen Vergleich niedrige Eigenkapitalquote und eine relativ hohe und steigende Zinsbelastung der Industrie wird durch einen international hohen Subventionsgrad (Investitionsförderung, Arbeitsmarktförderung, Umweltförderung), der einen Barwert von rund 10% der Investitionen in der Sachgüterproduktion erreicht, zumindest teilweise kompensiert. Der niedrige Eigenkapitalanteil, der bis zur Mitte der achtziger Jahre auch überdurchschnittlich rasch gefallen ist, zeigt sich auch in der geringen Bedeutung der Börse für die Industriefinanzierung: nur knapp 30 von rund 200 Industrieaktiengesellschaften notieren an der Börse, der Börsenwert aller notierten Gesellschaften in Relation zum BIP beträgt nur rund 6% (dagegen: BRD: 12%, USA: 60%, Großbritannien 80%, Japan 90%) [6]. Die kürzlich als Substitut zur verstärkten Eigenfinanzierung von außen über Aktienemissionen angebotenen Varianten der Beteiligungsfinanzierung („Genußscheine", Beteiligungen) wurden äußerst hoch sub-

---

[6] Siehe dazu Bayer, *Fusionen*.

ventioniert und sollen das Manko der geringen Börsenaktivität kompensieren.

Versucht man, die genannten Charakteristika kreuzzuklassifizieren, zeigt sich vereinfacht folgendes Bild:

- Die Verstaatlichte Industrie ist überwiegend im Grundstoffsektor in relativ großen Unternehmenseinheiten tätig;
- Die Bankenkonzerne haben ihren Schwerpunkt im Bereich der Technischen Verarbeitungsprodukte (Metallverarbeitung) und im Grundstoffbereich (Papierindustrie) und haben ebenfalls überdurchschnittlich große Unternehmens- und auch Betriebseinheiten.
- Die in ausländischem Besitz befindlichen Unternehmungen konzentrieren sich auf den Technischen Verarbeitungsbereich (fast 2/3 der technologisch führenden Elektroindustrie sind in ausländischer Hand) und Teile der traditionellen Konsumgüter, ihre Unternehmensgrößen sind je nach historischer Entwicklung und dem Zeitpunkt der Übernahme durch den jetzigen Eigentümer zwischen mittelgroß und groß.
- Die österreichischen Privatunternehmer sind von der Produktionsstruktur her über fast das gesamte Spektrum (mit Ausnahme der verstaatlichten Eisen- und Metallindustrie und den Bergbau- und Erdölsektor) gestreut, und überwiegend klein bis mittelgroß.

Die beiden verstaatlichten Bereiche und der in ausländischem Eigentum befindliche Sektor sind überwiegend stark bis sehr stark der internationalen Konkurrenz ausgesetzt, nur im privaten Sektor gibt es Teilbereiche, die überwiegend in einem durch Regulierung und Standortvorteile geschützten Heimmarkt arbeiten. Diese Charakterisierung und Schwerpunktbildung beschreibt auch den Rahmen für mögliche Unternehmensstrategien im sich weiter verstärkenden internationalen Wettbewerb.

Neue Strategien österreichischer Industrieunternehmungen

K. Aiginger hat die Wettbewerbsposition der österreichischen Industrie Mitte der achtziger Jahre kürzlich folgendermaßen zusammengefaßt: „Eine ‚Vorreiterschaft', die auf einem Technologievorsprung oder auf der Höherverarbeitung von Industriewaren basieren würde, ist für Österreich nicht gegeben. Der Verarbeitungsgrad der Produkte ist gering, die Internationalität der Unternehmen, die Aufwendungen für Forschung, Entwicklung oder produktionsnahe Dienstleistungen sind niedriger als im Ausland, nur auf wenig dynamischen Märkten nimmt Österreich eine günstige Position ein und ist relativ erfolgreich" [7]. In den letzten Jahren wurde immer stärker sichtbar, daß zwar die österreichische Industrie in den vergangenen Jahr-

---

7 Aiginger, *Konkurrenzfähigkeit,* S. 617.

zehnten hohe Produktionszuwachsraten erzielen konnte, diese jedoch mit überdurchschnittlich hohem Ressourceneinsatz erzielt wurden und letztlich nur zu ungenügenden Preisen abgesetzt werden konnten.

Seit Beginn der achtziger Jahre ist in der österreichischen Industrie ein Anpassungsprozeß im Gange, der durch die Veränderungen der Weltwirtschaft, aber auch durch Österreichs Überschreiten des Durchschnittsniveaus des westeuropäischen Entwicklungsniveaus, hervorgerufen wurde. „Die gegenwärtig verschärften Bemühungen um Internationalisierung, Unternehmensumstrukturierung, Höherqualifizierung der Arbeitnehmer und die Umstellung der staatlichen Einflußnahme auf aktive Maßnahmen lassen es nicht unmöglich erscheinen, sich das anspruchsvollere Ziel (der Erreichung) einer dynamischen Wettwerbsfähigkeit zu setzen“ [8].

Diese generelle Strategierichtung, die die Erreichung der Faktoreinkommen höher entwickelter Staaten, wie etwa der Schweiz als Zielrichtung für die österreichische Industrie vorgibt, soll im weiteren durch eine detailliertere Diskussion der laufenden Unternehmensstrategien in Österreich verbreitert werden. Dabei erscheint es sinnvoll, jeweils nach dem Eigentümer zu unterscheiden, da sowohl Voraussetzungen als auch Bedingungen der neuen Strategien nach diesem Kriterium am sichtbarsten unterschiedlich sind. Trotz dieser Vorgehensweise sehe ich diese vier Industriebereiche nicht separat, sondern zunehmend als „eine" Industrie an, verflochten durch Liefer-, Finanzierungs- und, wenn auch ungenügend, durch Kooperationsbeziehungen.

Strategien der Verstaatlichten Industrie

In den Jahren 1982-87 hat die Verstaatlichte Industrie die Beschäftigung um mehr als 13% reduziert (Industrie insgesamt: - 7%), ihre Umsätze sind deutlich zurückgegangen, das Unternehmensergebnis weist in den Jahren 1983-86 einen negtiven Saldo von 37 Mrd. S auf. Im Spätherbst 1985 stellte sich schließlich nach und nach ein Jahresverlust der VÖEST (des größten verstsaatlichten Stahlunternehmens) von fast 12 Mrd. S heraus. Dies löste eine Schockwelle in der Öffentlichkeit aus und führte zur Ablöse des gesamten Managements, sowie letzlich 1986 zu einem neuen Verstaatlichtengesetz (ÖIAG-Gesetz 1986), das die verstaatlichte Industriegruppe auf eine neue organisatorische Grundlage stellte. Mit diesem Gesetz wurde die ÖIAG (Österreichische Industrieholding AG) zur echten Konzernspitze mit gegenüber den Töchtern wesentlich erweitertem Einfluß umgestaltet. Der bisher für die Aufsichtsratbestellung geltende Parteienproporz wurde abgeschafft, die bisher verpflichtend festgelegte Orientierung des Firmenziels an gesamtwirtschaftlichen Kriterien wurde fallengelassen. Im Finan-

---

[8] Ebd.

zierungsgesetz von 1987 wurde festgelegt, daß die ÖIAG auch Anteile an in- und ausländische Personen (Privatisierung) veräußern könnte.

Die Organisationsstruktur der Verstaatlichten Industrie wurde nach dem Muster des schwedischen ASEA Konzerns völlig neu geordnet: Es wurden 7 Branchenholdings (Bergbau, Buntmetall, Chemie, Elektrotechnick und Elektronik, Maschinen- und Anlagenbau, Stahl, Öl) eingerichtet, denen weitgehende operative Autonomie gewährt wird, während die ÖIAG-Spitze aus den Generaldirektoren der Branchenholdings und dem zweiköpfigen Vorstand die strategische Lenkung und Koordination der Branchenholdings durchführen soll [9].

Ziel der neuen Maßnahmen ist die „Gesundung des Gesamtunternehmens bis 1992“ [10]. Dabei soll bereits 1990 der *break-even* Punkt erreicht werden. Um diese Zielsetzung zu erreichen, sind folgende Strategiestränge relevant:

- *Investitionsstrategie*: Da bisher in den achtziger Jahren überwiegend in stagnierende Märkte und Produkte investiert wurde, sollen die Investitionsplanungen in Märkte mit Wachstumsraten über dem BIP umgelenkt werden. „Es sind dies im wesentlichen die Geschäftsfelder Elektrotechnik/Elektronik, Chemie und Teile des Maschinen- und Anlagenbaus inkl. Industriegüter“ [11]. In der bis dato bestehenden Planung hätten die Investitionen zu 85% in die Bereiche Metalle und Öl/Gas fließen sollen. Diese Plannung ging u.a. auf das vom 1986 neu installierten Management vorgelegte Konzept „VÖEST-Alpine NEU“ zurück und wurde bereits damals u.a. vom Autor wegen seiner mangelnden Zukunftsträchtigkeit mehrfach öffentlich heftig kritisiert.
- *Internationalisierung*: Der Anteil der ÖIAG-Beschäftigten im Ausland an den Gesamtbeschäftigten liegt mit 6% weit unter dem anderer großer Konzerne in kleinen Industrieländern (z.B. Sulzer: 43%, Atlas-Copco: 72%, ASEA: 41%, Akzo: 65%, Norsk-Hydro: 47%). Daher soll die Internationalisierung der ÖIAG durch Beteiligungskauf, vorwiegend im EG-Raum, erhöht werden. Dafür sind rund 1/3 der zwischen 1988-92 geplanten Investitionssume von 60 Mrd. S eingeplant. Dadurch soll der ausländische Beschäftigtenanteil auf 20%-30% (maximal 30.000) ansteigen. Der Beteiligungskauf soll für eine Reihe von Wachstumsfeldern, bei denen der ÖIAG-Konzern ausreichende Synergien besitzt, forciert werden. Inzwischen wurde eine Aufkaufs- und Beteiligungsgesellschaft (AMANDA) mit Sitz in Frankfurt gegründet.
- *Neuorganisation:* als erste Etappe ist die schnelle Schaffung einer marktkonformen Organisation durch weitgehende rechtliche Ver-

---

[9] Itzlinger/Kerschbamer/v.d. Bellen, S. 20.

[10] ÖIAG, S. 3.

[11] Ebd., S. 12.

selbständigung von Unternehmenseinheiten notwendig. Dazu werden flexible Größe der Einheiten (je nach Markterfordernis), die Gestaltung einer flachen Organisationshierarchie, eine ergebnisorientierte Remuneration des Managements und die Forcierung von Kooperationen und Beteiligung mit know-how- und finanzstarken Partnern in den jeweiligen Marktsegmenten angestrebt [12].
Als weitere Maßnahmen werden eine Verstärkung von Forschung und Entwicklung, eine Neuausrichtung und Verbesserung von Vertrieb und Marketing, die Verbesserung der Qualifikation und Motivation der Mitarbeiter und Führungskräfte, eine Senkung der administrativen Kosten, ein drastischer Abbau der Beschäftigung im Inland (1987-89 um weitere 20.000) und eine Senkung der Umlaufmittelbildung im ÖIAG Konzern von jährlich 1%-2% vom Umsatz angestrebt. Zur sozialen Abfederung der entlassenen Mitarbeiter ist die Mitwirkung der ÖIAG an einer „Arbeitsstiftung" vorgesehen, in der bestimmte Mitarbeiter unter verlängertem Anspruch auf Arbeitslosenunterstützung umgeschult werden sollen. Die Finanzierung dieser Stiftung erfolgt durch Sozialministerium, ÖIAG und aktive Mitarbeiter der ÖIAG.

Das Investitionsprogramm 1986-92 sieht einen Mittelbedarf von 60 Mrd. S vor. Diese sollen durch Eigenkapitalzuführungen von 24 Mrd. S (davon noch 20 Mrd. S aus Kapitalzuführungen des Bundes nach dem Finanzierungsgesetz 1987 und 4 Mrd. S aus Veräußerungen von Beteiligungen und Unternehmensteilen), der Rest durch Fremdmittel finanziert werden.

Itzlinger et al. schätzen die Strukturreform vor allem deshalb optimistisch ein, da die Anreizeffekte für das Management, sich „mehr um die Maximierung des Firmenwerts als um politische Absicherung" [13] zu bemühen, deutlich gestiegen sind. Fraglich bleibt, inwieweit sich die politischen Parteien ihrer zumindest formellen Entmachtung im ÖIAG-Konzern beugen. Auch vermerken die Autoren kritisch, daß weiterhin massiv auch in Bereiche investiert wird, die längerfristig kaum Überlebenschancen ohne Subventionierung aufweisen (z.B. KVA-Elektrostahlverfahren).

Die Zielsetzung des Strukturkonzepts der ÖIAG ist eindeutig in der Angleichung der ÖIAG an das Modell privatwirtschaftlich geführter Konzerne zu sehen. In vieler Hinsicht bedeutet dies einen Fortschritt gegenüber den Jahren bis 1985. Dennoch stimmen einige Aspekte dieses Konzepts bedenklich:

- Es fehlt vollkommen eine Einbindung der Verstaatlichten Industrie in eine Industriepolitik i.e.S., also in eine Technologie- und Strukturanpassungspolitik. Gerade in einem Land (fast) ohne Großunternehmen könnten die ÖIAG-Unternehmen hier eine bedeutsame Rolle spielen.

---

[12] Ebd., S. 15.

[13] Itzlinger/Kerschbamer/v.d. Bellen, S. 34.

- Es fehen vollständig Konzepte, die in Richtung „ökosozialer" Umbau weisen. Bedingt durch die Dominanz des betriebswirtschaftlichen Gewinnmaximierungszieles sind arbeitsorganisatorischen, sozialen oder ökologischen Gesichtspunkten bei der Produktions- und Prozeßpolitik keinerlei Stellenwert zugewiesen. Einzig der Versuch, die Waffenproduktion zu verkaufen, geht in diese Richtung (wenn er auch aus anderen Motiven angestrebt wird).
- Es fehlen fast vollständig Zielsetzungen, die sich an den Bedürfnissen der in der Verstaatlichten Industrie Beschäftigten orientieren. Im Gegenteil, die Neuorganisation der ÖIAG-Gruppe führt tendenziell zur Schwächung der Mitbestimmungsposition der Arbeitnehmer, solange nicht die Möglichkeit, Konzernbetriebsräte zu installieren und entsprechend Mitbestimmung auszuüben, gegeben ist. Besonders gravierend ist unter diesem Aspekt auch die weitgehende Reduzierung der Lehrwerkstätten der ÖIAG. Hier ist es nicht gelungen, eine globale Form der Fortführung zu finden, die es gestattet hätte, mit modernsten Methoden die drohenden Facharbeiterprobleme für die gesamte österreichische Industrie zu lösen.
- Da das Strukturkonzept rein betriebswirtschaftliche Zielsetzungen verfolgt, besteht die Gefahr, daß durch den Verkauf von Unternehmensteilen, der betrieblich gerechtfertigt sein mag, strategische Industriepositionen ans Ausland verlorengehen (z.B. Verkauf der Mehrheit der Blechbearbeitungsmaschinen der VÖEST an die italienische Salvagnini-Gruppe). Diese Gefahr wird durch das vollständige Fehlen einer österreichischen Fusionskontrolle noch verstärkt.

Strategien in den Bankenkonzernen

Auch die Industriekonzerne der beiden Verstaatlichten Großbanken sind seit Beginn der achtziger Jahre in erhebliche Schwierigkeiten gekommen. Die Zahlungsgarantien des Bundes für den CA-Bereich (Creditanstalt-Bankverein, daneben besteht noch ein kleinerer Konzern der Länderbank) aus den Jahren 1981 bis 1988 belaufen sich auf rund 12 Mrd. S. Für den Bereich der Bankenkonzerne liegen keine öffentlich zugänglichen Strukturkonzepte vor.

Die Ergebnisse der letzten Jahre zeigen, daß hier im wesentlichen eine zweifache Strategie gefahren wird: Abverkauf von Unternehmen (steilen), und Kostenreduktion durch Beschäftigtenabbau und Modernisierung des Produktionsapparates. Darüber hinaus wird versucht, in anderen wesentlichen Bereichen im In- und Ausland Partner zu finden, um technisches *know-how* und Marktzugang zu erlangen, bzw. um Losgrößen zu erreichen, die im Hinblick auf die notwendige Markterweiterung (der österreichische Heimmarkt ist mit 7 Mio. Einwohnern in vielen Bereichen als Absatzgebiet zu klein) eine kostengünstige Produktion zulassen.

Diese Strategie wird auch in den nächsten Jahren verstärkt verfolgt werden und birgt folgendes Dilemma: Unternehmensteile, die strukturell negativ bilanzieren, stellen weder als Verkaufsobjekt, noch als Partner für den Eigentümer eine starke Verhandlungsposition dar. Das bedeutet, daß sie entweder zum Nennwert verschleudert werden müssen (der frühere CA-Generaldirektor hat einmal große Teile „seines" Industriekonzerns zum Buchwert angeboten), oder daß sie, um für einen Käufer attraktiv zu sein, vorher saniert werden müssen. Dies ist bisher, vor allem im CA-Bereich, in einer Reihe von Fällen mit Hilfe öffentlicher Mittel erfolgt, worauf die Unterehmen dann (jeweils) an ausländische Interessenten verkauft wurden. In all diesen Fällen wurde der Beschäftigtenstand drastisch reduziert.

Das Hauptproblem dieser Strategie liegt wiederum weniger auf der betriebs- als auf der volkswirtschaftlichen Ebene: Da solche Sanierungen mit öffentlichem Geld durchgeführt werden, gäbe es zumindest aus diesem Titel eine starke Legitimation, volkswirtschaftliche Interessen auch in die betrieblichen Entscheidungen einfließen zu lassen. Dies geschieht jedoch nicht. Allerdings liegt dies keineswegs nur am Widerstand des Managements der Banken, sondern auch daran, daß der Staat bisher kein sichtbares Interesse an einer solchen Abstimmung gezeigt hat. Da der Staat nicht einmal bei „seinen eigenen" Unternehmen im ÖIAG-Bereich versucht, volkswirtschaftliche Interessen in der Beteiligungspolitik (beim Verkauf von Firmenteilen) durchzusetzen, verwundert es nicht, daß er eine solche Koordinationsfunktion auch für die Bankenkonzerne nicht beansprucht.

Aufgrund dieser Situation ist auch einer Wiederbelebung von Forderungen, die in den siebziger Jahren mehrmals erhoben wurden, und eine koordinierte Produkt- und Marktpolitik zwischen direkt und indirekt verstaatlicher Industrie zum Ziele hatten, zur Zeit keine Aussicht auf Erfolg beschieden.

Strategien ausländischer Tochterunternehmungen

Österreichische Zweigstellen ausländischer multinationaler Konzerne können grundsätzlich einem von zwei Typen angehören: entweder sie sind ein voll in den internationalen Verbund des Unternehmens integrierter Betrieb, der außer der Organisation des Produktionsablaufes keine unternehmerischen Aufgaben wahrnimmt (Typische Form: Komponentenproduktion), oder sie stellen innerhalb des Konzerns eine relativ eingenständige Einheit mit eigener Vermarktungshoheit dar, die einen Großteil der unternehmerischen Fuktionen selbst wahrnimmt. Die meisten in Österreich ansässigen ausländischen Unternehmungen gehören eher dem ersten Typ an.

Die angestrebte Vollendung des EG-Binnenmarktes und die fortschreitende Globalisierung der Unternehmungen führt innerhalb der multinationalen Konzerne zu einer Neubewertung des Standortes Österreich. Da bisher das Hauptansiedlungsmotiv in Österreich die kostengünstige Produktion für die Bedienung des Euromarktes [14] war, kommt den künftigen österreichischen Zutrittmöglichkeiten zum EG-Markt für diese Unternehmungen besondere Bedeutung zu. In den letzten Monaten haben sich Manager ausländischer Gesellschaften bereits in eindeutiger Weise zur – aus ihrer Sicht – absoluten Notwendigkeit eines österreichischen Beitritts zur EG geäußert, ansonsten es zu Standortverlagerungen kommen würde [15]. Allerdings könnte Österreich als traditionellem Standort zur Erschließung des sich weiter öffnenden osteuropäischen Marktes verstärkt wieder (wie schon in den 60er Jahren) Bedeutung zukommen.

Jene in ausländischem Eigentum befindlichen Unternehmungen, die voll als Zulieferer in die Konzernstruktur eingebunden sind und praktisch nur Produktionsaufgaben wahrnehmen, sind in den meisten Fällen auch nur wenig mit der österreichischen Wirtschaft verflochten und daher auch regional sehr mobil. Ihre nachhaltige Persistenz in Österreich hat daher bei einer Neubewertung der relativen Standortvorteile nur geringe Wahrscheinlichkeit. Die ein eigenständiges Produktionsprogramm vermarktenden Auslandstöchter hingegen sind generell stärker vor- und rückwärts mit der österreichischen Wirtschaft verflochten und auch aus diesem Grunde stärker auf den Standort Österreich angewiesen. Ihre Strategie richtet sich auf Kooperationen, Rationalisierung und Kostensenkung, aber auch auf Produktentwicklungen, und in einigen Fällen auch auf erhöhte Forschungsanstrengungen. Darin unterscheiden sie sich nicht von anderen Unternehmenstypen. In der Kooperation mit ausländischen Partnern haben sie jedoch durch ihre Konzernverflechtung Vorteile gegenüber anderen österreichischen Firmen.

Strategien österreichischer Privatunternehmungen

Grundsätzlich muß zwischen solchen Unternehmungen, die bereits (hauptsächlich durch Exporte) stark in den europäischen und Weltmarkt eingebunden sind, und solchen, die primär für den (oftmals geschützten) österreichischen Markt arbeiten, unterschieden werden.

Für die erste Kategorie sieht eine Strategievariante folgendermaßen aus: Verbreiterung der Eigenkapitalbasis durch Hereinnahme einer Beteiligung oder eventuell Gang an die Börse, Errichtung, bzw. Zukauf von Vertriebs- und/oder Produktionsstätten im Ausland (meist im EG-Bereich oder in den USA), Straffung des Produktionsprogrammes (Besinnung auf eigentliche Stärken), erhöhte F&E-Anstrengungen und Rationalisierung des Produktionsablaufes. Ziemlich eindeutig scheint ein Trend hin zur

---

14 Glatz/Moser, S. 140.

15 Siehe z.B. industrie, 27.4.1988, S. 54.

Konzentration auf Kernbereiche zu sein, weg von der Verbreiterung der Produktionspalette. Die geringe Größe der meisten privaten österreichischen Industrieunternehmen läßt in vielen Fällen eine spezialisierte Nischenproduktion als geeignete Strategievariante erscheinen, wobei die Marktnischen der international agierenden Firmen sich durch hochentwickelte Spezialprodukte auszeichnen.

Eine Reihe dieser Unternehmungen hat in den letzten Jahren realisiert, daß gerade für solche Produkte eine Bedienung des internationalen Marktes nur durch Exporte nicht ausreicht, da sie entweder service-intensiv oder stark anwenderorientiert sind und damit eine ortsnahe Betreuung notwendig ist. Dies zwingt diese Firmen dazu, entweder einen ausländischen (marktnahen) Partner zu finden oder selbst eine Vertriebs-, Produktions- oder Servicestelle im Ausland zu eröffnen. Der Schritt ins Ausland erweist sich oft als risikobeladen und schwierig, vor allem auch aufgrund der geringen Größe und damit Kapitalbasis des Mutterunternehmens.

Darüber hinaus stellt eine österreich-typische Scheu vor Kooperationen mit österreichischen Partnern sich oft als Hindernis für ein verstärktes Auftreten im Ausland dar. Anregungen, etwa nach dem Modell des mit dem „decentramento produttivo" z.B. in der Emilia-Romagna verbundenen Kooperationsverhaltens solche Auslandsaktivitäten zu stärken, sind bisher noch nicht aufgegriffen worden [16]. Gerade in solchen Ansätzen „organisierter Kooperation" könnte jedoch eine vielversprechende Lösung des Problems der Kleinheit österreichischer Unternehmungen liegen.

Auf die bisher vorwiegend im geschützten Bereich für den Heimmarkt produzierenden Unternehmungen dürfte in Zukunft ein gewaltiger Wettbewerbsstoß zukommen. Unabhängig von der letztlich gewählten österreichischen Option gegenüber der EG wird die Öffnung der bisher geschützten Märkte weiter zunehmen. Dies führt dazu, daß eine Reihe von österreichischen Firmen ihre bisher geschützten Nischen verlieren und mangels Konkurrenzfähigkeit vom Markt verschwinden wird. Auch für diesen Sektor bieten sich die oben skizzierten Strategievarianten an, wobei besonders dem Kooperationsgedanken zwischen den Unternehmen eine wichtige Funktion zukommt. Vor allem aber können solche Firmen nur durch eine Kombination von aktiver und passiver Strategie überleben, wobei die passive Strategie die einer Produktionsprogramm-Konsolidierung und Rationalisierung, die aktive die einer verstärkten Innovationstätigkeit und einer Öffnung nach außen sein muß. Viele dieser Unternehmungen sind jedoch aufgrund ihrer langjährigen komfortablen Situation nur ungenügend für diese Aufgaben gerüstet.

---

[16] Siehe dazu Bayer, *Strukturanpassung*.

Wirtschaftspolitische Schlußfolgerungen

Die österreichischen Industrieunternehmen stehen vor einer zweifachen Herausforderung: in den letzten Jahren manifest gewordene Strukturprobleme erfordern ebenso gravierende Anpassungen wie die neuen weltwirtschaftlichen Entwicklungen und besonders die Vollendung des europäischen Binnenmarktes. Die Möglichkeit, auch in Zukunft hohe Faktoreinkommen erzielen zu können, erfordert eine Kombination von aktiven und passiven Strategien.

Die österreichische Wirtschaftspolitik beschränkt sich in dieser Situation darauf, die Unternehmenssteuern zu senken und einige Anomalien des österreichischen Steuersystems auszuräumen, sowie die Verstaatlichte Industrie mit Finanzhilfen und organisatorischen Maßnahmen in einen privatwirtschaftlichen Konzern umzuwandeln. Abgesehen davon zieht sich der Staat, scheinbar legitimiert durch das Debakel der Verstaatlichten Industrie, zunehmend aus der gestaltenden Industriepolitik zurück.

Das hat zur Folge, daß zwar betriebswirtschaftlichem Denken und Handeln in der österreichischen Industrie stärker als bisher Geltung verschafft wird, daß aber wichtige Koordinationsfunktionen und strategisches Denken nicht (genügend) wahrgenommen werden. So trägt z.B. die aus Finanzierungsgründen und ideologischen Motiven ausgelöste Privatisierungswelle von Teilen der verstaatlichten Industrie die Gefahr in sich, wichtige industriepolitische Positionen, die für die Steuerung der österreichischen Industrie von Bedeutung sind, aufzugeben, bzw. an das Ausland abzugeben. Die an sich lobenswerte Einrichtung eines staatlichen Innovations- und Technologiefonds wird durch eine (nicht zuletzt parteipolitisch motivierte) Aufsplitterung auf vier Ministerien in ihrer Wirkung als Impulsgeber stark eingeschränkt.

Ebenso führt der Mangel an Koordination und Kooperation zwischen direkt, indirekt verstaatlichten und privaten Unternehmungen dazu, daß zwar einzelwirtschaftlich rationale Lösungen angestrebt werden, diese jedoch in vielen Fällen keinesfalls gesamtwirtschaftlichen Kriterien entsprechen. So führt die jeweils eigenständige Suche nach ausländischen Partnern dazu, daß das österreichische Unternehmen oft in einer deutlich schwächeren Verhandlungsposition ist, als es eine kooperierende Gruppe von Unternehmungen wäre.) Siehe hierzu das besonders anschauliche Beispiel der Papierindustrie). Hier fehlen strategische Richtlinien und Impulse von Seiten der öffentlichen Hand.

In ähnlicher Weise führt das Fehlen von Institutionen der Fusionskontrolle (Prä-Notifikation, Registrierung, Bewilligung) dazu, daß schwache österreichische Unternehmungen einem drohenden ausländischen Fusions- und Beteiligungsdruck nur wenig entgegensetzen können. Auch hier besteht die Gefahr der weiteren Reduzierung der Steuerungsfähigkeit der österreichischen Wirtschaft.

Positiv ist sicherlich die Öffnung einer Reihe von österreichischen Unternehmungen nach außen durch neue Formen der aktiven Internationalisierung. Im internationalen Kampf um Marktanteile ist ein Land längerfristig gefährdet, das nur auf aus Kostengründen vorgenommene ausländische Betriebsansiedlungen baut und selbst keine Basen im Ausland hat. Die Absichten der Verstaatlicheten Industrie und einer Reihe von Privatunternehmungen zum verstärkten Engagement im Ausland können, wenn sie erfolgreich durchgeführt werden können, den Entwicklungsstandard der österreichischen Industrie und damit die Möglichkeit, relativ hohe Faktoreinkommen zu erzielen, sichern helfen.

Das besonders in der EG bei der Schaffung des Binnenmarktes sichtbare Übergewicht von kapitalorientierten Interessen gegenüber arbeitsorientierten Interessen spiegelt sich auch bei den Anpassungsprozessen in der österreichischen Industrie. Hoher Beschäftigungsverlust, Lohndruck, Intensivierung und Flexibilisierung der Arbeit zur besseren Auslastung der maschinellen Kapazitäten sind die dafür sichtbarsten Zeichen. Darüber hinaus zeigen aber auch die bisher sichtbaren Unternehmensstrategien stärker ein Nachvollziehen traditioneller ausländischer Strategiemuster an als innovative, auch die Interessen der Arbeitnehmer stärker berücksichtigende Lösungen. Kaum jemand in Österreich denkt an neue Formen der effektiven Mitarbeiterbeteiligung, an Firmenübernahmen durch Belegschaften (mit Ausnahme einiger weniger *management buy-outs*) oder an andere kooperativere Formen der Arbeitsorganisation. Das Nachvollziehen von ausschließlich an betrieblichen Kapitalinteressen orientierten Firmenstrategien kann sich mittelfristig als weitere Innovationsschwäche der österreichischen Wirtschaft herausstellen.

Literaturverzeichnis

(Im Anmerkungsteil werden die *kursiv* gesetzten Kurztitel verwendet.)

Aiginger, K.: Der *Verarbeitungsgrad* der österreichischen Exporte, in: Österreichische Strukturberichterstattung (Kernbericht 1986, Bd. 1, Österreichisches Institut für Wirtschaftsforschung), Wien 1987

– Die *Konkurrenzfähigkeit* der österreichischen Wirtschaft (Monatsberichte 10), Wien 1987

Bayer, K.: Aspekte betrieblicher *Strukturanpassung*. Die Rolle sozialer Innovationen bei der Durchsetzung technischer Innovationen, in: Österreichische Strukturberichterstattung (Spezialbericht 1984), Wien 1985

– *Fusionen* und Beteiligungen. Was bedeutet die internationale Fusionswelle für Österreich?, (Monatsberichte 10), Wien 1988

Borner, S. / Wehrle, F.: Die sechste Schweiz. Überleben auf dem Weltmarkt, Zürich 1984

Breuss, F / Stankovsky, J.: Österreich und der EG-Binnenmarkt, Wien 1988

Glatz, H. / Moser, H.: Auswirkungen ausländischer Direktinvestitionen (Institut für Höhere Studien), Wien 1987

Itzlinger, A. / Kerschbamer R. / v.d. Bellen, A.: Der ÖIAG Konzern: Wirtschaftliche Performance und strukturelle Reformen (Forschungsbericht 8805 des Ludwig Boltzmann Institutes für ökonomische Analysen wirtschaftspolitischer Aktivitäten), Wien 1988

ÖIAG. Strukturkonzept zur Neuordnung und Internationalisierung, Wien 1987

Pichl C. / Szopo P.: Industrieentwicklung und Wirtschaftspolitik in skandinavischen Ländern und in Österreich – ein Vergleich (Österreichisches Institut für Wirtschaftsforschung), Wien 1988

Schulmeister, St. / Bösch, G.: Das technologische Profil der österreichischen Wirtschaft im Spiegel des Außenhandels, in: Österreichische Strukturberichterstattung (Kernbericht 1986, Bd. 1), Wien 1987

Korreferat zum Vortrag von Kurt Bayer

von Josef Schneider

Ich möchte meinen Diskussionsbeitrag zum Referat von Dr. Bayer über die österreichische Industrie nicht so sehr auf Basis makroökonomischer, wissenschaftlicher Daten gestalten – obwohl mir hinsichtlich seines vorwiegend kritischen Ansatzes doch einige relativierende Anmerkungen notwendig erscheinen –, sondern möchte auch persönliche, einzelbetriebliche Eindrücke mitverarbeiten, die aus unmittelbaren (praktischen) Erfahrungen im Rahmen meiner Tätigkeit von Projekts- und Unternehmensprüfungen, insbesondere in dem für Österreich typischen Bereich der Klein- und Mittelbetriebe (KMB), entstanden sind.

Als erstes möchte ich schlagwortartig einige Rahmenbedingungen Österreichs in Erinnerung rufen, die zum Teil zwar sehr allgemein erscheinen, in ihrer Kombination aber doch als österreichische Besonderheit anzusehen sind. Folgende Aspekte sollten bei der Analyse und Beurteilung der österreichischen Industrie- und Wirtschaftsstruktur nicht außer acht gelassen werden:

- kleine, offene Volkswirtschaft,
- geopolitische Randlage zwischen West und Ost,
- z.T. auch wirtschaftsgeographische Randlage (z.B. kein direkter Zugang zu Exporthäfen, Distanz zu westeuropäischen Wirtschaftszentren),
- überdurchschnittlicher Nachbarschaftseffekt durch die BRD, mit einem außerdem asymmetrischen Verhältnis, da rund ein Drittel der Exporte und sogar rund die Hälfte der Importe die BRD betreffen,
- vergleichsweise hohe Ostblockexporte,
- Fehlen von multinationalen Muttergesellschaften (*Holdings*),
- und letztlich die nicht zu unterschätzenden langfristigen historischen Wirkungen, beginnend mit dem Zerfall der Monarchie über die Eingliederung ins Deutsche Reich bis zu den Auswirkungen des 2. Weltkrieges sowie den heutigen Neutralitätsstatus.

Bei der konkreten Analyse des Verhaltens der österreichischen Industrieunternehmen erscheint es mir nicht nur wesentlich welche Produkte mit welchen Leistungskennzahlen im Sinne eines als optimal angenommenen Referenzmodelles zu einer höchstmöglichen Wettbewerbsfähigkeit führen – also beispielsweise der Strukturvergleich zwischen Österreich und der OECD oder den kleinen europäischen industrialisierten Ländern (KEIL) –, sondern es erscheint mir besonders wichtig, welche Rahmenbedingungen für die Unternehmen gegeben sind und welche organisatorischen Voraussetzungen sie sich selbst schaffen, sodaß ein permanenter und bestmöglicher Strukturwandel sozusagen aus sich selbst (eigendynamisch) entstehen kann.

Ich möchte versuchen, anhand dieser beiden Komponenten der Strukturanalyse, also einerseits dem statisch-komparativen Ansatz (Referenzmodellvergleich) und andererseits dem dynamisch-organisatorischen Ansatz (*klimatische* Voraussetzungen), das bisher festzustellende und zukünftig zu erwartende bzw. notwendig erscheinende Verhalten der österreichischen Wirtschaft und seiner Industriebetriebe aus meiner Sicht zu skizzieren.

Hinsichtlich der derzeit in Österreich festzustellenden „statischen" Modellstruktur, die im internationalen Vergleich, wie von Dr. Bayer aufgezeigt, sicherlich noch Schwachstellen aufweist, erscheint es mir aber wichtig, daß es in der Vergangenheit doch über einen längeren Zeitraum gelungen ist, sich nicht nur in einer gewünschten Richtung zu bewegen, sondern auch Rückstände zu verringern. Wie Untersuchungen zeigen, konnte beispielsweise

- der Basissektor stärker reduziert werden als der Durchschnitt der OECD (und liegt auch tiefer als z.B. in skandinavischen Ländern),
- eine beachtliche Verlagerung zu technischen Verarbeitungsgütern erreicht werden,
- ein höheres Produktivitätswachstum als z.B. in der BRD erzielt werden (1964/84 A: 4,6%, BRD: 3,3%) und
- der Weltmarktanteil erhöht werden, während die anderen kleinen europäischen Industriestaaten Anteilsverluste hinnehmen mußten (A: 1964/65 1,27%, 1984/85 1,33%).

Zu den im internationalen Vergleich in Österreich nach wie vor zu geringen F&E Aufwendungen ist zu erwähnen, daß deren Bedeutung für die Innovationskraft von KMB nach jüngsten Meinungen eher überschätzt wird und nach meinen Erfahrungen ein erheblicher Anteil an Entwicklungskosten in den kleinen Betrieben auch gar nicht erfaßt wird. Die Ausrichtung dieser Aktivitäten orientiert sich in österreichischen Betrieben aber oft zu sehr an Technik und Produktion und nicht am Markt. Positiv ist jedoch zu vermerken, daß der F&E Aufwand (und auch die Exportquote) nach Überwindung von gewissen Schwellenproblemen in kleinen Betrieben nicht gringer ist als in großen.

Als Zwischenergebnis für das Verhalten der österreichischen Unternehmen im Sinne des statistisch-komparativen Modellansatzes kann durchaus positiv festgehalten werden, daß ein durchschnittliches Europa-

Niveau (OECD) bereits erreicht und teilweise auch schon überschritten wurde.

Um aber jüngere Stagnationstendenzen im Aufholprozeß überwinden zu können, muß der Strukturwandel sozusagen durch günstige ***klimatische*** Verhältnisse innerhalb und außerhalb des Unternehmens erleichtert (*dynamisiert*) werden.

Unter diesem ***klimatischen*** Aspekt möchte ich zuerst kurz auf das vor allem durch den Staat vorgegebene äußere Umfeld eingehen und dann besonders die Bedeutung der Entwicklung der unternehmenseigenen organisatorischen Instrumente hervorheben.

Hinsichtlich des unternehmerischen Umfelds ist es in Österreich zu nicht unwesentlichen Veränderungen gekommen, die für die Industriebetriebe positive Auswirkungen gebracht haben oder noch ermöglichen sollten. Beispielhaft sind hier folgende Maßnahmen anzuführen:

- Die marktorientierte Neuordnung der verstaatlichten Industrie bringt eine Dezentralisation von Entscheidungskompetenzen mit erhöhter Managementverantwortung, wobei die Konzernspitze nunmehr die Möglichkeit hat, die Gesamtstrategie abzustimmen. Daß langfristige strategische Vorgaben oder übergeordnete Lenkungsmöglichkeiten, wie sie von Dr. Bayer vermißt werden, gegenüber raschen finanziellen Zielen den Nachrang haben, erscheint angesichts der prekären finanziellen Ausgangslage im verstaatlichten Bereich verständlich. (Ähnliches gilt z.T. für Konzernbetriebe der Banken, wo Strategien ebenfalls durch die Grenzen der Finanzierbarkeit entscheidend mitbestimmt werden).
- Eine sehr bedeutende, generelle *Umfeldmaßnahme* stellt die international postitiv kritisierte, ab 1989 geltende, große Steuerreform dar; hingewiesen sei hier ledigich auf die deutliche Verringerung der Ertragssteuern mit einem KOEST-Satz von einheitlich 30% und einem ESt-Satz vom max. 50%, sodaß die Eigenkapitalbildung erleichtert wird.
- Hinsichtlich technologischer Anreize sehe ich in der Förderungslinie, chronologisch beginnend mit „Einführung von CAD/CAM" (150 Projekte 1986/87) über die „Anwendung von ME" (250 Projekte 1986/88) zum nunmehrigen Innovations- und Technologiefonds (ITF) mit den Schwerpunkten Mikroelektronik- und Informationsverarbeitung, Biotechnologie und Gentechnik, Neue Werkstoffe, Umwelttechnik sowie nationale und internationale Forschungs- und Entwicklungskooperationen jedenfalls den Ansatz einer Technologiepolitik.
- Die bisherige Betriebsansiedlungspolitik wird derzeit einer kritischen Diskussion unterzogen, um eine den neuen Herausforderungen der Internationalisierung adäquate Form zu entwickeln. Trotz der auch von Dr. Bayer georteten mangelhaften Selektion sollen aber die bisher er-

zielten Erfolge bei Ansiedlungsprojekten nicht übersehen werden. Beispielsweise wurde dadurch ein entscheidender Beitrag geleistet, daß das früher sehr hohe Leistungsbilanzdefizit bei PKW-Importen nunmehr vollständig beseitigt werden konnte.

Betreffend die Gestaltung des äußeren Umfeldes der Unternehmen möchte ich aber wichtig erscheinende Verbesserungspotentiale nicht unerwähnt lassen.

- Unzureichend sind die Möglichkeiten des Kapitalzuganges, der in Österreich nahezu ausschließlich über die Banken erfolgt. Besonders betroffen sind hier die KMB die kaum auf internationale Möglichkeiten ausweichen können. Der zunehmende Wettbewerb bei Entstehung des gemeinsamen Marktes sollte hier positive Effekte für die Finanzierung der österreichischen Unternehmen ermöglichen.
- Ein Manko, für das auch regulative Hemmnisse maßgeblich verantwortlich sind, ist in Österreich bei Neugründungen festzustellen.

Seit 1980 ergibt sich im Vergleich zu den Stillegungen von industriellen Betrieben (bei einem zwar anzahlmäßig positiven Saldo zugunsten der Neugründungen) ein deutlich negativer Arbeitsplatzsaldo. Als kleiner Trost bleibt lediglich, daß der Arbeitsplatzsaldo im Bereich der technischen Verarbeitungsgüter knapp positiv war. Evident sind aber auf Grund meiner Erfahrungen auch generelle konzeptive Schwächen von Unternehmensgründern sowie der unzureichende betriebswirtschaftlich-kaufmännische Stellenwert gegenüber technischen Aspekten der Betriebsgründung. Projekte kommen in Österreich aus diesen Gründen gar nicht zustande oder scheitern im Zuge der Umsetzung.

Als nunmehr letzten aber m.E. für das zukünftige Verhalten der österreichischen Industriebetriebe bedeutsamsten dynamischen Aspekt möchte ich den unmittelbaren organisatorischen Unternehmensbereich ansprechen.

In punktueller Form dargestellt sehe ich folgende Aktivitätsbereiche:

1) Vestärkte Dezentralisation von Verantwortlichkeiten und Erfolgspartizipation im Sinne des Schlagwortes *Entrepreneurship:*
Maßnahmen in dieser Richtung sind vor allem im verstaatlichten Bereich, im Konzernbereich der Banken und bei sonstigen Großbetrieben, ebenfalls eher im Zusammenhang mit Sanierungskonzepten, zu sehen. Als offensives Instrument hat es im KMB-Bereich mit Ausnahme von jungen, rasch wachsenden Unternehmen die erst gar keinen *Zentralismus* entwicklen, noch zu geringe Bedeutung.

2) Ausbau des betrieblichen Rechnungswesens und des *Controllings* mit EDV- und Büroautomation:
Im großbetrieblichen Bereich waren in der Vergangenheit gewisse Hypotrophien an Informationsgewinnnung ohne ausreichende Infor-

mationsverarbeitung zu orten; im KMB-Bereich sind sehr unterschiedliche Standards und Fortschritte zu verzeichnen, wobei eine gesamthafte Systematisierung und EDV-Unterstützung von betrieblicher Datenerfassung und Kontrolle von der Mehrheit der Unternehmen noch nicht erreicht wurde.

3) Aufbau von Unternehmensplanung und -steuerung (finanziell und technisch):
Die vorsichtige bis ablehnende Einstellung zu diesen Instrumenten hat sich gebessert, sodaß die Beseitigung von Rückständen zunehmend angestrebt wird. Komplexe EDV-gestützte Lösungen von Planungs- und Steuerungsinstrumenten, die auch hinreichend ins Betriebsgeschehen integriert sind, sind aber noch die Ausnahme.

4) Informationswesen und Kommunikation:
Hier fehlt es sicherlich noch daran, daß Marktbedürfnisse frühzeitig geortet und möglichst rasch an Entwicklung und Produktion herangetragen werden. Der Stellenwert der innerbetrieblichen Kommunikation zur bessere Verwertung von Informationen wird in österreichischen Betrieben noch wenig erkannt.

5) Maßnahmen zur Einschulung und Höherqualifikation von Mitarbeitern sowie deren Einbindung in Entscheidungen:
Die Integration neuer Mitarbeiter durch gezielte Einschulungsprogramme sowie die Nutzung des in Österreich meist hoch eingeschätzten Lernpotentials (zunächst angelernter gering qualifizierter Mitarbeiter) zur Ausbildung von Fachkräften wird zunehmend durch innerbetriebliche Maßnahmen angestrebt. Auf neue Technologien und Methoden spezialisierte Fachkräfte sind extern schwer zu finden. Die Unternehmen stehen daher unter einem gewissen durchaus positiven Druck die organisatorischen Voraussetzungen zur Human-Kapitalbildung im eigenen Betrieb zu schaffen. Auch der Gedanke der Teamarbeit wird dabei an Bedeutung gewinnen müssen.

6) Verstärkte Kundenbetreuung und Anbieten produktionsnaher Dienstleistungen:
Die von den Betrieben bisher angebotenen herkömmlichen Reparatur- und Serviceleistungen müssen in Richtung der „neuen" Dienstleistungen wie *Engineering,* Qualitätskontrolle und *after sale service* erweitert werden; die Unternehmensorganisation muß in der Lage sein, mit dem Produkt (*hard ware*) diverses *soft ware* mitanbieten zu können.

7) Erweiterung von Marketing- und Vertriebsaktivitäten besonders im Ausland:
Ungeachtet von zunehmender Exportanstrengung auch kleinerer Betriebe, ist die direkte Präsenz österreichischer Unternehmen im Ausland zu gering. Das gewünschte Vordringen auch in weiter entfernte Gebiete, wird aber die Unternehmen überfordern, solange nicht die innerbetrieblichen organisatorischen Voraussetzungen im Sinne der

bereits genannten Punkte verbessert werden und die Bereitschaft zu in- und ausländischen Kooperationen erhöht wird.

8) Kooperation mit anderen Unternehmen, institutionellen Einrichtungen wie Universitäten, Technologietransferstellen sowie Zusammenarbeit mit Unternehmensberatern:
Die international gesehenen Rückstände in diesem Bereich dürften sich derzeit doch etwas verringern. Insbesondere junge Betriebe erscheinen hier sehr aufgeschlossen, den Austausch von Kenntnissen und Fähigkeiten auf eher formloser Basis durchzuführen. Die diesbezügliche Kontaktpflege zum Ausland wurde aber bisher in zu geringem Ausmaß entwickelt.

9) Beteiligungen und Kapitalverflechtungen:
Mit Ausnahme größerer Unternehmen, die zunehmend internationale Verflechtungen anstreben, ist die Bereitschaft industrielle Beteiligungspartner zu suchen oder hereinzunehmen bei den KMB stark unterentwickelt. Selbst in schwierigen Situationen wird diese Strategie zur Stärkung der Wettbewerbsfähigkeit meist nicht ernsthaft in Erwägung gezogen.
In diesem Bereich wird es bei den kleinen österreichischen Unternehmen auf breiter Basis zu einem Gesinnungswandel kommen müssen, um die Mentalität des „eigener Herr im Haus sein" zu überwinden.

Der gesamte mit den Punkten 1) bis 9) angerissene Bereich der (dynamischen) unternehmensbezogenen Organisation weist in vielen österreichischen Unternehmen Rückstände auf und muß weiter vorangetrieben werden. Nur auf einem in dieser Beziehung gefestigten Fundament wird es möglich sein, sowohl weitere Fortschritte zu höherwertigten Produkten und Technologien zu erzielen als auch die geforderte Internationalisierung voranzutreiben. Wenn diese dynamisch-organisatorischen Voraussetzungen fehlen und die Internationalisierung nicht als Grundhaltung Eingang findet, die über den Warenexport hinaus auch Kooperationen, Kapitalverflechtungen und den Austausch von Kenntnissen und Fähigkeiten miteinschließt, ist das Risiko, in neuen Wettbewerbssituationen nicht bestehen zu können, sehr groß.

Auch wenn angesichts der Globalisierung von Wirtschaft und Unternehmen in österreichischen Betrieben erst ansatzweise entsprechende Strategien festzustellen sind, sehe ich unter Berücksichtigung der in Österreich traditionell langsameren Anpassungsprozesse sowie auf Basis der in einer umfangreichen Untersuchung belegten Vorteile und Stärken der österreichischen KMB (z.B. hinsichtlich Rentabilität und langfristiger Arbeitsplatzsicherung), doch eine erfolgversprechende Grundlage, um auf einem gemeinsamen europäischen Markt mithalten zu können.

Perspektiven der Wirtschafts- und Finanzbeziehungen mit Osteuropa

von Heinz Kienzl

Die Finanzkrise der Entwicklungs- und der Schwellenländer hat die Aufmerksamkeit der an Wirtschaftsfragen interessierten Öffentlichkeit so auf sich gezogen und die Aktionen der *Dritte-Welt-Gruppen* haben so viel Lärm gemacht, daß die Finanzprobleme der COMECON-Staaten fast in Vergessenheit geraten sind. Wer spricht heute noch von den Schulden Polens und den Aushungerungstaktiken der rumänischen Regierung gegenüber der eigenen Bevölkerung, um die Schulden zahlen zu können, angesichts der gigantischen Schulden des südamerikanischen Kontinents, einschließlich Mittelamerika? Nun, für Österreich besteht das Problem darin, daß wir am Forderungsvolumen der Industriestaaten gegenüber den zweifelhaften Schulden der RGW-Staaten in einem weit höheren Maße beteiligt sind, als an den 800 Mrd. $ dubiosen Forderungen, die es weltweit gibt.

Die Lage der RGW-Staaten

Österreich hat gegenüber den RGW-Staaten weit mehr als 50 Mrd. S Forderungen, die natürlich nicht durchwegs als dubios angesehen werden müssen. Die Lage der DDR unterscheidet sich ja dramatisch von der Lage Rumäniens, wobei kurioserweise die Rumänen größere Anstrengungen unternehmen, ihre Schulden zu tilgen, als andere RGW-Staaten; allerdings mit der Konsequenz, daß die rumänische Wirtschaft in eine schwere Krise gestürzt wurde, aus der sie so bald keinen Ausweg finden wird. Denken wir nur daran, daß jeden Winter die Energieversorgung praktisch zusammenbricht. Wie eine Wirtschaft ohne Energieversorgung funktionieren kann, wissen wir aus der unmmittelbaren Nachkriegszeit.

Die Wirtschaftslage aller RGW-Staaten ist aber durch einige gemeinsame Schwächen gekennzeichnet. Im Vordergrund steht dabei die Autarkiepolitik. Im Grunde genommen gibt es zwischen den RGW-Staaten zwar eine Menge schönklingender Erklärungen für wirtschaftliche Kooperation, tatsächlich hat aber die Europäische Gemeinschaft unvergleichlich raschere Fortschritte im Hinblick auf Internationalisierung, internationale Arbeitsteilung, internationale Finanzmärkte, gemeinsame Forschungsprojekte, gemeinsamen Arbeitsmarkt und ähnliches gemacht als die dazu theoretisch leichter imstande seienden RGW-Staaten. Man kann ohne weiteres sagen, daß in den letzten Jahren die Zusammenarbeit zwischen den RGW-Staaten schwere Rückschläge erlitten hat, insbesondere seit sie von der Energiekrise in unterschiedlichem Maße geschüttelt werden. Wenn ein kleines Land – und die europäischen RGW-Staaten sind im Weltmaßstab durchwegs kleine Länder – Autarkiepolitik betreiben will, wird es sehr rasch zu der Erkenntnis kommen, daß es entweder die Schwerchemie oder die Leichtchemie oder die Maschinenindustrie oder die Elektroindustrie oder die Halbleitertechnologie oder die Pharmazie entwickeln kann, aber natürlich können – um das Beispiel der DDR zu nehmen – 18 Millionen Menschen niemals denselben Forschungs- und Investitionsaufwand zustandebringen wie die 320 Millionen der Europäischen Gemeinschaft oder – was man realistischerweise annehmen kann – die rund 700 Mio. Einwohner der Industriestaaten. Die multinationalen Konzerne sind es insbesondere, die Forschungsergebnisse, die in einem Industrieland erzielt wurden, weltweit rasch verbreiten. In der Sowjetunion hingegen ist es so, daß selbst jene Forschungsergebnisse, die im militärischen Sektor erarbeitet wurden, nicht einmal dem zivilen Sektor der sowjetischen Wirtschaft rasch zur Verfügung gestellt werden, ganz zu schweigen von anderen RGW-Staaten.

Das zweite Grundproblem der Wirtschaft der RGW-Staaten ist die weitgehende Trennung zwischen Produktionskosten und Preisen einzelner Waren und Dienstleistungen. Im allgemeinen werden Grundnahrungsmittel, Kinderbekleidung, Transportleistungen, Wohnungskosten weit unter ihrem Produktionswert verkauft, die Differenzen müssen dann über das Staatsbudget gedeckt werden. Dabei kommt es zu einer Fehlleitung wirtschaftlicher Hilfsquellen und damit zu einem schwächeren Wirtschaftswachstum. Das dritte Problem ist die Energieversorgung der RGW-Staaten. Die Sowjetunion verfügt zwar über enorme Erdöl- und Erdgasvorräte, die allerdings im fernen Sibirien lagern und erst an die Verbrauchszentren herangebracht werden müssen. Sie verfügt auch über eine verhältnismäßig starke Kernenergieindustrie, die allerdings hinsichtlich Sicherheitstechnik weit unter jedem westlichen Standard liegt, was ja der Unfall in Tschernobyl deutlich gezeigt hat. Andere RGW-Staaten, insbesondere die DDR und die CSSR, aber auch Polen und Ungarn decken ihren Energiebedarf in einem enorm hohen Maß mit Braunkohle, allenfalls mit Steinkohle, was zu einer unerträglichen Umweltbelastung geführt hat, deren Sanierung wiederum an die materiellen Grenzen stößt. D.h. es ist einfach nicht der Zement da, es sind nicht die Arbeitskräfte da, es sind nicht die Maschinen da, um Kläranlagen, Rauchgasfilter und ähnliches, was bei uns im Westen schon alltägliche Einrichtung ist, zu produzieren.

Viertens haben wir es mit einer demotivierten Arbeitsbevölkerung zu tun, der Produktivitätsstandard der Arbeit liegt weit unter westlichem Niveau, und da die Versorgung der Bevölkerung mit Konsumgütern durchwegs mangelhaft ist, wird ein hoher Arbeitseinsatz dafür verwendet, sich die notwendigen Konsumgüter zu beschaffen. Wenn sich jemand zwei Stunden um Nahrungsmittel anstellen muß, kann man sich schon vorstellen, wie wenig er dann bereit ist, im normalen Arbeitseinsatz zu leisten.

Natürlich gibt es neben der regulären Wirtschaft dann auch noch den *schwarzen Markt*, der gewaltige Ressourcen an wirtschaftlichen Hilfsmitteln in Anspruch nimmt und natürlich nur zum Teil die Mängel, die die zentrale Planung aufweist, kompensieren kann.

Diese zentrale Planung ist das fünfte Element der Schwäche der Wirtschaft der RGW-Staaten und damit ihrer stetig abnehmenden Konkurrenzfähigkeit. Da eine zentrale Planungsstelle natürlich nicht entscheiden kann, was zweckmäßigerweise in den einzelnen Betrieben produziert werden soll, sondern die Leitungen eher in einem maßlosen Papierkrieg erstickt, am allerwenigsten die Agrarproduktion steuern kann, wo es ja immer wieder darauf ankommt, mit sehr intimen Erfahrungen und Detailkenntnissen dem Boden ein Maximum an Agrarprodukten abzuringen, leidet der besagte RGW-Wirtschaftsraum unter einem Nahrungsmittelmangel, unzureichenden Leistungen im Handel, aber natürlich auch im Tourismus und den sonstigen Dienstleistungen.

Die allgemeine Knappheit, die Mangelwirtschaft hat aber dann dazu beigetragen, daß die notwendigen Investitionen in der Infrastruktur nicht durchgeführt werden konnten, daher ist nicht nur die Umweltbelastung außerordentlich drückend, sondern auch die Leistungsfähigkeit des Bahnnetzes höchst unzureichend, die Straßen z.T. in einem katastrophalen Zustand, und was sich dann auf diesen Straßen und den Schienen bewegt, ist sehr veraltet.

Der Ausweg

Seriöse Schätzungen gehen davon aus, daß der fortgeschrittenste, leistungsfähigste Staat des RGW, nämlich die DDR, etwa 200 Mrd. DM benötigen würde, um ihren Produktionsapparat einschließlich der Infrastruktur auf westliches Niveau zu bringen. Das ist ungefähr das Sozialprodukt Österreichs in einem Jahr. Da nun der zweitstärkste RGW-Staat, die CSSR, ungefähr 10 Prozentpunkte unter der Leistungsfähigkeit der DDR liegt, Polen etwa 30 bis 40 Prozentpunkte, kann man sich leicht vergegenwärtigen, welch enormer Finanzierungsbedarf in den RGW-Staaten herrscht. Es kann völlig ausgeschlossen werden, daß die nötigen Finanzierungen, die ja nur das Spiegelbild des Materiellen sind, in den RGW-Staaten aufgebracht werden können. Man muß nämlich bedenken, daß die RGW-Staaten gegenüber den westeuropäischen Industriestaaten stetig zurückfallen. Der Abstand wird immer größer. Von einem Einholen und Überholen, wovon Chruschtschow einst geträumt hat, kann überhaupt keine Rede mehr sein. Dies ist an einem einfachen Beispiel erläuterbar. Die DDR konnte vor einigen Jahren für eine Tonne Chemieexport noch 1.000 DM erzielen, heuer sind es nur mehr 700 DM. Die BRD hingegen konnte für 1 Tonne Produkte ihrer chemischen Industrie gegenüber 1.000 DM vor einigen Jahren, nunmehr 1.500 DM erzielen. Natürlich ist das nicht der allgemeine Maßstab für das Zurückbleiben der Wirtschaftsleistung der RGW-Staaten, aber doch ein gewisser Hinweis.

Die Frage ist natürlich, ob die westeuropäischen Industriestaaten bereit sein könnten, einen Wirtschaftsaufschwung in den RGW-Staaten zu finanzieren. Man muß wohl von der Erkenntnis ausgehen, daß die Widerstände gegen eine so gewaltige Aktion, wie sie erforderlich wäre, so gut wie unüberwindlich sind.

Wenn Kreditinstitute einmal Kredite abschreiben mußten, und dies ist in Polen offenkundig der Fall – um nur ein Beispiel zu nennen –, werden sie nicht mehr bereit sein, noch in einem viel größeren Maß in die Tasche ihrer Einleger zu greifen, denn darum geht es ja. Es sind ja nicht einige Bankdirektoren, die das bezahlen, sondern die Masse der Sparer, die entweder höhere Zinsen zahlen müssen, oder es müssen allenfalls auf einem anderen Wege, beispielsweise durch Finanzierung der Kreditausfälle durch den Staat, die dubios gewordenen Kredite durch höhere Steuern abgedeckt werden.

Dazu kommt noch, daß die westeuropäischen Wirtschaftspolitiker und nicht zuletzt die Bankiers die wirtschaftlichen Schwierigkeiten ihrer Kunden sehr gut kennen und natürlich wissen, wie gering die Exportkraft der RGW-Staaten ist. Natürlich wissen sie auch, daß die Sowjetunion in ihrer imperialistischen Phase sich einige Klienten angelacht hat, wie Kuba, Vietnam, Äthiopien, Angola, Mozambique, um nur einige zu nennen, die ihr wie ein Mühlstein um den Hals hängen und die man nicht so leicht loswerden kann wie beispielsweise Afghanistan. Nun hat allerdings eine Bewegung unter der neuen Führung der Sowjetunion begonnen, die vielleicht einmal in fernerer Zukunft einen Ausweg aus den aktuellen Schwierigkeiten schaffen wird, auf kurze Sicht aber sicherlich nichts bringen kann. Man denke nur, welch ungeheures Bleigewicht der bürokratische Wirtschaftslenkungsapparat ist, wie in einer Nation geforscht, gehandelt, exportiert werden soll, wenn 70 Jahre lang Entscheidungsschwäche gefördert und Entscheidungsfreudigkeit unterdrückt wurde, alles auf Zentralstellen bürokratischen Zuschnitts hinorientiert wurde, die, wie in jeder Bürokratie, vor allem ihre Macht ausüben wollen, ihre Privilegien haben wollen und diese mit größter Energie verteidigen, wie sehr auch die Allgemeinheit daran leiden mag. Mit anderen Worten: die Wirtschaftspolitiker der westeuropäischen Industriestaaten stehen vor der schwierigen Entscheidung, sollen sie mit einer großen Wahrscheinlichkeit des Scheiterns versuchen, den osteuropäischen Staaten aus ihren Schwierigkeiten herauszuhelfen? Die Menschen in den osteuropäischen Staaten erwarten sich nämlich rasche Erfolge und vielleicht erinnert sich in der DDR mancher Altkommunist an das Lied von der Einheitsfront, in dem es heißt: „Es macht ihn ein Geschwätz nicht satt, das schafft kein Essen her".

Schlußfolgerungen

Die Finanzkrise, in der sich die meisten RGW-Länder befinden, ist nur der monetäre Ausdruck der Konkurrenzschwäche dieser Staaten. Diese ist wiederum eine Folge mehrerer, für Planwirtschaften typischer Faktoren:

1. Oberste Handlungsmaxime für die Unternehmung ist die Erfüllung von Plänen, die Bruttoproduktionswerte für bestimmte Warengruppen vorgeben. Andere Faktoren, die Produktionsentscheidungen beeinflussen könnten, wie Qualität, Konsumentenwünsche, Innovationen, aber auch internationale Wettbewerbsfähigkeit, spielen keine oder nur eine untergeordnete Rolle.

2. Der Produktionsapparat ist mit Maschinen, Werkzeugen, Fabrikhallen, Transportmitteln, kurz, was man „produzierte Produktionsmittel" nennt, schlecht ausgerüstet.

3. Es herrscht eine permanente Mangelwirtschaft, die zu einer unregelmäßigen Auslastung der Produktionskapazitäten führt, weil immer wieder Ersatzteile, Rohstoffe, Hilfsmaterial oder gar die Stromzufuhr ausbleiben.

4. Der Arbeitseinsatz ist geringer als in westlichen Staaten. Einerseits unterdrückt das System Initiativen, andererseits fehlt es an Motivation, da die Versorgung mit Konsumgütern quantitativ schlecht ist.

5. Die Preisrelationen haben oft mit den tatsächlichen Produktionskosten nichts zu tun. Dies gibt den Unternehmen falsche Signale und verschärft die Mangelwirtschaft. Was hat es für einen Sinn, wenn z.B. Wohnungen sehr billig sind, doch junge Paare zum Teil jahrzehntelang auf eine Wohnung warten müssen?

Warum aber sind die Oststaaten in eine schwere Finanzkrise getaumelt? Im wesentlichen, weil sie in den siebziger Jahren glaubten, daß sie ihre Wirtschaft ohne Änderung des Systems mit Hilfe von Westimporten modernisieren könnten. Die zur Tilgung der Schulden nötigen Exportüberschüsse konnten mangels einer wettbewerbsfähigen Produktpalette nicht bzw. nur unzureichend erzielt werden.

Die mächtige Sowjetunion ist nur bei drei großen Exportgütern international konkurrenzfähig, nämlich bei Erdöl, Erdgas und Gold, alles Rohstoffe. Für Polen gilt ähnliches, alledings ist nur ein Rohstoff exportierbar, Kohle. Eine Ausnahme machen die DDR, bei der Maschinen immerhin einen Anteil von mehr als 10% an den Westexporten haben, und Ungarn, wo eine halbherzige Wirtschaftsreform einiges vorangebracht hat, was aber nicht genügte, die Finanzkrise zu vermeiden.

Diese Finanzkrise wurde 1981/82 deutlich sichtbar, und hätte nicht die Zahlungsunfähigkeit der südamerikanischen Staaten so eindrucksvolle Dimensionen angenommen, wären die kreditgebenden europäischen Staaten ihrerseits in Schwierigkeiten gekommen. Mit westlicher Hilfe gelang es Ungarn und der DDR, eine Umschuldung zu vermeiden. Die CSSR, die überhaupt auf einem niedrigen Niveau wirtschaftet, betrieb eine vorsichtige Verschuldungspolitik.

Polen kam seit 1981 nicht mehr aus Umschuldungen heraus. Rumänien, zu Beginn der achtziger Jahre der drittgrößte Schuldner nach Polen und der DDR, mußte umschulden, baute aber dann seine Verschuldung forciert ab und geriet in eine tiefe Wirtschaftskrise. Bulgarien schlitterte erst in den letzten beiden Jahren in eine schwierige Lage.

Es entstand ein *Circulus vitiosus*. Die Finanzkrise verschärfte die Mangelwirtschaft und erschwerte die Modernisierung der Wirtschaft, welche wiederum zur Herstellung der Konkurrenzfähigkeit absolut notwendig ist. Es erstaunt daher nicht, daß, wie schon in den sechziger Jahren, das Thema Reform auf die Tagesordnung gekommen ist. Ob eine wirtschaftliche und politische Reform einen raschen Ausweg aus diesem *Circulus vitiosus* bietet, kann angesichts der realen Faktoren bezweifelt werden.

Finanzmärkte und Finanzierung der Realinvestitionen in Deutschland von 1950 - 1987

von Werner Ehrlicher

I. *Einleitung*

Ich möchte meinem Referat drei Vorbemerkungen zum Thema und der Art seiner Bearbeitung vorausschicken: wir haben das Thema zunächst „Finanzmärkte und Finanzierung der Realinvestitionen in Deutschland" formuliert. Im Laufe der Bearbeitung hat sich für mich die Problemstellung etwas verschoben. Mein Titel müßte jetzt besser lauten: „Die Entwicklung der Realinvestitionen und der Beitrag der Finanzmärkte zu ihrer Finanzierung". Diese Verschiebung resultierte wohl daraus, daß mir die Verselbständigung der Finanzmärkte, die sich seit längerer Zeit vollzieht, etwas unheimlich ist. Mit der Umkehrung der Fragestellung wollte ich zum Ausdruck bringen, daß die Aufgabe der Finanzmärkte doch eigentlich die Finanzierung des Investitions-, Produktions- und Absatzprozesses ist.

Bei der Beschäftigung mit der Entwicklung der Realkapitalbildung und ihrer Finanzierung drängten sich mir viele alte und neue theoretische Fragen über den Zusammenhang zwischen diesen beiden Entwicklungslinien auf. Ich werde diese Probleme gelegentlich andeuten, sie aber nicht behandeln. Im Rahmen der vorgegebenen Zeit muß ich mich auf die Deskription der empirischen Zeitreihen beschränken. Mir hat die Gliederung meines Untersuchungszeitraumes gewisses Kopfzerbrechen bereitet. Von 1950 bis 1975 lassen sich – wie dies unser Sachverständigenrat getan hat – deutlich sechs Wachstumszyklen von etwa drei- bis vierjähriger Dauer unterscheiden. Nach 1975 zeichnet sich dieser Rhythmus nicht mehr so deutlich ab und es lassen sich nur noch zwei längere Wellen von 1976 bis 1981 und 1982 bis heute unterscheiden. Bei einer genaueren Betrachtung der ersten sechs Wachstumszyklen stellt man fest, daß einem starken Zyklus regelmäßig ein schwacher Zyklus folgt. Dies hat mich veranlaßt, jeweils zwei Wachstumszyklen zu einem Konjunkturzyklus zusammenzufassen und meinen Untersuchungszeitraum entsprechend nachstehender Grafik in fünf Zyklen einzuteilen:

Schaubild 1

Konjunkturzyklen 1950-1987
in realen Wachstumsraten des BSP

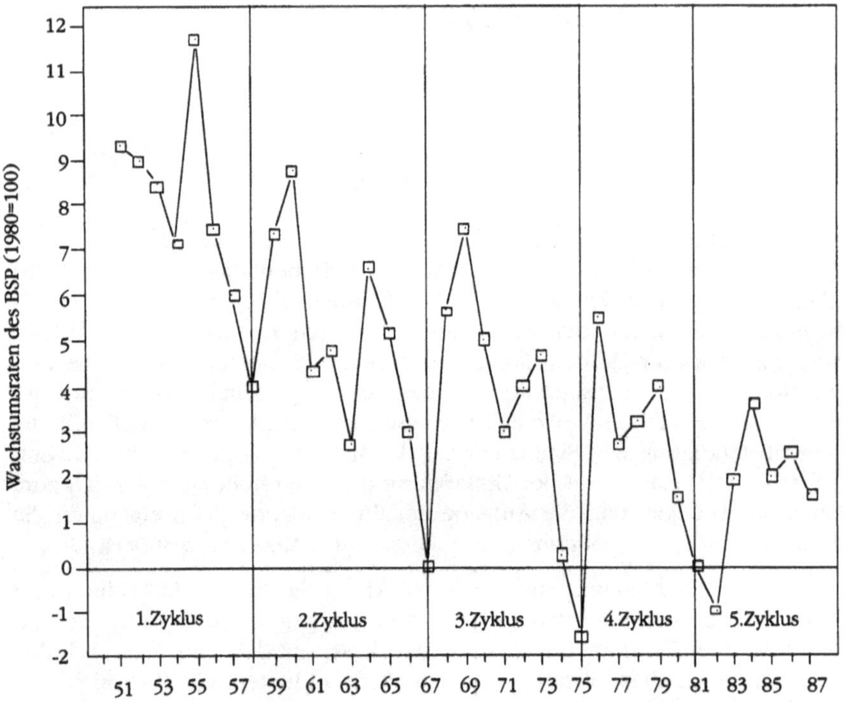

II. *Die Realkapitalbildung von 1950 bis 1987*

Ich wende mich damit der Realkapitalbildung zu und befasse mich

- zunächst mit der definitorischen Abgrenzung,
- sodann mit der quantitativen Entwicklung seit 1950 und
- schließlich den Wandlungen in der Struktur.

a) Definitionen

Das Realvermögen oder der Kapitalstock einer Volkswirtschaft setzt sich zusammen aus:

- dem nichtreproduzierbaren Sachvermögen (Grundvermögen),
- dem reproduzierbaren Sachvermögen (Anlage- und Vorratsvermögen),

– dem human capital,
– den Auslandsanlagen.

Das human capital ist kaum quantifizierbar. Ich lasse es deshalb außer Ansatz. Das Grundvermögen ist nicht vermehrbar und deshalb für eine dynamische Betrachtung uninteressant. Insofern umfaßt mein Begriff der Realvermögensbildung oder die Realkapitalbildung die Zunahme des reproduzierbaren Sachvermögens (also die Netto-Investitionen) und die Zunahme der Forderungen an das Ausland.

Die Einbeziehung der Forderungen gegenüber dem Ausland mag zunächst befremden, da es sich um Geldvermögen zu handeln scheint. Dieser Einwand gilt nicht hinsichtlich der Direktinvestitionen im Ausland und der Beteiligung an ausländischen Unternehmungen. Im übrigen bin ich von der Überlegung ausgegangen, daß auch die Geldforderungen gegenüber dem Ausland – solange der Zinsendienst geleistet und transferiert wird – die gleiche ökonomische Qualität wie inländisches Sachvermögen haben. Der Beitrag, den die vom Ausland bezahlten Zinsen zum Volkseinkommen des Inlandes leisten, resultiert ja aus dem Ertrag des realen Kapitalstocks des Auslandes.

b) Quantitative Entwicklung der Realvermögensbildung

Ich wende mich damit der Entwicklung des so definierten Realvermögens zu. Im Jahre 1950 betrug dieses Vermögen (in Preisen von 1980) 1.400 Mrd. DM, im Jahre 1987 8.300 Mrd. DM. D. h. also, es hat sich etwa versechsfacht. Das Bruttosozialprodukt ist im gleichen Zeitraum auf knapp das Fünffache gestiegen. Um diese Zunahme des Kapitalstocks im Rahmen der Wirtschaftsentwicklung der letzten vier Jahrzehnte zu veranschaulichen, habe ich in der folgenden Tabelle die Entwicklung der Wachstumsraten des realen Bruttosozialprodukts und die Investitionsquote aufgezeichnet. Als Investitionsquote bezeichne ich dabei die Zunahme des Realvermögens (einschließlich der Auslandsforderungen) zum Nettosozialprodukt.

Tabelle 1

Reale Wachstumsraten des BSP und Investitionsquoten

	1951-58	1959-67	1968-75	1976-82	1983-87
Wachstumsraten des BSP	7,9	4,8	3,6	2,3	2,3
Investitionsquote *	18,8	20,1	17,5	11,7	11,2

* Realvermögensbildung (einschl. Auslandsanlagen): Netto-Sozialprodukt

Wir sehen hier, daß der Rückgang der Wachstumsraten des Bruttosozialprodukts, abgesehen von der Entwicklung von der ersten zur zweiten Phase, von einem etwa parallelen Rückgang der Investitionsquote begleitet ist.

Diese Zahlenkonstellation regt zu der Frage an, ob der Rückgang der Wachstumsrate den Rückgang der Investitionsquote ausgelöst hat oder ob der Rückgang der Investitionsquote den Rückgang der Wachstumsrate bedingt. Nachfragetheoretiker würden wahrscheinlich argumentieren, daß eine zu geringe monetäre Gesamtnachfrage die Wachstumsraten des Sozialprodukts sinken ließ, damit die Absatzerwartungen zurückgingen und dies eine Reduktion der Investitionstätigkeit auslöst, die ihrerseits dann erneut die monetäre Nachfrage und das Wachstum des Sozialprodukts mindert. Angebotstheoretiker würden exogene Ursachen eines Rückgangs der Investitionsmöglichkeiten und der Investitionsneigung sehen, daraus auf einen Rückgang der Wachstumsraten des Sozialprodukts schließen, der seinerseits wiederum auf die Investitionsneigung zurückwirken kann. Ich habe einleitend schon angedeutet, daß ich die kausaltheoretischen Fragen, zu denen das empirische Material anregt, aufzeigen, sie aber nicht weiter diskutieren werde.

c) Strukturwandlungen der realen Vermögensbildung

Für die Betrachtung der Strukturwandlungen der realen Vermögensbildung schließe ich mich an die Sektorengliederung an, wie sie die Deutsche Bundesbank in ihrer halbjährlichen Finanzierungsstatistik verwendet. Sie unterscheidet die Sektoren private Haushaltungen, Produktionsunternehmungen, Wohnungswirtschaft, Staat, finanzieller Sektor und Ausland. Die Sektoren sind dabei funktionell abgegrenzt, d.h. der Erwerb von Wohnungseigentum durch die privaten Haushalte wird dem Sektor Wohnungswirtschaft, die Investitionen in öffentlich-rechtlichen Unternehmungen dem Sektor Produktionswirtschaft zugeschlagen. Die Realvermögensbildung des finanziellen Sektors, die sich z.B. in Form von Bankgebäuden niederschlägt, fällt quantitativ nicht sonderlich ins Gewicht. Ich rechne sie deshalb den Produktionsunternehmungen zu. Da im Haushaltssektor damit keine Investitionen anfallen und die staatlichen Investitionen im Produktionsbereich letzterem zugeordnet werden, verbleiben die vier Investitionsbereiche Produktionssektor, Wohnungswirtschaft, Infrastruktur und Ausland. Das nachstehende Schaubild zeigt die Entwicklung der Struktur der Realvermögensbildung während des Untersuchungszeitraumes auf.

Schaubild 2

Struktur der Realvermögensbildung
1950-1987

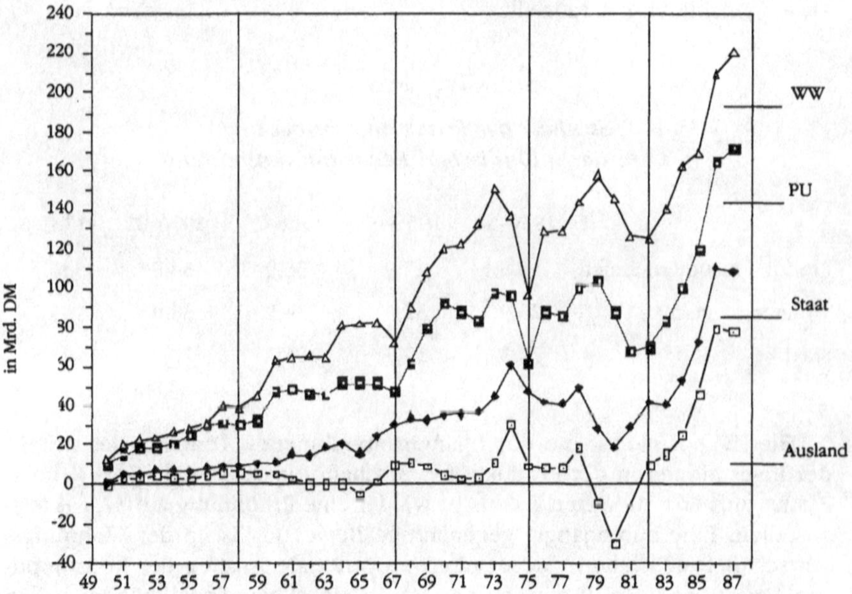

Die Strukturwandlungen werden aus nachstehender Tabelle über die prozentualen Anteile der einzelnen Sektoren in den unterschiedenen Konjunkturzyklen deutlicher.

Tabelle 2

Struktur der Realvermögensbildung
in % der gesamten Realvermögensbildung

	1950-58	1959-67	1968-75	1976-82	1983-87
Produktionsunternehmen	52,8	46,1	35,8	35,2	28,1
Wohnungswirtschaft	25,8	30,9	31,7	38,2	30,8
Staat	11,0	18,9	23,7	27,2	17,3
Ausland	10,4	4,0	8,8	-0,5	23,8

Auffällig ist dabei der recht untypische Verlauf der Anlagen im Ausland. Er sinkt zunächst von 10,4 % auf 4,0 %, steigt dann wieder auf 8,8 %, sinkt wieder auf -0,5 % und steigt erneut auf 23,8 % an. Da dieser untypische Verlauf die Strukturwandlungen der inländischen Vermögensbildung entstellt, habe ich in Tabelle 3 die Strukturveränderungen der inländischen Vermögensbildung dargestellt.

Tabelle 3

Struktur der Realvermögensbildung in % der inländischen Realvermögensbildung

	1950-58	1959-67	1968-75	1976-82	1983-87
Produktionsunternehmen	58,8	47,9	38,9	34,8	37,5
Wohnungswirtschaft	28,9	32,4	34,9	38,0	39,7
Staat	12,3	19,7	26,1	27,2	22,8

Hier fällt zunächst die durchgängig abnehmende Tendenz des Anteils der Investitionen in der Produktionswirtschaft von 58,8 % auf 34,8 % im 4. Zyklus auf. Erst im letzten Zyklus ist wieder eine Erhöhnung auf 37,5 % festzustellen. Eine durchgängig gegenläufige Bewegung ist in der Wohnungswirtschaft festzustellen. Dieser überproportionale Anstieg der konsumptiven Investitionen im Wohnungsbereich ist ein allgemeines Phänomen, bei zunehmendem Wohlstand. In Deutschland ist diese Tendenz besonders ausgeprägt. Mit einer Versorgung von 34 m^2 Wohnfläche je Einwohner gehört Deutschland zu den wohnungswirtschaftlich am besten versorgten Ländern. Der bis zum vierten Konjunkturzyklus ansteigende Anteil der Infrastrukturinvestitionen ist politisch bedingt. Die Finanzwissenschaft sucht für das Gesetz der überproportional wachsenden Staatsausgaben aber auch nach ökonomischen Gründen.

Ich darf die Darstellung der Entwicklung der Realvermögensbildung und ihrer Strukturwandlungen mit einem weiteren Kommentar abschließen. Die zunehmenden Investitionen in der Wohnungswirtschaft erweitern die Produktionskapazität der Volkswirtschaft nicht. Auch für die Infrastrukturinvestitionen des Staates gilt dies nur bedingt. Beide Investitionsarten sind aber wegen ihres hohen Einkommenseffekts stark nachfragewirksam. Die Erweiterung des Wachstumspotentials hängt entscheidend an den Investitionen im Produktionsbereich. Aus angebotstheoretischer Sicht wäre in dem starken Rückgang des Anteils der Investitionen im Produktionsbereich die Hauptursache der abnehmenden Wachstumsraten des Sozialprodukts zu sehen. Als Gegenargument könnte man allerdings – mit Fourastier und Collin Clark anführen, daß der technische Fortschritt im Produktionsbereich am höchsten ist.

III. *Die Struktur der Spartätigkeit*

Nach der Darstellung der Realvermögensbildung und ihrer Struktur wende ich mich nun der Entwicklung der volkswirtschaftlichen Spartätigkeit zu. Ich betone hier volkswirtschaftliche Spartätigkeit, um keine Verwechslung mit den einzelwirtschaftlichen monetären Ersparnissen aufkommen zu lassen. Die volkswirtschaftliche Spartätigkeit ist in ihrer Summe der Realvermögensbildung gleich, da sie die direkten oder indirekten Vermögensansprüche gegenüber dem volkswirtschaftlichen Realkapitalbestand repräsentiert.

Nachdem die Höhe der Spartätigkeit damit schon im vorhergehenden Teil mit behandelt wurde, ist hier nur die Struktur der Spartätigkeit darzustellen. Ich greife dazu wiederum die von der Bundesbank verwendete Sektorengliederung auf. Da der finanzielle Sektor über die Finanzierung der eigenen Realkapitalbildung den übrigen Sektoren aus einbehaltenen Gewinnen Finanzierungsmittel zur Verfügung stellte, führe ich hier diesen Sektor auch gesondert auf.

Direkte Ansprüche gegenüber dem Sachkapital entstehen bei der Finanzierung von Investitionen des eigenen Sektors. Hier handelt es sich also um die Selbstfinanzierung. Sie spielt bei der Finanzierung der Investitionen der Produktionswirtschaft aus einbehaltenen Gewinnen eine wesentliche Rolle. Die staatliche Selbstfinanzierung stellt sich als Investitionsfinanzierung aus Steuermitteln dar. In der Wohnungswirtschaft resultieren die Selbstfinanzierungsmittel aus den fiktiven Vermögensübertragungen des Haushaltssektors an den Wohnungssektor.

Indirekte Vermögensansprüche an das volkswirtschaftliche Sachvermögen resultieren aus den Ersparnissen eines Sektors, die entweder unmittelbar oder über das Bankensystem einem anderen Sektor zur Finanzierung von Investitionen zur Verfügung gestellt werden. Dies gilt in erster Linie für die Ersparnisse des Haushaltssektors und in den ersten Konjunkturzyklen, wie nachstehende Tabelle zeigt, für staatliche Finanzierungsüberschüsse.

Tabelle 4

Struktur der Ersparnisse in %

	1950-58	1959-67	1968-75	1976-82	1983-87
Private Haushalte	25,4	34,3	54,5	74,3	64,4
Finanzieller Sektor	4,0	2,7	5,2	11,7	12,3
Unternehmungen	29,6	26,8	12,9	11,9	17,9
Wohnungswirtschaft	7,5	11,9	11,4	4,7	6,8
Staat	33,4	24,4	15,9	-3,4	-0,5

Der Anteil der privaten Haushalte und des finanziellen Sektors steigt über den Untersuchungszeitraum hinweg stark an. Der zunehmende Anteil der privaten Haushalte kann als Prozeß der Normalisierung angesehen werden. In den ersten Zyklen war die Sparfähigkeit und Sparwilligkeit noch relativ niedrig; mit zunehmendem Verfügungseinkommen stieg die Sparquote – berechnet als Verhältnis der Haushaltsersparnisse zum Verfügungseinkommen – kontinuierlich von 4 % Anfang der fünfziger Jahre auf 16 % Mitte der siebziger Jahre an.

Der zunehmende Anteil des finanziellen Sektors ist Ausdruck des überproportionalen Anstiegs des finanziellen Sektors an der Bruttogeldvermögensbildung. Ich komme darauf im folgenden Teil zurück.

Der Beitrag der Wohnungswirtschaft – ich erinnere, daß es sich hier in erster Linie um fiktive Vermögensübertragungen aus dem Haushaltssektor handelt – entwickelt sich sehr unregelmäßig. Dies hat eine Mehrzahl von Gründen, auf die ich hier nicht eingehen kann.

Der Anteil des Staates nimmt von einem Drittel in der ersten Konjunkturperiode kontinuierlich auf schließlich negative Werte ab. Diese Entwicklung ist gegenläufig zu den Investitionen des Staates, die andererseits während des ganzen Untersuchungszeitraumes kontinuierlich zunehmen. In den ersten Konjunkturzyklen, als die staatliche Realkapitalbildung noch relativ niedrig war, hat der Staat in erheblichem Umfang im Interesse des Wiederaufbaus erhebliche Zuschüsse aus Steuermitteln an die Produktionswirtschaft und den Wohnungssektor geleistet. Seit Beginn der siebziger Jahre steigt die Finanzierung der öffentlichen Haushalte aus Kreditnahme erheblich an und erreicht in den letzten beiden Perioden – wie aus den negativen Werten hervorgeht – eine Größenordnung, die über die Realinvestitionen hinausgeht.

Von besonderem theoretischen Interesse ist der starke Rückgang des Anteils der Produktionsunternehmungen an der Ersparnisbildung von 29,6 % auf 11,9 % in der vierten Phase und der dann erneute Anstieg auf 17,9 %. Zur weiteren Verdeutlichung dieser Entwicklung habe ich im nachstehenden Schaubild die Nettoinvestitionen, die Ersparnisbildung der Produktionsunternehmungen in absoluten Werten aufgezeichnet.

In den ersten beiden Zyklen steigt die reale Investitionstätigkeit im Trend ähnlich wie die Selbstfinanzierung. Die stärkere Zunahme der Investitionstätigkeit in den Jahren 1959 bis 1961, sowie 1964 und 65 ist nicht von entsprechenden positiven Ausschlägen der Selbstfinanzierung begleitet; dies gilt auch noch für die besonders starke Zunahme in den Jahren 1968 bis 1970. Von 1971 an ist die Parallelität der beiden Kurven dann sehr ausgeprägt.

Dieser parallele Verlauf der beiden Zeitreihen über fast zwei Jahrzehnte ist natürlich ein ideales Streitobjekt für die schon wiederholt apostrophierten theoretischen Schulen: die Kreislauftheoretiker würden darin eine

Bestätigung der Keynes'schen Verteilungsgleichung sehen, wonach die Bewegungen der Investitionstätigkeit Ursache der Gewinnentwicklung und damit der Selbstfinanzierungsmöglichkeiten sind. Mikroökonomen würden die Gewinnentwicklung umgekehrt als eine der entscheidenden Determinanten der Investitionstätigkeit ansehen. Ich darf auch diese theoretische Frage im Raum stehen lassen.

Schaubild 3

Nettoinvestitionen und Ersparnis der Produktionsunternehmen in Mrd. DM

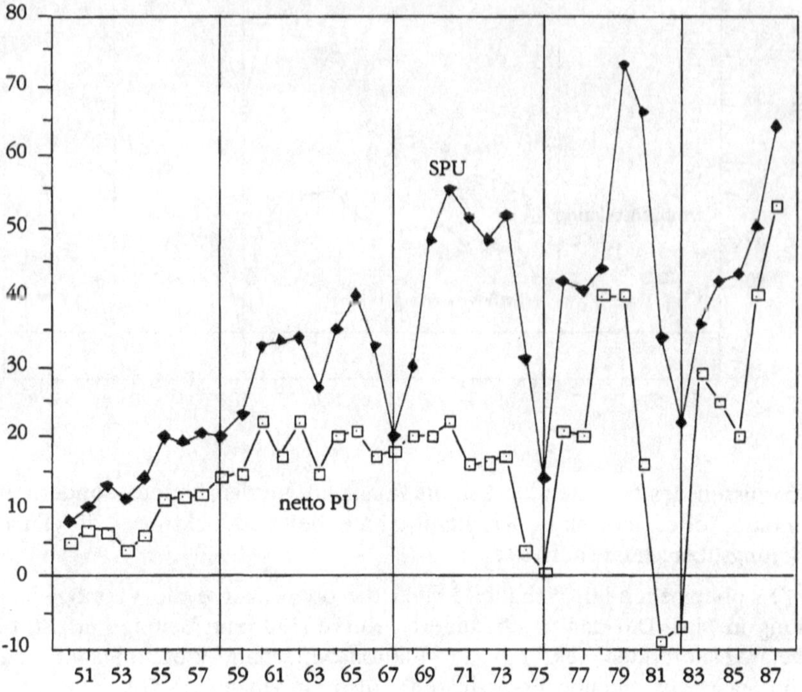

IV. *Der Beitrag der Finanzmärkte*

In meinem dritten Teil will ich noch einige Überlegungen anstellen, welchen Beitrag die Finanzmärkte zur Finanzierung der Realkapitalbildung geleistet haben.

Die Finanzmärkte mußten von den einzelnen Sektoren zunächst in dem Umfang in Anspruch genommen werden, in dem die Realvermögensbildung (einschließlich der Anlagen im Ausland) nicht aus eigenen Er-

Schaubild 4

Selbst- und Außenfinanzierung der Vermögensbildung in Mrd. DM

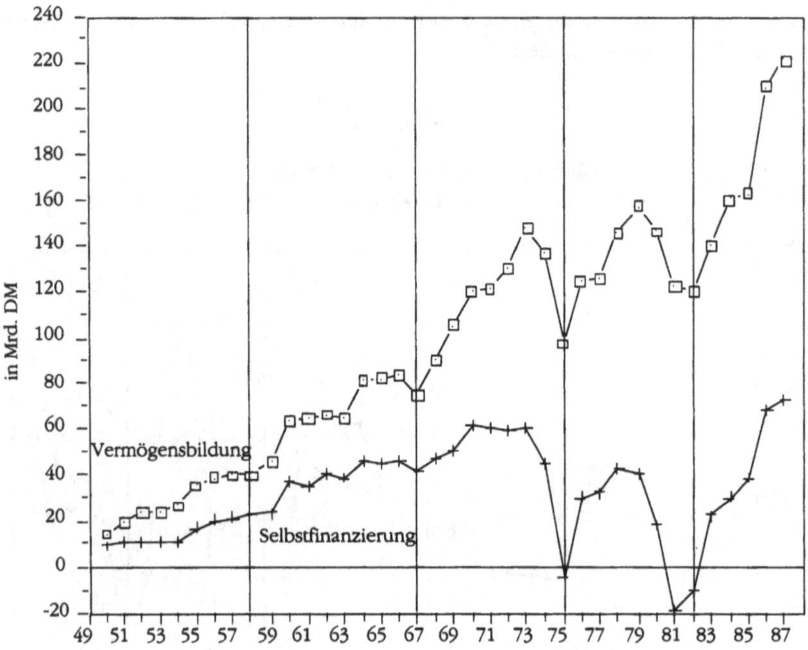

sparnissen des betreffenden Sektors finanziert werden konnte, sondern aus direkter oder indirekter Kreditaufnahme bei den Sektoren, die Finanzierungsüberschüsse aufweisen.

In obenstehendem Schaubild stellt die obere Kurve die Vermögensbildung in Mrd. DM dar, in der unteren Kurve sind jene Beiträge erfaßt, die die investierenden Sektoren (Produktionswirtschaft, Wohnungswirtschaft und Staat) aus eigenen Ersparnissen – also einbehaltenen Gewinnen, Vermögensübertragungen oder Steuern – aufgebracht haben. Das Feld unterhalb der unteren Kurve stellt die Selbstfinanzierung, das Feld zwischen den beiden Kurven die Außenfinanzierung dar. Soweit die untere Kurve die Null-Linie unterschreitet, bedeutet dies, daß die investierenden Sektoren über die Höhe ihrer Nettoinvestitionen hinaus Kredite aufgenommen haben. Das Schaubild zeigt sehr deutlich, daß die Außenfinanzierung über den ganzen Zeitraum hinweg beträchtlich zugenommen hat. In der nachstehenden Tabelle habe ich die Anteile der Selbstfinanzierung und der Außenfinanzierung für die einzelnen Konjunkurzyklen mit den durchschnittlichen Werten festgehalten. Die höchste Außenfinanzierungsquote wurde danach zwischen 1976 und 82 erreicht.

Tabelle 5

Anteile der Selbst- und Außenfinanzierung der Realvermögensbildung in %

	1950-58	1959-67	1968-75	1976-82	1983-87
Selbstfinanzierungsquote	49,4	57,9	40,7	15,7	26,9
Außenfinanzierungsquote	50,6	42,1	59,3	84,3	73,1

Der Grund für diese Zunahme der Außenfinanzierung ist in den im zweiten Teil des Referats dargelegten Verschiebungen der Ersparnisbildung zwischen den einzelnen Sektoren begründet: Die Finanzierungsdefizite der Sektoren, die selbst investieren (also Produktionswirtschaft, Wohnungswirtschaft, Staat, Außenwirtschaft) stiegen, während gleichzeitig die Finanzierungsüberschüsse der Sektoren, die nicht oder nur in geringem Umfang investieren (private Haushalte und Finanzierungssektor), zunehmen.

Die Vermittlung dieser steigenden Finanzierungsüberschüsse des Haushalts- und Finanzsektors an die Produktionswirtschaft, die Wohnungswirtschaft und später auch den Staat und den Auslandssektor war der Grund für die verstärkte Einschaltung der Finanzmärkte in die Finanzierung der Realvermögensbildung.

Bei den bisherigen Betrachtungen habe ich nur den Finanzierungsbedarf berücksichtigt, der im Zusammenhang mit der Bildung von Realvermögen bzw. Anlagen im Ausland auftritt. Die einzelnen Wirtschaftseinheiten benötigen im Rahmen ihrer Geschäftstätigkeit finanzielle Mittel jedoch nicht nur zur Finanzierung von Investitionen oder Anlagen im Ausland, sondern auch als Umlaufvermögen zur Abwicklung des Produktions- und Absatzprozesses. Darüber hinaus schließlich können Unternehmungen finanzielle Aktiva nicht nur im Interesse des Produktionsprozesses, sondern auch als Alternative zu Realinvestitionen halten, etwa wenn die Anlage in finanziellen Aktiva rentabler als in realen Investitionen erscheint.

Die genannten Sachverhalte haben zur Folge, daß alle Sektoren gleichzeitig Geldforderungen und Geldverpflichtungen aufweisen. Während ich bisher nur die Finanzierungssalden betrachtet habe, wären nunmehr also die Bruttogrößen der Geldvermögensbildung und -verwendung einzubeziehen.

Das nachstehende Schaubild zeigt in der oberen Kurve den Gesamtfinanzierungsbedarf für die Realvermögensbildung und die Finanzanlagen aller Sektoren. Die untere Kurve zeigt den Finanzierungsbedarf, der in der Gesamtwirtschaft für die Finanzierung der Realvermögensbildung aufgetreten ist. Dieser letztere Bedarf ergibt sich – wenn ich nochmals er-

Schaubild 5

Transaktionsvolumen der Finanzmärkte in Mrd. DM

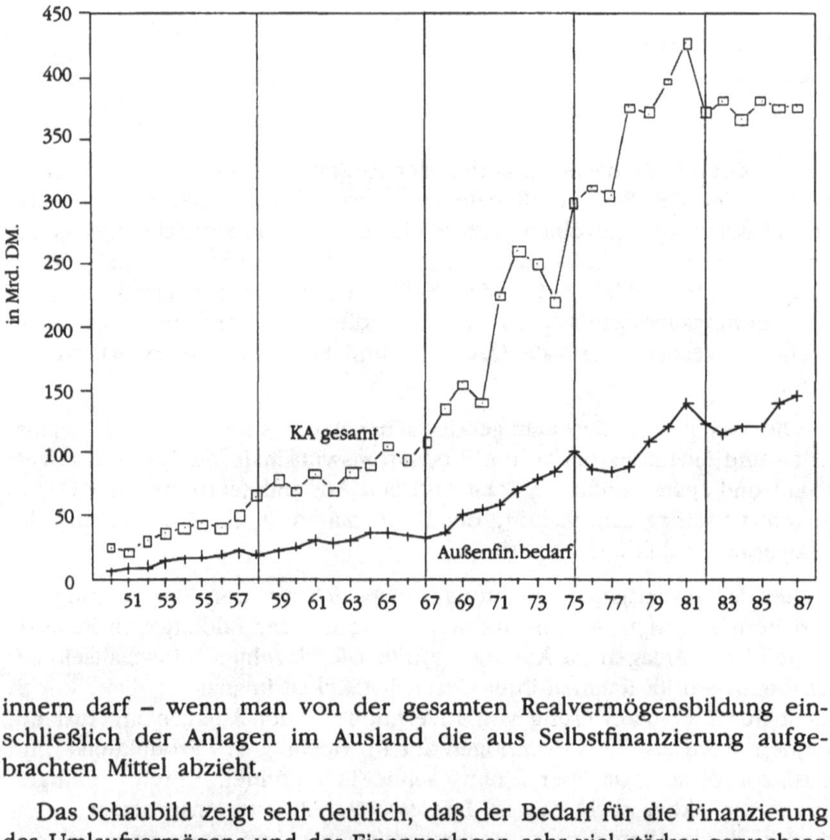

innern darf – wenn man von der gesamten Realvermögensbildung einschließlich der Anlagen im Ausland die aus Selbstfinanzierung aufgebrachten Mittel abzieht.

Das Schaubild zeigt sehr deutlich, daß der Bedarf für die Finanzierung des Umlaufvermögens und der Finanzanlagen sehr viel stärker gewachsen ist als der Finanzbedarf für die Realvermögensbildung, oder anders ausgedrückt: für ein steigendes Volumen realer Vermögensanlagen wird eine überproportional zunehmende Brutto-Geldvermögensbildung benötigt.

Ich möchte dies noch anhand von zwei Tabellen für die Produktionswirtschaft und den finanziellen Sektor zeigen.

Ich stelle hier die Realinvestitionen der Produktionsunternehmen ihrer Bruttogeldvermögensbildung gegenüber. Die Nettoinvestitionen steigen von durchschnittlich 14,9 Mrd. DM im ersten Zyklus auf durchschnittlich 46,4 Mrd. DM im letzten Zyklus um gut das Dreifache. Die Bruttogeldvermögensbildung der Unternehmen steigt von 4,4 auf 61,8 Mrd. DM um das Vierzehnfache. Anders ausgedrückt: in der ersten Periode bildeten die Un-

Tabelle 6

Realinvestitionen und Bruttogeldvermögensbildung der Produktionsunternehmen in Mrd. DM

	1950-58	1959-67	1968-75	1976-82	1983-87
Netto-Investitionen	14,9	31,1	40,6	45,6	46,4
Bruttogeldvermögensbildg.	4,4	9,9	27,3	45,2	61,8

ternehmungen bei einer durchschnittlichen Nettoinvestition von 14,9 Mrd. DM Geldvermögen von 4,4 Mrd. DM, in der letzten Periode bei einer Nettoinvestition von 46,4 Mrd. DM Geldvermögen von 61,8 Mrd. DM. Hierin kommt – was in der Öffentlichkeit ja häufig apostrophiert wird – also deutlich zum Ausdruck, daß die Produktionsunternehmungen in immer stärkerem Maße Geldvermögen nicht nur für den Produktions- und Absatzprozeß, sondern auch als Finanzanlagen halten.

Eine ähnliche Entwicklung können wir für den finanziellen Sektor feststellen. Da sich in diesem Sektor die Transaktionen der Gesamtwirtschaft niederschlagen, stelle ich der Geldvermögensbildung bzw. Kreditaufnahme dieses Sektors die Investitionen der Gesamtwirtschaft gegenüber.

Tabelle 7

Nettoinvestition der Gesamtwirtschaft, Geldvermögensbildung und Kreditaufnahme des finanziellen Sektors

	1950-58	1959-67	1968-75	1976-82	1983-87
Gesamte Investitionen	26,2	67,6	110,2	137,5	135,9
Bruttogeldvermögensbldg.	17,5	41,5	116,3	191,2	221,3
Kreditaufnahme	16,7	40,7	112,7	177,7	206,2

Die Investitionen der Gesamtwirtschaft sind um das Fünffache gestiegen. Der monetäre Sektor ist auf das Dreizehnfache expandiert.

Schlußbemerkungen

Mit diesen Feststellungen komme ich auf meine einleitend geäußerte Bemerkung zurück, daß mir die starke Expansion der finanziellen Märkte etwas unbehaglich ist. Der Umfang dieser Expansion kommt in den Durchschnittszahlen der Geldvermögensbildung noch gar nicht so voll zum Ausdruck. Ich darf die vorher genannten Zahlen über die Geldvermögensbildung noch ergänzen um die Angaben über die Bestände. Das Geldvermögen der finanziellen Sektoren ist von Ende 1950 bis Ende 1987 auf das Fünfundsechzigfache gestiegen. Berücksichtigt man, daß nach der Währungsreform von 1948 sicher ein längerer Zeitraum für den Wiederaufbau der finanziellen Verflechtungen erforderlich war, und betrachtet nur den Zeitraum ab Ende 1958, dann ergibt sich eine Steigerung auf das Zwanzigfache. Diese überproportionale Expansion des finanziellen Sektors, die mir etwas Sorge bereitet, hat eine Vielzahl von Ursachen, deren Darlegung ein eigenes Referat erfordern würde. Ich möchte hier nur drei nennen:

- die genannten verstärkten Finanzanlagen von Unternehmungen, die zu einem erheblichen Teil bei den finanziellen Sektoren gehalten werden,
- die erst in jüngster Zeit stärkere Expansion des Kaufs von Wertpapieren durch Nichtbanken und die daraus resultierende dauerhafte Intermediation der finanziellen Märkte,
- den hohen Umfang von Interbankverbindlichkeiten.

All diese Sachverhalte bedingen sehr lange Ketten und damit eine kumulative Gefährdung.

Eigentum der Unternehmen und Finanzierung der Industrieaktivität in der Bundesrepublik Deutschland

von Jürgen Müller, Horst Tomann

1. *Einleitung*

In der wachstums- und beschäftigungspolitischen Diskussion der Bundesrepublik Deutschland spielte in den vergangenen Jahren nicht nur die Entwicklung der Sachkapitalrenditen, sondern auch die Eigenkapitalausstattung der Unternehmen eine tragende Rolle. Der längerfristig sinkende Trend der Eigenmittelquoten der Unternehmen wurde als eine „Eigenkapitallücke" interpretiert, die man überdies auch im internationalen Vergleich zu erkennen glaubte. Viele sahen darin eine der wesentlichen Ursachen für den Mangel an Investitionsbereitschaft der deutschen Wirtschaft [1]. Auch der „Verlust" der internationalen Wettbewerbsfähigkeit wurde dieser Eigenkapitallücke zugeschrieben [2]. Die zunehmende Bedeutung von Forschung und Entwicklung sowie entsprechend riskanteren Investitionsprojekten führte darüber hinaus zu der Vermutung, daß die niedrige Eigenmittelquote der deutschen Industrieunternehmen eine zu geringe Sicherheit für die Finanzierung innovativer Projekte zum Ausdruck bringe. Dementsprechend wurden die veränderten Finanzierungsstrukturen der deutschen Unternehmen nicht nur als Indiz eines Kapitalmangels (im Sinne eines Mangels an risikotragendem Kapital), sondern auch als Steuergröße einer angebotsorientierten Wirtschaftspolitik interpretiert. So bezeichnet die Bundesbank in ihrer jüngsten Untersuchung (1988) den Anstieg der Eigenmittelquote der deutschen Unternehmen im Jahre 1986 (erstmals seit 1967 hat sich die Quote leicht erhöht) als eine wichtige Konsolidierungsmaßnahme der deutschen Unternehmen, die erforderlich war, um „die Grundlage ihrer Investitionsfähigkeit wiederherzustellen".

Dieser Beitrag skizziert kurz die Diskussion um die Entwicklung der Eigenmittelquote und formuliert einige theoretische Einwände. Dann untersuchen wir, welche Wandlungen mit der Veränderung der Finanzierungsstruktur der deutschen Unternehmen verbunden waren. Dabei wird sich zeigen, daß sowohl der Wandel der sektoralen Wirtschaftsstruktur als

---

[1] Vgl. Perlitz / Küpper / Löbler.

[2] Vgl. Albach, *Verschuldung;* Gruhler; Sachverständigenrat; u.a.

auch der Wandel der Besitzverhältnisse die Finanzierungsstrukturen wesentlich beeinflußt haben. Es sind deshalb andere wirtschaftspolitische Folgerungen zu ziehen als eine vordergründige angebotstheoretische Rezeption nahelegen würde.

2. *Fallende Eigenmittelquote als Indikator der andauernden Wachstums- und Beschäftigungsschwäche?*

Die Eigenmittelquote der deutschen Unternehmen ist nach der Bilanzstatistik der Deutschen Bundesbank im längerfristigen Trend gesunken, von 30% im Jahre 1965 auf etwa 19% im Jahre 1986 [3]. Schaubild 1 zeigt die Entwicklung seit 1970, zusammen mit anderen Indikatoren der Finanzlage der Unternehmen. Im internationalen Vergleich zeigen Untersuchungen für die 70er Jahre, daß die Eigenmittelquote der Unternehmen in Großbritannien (45-50 v.H.) und den USA (55-60 v.H.) wesentlich höher lag als in Deutschland und auch keinem fallenden Trend folgte [4]. Andererseits betrug die Eigenmittelquote der japanischen Unternehmen in den beiden zurückliegenden Jahrzehnten nahezu konstant 15 v.H. [5]. Allerdings dürften Bewertungsunterschiede den internationalen Vergleich erheblich verzerren. Wie Flassbeck und Kohl gezeigt haben, steigt die Eigenmittelquote deutscher Unternehmen auf über 40 v.H., wenn man die Einheitswertstatistik des Statistischen Bundesamtes zugrundelegt, die – anders als die Hochrechnung der Deutschen Bundesbank – alle Unternehmen erfaßt, bewegliche Güter des Anlagevermögens mit ihrem Teilwert ansetzt (Bundesbank: Niederstwert) und Rückstellungen nicht einfach als Verbindlichkeiten rechnet [6].

Erklärungsbedürftig ist daher nicht so sehr das Niveau, sonder der sinkende Trend der Eigenmittelausstattung bis zur Mitte der 80er Jahre. Daß ein Zusammenhang mit der Investitionsschwäche der 80er Jahre besteht, wird vor allem auf folgende Argumente gestützt [7].

- In einer Phase der Wachstumsschwäche besteht ein erhöhter Bedarf der Unternehmen an Eigenkapital, weil das Investieren risikoreicher geworden ist. Nicht nur riskante Investitionsprojekte in innovativen Unter-

---

3 Wegen der Umstellung in der Systematik der Wirtschaftszweige und Änderungen im Hochrechnungsverfahren sind die Werte ab 1981 nur noch bedingt mit den Werten der Vorjahre vergleichbar. (Vgl. Deutsche Bundesbank, *Rentabilität*).

4 Vgl. Fritsch.

5 Vgl. Flassbeck / Kohl.

6 Vgl. hierzu Sachverständigenrat, Ziffer 147 f.

7 Vgl. zu dieser Diskussion vor allem Sachverständigenrat und Bundesbank, *Ertragsverhältnisse*.

nehmen, sondern auch Erweiterungsinvestitionen setzen zusätzliches Eigenkapital voraus.

- Bei hoher Zinsbelastung der Unternehmen in einer Disinflationsphase läßt eine schmale Eigenkapitalbasis ein Unternehmen anfälliger für Störungen von außen werden. In diesem Fall führt der Leverage-Effekt dazu, daß das Insolvenzrisiko steigt.
- Eine geringe Ausstattung mit Eigenkapital erhöht die Kosten der Kapitalbeschaffung sowie die Kreditkosten und bewirkt ggfs. eine Kreditrationierung.
- Fremdkapitalgeber, die Eigenkapitalfunktionen übernehmen, in der Regel die Banken, erhalten damit auch Einfluß auf die Unternehmensentscheidungen. Es ist zu vermuten, daß sie die Sicherheit des eingesetzten Kapitals höher einschätzen als die Chancen von Investitionsprojekten, was die Investitionstätigkeit dämpft.

Diese Argumente unterstellen – ausgenommen evtl. das zuletzt genannte – einen dauerhaften Mangel an risikotragendem Kapital und nehmen damit die Veränderung der Finanzierungsstruktur als Indikator für ein dauerhaftes Ungleichgewicht am Kapitalmarkt. Sie sind deshalb aus einer markttheoretischen Perspektive unbefriedigend. Im folgenden soll nach Erklärungen gesucht werden, die die veränderte Finanzierungsstruktur der Unternehmen als Reflex veränderter Marktbedingungen und veränderten unternehmerischen Verhaltens verstehen. Bei dieser Frage nach einer markttheoretisch fundierten Erklärung des sinkenden Trends der Eigenmittelquoten der Unternehmen klammern wir Meßprobleme zunächst aus.

Im Anschluß ist dann der strukturelle Wandel zu untersuchen, der für die Unternehmen neue Tätigkeitsbereiche erschlossen hat, sowie die verstärkte Tertiarisierung der Wirtschaft. Auch die Entwicklung im Finanzsektor selbst und die Einführung von Leasing-Gesellschaften, verstärkte Vorfinanzierung in den Unternehmen und eine veränderte rechtliche Situation (Körperschaftsteuerreform 1977 und andere institutionelle Neuerungen) haben die Finanzierungsstrukturen beeinflußt.

3. *Theoretische Überlegungen*

Das Eigenkapital der Unternehmen dient:

- der Finanzierung
- dem Insolvenzschutz sowie,
- der Vermittlung von Leitungsmacht [8].

---

[8] Vgl. Perlitz / Küpper / Löbler.

Die Rolle der *Finanzierung* soll hier nur insoweit angesprochen werden, als das Unternehmen bei der Deckung seines Kapitalbedarfs zwi-schen Eigen- und Fremdkapital wählen kann (vorausgesetzt, daß genügend Eigenkapital vorhanden ist, um überhaupt Fremdkapital aufnehmen zu können).

Der *Insolvenzschutz* verweist auf die Abdeckung des Risikos der Fremdkapitalgeber, wenn die Erträge in den jeweiligen Märkten, Produkten und Teilunternehmen erhebliche Schwankungen aufweisen. Je größer das Risiko für das Fremdkapital (die „Festbetragsbeteiligten", Stützel), desto größer muß die Eigenkapitalausstattung des Unternehmens sein, um dies auszugleichen. Der Leverage-Effekt (Erhöhung der Eigenkapitalrendite durch Senkung des Eigenkapitalanteils) kann also nur in begrenztem Maße genutzt werden.

Die *Leitungsmacht,* die vom Eigenkapital ausgeht, beschreibt den unternehmerischen Entscheidungsspielraum bei unterschiedlichen Eigenmittelquoten. Je größer der Eigenkapitalanteil des Unternehmens, desto unabhängiger (und risikoreicher) sind die Finanzierungsmöglichkeiten. Mit wachsender Verschuldung bzw. erhöhtem Leverage besteht eine Tendenz, risikoärmere Investitionsprojekte vorzuziehen, d.h. zum Teil nur noch Ersatz- und Rationalisierungsinvestitionen zu tätigen [9].

Vor diesem Hintergrund bieten sich folgende Hypothesen zur Veränderung der Finanzierungsstruktur der deutschen Unternehmen an:

Nach einem präferenztheoretischen Ansatz sind die Eigenmittelquoten so gering, weil die Unternehmen riskante Investitionsprojekte (die tatsächliche eine höhere Eigenkapitalausstattung voraussetzen würden) scheuen und mit weniger riskanten Investitionsprojekten eine ausreichende Verzinsung ihres eingesetzten Kapitals erreichen.

Eine alternative Erklärung ist risikotheoretischer Natur. Die steigende Konzentration innerhalb der Wirtschaft und die zunehmende Verflechtung einzelner Konzerne schafft die Möglichkeit unternehmensinterner Risikostreuung. Aus diesem Grund erübrigt sich eine Eigenkapitalausstattung in der üblichen Form, so daß als Folge des Konzentrationsprozesses eine niedrigere Eigenmittelquote zu erwarten wäre.

Eine weitere risikotheoretische Überlegung ist, daß die Unternehmen in vermehrtem Ausmaß höhere Risiken auf Dritte, insbesondere auf den Staat abwälzen. Eine zunehmende Beteiligung staatlicher Organe bei der Finanzierung von F. & E. Aufgaben, sowie Innovationsvorhaben, die mit erheblichen Risiken verbunden sind, erlauben den Unternehmen weiterhin das Betreiben solcher Projekte, ohne das eigentliche Risiko voll zu übernehmen. Die fallende Eigenmittelquote wäre dann die Konsequenz einer Verlagerung des Risikos auf den Staat.

---

9 Vgl. Perlitz / Löbler.

Alle drei Hypothesen erklären die fallende Eigenmittelquote als vereinbar mit einem Gleichgewicht auf den Finanzmärkten und nicht als Anzeichen einer Fehlentwicklung.

Der Rückgang der Eigenmittelquote könnte – kapitaltheoretisch – auch damit erklärt werden, daß die Kosten der Eigenfinanzierung gestiegen sind. Zwei Aspekte dürften in den beiden vergangenen Jahrzehnten von Bedeutung gewesen sein:

a) Hahn-Keynes-Hypothese: Die Kosten des Eigenkapitals – im Sinne von Opportunitätskosten, d.h. dem Verzicht auf Erträge aus Geldhaltung – steigen in einer Phase der Inflationsbekämpfung, wie in den 80er Jahren. In einer solchen Phase geraten die Unternehmen bei sinkenden Preissteigerungsraten und festen Zinszahlungsverpflichtungen unter Druck. Treten Verluste ein, so kann der Leverage-Effekt das Eigenkapital der Unternehmen rasch aufzehren. Die Zunahme der Anzahl der Konkurse in den 80er Jahren scheint dies zu bestätigen. In einer solchen Marktkonstellation sinkt die Bereitschaft der Vermögensbesitzer, haftendes Kapital zu geben.

b) Kosteneffekt der Inflation: In der Inflationsphase der 70er Jahre mag eine Rolle gespielt haben, daß Investitionen in Produktivkapital keinen ausreichenden Inflationsschutz gewährten. Für ein Unternehmen steigen die Kosten der Eigenfinanzierung bei Inflation durch die Scheingewinnbesteuerung, die zu einem Substanzverzehr führen kann. Diesem Effekt kann sich ein Unternehmen aber durch vermehrte Fremdfinanzierung entziehen. Denn der Scheingewinnbesteuerung (wegen steuerlicher Abschreibungen zu historischen Kosten) stehen dann Steuerersparnisse gegenüber, die darin liegen, daß die Schuldzinsen inflatorisch überhöht sind. Die Inflationskomponente im Schuldzins antizipiert gleichsam erwartete Preissteigerungsraten und stellt somit eine echte Steuerersparnis dar. Die entsprechende Steuerlast verschiebt sich auf den Kapitalgeber/Kreditgeber. Ist dessen marginaler Steuersatz niedriger als der Steuersatz des kreditnehmenden Unternehmens, verliert der Fiskus per Saldo an der Inflation.
Dieser Inflationseffekt gibt einen Anreiz für die Unternehmen, Investitionen durch Aufnahme von Fremdkapital zu finanzieren. In einer Studie über Investitionen und Besteuerung haben kürzlich Sievert u.a. nachgewiesen, daß der Steuervorteil aus dem Schuldzinsenabzug den Nachteil der Scheingewinnbesteuerung überwiegt. Wir haben hier also ein starkes Argument für den Rückgang der Eigenmittelquote in der Inflation.

4. *Strukturelle Veränderungen* [10]

4.1. Neustrukturierung und verstärkte Spezialisierung der Unternehmen

Eine Betrachtung der deutschen Unternehmen im Zeitablauf zeigt, daß die traditionelle Aufgabenabwicklung in einzelnen Betriebsteilen als Teile der gleichen rechtlichen Einheit mehr und mehr durch Unternehmen ersetzt werden, die solche Tätigkeiten als rechtlich selbständige Unternehmen durchführen. Diese Aufteilung der vertikalen Produktionsprozesse auf rechtlich selbständige Unternehmen, die durch die Einführung der Mehrwertsteuer im Jahre 1968 zusätzlich gefördert wurde, hat das Spektrum für die Organisationsreformen der Unternehmen wesentlich erweitert. Äußeres Zeichen dieser Entwicklung ist die außerordentlich starke Expansion der Zahl der Unternehmen, die in Form einer GmbH geführt werden (74.000 im Jahre 1970, 340.000 im Jahre 1986). Bestehende Personengesellschaften und in geringerem Umfang auch Aktiengesellschaften sind in GmbHs umgewandelt worden. Die Vorteile dieser Handlungsweise liegen einerseits in der größeren Flexibilität und Überschaubarkeit, andererseits in dem geringeren Haftungsrisiko. Betroffen sind hier nicht nur unterschiedliche Tätigkeitsfelder in den Bereichen Vertrieb und Produktion, sondern auch die Trennung von Kapitalhaltungsgesellschaften (zur Lenkung des Kapitaleinsatzes im Unternehmensverbund) und Produktionsgesellschaften. Die verstärkte Herausbildung solcher Kapitalhaltungsgesellschaften erlaubt eine Verbesserung des internen Ressourcentransfers, teilweise auch die Umgehung gewisser rechtlicher Bestimmungen. (Ein Beispiel ist die Möglichkeit der Umgehung der Mitbestimmungsregelung, ein anderes, vor allem im Versicherungsbereich, die flexiblere Disposition über Finanzmittel außerhalb der Kontrolle des Bundesaufsichtsamtes für das Versicherungswesen; für gemeinnützige Unternehmen kann die Errichtung einer Kapitalhaltungsgesellschaft sinnvoll sein, die nicht den Vorschriften der Gemeinnützigkeit unterliegt). Solche Konditionen schaffen auch die Möglichkeit des verdeckten Gewinntransfers aufgrund bestehender steuerlicher Regelungen (im Fall des Zwischengewinnausweises bei Aktiengesellschaften usw.).

Diese Entwicklung würde durchaus einen Rückgang der Eigenmittelquote rechtfertigen. Die Verfolgung dieses Phänomens der Umstrukturierung und neuer Organisationsformen in der Praxis ist jedoch, vor allem durch die Zuordnung der Unternehmen zu einem Wirtschaftszweig (nach dem Schwerpunktprinzip seiner wirtschaftlichen Tätigkeit, die überwiegend am Umsatz gemessen wird) problematisch. Auch Beteiligungen zwischen 25 und 50 v.H., die im Grunde einen Konzernverbund suggerieren, werden teilweise nicht erfaßt. Vor diesem Hintergrund muß Tabelle 1 inerpretiert

---

[10] Dieses Kapitel basiert auf Kapitel 7 der Strukturberichterstattung des DIW, *Strukturverschiebungen*.

werden. Sie bestätigt die allgemeine Entwicklung der Tertiarisierung der Wirtschaft. Sowohl bei Aktiengesellschaften als auch bei GmbHs zeigt sich, daß das verarbeitende Gewerbe an Gewicht verloren hat, was durch die beschleunigte Zunahme des Kapitalbestandes bei Finanzierungs- und Anlagegesellschaften ausgeglichen wurde.

Diese Strukturverschiebung im Kapitalbestand ging – wie Schaubilder 2 und 3 ergänzend zeigen – vor allem zugunsten der Kreditinstitute, des Versicherungsgewerbes und der Beteiligungsgesellschaften. Neben dem Wachstum der Beteiligungsgesellschaften ist auch eine verstärkte Konzernbildung festzustellen, welche die interne Risikostreuung fördert. Tabelle 2 zeigt, daß von 1970 bis 1982 die Zahl der AGs um fast 200 zurückgegangen ist, während die Zahl der Konzernobergesellschaften an der Gesamtzahl der AGs entsprechend zugenommen hat. Die zunehmende Verflechtung wird vor allen Dingen durch die zunehmende Anzahl der beherrschenden GmbHs ausgedrückt (von 1.800 auf 2.700). Auch die Zahl der Unternehmen in übrigen Gesellschaftsformen hat kräftig zugenommen.

Die steigende Bedeutung der Verflechtung wird jedoch eher durch das Grundkapital, als die Anzahl der Gesellschaften deutlich (Tabelle 3). Die 66 den Konzernen zugerechneten Beteiligungsgesellschaften sind für 88% des Grundkapitals dieser Gesellschaftsformen verantwortlich.

Die Auswirkung der zunehmenden Verflechtung der Unternehmen wird auch durch den Vergleich der Unternehmen mit Konzernen ersichtlich (Tabelle 4 und 5). Eine Auswertung von 1.506 AGs, deren Grundkapital 81 Mrd. DM betrug, wurde mit 287 erfaßten Konzerngesellschaften verglichen. Mit ihrem konsolidierten Grundkapital von 31 Mrd. DM erreichten sie fast 40 v.H. des Kapitals der Aktiengesellschaften. Dabei ist zu berücksichtigen, daß in dieser Zahl auch das Grundkapital von mehr als 300 AGs enthalten ist und im Zuge der Konsolidierung erfaßt worden ist.

Vergleicht man die Bilanzen der AGs mit den Konzernbilanzen, so ist das Verhältnis von Beteiligungen und Forderungen an verbundene Unternehmen zum Eigenkapital in den Unternehmensbilanzen (87%) sehr viel höher als in den Konzernbilanzen (38%). In den Konzernbilanzen sind diese Positionen durch Konsolidierung mit dem Grundkapital und den Verbindlichkeiten von verbundenen Unternehmen weitgehend aufgelöst worden. Im wesentlichen handelt es sich um ausländische Engagements, die in den Bilanzen der Konzerne, die den Inlandsabschluß zeigen, nicht konsolidiert worden sind.

In dem stärkeren Wachstum der Konzernverflechtung kommt deshalb vor allem eine zunehmende Auslandsverflechtung zum Ausdruck [11].

[11] Seit 1980 ist das deutsche Direktinvestitionsvermögen im Ausland größer als die ausländische Beteiligung an Unternehmen in der Bundesrepublik. Vgl. hierzu auch DIW, *Exportgetriebener Strukturwandel*, S. 78 sowie Deutsche Bundesbank, *Entwicklung*.

4.2. Derzeitige Eigenkapitalverflechtung

Zusammen mit Informationen über die Kapitalverflechtung der Unternehmen hat das DIW eine Eigentümerkartei ausgewertet, die gegenwärtig ca. 20.000 Eintragungen aufweist (Stamm- und Eigenkapital von fast 220 Mrd. DM). Auf dieser Basis wurde Tabelle 6 erstellt. Fast 40% der inländischen Unternehmen dieser Stichprobe befinden sich im Besitz anderer Unternehmen.

Eine Auswertung der Unternehmen mit überdurchschnittlicher Beteiligungsaktivität zeigt, daß Konzerne, Finanzierungsinstitutionen und Beteiligungsgesellschaften 1984 58 Mrd. an Stammkapital (27% der erfaßten Unternehmen) halten. Bezogen auf den Fremdbesitz von insgesamt 85 Mrd. DM sind das ca. 69%. Die Beteiligungen sind besonders hoch im Bereich der Finanz- und Anlagegesellschaften (89%), vor allem wegen der außerordentlich hohen Unternehmensverflechtung innerhalb dieses Bereichs. Denn die finanziellen Sektoren sind mit mehr als 70% des im Unternehmensbesitz befindlichen Kapitals wiederum an Kreditinstituten und Finanzierungsgesellschaften beteiligt (gegenüber 45% bei Beteiligungsgesellschaften), im Verhältnis hiezu sind 29% des von Unternehmen gehaltenen Stammkapitals im Besitz von Beteiligungsgesellschaften.

Diese Ergebnisse stützen die Hypothese des verstärkten internen Risikoausgleichs.

4.3. Steigender Dienstleistungsanteil

Die Tertiarisierung der Wirtschaft hat in den 60er und 70er Jahren zu gravierenden Strukturveränderungen geführt. So fiel der Anteil des verarbeitenden Gewerbes am Unternehmenseinkommen der Produktionsunternehmen (ohne Wohnungsvermietung) von 44% im Jahr 1970 auf 28% 1981 (Abb. 4). Diese Strukturverschiebung ging vor allem zugunsten der sonstigen Dienstleistungen und der Finanzierungssektoren, deren Anteil im gleichen Zeitraum von 20% auf 38% stieg. Den stärksten Einkommenszuwachs erreichten Banken und Versicherungen, deren Anteil am Unternehmenseinkommen sich mehr als verdoppelte (von 6% auf 13%). Abb. 4 zeigt jedoch auch, daß sich diese Entwicklung in den 80er Jahren nicht weiter fortgesetzt hat. Die Zuwachsraten im Dienstleistungsbereich stagnieren, während das verarbeitende Gewerbe wieder überdurchschnittliche Zuwachsraten bei den Unternehmenseinkommen erzielt.

Diese Tendenz wird von einer Veränderung der Rentabilitätsstruktur der Investitionen unterstützt. Wie Abb. 5 zeigt, steigt die Sachkapitalrendite für das verarbeitende Gewerbe seit 1982 wieder an, nachdem sie einen Tiefststand von 13,4% erreicht hatte. Der Bereich sonstiger Dienstleistungen erzielt zwar nach wie vor überdurchschnittlich hohe Sachkapitalrenditen, aber seit 1975 fällt hier die Rentabilität der Investitionen kontinuierlich. Die Verschiebung der Unternehmenseinkommen zugunsten der Dienstleistungen – bei im Trend sinkender Rentabilität des Sachanlagekapitals in diesem Bereich – ging einher mit einem starken Zuwachs der Bruttoanlageinvestitionen von Dienstleistungsunternehmen (Abb. 6). Diese Anlageinvestitionen kommen jedoch teilweise wieder dem verarbeitenden Gewerbe zugute, da Produktionsunternehmen in zunehmendem Umfang von der Möglichkeit Gebrauch machen, Anlagen zu mieten anstatt selbst zu investieren. Von 1972 bis 1984 stiegen die Aufwendungen für Mieten und Pachten im verarbeitenden Gewerbe um mehr als 300 v.H., während die Investitionsaufwendungen im gleichen Zeitraum nur um 55 v.H. zunahmen [12]. Der Bereich sonstige Dienstleistungen ist deshalb in wesentlich größerem Umfang für die Finanzierung der Industrieaktivitäten verantwortlich als bisher angenommen (vgl. Abb. 7). Zwar kann die zunehmende Bedeutung des Anlagen-Leasing nicht die Expansion der gesamten Investitionen im Dienstleistungssektor erklären. Folgt man den Berechnungen des IFO-Instituts, so haben auch die im Dienstleistungssektor verbliebenen Investitionen nicht weniger stark expandiert. Dennoch liegt in diesem Trend eine Erklärung für den Rückgang der Eigenkapitalquote in der Industrie.

4.4. Ausreichende Finanzierungsspielräume

Vor dem Hintergrund dieser strukturellen Veränderung muß die Frage nach der Eigenkapitallücke sehr viel differenzierter gesehen werden. Nach Berechnung des DIW hat die Eigenkapitalrendite der Produktionsunternehmen, wie Abb. 8 zeigt, immer über der Sachkapitalrendite gelegen. Durch die verstärkte Finanzierung des Sachvermögens mit Krediten ist es den Unternehmen (durch den Leverage-Effekt) zunächst gelungen, ein Abfallen der Rentabilität zu verhindern. Allerdings muß man auch berücksichtigen, daß sich die Aufgabe der Finanzierung im Zeitablauf verändert hat, denn die zusätzliche Verschuldung diente nicht allein der Finanzierung des Sachvermögens. Hinzu kam, daß die Unternehmen heute in stärkerem Maße vorfinanzieren müssen. Das Verhältnis von Forderungen zu Verbindlichkeiten (der Geldvermögenskoeffizient) lag bis Mitte der 60er Jahre noch bei 40% und ist inzwischen auf 52% gestiegen. Die Zunahme der Forderungen ist zum großen Teil auf den Anstieg der wenig ertragreichen oder sogar ertraglosen Forderungen zurückzuführen (Abb. 9).

---

[12] Wegen der Umstellung der Statistik sind die Daten jedoch nur bis 1977 vergleichbar. Während nach Angaben der Kostenstrukturstatistik die Mieten 1984 die Größenordnung von 36% in der Höhe der Abschreibung erreicht hatten, schätzt das IFO-Institut den Anteil der gemieteten Anlagen im verarbeitenden Gewerbe nur mit rd. 9% des gesamten Anlagevermögens (DIW, *Strukturverschiebungen*, S. 161).

Die Schere zwischen Zinserträgen und Zinsaufwendungen hat sich daher für die Produktionsunternehmen weiter geöffnet [13] (vgl. auch Abb. 10).

Die Ausnutzung dieses Leverage-Effekts, die so den Einfluß der sinkenden Gesamtkapitalrentabilität auf die Eigenkapitalrentabilität gebremst hat, drohte jedoch mit der Hochzinspolitik, die Ende der 70er Jahre einsetzte, ins Gegenteil verkehrt zu werden. Innerhalb von 4 Jahren führte dies zu einem Rückgang der Eigenkapitalrendite um 6% Punkte auf 21%; sie fiel damit schneller als die Gesamtkapitalrentabilität. Seit 1982 hat die Sachkapitalrendite jedoch wieder zugenommen und 1986 die Maximalwerte des Jahres 1979 wieder erreicht. Da gleichzeitig die Nettozinsbelastungen der Produktionsunternehmen nachgelassen haben, ist die Eigenkapitalrendite wieder schneller als die Sachkapitalrendite gestiegen.

5. *Wirtschaftspolitische Folgerungen*

Die These von der Eigenkapitallücke als Indiz der Wachstums- und Beschäftigungsschwäche kann in dieser einfachen Form nicht aufrechterhalten werden. Wie gezeigt wurde, gibt es eine Reihe fundierter theoretischer Ansätze, die mit dem beobachteten Wandel der Finanzierungsstruktur vereinbar sind. Allerdings sind die empirischen Ergebnisse für diesen Befund, die sich hauptsächlich auf die Erhebungen der Bundesbank beziehen, mit erheblichen Meßproblemen behaftet [14]. Auch wenn man dies in Rechnung stellt, so scheinen doch einige grundlegende strukturelle Wandlungen durchzuschlagen:

- Die Struktur und Funktion der Unternehmen hat sich verändert.
- Die Konzentration und Verflechtung innerhalb der Unternehmen ist gestiegen, so daß interne Kapitalmärkte eine stärkere Bedeutung gewinnen.
- Der steigende Dienstleistungsanteil erfordert teilweise eine größere Vorfinanzierung, aber auch eine andere Art von Sachvermögen.

Ohne die Frage nach der besseren empirischen Messung hier vollständig zu klären fällt auf, daß die Unternehmen nach wie vor einen ausreichenden Finanzierungsspielraum haben.

Diese Überlegungen zeigen jedoch auch, daß eine *bestimmte* Eigenkapitalquote nicht als Ziel der Wirtschaftspolitik angesehen werden sollte. Eine solche Politik würde sicherlich dem anstehenden Strukturwandel im

---

[13] Vgl. Bundesbank, Verhältniszahlen.

[14] Die Daten der Bundesbank beziehen sich nur auf Unternehmen, die Wechsel zum Diskont eingereicht haben. Albach / Boch / Warnke zeigen dagegen für einen anderen Unternehmensbestand nicht nur ein anderes Niveau der Eigenkapitalquote, sondern auch einen geringeren Rückgang der Eigenkapitalquote im Zeitverlauf, sowie kaum merkliche Unterschiede zwischen den Unternehmensgrößenklassen.

Finanzierungsbereich entgegenstehen. Dagegen ist viel eher zu empfehlen, daß die Wirtschaftspolitik den Strukturwandel des Finanzierungsbereichs unterstützt (Maßnahmen zur Erleichterung des Börsenzugangs, steuerliche Gleichbehandlung von Eigen- und Fremdkapital, weitere Deregulierung der Kapitalmärkte usw.).

Was die künftige Entwicklung betrifft, so scheinen folgende Tendenzen von besonderer Bedeutung zu sein:

a) Die verstärkte Verflechtung der Unternehmen und die damit verbundene Übernahme von Finanzierungsfunktionen innerhalb der Unternehmen scheint die Bedeutung der Eigenfinanzierung für die großen Unternehmen zu erhöhen (obwohl die Abhängigkeit von der Fremdfinanzierung nicht vermindert wurde). In manchen Branchen, wie z.B. im Straßenfahrzeugbau, der chemischen Industrie und der Elektroindustrie, ging die sinkende Eigenkapitalquote sogar mit einer abnehmenden Abhängigkeit der Finanzierung von Nicht-Unternehmensquellen einher. Rückstellungen werden hier zu einer verstärkten Finanzierungsquelle, weil sie den Vorteil des Eigenkapitals in Form nicht festgelegter und von außen bestimmter Auszahlungen mit dem Vorteil des Fremdkapitals in Form der Nichtmitsprache an konkreten Unternehmensentscheidungen miteinander verbinden [15].

b) Die Internationalisierung der Waren-, Dienstleistungs- und Finanzmärkte hat Unternehmen und Banken vor neue Aufgaben gestellt. Dabei spielen vor allem zwei Gesichtspunkte eine Rolle:

- Neue Kreditengagements sollen so weit wie möglich die Bilanzen verlängern und damit den Druck auf die Absicherung des Eigenkapitals mindern:
- Das Risiko des Forderungsstandes und von Neuengagements soll soweit wie möglich abgewälzt bzw. verteilt werden.

Die Banken treten in diesem Zusammenhang vor allem bezüglich der internationalen Finanzmärkte nicht nur als Kreditgeber, sondern oft nur noch als Vermittler von Krediten auf, bei gleichzeitiger Refinanzierungsgarantie gegenüber dem Kreditnehmer. Die Fristigkeiten werden dadurch transformiert und langfristige Kredite können auf dem Geldmarkt revolvierend refinanziert werden.

Der in diesem Zusammenhang stattfindende Prozeß der Verbriefung von Krediten (vor allem auf den Euromärkten) lockert die Geschäftsbeziehung zwischen Kreditnehmern und Banken und damit auch deren Einflußmöglichkeiten. Dieser Trend hat sicherlich auch größere klassenspezifische Implikationen. Konzerne und Großunternehmen können sich in zunehmendem Maße auf dem *Käufermarkt* der internationalen Finanz-

---

[15] Vgl. DIW.

märkte bedienen und dadurch Finanzierungsvorteile erreichen. Soweit sie dies als erstklassige Kreditnehmer tun, reduziert sich gleichzeitig die Forderungsstruktur der Banken, so daß für kleine und mittlere Unternehmen durch diesen Prozeß der Desintermediation ein finanzieller Wettbewerbsnachteil entsteht. Dieser könne mittelfristig nur ausgeglichen werden, wenn die Bankaufsicht auch im National- und EG-Bereich flexiblere Kreditinstrumente zuläßt.

Auf jeden Fall zeigen diese Entwicklungen, daß die zunehmende Beteiligung von Banken und Versicherungen an Mitteln zur Fremdfinanzierung des Produktionsprozesses nicht unbedingt auf einen steigenden Einfluß der Banken hinweist, jedenfalls nicht im Bereich der Großunternehmen. Die Liberalisierung auf den Kreditmärkten und die Öffnung der internationalen Finanzmärkte haben zur Folge, daß Großunternehmen heute vielfältigere Finanzierungsmöglichkeiten haben, die teilweise sogar am Bankensystem vorbeilaufen können. Dies scheint den Wettbewerb im Finanzierungssektor verstärkt zu haben.

Tabelle 1

Die Entwicklung des Nominalkapitals der Kapitalgesellschaften[1]

	Anzahl in 1000		Kapitalbestand[2]						
			Mrd. DM		Struktur in vH		jahresdurchschn. Veränd. in vH		
	1970	1986	1970	1986	1970	1986	Insg.	durch Kapital-erhöh.[3]	Zugänge Wechsler u. a.[4]
Kapitalgesellschaften insgesamt									
Verarbeitendes Gewerbe	21.3	69.5	48.35	102.82	51.3	41.3	4.8	5.2	-0.3
Finanz- u. Anlagegesellsch.	17.0	87.7	17.73	68.19	18.8	27.4	8.8	8.2	0.5
Kreditinstitute	0.3	0.4	4.19	16.99	4.4	6.8	9.1	8.9	0.2
Versicherungsgewerbe	0.6	1.1	1.15	5.29	1.2	2.1	10.0	10.6	-0.5
Wohnungsunternehmen	2.9	5.5	3.41	6.70	3.6	2.7	4.3	4.8	-0.4
Grundstückswesen	2.7	19.7	1.99	5.11	2.1	2.1	6.1	4.1	1.9
Beteiligungsgesellsch.	7.4	30.0	5.90	29.93	6.3	12.0	10.7	9.4	1.1
Vermögensverwaltung	3.1	11.0	1.09	4.17	1.2	1.7	8.7	8.7	0.1
Übrige Bereiche	37.8	204.4	28.10	77.83	29.8	31.3	6.6	6.3	0.3
Insgesamt	76.0	341.7	94.18	248.84	100.0	100.0	6.3	6.2	0.1
Aktiengesellschaften									
Verarbeitendes Gewerbe	1.0	0.7	28.55	50.39	52.0	45.4	3.6	3.9	-0.3
Finanz- u. Anlagegesellsch.	0.7	0.9	10.03	30.55	18.3	27.5	7.2	7.1	0.1
Kreditinstitute	0.2	0.2	3.56	12.84	6.5	11.6	8.4	8.3	.0
Versicherungsgewerbe	0.2	0.3	1.14	5.23	2.1	4.7	10.0	10.6	-0.5
Wohnungsunternehmen	0.1	0.1	0.82	1.48	1.5	1.3	3.8	4.2	-0.4
Grundstückswesen	0.1	0.1	0.91	1.04	1.7	0.9	0.8	-2.4	3.3
Beteiligungsgesellsch.	0.1	0.2	3.47	9.73	6.3	8.8	6.7	6.1	0.5
Vermögensverwaltung	0.1	0.1	0.13	0.23	0.2	0.2	3.7	4.9	-1.1
Übrige Bereiche	0.6	0.6	16.35	30.06	29.8	27.1	3.9	4.2	-0.3
Insgesamt	2.3	2.1	54.92	111.00	100.0	100.0	4.5	4.7	-0.2

Tabelle 1 (Fortsetzung)

Gesellschaften mit beschränkter Haftung

	Anzahl in 1000		Kapitalbestand [2]						
			Mrd. DM		Struktur in vH		jahresdurchschn. Veränd. in vH		
	1970	1986	1970	1986	1970	1986	Insg.	durch Kapital-erhöh. [3]	Zugänge Wechsler u. a. [4]
Verarbeitendes Gewerbe	20.2	68.9	19.80	52.43	50.4	38.0	6.3	6.7	-0.4
Finanz- u. Anlagegesellsch.	16.3	66.8	7.70	37.64	19.6	27.3	10.4	9.4	1.0
Kreditinstitute	0.1	0.2	0.63	4.15	1.6	3.0	12.5	11.6	0.8
Versicherungsgewerbe	0.4	0.8	0.01	0.06	.0	.0	11.0	9.5	1.4
Wohnungsunternehmen	2.8	5.4	2.59	5.21	6.6	3.8	4.5	5.0	-0.5
Grundstückswesen	2.7	19.6	1.08	4.08	2.7	3.0	8.7	7.0	1.6
Beteiligungsgesellsch.	7.3	29.9	2.43	20.20	6.2	14.7	14.2	12.5	1.5
Vermögensverwaltung	3.0	10.9	0.96	3.94	2.4	2.9	9.2	9.1	0.1
Übrige Bereiche	37.2	203.8	11.75	47.77	29.9	34.7	9.2	8.5	0.6
Insgesamt	73.7	339.5	39.26	137.84	100.0	100.0	8.2	7.8	0.3

[1] Systematik der Wirtschaftszweige (Ausgabe 1979)

[2] Grundkapital bei den Aktiengesellschaften; Stammkapital bei den Gesellschaften mit beschränkter Haftung, Jahresanfangswerte

[3] Nettoeffekt aus Kapitalerhöhung und -herabsetzung

[4] Nettoeffekt aus Zu- und Abgängen

Quelle: Statistisches Bundesamt, Berechnungen des DIW

Tabelle 2

Entwicklung und Struktur der Konzerngesellschaften nach Aktienrecht
Zahl der Gesellschaften ohne Kreditinstitute und Versicherungen

	1970	1982
Aktiengesellschaften	1923	1727
Konzernobergesellsch.	334	368
ohne weitere Angaben	59	81
mit Ang. über Konzernges.	275	287
Zahl der bekannten Konzerngesellschaften [1]	2510	4350
Aktiengesellsch.	311	304
GmbH	1832	2700
Übrige Gesellschaftsformen	367	1346
darunter Ausland	-	922

[1] ohne Konzernobergesellschaften

Quelle: Statistisches Bundesamt

Tabelle 3
Entwicklung von Zahl und Kapital der Konzernunternehmen nach Aktienrecht[1]

	Aktiengesellschaften			
	Anzahl		Kapital[2]	
	1970	1983	1970	1983
Verarbeitendes Gewerbe	1035	683	28546	44858
Finanz- u. Anlagegesellsch.	697	864	10027	27519
Kreditinstitute	184	177	3557	11226
Versicherungsgewerbe	176	240	1140	3896
Wohnungsunternehmen	92	83	817	1332
Grundstückswesen	90	120	911	806
Beteiligungsgesellsch.	91	156	3472	9779
Vermögensverwaltung	64	88	131	480
Übrige Bereiche	585	593	16348	26787
Insgesamt	2317	2140	54921	99164
	Konzerne			
Verarbeitendes Gewerbe	208	161	16236	25618
Finanz- u. Anlagegesellsch.	39	89	2767	8956
Kreditinstitute	.	.	.	.
Versicherungsgewerbe	.	.	.	.
Wohnungsunternehmen	1	7	1	175
Grundstückswesen	5	11	95	139
Beteiligungsgesellsch.	31	66	2669	8627
Vermögensverwaltung	2	5	2	15
Übrige Bereiche	92	118	8172	12331
Insgesamt	340	368	27175	46905

[1] Systematik der Wirtschaftszweige (Ausgabe 1979)
[2] Grundkapital bei den Aktiengesellschaften; Stammkapital bei den Gesellschaften mit beschränkter Haftung, Jahresanfangswerte

Quelle: Statistisches Bundesamt, Berechnung des DIW

Tabelle 4

Unternehmen

Struktur und Entwicklung der konsolidierten Jahresabschlüsse

	1980 in Mrd. DM			
	AG	Publizitätspfl. Unternhemen		
- Bilanz -		Insg.	GmbH	Übrige
Sachanlagen und Vorräte	309.74	78.20	60.43	17.77
Beteiligungen	85.72	12.66	9.23	3.43
Forderungen an verbundene Unternehm.	54.38	15.46	12.08	3.38
gegebene Lieferantenkredite [1]	72.36	34.26	27.36	6.90
Bilanzsumme	596.89	159.41	123.89	35.53
- Erhaltene Lieferantenkredite [1]	89.27	27.98	23.03	4.96
- sonstige Verbindlichkeiten (saldiert)	224.59	63.46	48.16	15.31
- Verbindlichkeiten gegenüber verbundenen Unternehmen	47.81	14.11	11.88	2.24
= Eigenkapital	160.52	35.01	26.04	8.98
- Erfolgsrechnung-				
Gesamtleistung	755.08	.	188.72	.
- Materialeinsatz	512.73	.	168.96	.
=Rohertrag	288.62	.	71.02	.
+ Erträge				
Gewinnabführungen	4.44	.	0.30	.
Beteiligungen	5.40	.	0.86	.
Zinsen u.ä.	9.61	.	1.85	.
- Aufwendungen				
Verlustübernahmen	3.99	.	0.38	.
Zinsen u.ä.	14.11	.	3.36	.
Übrige (saldiert)	281.62	.	66.42	.
=Überschuß	8.35	.	3.96	.

Tabelle 4 (Fortsetzung)

- Bilanz -	Jahresdurchschnittliche Veränderung in vH gegenüber 1972[2] AG	Publizitäts. Untern. Insg.	GmbH	Übrig.	im Erfassungsgrad[3] AG	Publizitäts. Untern. Insg.	GmbH	Übrig.
Sachanlagen und Vorräte	5.8	5.3	5.1	5.7	0.1	6.4	7.1	4.2
Beteiligungen	7.3	9.2	7.3	13.8	1.8	4.4	8.9	-1.0
Forderungen an verbundene Untern.	12.6	12.7	12.3	13.1	0.9	7.8	9.9	3.0
gegebene Lieferantenkredite[1]	7.2	10.1	10.3	9.3	0.3	7.1	8.2	3.9
Bilanzsumme	.	7.4	7.3	7.6	0.4	6.2	7.2	3.6
- Erhaltene Lieferantenkredite[1]	11.6	10.9	12.7	5.5	-1.4	7.6	7.5	7.3
- sonstige Verbindlichkeiten (saldiert)	5.7	7.1	5.8	10.2	0.7	7.1	9.6	1.1
- Verbindlichkeiten gegenüber verbundenen Unternehmen	11.6	7.7	7.3	9.8	1.6	7.9	8.1	6.5
= Eigenkapital	5.1	5.2	5.0	5.4	0.7	4.7	4.8	4.7
- Erfolgsrechnung-								
Gesamtleistung	9.9	.	9.1	.	0.4	.	6.8	.
- Materialeinsatz	12.0	.	10.7	.	1.4	.	12.4	.
=Rohertrag	7.2	.	7.3	.	0.4	.	4.8	.
+ Erträge								
Gewinnabführungen	9.4	.	8.0	.	1.8	.	11.1	.
Beteiligungen	13.5	.	8.9	.	1.4	.	10.3	.
Zinsen u.ä.	15.5	.	14.3	.	0.1	.	7.0	.
- Aufwendungen								
Verlustübernahmen	17.7	.	16.3	.	-0.4	.	9.6	.
Zinsen u.ä.	8.4	.	7.3	.	0.4	.	11.2	.
Übrige (saldiert)	7.7	.	7.6	.	0.3	.	4.4	.
=Überschuß	-0.2	.	2.7	.	2.3	.	12.9	.

[1] Einschl. Anzahlungen
[2] Ermittelt durch Verknüpfung der jährlichenWachstumsraten, die für einen jeweils unveränderten Berichtskreis ermittelt wurden
[3] Veränderung, die auf Unterschiede im Umfang des Berichtskreises zurückzuführen ist

Quellle: Statistisches Bundesamt, Berechnung des DIW

Tabelle 5

Konzerne

Struktur und Entwicklung der konsolidierten Jahresabschlüsse

	1980 in Mrd. DM			
	AG	Publizitätspfl. Konzerne		
- Bilanz -		Insg.	GmbH	Übrige
Sachanlagen und Vorräte	315.33	81.84	63.42	18.42
Beteiligungen	33.90	6.49	3.43	3.06
Forderungen an verbundene Unternehm.	12.72	4.14	3.16	0.99
gegebene Lieferantenkredite [1]	93.31	24.21	16.37	7.84
Bilanzsumme	547.49	137.20	103.16	34.04
- Erhaltene Lieferantenkredite [1]	119.48	19.97	15.26	4.70
- sonstige Verbindlichkeiten (saldiert)	204.83	65.29	48.50	16.79
- Verbindlichkeiten gegenüber verbundenen Unternehmen	9.5	5.73	4.93	0.80
=Eigenkapital	121.90	25.71	17.69	8.02
- Erfolgsrechnung-				
Gesamtleistung	748.66	.	124.56	.
- Materialeinsatz	493.73	.	94.25	.
=Rohertrag	254.93	.	30.31	.
+ Erträge				
Gewinnabführungen	0.40	.	0.01	.
Beteiligungen	2.81	.	0.39	.
Zinsen u.ä	8.87	.	1.50	.
- Aufwendungen				
Verlustübernahmen	0.97	.	0.09	.
Zinsen u.ä.	13.36	.	3.63	.
Übrige (saldiert)	246.81	.	27.54	.
=Überschuß	5.87	.	0.94	.
dar. konzernfremder Gewinn	0.43	.	0.05	.

Tabelle 5 (Fortsetzung)

	Jahresdurchschnittliche Veränderung in vH gegenüber 1972[2]				im Erfassungsgrad[3]			
- Bilanz -	AG	Publizitäts. Insg.	Konz. GmbH	Übrig.	AG	Publizitäts. Insg.	Konz. GmbH	Übrig.
Sachanlagen und Vorräte	7.3	6.7	6.6	7.0	0.5	3.7	4.6	1.2
Beteiligungen	8.3	10.8	9.6	11.9	-0.9	0.2	0.4	0.3
Forderungen an verbundene Untern.	15.4	9.2	11.8	4.1	-4.0	5.9	4.7	7.9
gegebene Lieferantenkredite [1]	9.3	8.4	8.3	8.3	0.5	5.0	8.4	0.4
Bilanzsumme	8.4	7.3	7.3	7.3	0.3	3.8	5.1	0.8
- Erhaltene Lieferantenkredite [1]	13.3	9.1	8.9	8.8	0.7	6.8	10.5	.0
- sonstige Verbindlichkeiten (saldiert)	6.8	7.9	7.8	8.0	0.1	3.1	4.2	0.5
- Verbindlichkeiten gegenüber verbundenen Unternehmen	7.7	6.7	7.0	3.8	1.6	5.9	5.4	11.4
=Eigenkapital	6.0	5.0	4.4	6.3	0.3	3.6	4.1	2.6
- Erfolgsrechnung-								
Gesamtleistung	11.2	.	8.6	.	-0.1	.	4.2	.
- Materialeinsatz	12.7	.	9.8	.	-1.1	.	3.4	.
=Rohertrag	6.4	.	4.9	.	1.8	.	6.7	.
+ Erträge								
Gewinnabführungen	7.9	.	21.9	.	7.8	.	-2.0	.
Beteiligungen	16.8	.	17.4	.	-1.5	.	-0.2	.
Zinsen u.ä	16.0	.	15.7	.	0.9	.	7.9	.
- Aufwendungen								
Verlustübernahmen	16.7	.	-35.8	.	2.3	.	101.4	.
Zinsen u.ä.	9.6	.	11.1	.	0.5	.	5.7	.
Übrige (saldiert)	8.9	.	5.5	.	1.8	.	6.8	.
=Überschuß	-0.5	.	-7.3	.	2.0	.	7.4	.
dar. konzernfremder Gewinn	1.2	.	-7.8	.	3.8	.	3.0	.

[1] Einschl. Anzahlungen
[2] Ermittelt durch Verknüpfung der jährlichenWachstumsraten, die für einen jeweils unveränderten Berichtskreis ermittelt wurden
[3] Veränderung, die auf Unterschiede im Umfang des Berichtskreises zurückzuführen ist

Quellle: Statistisches Bundesamt, Berechnung des DIW

Tabelle 6

Die Eigentumsstruktur der Unternehmen in der Bundesrepublik Deutschland

– 1984 –

	Untern. Insg.	Unternehm. im Eigentum von Endbesitzern Insg.	Staat	Ausland	Private HH Org.o.Erw.[1]	Insg.
		Stammkapital in Mrd. DM				
Verarbeitendes Gewerbe	29,97	55,39	0,66	17,55	37,19	85,36
Finanz- u. Anlagegesellsch.	21,11	32,96	10,45	6,31	16,21	54,07
Kreditinstitute	9,37	15,58	6,13	1,58	7,87	24,95
Versicherungsgewerbe	2,83	1,97	0,00	0,31	1,66	4,80
Wohnungsunt. u. Grundstücksg.	3,37	3,52	2,54	0,24	0,74	6,89
Beteiligungsgesellschaften	5,54	11,89	1,78	4,18	5,94	17,43
Übrige Wirtschaftsbereiche	33,92	44,19	12,62	9,33	22,23	78,11
Insgesamt	85,00	132,5	23,73	33,19	75,62	217,5
		Anteile am Stammkapital der Unternehmen vH				
Verarbeitendes Gewerbe	35,1	64,9	0,8	20,6	43,6	100,0
Finanz- u. Anlagegesellsch.	39,0	61,0	19,3	11,7	30,0	100,0
Kreditinstitute	37,5	62,5	24,6	6,3	31,5	100,0
Versicherungsgewerbe	59,0	41,0	0,0	6,5	34,6	100,0
Wohnungsunt. u. Grundstücksg.	48,9	51,1	36,9	3,5	10,8	100,0
Beteiligungsgesellschaften	31,8	68,2	10,2	24,0	34,1	100,0
Übrige Wirtschaftsbereiche	43,4	56,6	16,2	12,0	28,5	100,0
Insgesamt	39,1	60,9	10,9	15,3	34,8	100,0

[1] Organisationen ohne Erwerbszweck

Quelle: Commerzbank, Statistisches Bundesamt, Berechnung des DIW

Abbildung 1

Zur Finanzlage der Unternehmen im langfristigen Vergleich

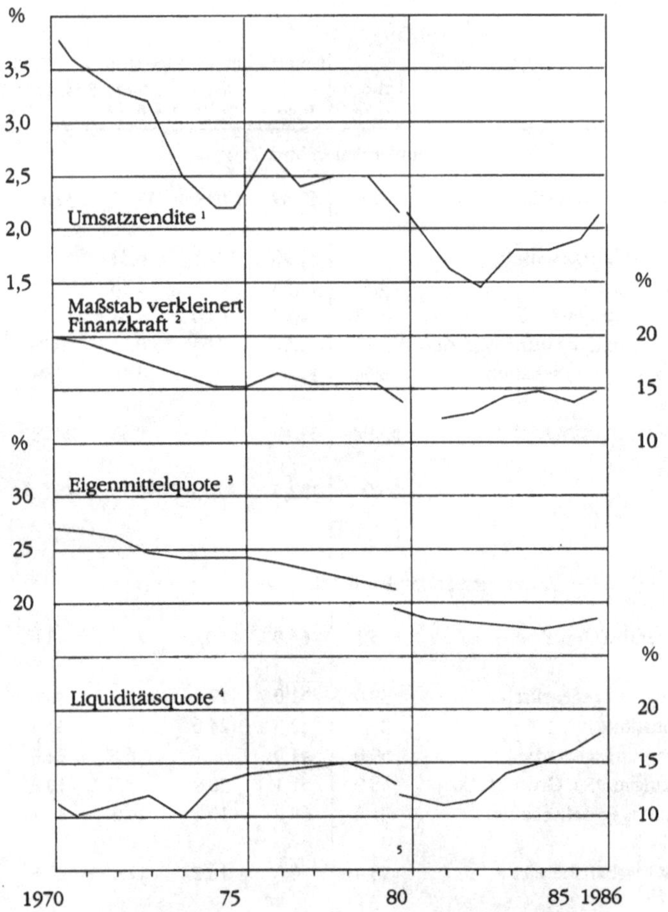

[1] Jahresüberschuß nach Steuern in % des Umsatzes

[2] Eigenerwirtschaftete Mittel (Jahresüberschuß, Abschreibungen auf Sachanlagen, Veränderung der Rückstellungen) in % der Fremdmittel abzüglich Kassenmittel

[3] Eigenmittel abzüglich Berichtigungsposten zum Eigenkapital in % der bereinigten Bilanzsumme

[4] Kassenmittel und Wertpapiere in % der kurzfristigen Verbindlichkeiten

[5] 1980 Änderungen in Wirtschaftszweigsystematik und Hochrechnungsverfahren

Abbildung 2
Struktur des Nominalkapitals im sekundären und terziären Bereich

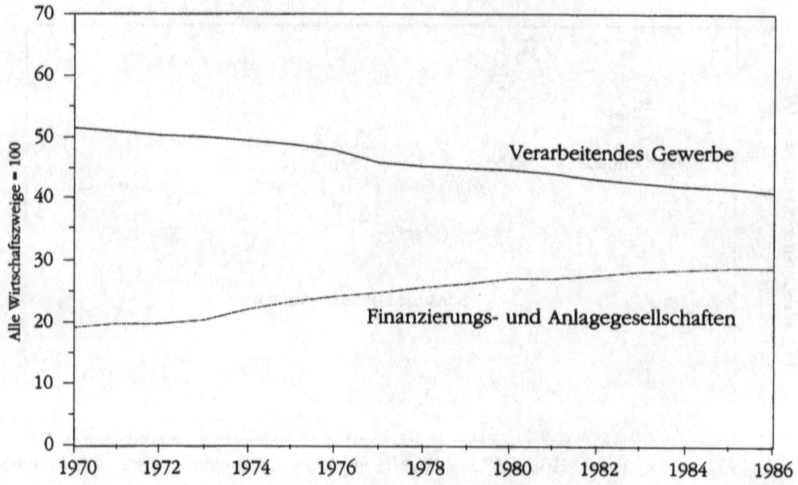

Abbildung 3
Entwicklung des Kapitalanteils ausgewählter Zweige des tertiären Bereichs

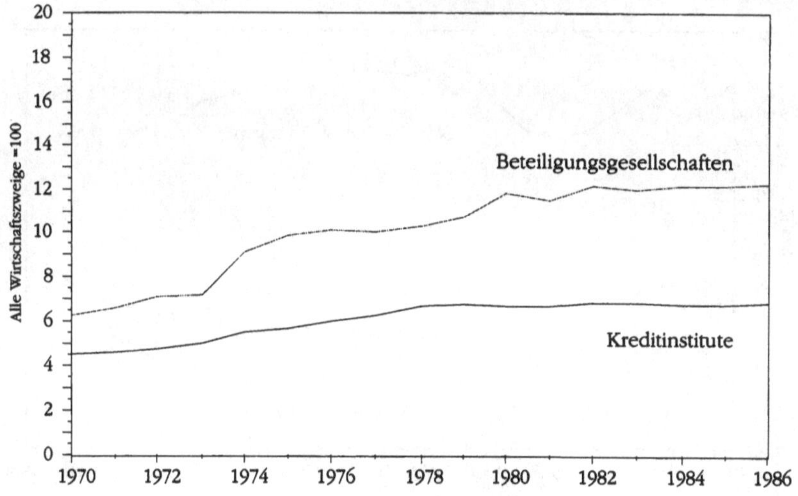

Abbildung 4
Unternehmenseinkommen
im sekundären und tertiären Bereich

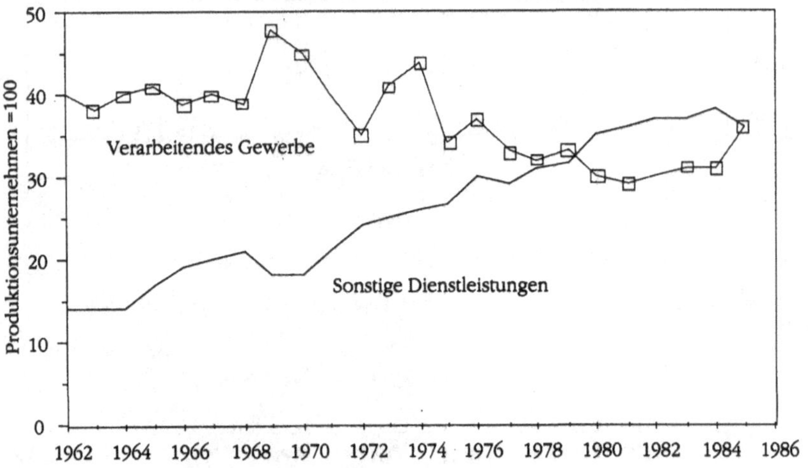

Abbildung 5
Sachkapitalrendite
im sekundären und tertiären Bereich

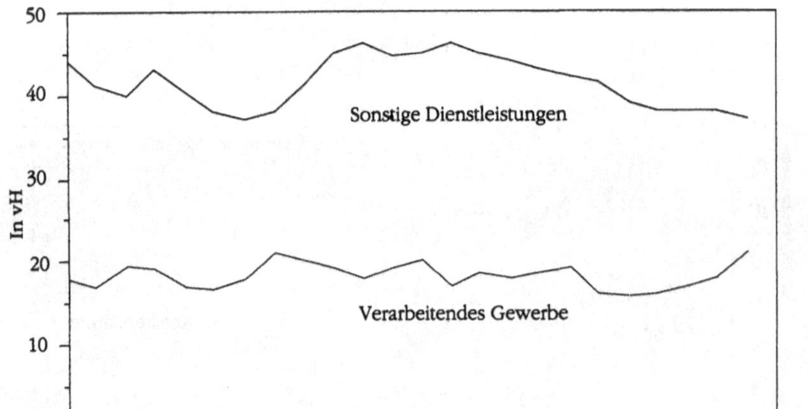

Abbildung 6
Brutto-Anlageinvestitionen im sekundären und tertiären Bereich

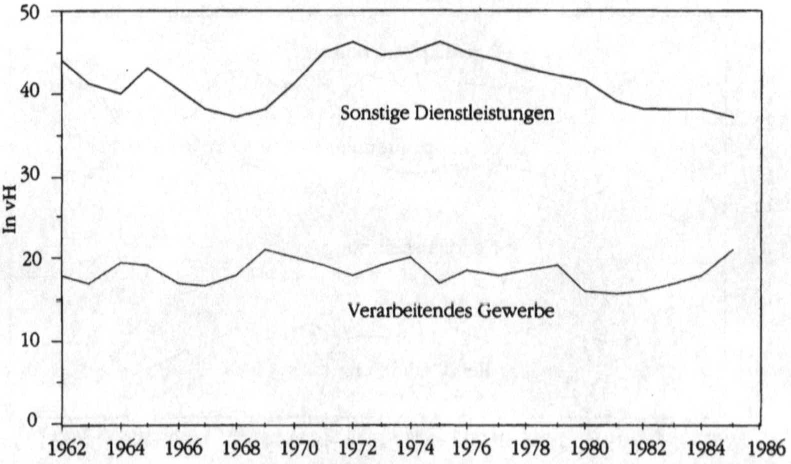

Abbildung 7
Investitionen und Anlagenmiete im sekundären und tertiären Sektor

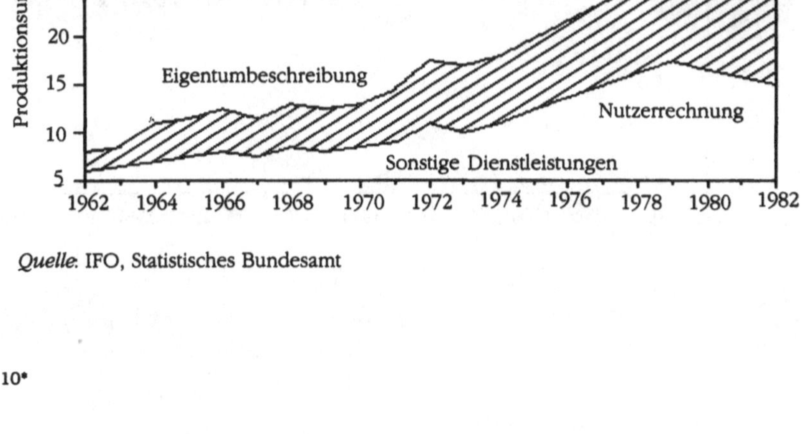

Quelle: IFO, Statistisches Bundesamt

Abbildung 8

Kennziffern zur Ertragslage der Produktionsunternehmen
Rentabilitätsziffern der Produktionsunternehmen

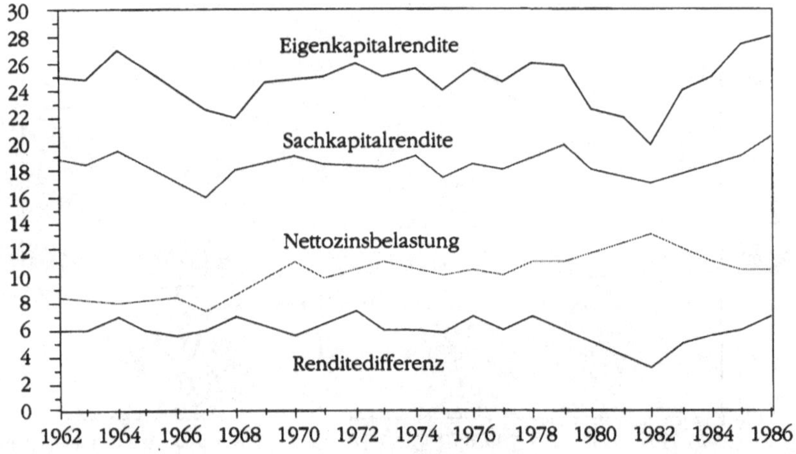

Abbildung 9

Kennziffern zur Kapitalstruktur
der Produktionsunternehmen

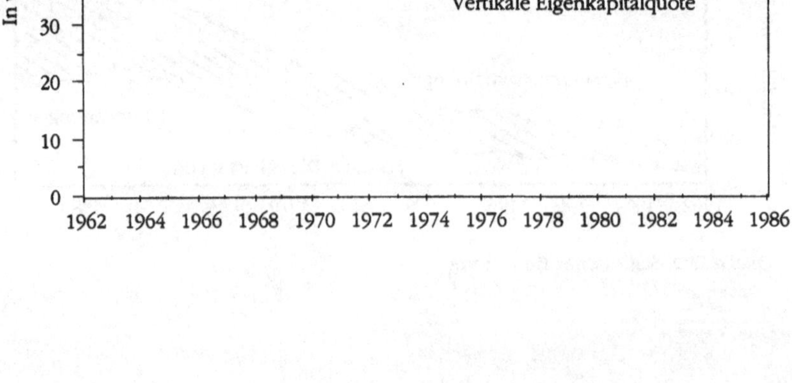

Abbildung 10
Zinsbelastungs- und -ertragssätze der Produktionsunternehmen

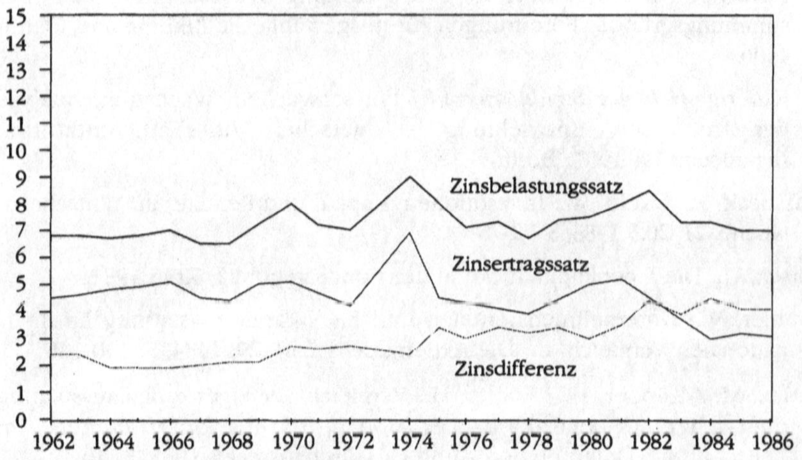

Literaturverzeichnis

(Im Anmerkungsteil werden die *kursiv* gesetzten Kurztitel verwendet.)

Albach, H.: Steigende *Verschuldung* und sinkende Eigenkapitalrentabilität deutscher Unternehmen, in: Die Aktiengesellschaft, 24, 1979, S. 121-128

– zus. mit K. Bock / T. Warnke: Kritische *Wachstumsschwellen* in der Unternehmensentwicklung, Stuttgart 1985

Deutsche Bundesbank: *Verhältniszahlen* aus den Jahresabschlüssen der Unternehmen in der Bundesrepublik Deutschland für 1983, Sonderdruck Nr. 6

– *Rentabilität,* Finanzkraft und Liquidität der Unternehmen, Monatsbericht August 1985, S. 30-38

– Die *Entwicklung* der Kapitalverflechtung der Unternehmen mit dem Ausland in den Jahren 1976 bis 1985, Monatsbericht März 1987, S. 21-34

– Die *Jahresabschlüsse* der Unternehmen in den Jahren 1983/86, Monatsbericht Juli 1988, S. 20-26

– Die Bedeutung der *Ertragsverhältnisse* der Unternehmen für Investitionen und Beschäftigung in den Jahren 1983 bis 1986, Monatsbericht April 1988, S. 29-35

DIW: Frank Stille / Renate Filip-Köhn / Heiner Flassbeck / Bernd Görzig / Erika Schulz / Reiner Stäglin: *Strukturverschiebungen* zwischen sekundärem und tertiärem Sektor. Empirischer Befund unter Berücksichtigung neuerer Formen der Finanzierung von Unternehmenskooperation (Leasing, Factoring, Gründung von Holding-Gesellschaften u.a.), Bestimmungsgründe, Forderungen für ausgewählte Politikbereiche, Berlin 1986

– *Exportgetriebener Strukturwandel* bei schwachem Wachstum. Analyse der strukturellen Entwicklung der deutschen Wirtschaft, Strukturberichterstattung 1987, Berlin

Flassbeck, H. / Kohl, W.: Investitionen, Kapital und Rendite, in: Wirtschaftswoche, 21, 20.5.1983, S. 72-78

Fritsch, U.: Die Eigenkapitallücke in der Bundesrepublik, Köln 1981

Gruhler, W.: Unternehmensrenditen und Eigenkapitalausstattung im internationalen Vergleich, in: Die Aktiengesellschaft, 29, 1984, S. 100-106

Perlitz, M. / Küpper, H. / Löbler, H.: Vergleich der Eigenkapitalausstattung deut-scher, US-amerikanischer und britischer Unternehmen, in: Zeitschrift für Unternehmens- und Gesellschaftsrecht, 1985, S. 16-49

Perlitz, M. / Löbler, H.: Brauchen Unternehmen zum Innovieren Krisen? in: ZfB, 55, 1985, S. 424-450

Sachverständigenrat zur Begutachtung der gesamtwirtschaftlichen Entwicklung: Jahresgutachten 1984/85

Sievert, O. / u.a.: Investition und Steuern, Frankfurt 1989

Strukturwandel auf dem schweizerischen Finanzplatz

von Matthias S. Wolf

1. *Einleitung*

In Diskussionen, welche den Finanzplatz Schweiz zum Gegenstand haben, gehört es seit einiger Zeit zum guten Ton auf die folgenden *zwei* Themenbereiche einzugehen: zunächst sind all jene *Ursachen* aufzuzählen, welche den Aufstieg der Schweiz zu einem international bedeutsamen Banken- und Finanzplatz begründen und zum zweiten haben die *Klagen* darüber zu folgen, daß eben dieser Finanzplatz seit Jahren im internationalen Vergleich an Bedeutung einbüßt.

Die Liste der Gründe für den Erfolg des schweizerischen Bankwesens und des Finanzstandortes Schweiz ist in der Tat lang und beeindruckend. Man teilt sie mit Vorteil in eine Reihe von *Stabilitäts-Eigenschaften* einerseits und *Freiheiten* andererseits ein. Als Stabilitäts-Eigenschaften nenne ich die *soziale und politische Stabilität,* welche eng mit der föde-ralistischen Staatsstruktur, der direkten Demokratie sowie den Institutionen der Sozialpartnerschaft verbunden ist und im außenpolitischen Bereich ihre Absicherung durch das Konzept der Neutralität erfährt. Dazu kommt ein hohes Maß an *wirtschaftlicher Stabilität,* welche nicht im Sinne der Abwesenheit von Konjunkturzyklen mißzuverstehen ist, sondern sich beispielsweise darauf bezieht, daß nur noch wenige Leute in der Schweiz sich an die letzte – von einem Defizit herrührende – Zahlungsbilanzkrise in ihrem Land erinnern können. Von herausragender Bedeutung ist ferner die *monetäre Stabilität* im Sinne anhaltend niedriger Inflation und einer stabilen Währung, verglichen mit den anderen Industrieländern. Eine Konsequenz der auf Geldwertstabilität bedachten Zentralbankpolitik besteht in traditionell niedrigen Zinssätzen auf dem schweizerischen Kapitalmarkt – ein Umstand, der viele ausländische Schuldner anzieht.

Neben diesen Stabilitäts-Eigenschaften spielen ohne Zweifel von der liberalen Tradition der schweizerischen Gesetzgebung herrührende *Freiheiten* eine wesentliche Rolle für die Attraktivität des Finanzplatzes Schweiz. Die *Freiheit des Kapitalverkehrs* ist wohl an erster Stelle zu nennen. Die unbeschränkte Konvertibilität des Schweizerfrankens bedarf hier keines weiteren Kommentars. Beschränkungen des grenzüberschreitenden Kapitalverkehrs gab es wohl von Zeit zu Zeit; vorwiegend um einen starken Zustrom von Auslandskapital abzuwenden. Solche Beschränkungen wurden aber rasch wieder aufgehoben. Gegenwärtig ist lediglich noch eine Meldepflicht für den mittel- und langfristigen Kapitalexport in Kraft. Von einer eigentlichen Beschränkung des Kapitalexports kann nicht die Rede sein. Grundsätzlich ist in der Schweiz eine im internationalen Vergleich *geringe Dichte staatlicher Regulierungen* im Bankwesen anzutreffen. Die bestehenden Vorschriften sind außerdem recht allgemein gehalten. Entsprechend steht es den Banken frei, die ganze Palette der Bankdienstleistungen oder nur einen Teil davon anzubieten. Dies hat die Herausbildung von Universalbanken ermöglicht. Dazu kommt, daß die *Eintrittsschranken in den Bankensektor vergleichsweise niedrig* angesetzt sind. Bei der Beurteilung von Gesuchen seitens ausländischer Banken um Eröffnung einer Niederlassung in der Schweiz stellt die zuständige Behörde, die Eidgenössische Bankenkommission, in erster Linie auf das Kriterium der *Reziprozität* ab – das entsprechende Ursprungsland der gesuchstellenden Bank muß schweizerischen Banken ähnliche Geschäftsmöglichkeiten eröffnen. Dabei wird dieses Kriterium sehr großzügig, d.h. für Auslandsbanken vorteilhaft, interpretiert. Weitgehende *Freiheit* genießen die Banken in der Schweiz *ferner bei der Festlegung der Geschäftsbedingungen*. Beispielsweise sind staatliche Eingriffe bei der Festsetzung von Zinssätzen eine Seltenheit (Verbot von Wucherzinsen und Obergrenzen für Hypothekarkredite in einzelnen Kantonen). Auch in bezug auf die verlangten Gebühren existieren keine staatlichen Regelungen. Vielmehr ergeben sich diese Gebühren aus Abmachungen zwischen den Banken, welche in der Regel im Rahmen der Standesorganisation, der Schweizerischen Bankiervereinigung, getroffen werden.

Viele Beobachter – in der Schweiz wie auch im Ausland – dürften diese lange Liste der Vorzüge des Finanzstandortes Schweiz als beeindruckend empfinden. Wohlgemerkt beziehen sich diese Vorzüge zunächst nur auf die *staatlich gesetzten Rahmenbedingungen*. Dazu kommen Vorteile wie der gute durchschnittliche Ausbildungsstand sowie die Mehrsprachigkeit des Bankpersonals. Auch die im *Bankgeheimnis* zum Ausdruck kommende Wahrung der Privatsphäre verkörpert einen nicht zu unterschätzenden Pluspunkt. Es erscheint angesichts solcher Voraussetzungen als wenig verwunderlich, daß sich in der Schweiz moderne und schlagkräftige, den Anforderungen der internationalen Wettbewerbsverhältnisse gewachsene Banken herausgebildet haben. Die in jüngster Zeit so beliebt gewordene Diskussion um den *Bedeutungsschwund des Finanzplatzes Schweiz* mag deshalb vielfach als übertriebene Schwarzmalerei aufgefaßt werden.

Ich möchte im folgenden darlegen, daß *beide* Aussagen richtig sind: erstens büßt der Finanzplatz Schweiz in der Tat seit Jahren im internationalen Vergleich an Bedeutung ein. Während es noch vor 10 Jahren völlig selbstverständlich war, den Finanzstandort Schweiz zu den drei oder vier bedeutendsten Finanzzentren der Welt zu rechnen, so ist es heutzutage keine Frage mehr, daß nur noch drei international herausragende Finanzzentren existieren: London - New York - Tokio. Andererseits ist es den schweizerischen Großbanken trotz dieses Bedeutungsverlustes des heimischen Finanzplatzes gelungen, ihre internationale Position zu behaupten oder sogar zu festigen. Der Verweis auf das begehrte *Triple-A-Rating*, welches sich vorteilhaft auf die Refinanzierungskosten der drei größten Banken auswirkt, mag dafür als Indiz genommen werden.

Um die erwähnten Aussagen zu begründen, soll im folgenden der *Strukturwandel* auf dem schweizerischen Finanzplatz näher beleuchtet werden. Dabei beschränke ich mich auf zwei Beispiele: erstens einige Entwicklungen auf dem *Kapitalmarkt* und zweitens Veränderungen in der *Bankenstruktur*. Diese beiden Beispiele wurden nicht zufällig gewählt. Der Kapitalmarkt stellt zweifellos eine herausragende Stärke des Finanzstandortes Schweiz dar. Unvermindert spielt der Schweizerfranken bei den Entscheidungen ausländischer Emittenten für eine Fremdwährungsanleihe eine prominente Rolle. Der damit verbundene beträchtliche Kapitalexport spiegelt außerdem zwei traditionelle Rollen der Schweiz: einmal als Land, in dem das Mittelaufkommen wegen einer vergleichsweise hohen Spartätigkeit die Mittelverwendung üblicherweise übersteigt und zum anderen die bekannte Funktion als Drehscheibe der internationalen Kapitalanlage. Während die Statistiken auf eine ungebrochene Dynamik hindeuten, kriselt es unter der Oberfläche der statistischen Aggregate ganz erheblich. Auf dem Markt für Auslandsanleihen in Schweizerfranken prallt immer deutlicher die von den angeselsächsischen und auch japanischen Investmenthäusern geprägte Unternehmenskultur auf das von den Universalbanken gepflegte Geschäftsgebahren. Einiges spricht dafür, daß die angelsächsische Unternehmenskultur den Sieg davontragen wird und zwar in dem Sinne, daß zwar die Universalbanken ihre führende Rolle behalten werden, aber sich im Geschäftsgebahren weitgehend anpassen müssen.

Daß das Vordringen der ausländischen Konkurrenz keineswegs auf den Kapitalmarkt beschränkt ist, wird im *zweiten Beispiel* aufgezeigt. Ausgehend von den jährlich einmal erhobenen Statistiken zum schweizerischen Bankwesen soll dem Strukturwandel im Bankensektor nachgespürt werden. Dabei ist zunächst die Positionsfestigung der Universalbanken zulasten der spezialisierteren heimischen Konkurrenz und in neuerer Zeit ein erheblicher Zustrom ausländischer Banken feststellbar. Obwohl oftmals Ableger großer ausländischer Universalbanken, konzentrieren sich diese Auslandsbanken vorwiegend auf ganz spezifische Dienstleistungen: das Interbank-, das Emissions- und das Treuhandgeschäft sowie die Vermögensverwaltung. Gerade im letztgenannten Bereich hängt der Erfolg der ausländischen Konkurrenz wiederum mit dem Vordringen angelsächsischer Geschäftspraktiken zusammen. Die Umlenkung der Sparströme weg vom individuellen Sparer hin zum Zwangssparen bei einigen großen institutionellen Anlegern reduziert die Eintrittsschranken in dieses Geschäft, weil neuauftretende Konkurrenten auf den Aufbau eines kostspieligen Filialnetzes großenteils verzichten können. Einerseits scheinen die angelsächsischen und japanischen Investmenthäuser auf derartige Situationen erhöhten Wettbewerbsdrucks besser eingestellt zu sein. Andererseits huldigen die institutionellen Anleger zumeist etwas anderen Anlageprinzipien als die Masse der privaten Investoren. Ein kürzerfristig orientiertes *Performance-Denken* und eine verstärkte Ausrichtung auf wissenschaftliche Konzepte der Leistungsbeurteilung treten in den Vordergrund.

2. *Der schweizerische Kapitalmarkt im Wandel*

Der schweizerische Kapitalmarkt wird üblicherweise nach der Herkunft der Emittenten in einen sFr.-Inlandsmarkt und einen sFr.-Auslandsmarkt unterteilt. Ein eigentlicher sFr.-Euromarkt existiert dagegen nicht. Dafür ist einerseits eine sog. *Syndizierungsvorschrift* verantwortlich, welche von der Schweizerischen Nationalbank erlassen wurde. Danach dürfen auf Schweizerfranken lautende Kapitalexporte und solche, die einen direkten Bezug zur nationalen Währung aufweisen, nur von Banken bzw. Finanzgesellschaften durchgeführt werden, die einen Sitz in der Schweiz haben. Dies ist aber wohlgemerkt keine hinreichende Bedingung! Die Schweizerische Nationalbank kann im Prinzip ein ausländisches Bankenkonsortium *nicht* daran hindern, beispielsweise in London eine sFr.-Anleihe zu begeben. Zur Unterbindung derartiger Geschäfte bedarf es andererseits der *Kooperationsbereitschaft der ausländischen Zentralbanken* – insbesondere der Bank of England und der Deutschen Bundesbank. In der Tat müßte davon ausgegangen werden, daß ein erheblicher Teil des sFr.-Kapitalmarktes ins Ausland abwandern würde, sollte es an dieser Kooperationsbereitschaft einmal gebrechen. Vor diesem Hintergrund darf es nicht erstaunen, daß die Schweizerische Nationalbank über die erwähnte Syndizierungsvorschrift nicht glücklich ist. Bevor der Markt aber nicht wettbewerbsfähiger geworden ist (insbesondere mit dem Wegfall der Stempelgebühren), kommt eine Aufhebung der Syndizierungsvorschrift allerdings nicht in Frage. Trotzdem: es ist wohl nur eine Frage der Zeit, bis die ersten Euroanleihen in Schweizerfranken begeben werden können.

Soviel zur Einleitung in die Thematik unseres ersten Beispiels, welche vor allem verhindern soll, daß die nun folgenden Statistiken eine übertriebene Zahlengläubigkeit wecken. Die Tabelle 1 zeigt die Entwicklung des Gesamtmarktes und der beiden Segmente Inlands- und Auslandsmarkt. Unter Inlandsmarkt werden sowohl Anleihens- als auch Aktienemissionen inländischer Schuldner zusammengefaßt. Im Auslandsmarkt drängt sich der gesonderte Ausweis der Privatplazierungen (im Englischen „Notes“ genannt) auf, um deren große Bedeutung herauszustreichen. Die Tabelle 1 verdeutlicht, daß der Auslandsmarkt den Inlandsmarkt bereits seit mehr als einem Jahrzehnt an Bedeutung übertrifft und unverändert die höheren Wachstumsraten aufweist. In den letzten Jahren bewegt sich die Relation zwischen den beiden Marktsegmenten in der Größenordnung von 1:4.

Die Tabelle 2 dokumentiert eindrücklich die Bedeutung des schweizerischen Kapitalmarktes für ausländische Emittenten. Im Markt für Auslandsanleihen hat sich der Schweizerfranken inzwischen zur wichtigsten Emissionswährung gemausert. Die Tabelle 2 veranschaulicht aber auch das enorme Übergewicht, welches die Euroanleihen gegenüber Auslandsanleihen inzwischen gewonnen haben. Faßt man die beiden Anleihenskategorien zusammen, so nimmt sich der sFr.-Anteil am Gesamtmarkt mit 13,4% im Jahre 1987 immer noch beachtlich aus. Das entspricht anteilmäßig in etwa der Lage im Jahre 1960. Gegenüber 1980, als der starke Wachstumsschub auf dem Euromarkt einsetzte, ist indessen ein beträchtlicher Anteilsverlust von rund einem Drittel zu beobachten. In bezug auf den Markt für internationale Anleihen insgesamt stellt denn auch der Schweizerfranken nur noch die drittwichtigste Emissionswährung dar: hinter dem US-Dollar und seit kurzem auch hinter dem japanischen Yen.

Angesichts der Dominanz, welche der Markt für Euroanleihen errungen hat, verwundert es nicht, daß immer häufiger Forderungen nach Übernahme von Usanzen, wie sie am Euromarkt üblich sind, gestellt werden. Betrachten wir einige Unterschiede!

A. *Die Zusammensetzung der Emissionssyndikate*

Auf dem Euromarkt wechselt die Zusammensetzung der Emissionssyndikate praktisch nach Belieben. Die Wünsche des Schuldners und des Syndikatsführers spielen eine entscheidende Rolle. Auf dem schweizerischen Kapitalmarkt besteht dagegen ein sog. Großbanken-Syndikat mit weitgehend fixen Quotenzuteilungen, welches mit rund 70% den größten Teil des „Kuchens“ unter sich aufteilt. Schuldner, welche einem Nicht-Mitglied ein Emissionsmandat erteilen wollen, müssen entweder ein *ad-hoc*-Syndikat mit deutlich eingeschränkter Plazierungskraft wählen oder eine Privatplazierung vornehmen. Wie wir in der Tabelle 1 sehen konnten, haben viele Schuldner diesen Weg beschritten. Das hängt nur teilweise mit der Affinität zu bestimmten Instituten zusammen. Die viel niedrigeren Kommissionen bei einer Notes-Emission spielen eine ganz erhebliche Rolle. Die Kostenreduktion im Vergleich zur Begebung einer öffentlichen Anleihe erklärt sich zum Teil aus dem Wegfall der Prospektpflicht. Jedoch kann kein Zweifel bestehen, daß die kartellartige Natur des Großbankensyndikats zur Festschreibung von hohen Kommissionen beigetragen hat. Diese Situation haben einige Auslandsbanken ausgenützt, um sich einen erheblichen Anteil am Markt für sFr.-Auslandsanleihen zu erobern. Die Großbanken kontern mit der Herabsetzung der Kommissionen und einer partiellen Öffnung des Syndikats. Dieser Prozess ist jedoch längst nicht am Ende angelangt.

B. *Privatanleger vs. institutionelle Investoren*

In diesem Zusammenhang darf man allerdings nicht vergessen, daß jede Leistung fairerweise entschädigt gehört. Die Leistungen des genannten Syndikats sollen nicht unter den Tisch gewischt werden. Der schweizerische Kapitalmarkt wird nach wie vor von den Privatanlegern dominiert. Diese legen begreiflicherweise darauf Wert, auch kleinere Denominationen erwerben zu können, um eine ausreichende Diversifikation ihres Portefeuilles sicherzustellen. Darüber hinaus sind sie darauf angewiesen, daß eine gleichbleibend gute Bonität der an den Markt gebrachten Schuldner gewährleistet ist. Hier zeichnen sich nun immer deutlicher Interessenskonflikte mit den institutionellen Anlegern ab, insbesondere wenn deren Vermögen nach angelsächsischen Methoden des „Portfolio-Management" verwaltet wird.

Das erste Stichwort heißt *Liquidität*. Privatanleger neigen dazu, ihre Obligationen vergleichsweise lange Zeit im Portefeuille zu belassen – oftmals bis zum Verfall. Nimmt man den Umstand der kleinen Stückelungen dazu, so ist offenkundig die Liquidität gerade beim Handel mit großen Paketen stark eingeschränkt. Das zweite Stichwort heißt: *grauer Markt*. Solange der größte Teil der Obligationen in den Portefeuilles der Privatanleger sozusagen „verschwindet", besteht kaum ein Bedarf an Transaktionen in den Titeln vor der Börseneinführung. Ein solcher grauer Markt erscheint besonders auf das mehrstufige Verteilsystem des Euromarktes zugeschnitten, wo kein Emissionshaus direkt bei Privaten plaziert. Entsprechend bildet sich ein Zwischenhandel auf Grossisten-Stufe. Auf dieser Stufe mitzumischen, stellt für institutionelle Investoren ohne Zweifel eine Verlockung dar.

Es zeigt sich also in welch idealer Weise einige Usanzen und Einrichtungen des Eurobondmarktes auf die Bedürfnisse einerseits der institutionellen Investoren und andererseits der modernen Methoden der Vermögensverwaltung ausgerichtet sind. Der schweizerische Kapitalmarkt ist aufgrund dieses Umstandes und der rasanten Entwicklung des Eurobondmarktes unter Druck geraten. Es dürfte deutlich geworden sein, daß bislang ergriffene Maßnahmen wie die partielle Öffnung des Großbankensyndikats und eine mögliche Herabsetzung der Emissionsgebühren in keiner Weise genügen. Das Problem hat eine umfassendere Dimension. Es ist abzusehen, daß sich auf dem schweizerischen Kapitalmarkt ein tiefgreifender Strukturwandel vollziehen wird, welcher eine Angleichung an die Usanzen des Eurobondmarktes bringen wird. Gerade im Hinblick auf das Stichwort „grauer Markt" ist in jüngster Zeit einiges in Bewegung geraten. Daraus erhellt sich die Stoßrichtung dieses Strukturwandels: Veränderungen zugunsten der institutionellen Investoren, welche *möglicherweise* zu Lasten der kleineren und mittelgroßen Privatanleger gehen.

Das Thema des Strukturwandels wollen wir nun anhand des zweiten, eingangs angekündigten Beispiels weiterverfolgen!

3. *Die schweizerische Bankenstruktur im Wandel*

Aus Platzgründen verzichte ich darauf, die dargestellte Thematik im Rahmen jedes einzelnen Bankgeschäftes weiterzuverfolgen. Wir wollen statt dessen ein abgekürztes Verfahren wählen und uns auf einige Bankenstatistiken konzentrieren. Zahlenmaterial zum schweizerischen Bankwesen wird seit 1920 in der Form selbständiger Monographien veröffentlicht. Historische Gründe spielen entsprechend bei der Gruppenbildung eine wichtige Rolle. Seit 1971 weist die Bankenstatistik *acht Gruppen* aus, welche kurz vorgestellt seien:

Die Kantonalbanken

Das schweizerische Bankengesetz versteht darunter Banken, welche durch kantonalen gesetzlichen Erlaß errichtet sind und für deren Verbindlichkeiten der Kanton haftet oder aber solche Banken, die unter der Mitwirkung der kantonalen Behörde verwaltet werden. Den Kantonalbanken wird teilweise der Geldverkehr der Staatskasse oder die Mitwirkung an der kantonalen Finanzverwaltung übertragen. Traditionell liegt das Schwergewicht auf dem Spar- und Hypothekargeschäft. Insbesondere die größeren Kantonalbanken entwickeln sich jedoch zusehends zu Universalbanken.

Die Großbanken

Seit 1945 werden 5 Institute zur Gruppe der Großbanken gerechnet, von denen die meisten über eine starke internationale Präsenz verfügen. Gemessen an der Bilanzsumme stellen die Großbanken mit Abstand die bedeutendste Bankengruppe dar. Per Ende 1987 entfielen 51% der Bilanzsumme aller schweizerischen Banken und Finanzgesellschaften auf die Großbanken. Ferner sind 21% aller Niederlassungen von Schweizer Banken Geschäftsstellen von Großbanken. Rund 50% der im schweizerischen Bankwesen beschäftigten Mitarbeiter sind für die Großbanken tätig. Diese stellen heutzutage die typischsten Vertreter des Universalbankenkonzepts dar. Ursprünglich handelte es sich aber vorwiegend um Handelsbanken.

Regionalbanken und Sparkassen

Diese Gruppe faßt die früher separat ausgewiesenen Bodenkredit-, Lokal- und Regionalbanken sowie die Sparkassen zusammen. 1981 haben die Regionalbanken eine eigene *Clearingzentrale* in Betrieb genommen. Wie im Fall der Kantonalbanken verliert die frühere Spezialisierung, an die der Name oft noch erinnert, immer mehr an Bedeutung zugunsten des Trends hin zur Universalbank.

Darlehens- und Raiffeisenkassen

Obwohl die Bilanzsumme dieser Gruppe nur einen Anteil von rund 3% am Bilanztotal aller Banken und Finanzgesellschaften aufweist, sind diese Kassen dank ihres großen Geschäftsstellennetzes vorab in den ländlichen Gegenden von erheblicher Bedeutung.

Übrige Banken

Diese fünfte Bankengruppe setzt sich aus ausgesprochen heterogenen Bestandteilen zusammen. Jedoch können zwei Teilkategorien unterschieden werden: a) *die schweizerisch beherrschten Banken* fassen wiederum sehr unterschiedliche Institute zusammen, nämlich Handelsbanken, auf Börsen-, Effekten- und Vermögensverwaltungsgeschäfte spezialisierte Gesellschaften ebenso wie Institute für Kleinkredite, Abzahlungsgeschäfte und Konsumfinanzierung. b) Die zweite Teilgruppe bilden die *ausländisch beherrschten Banken schweizerischen Rechts*, welche ebenfalls keinem ein heitlichen Bankentyp angehören. Darunter fallen Universalbanken ebenso wie spezialisierte Institute.

Finanzgesellschaften

Der größte Teil der von der Bankenstatistik erfaßten Finanzgesellschaften zeichnet sich durch „bankähnliche" Aktivitäten aus, d.h. die Mittel werden unter Streuung des Risikos bei einer grundsätzlich unbeschränkten Zahl von Unternehmen angelegt. Die Kapitalausleihe kann in Form von Darlehen oder als Übernahme von Beteiligungen zum Zweck der Kapitalanlage erfolgen. Die Kapitalbeschaffung findet in den meisten Fällen unter Ausschluß der Öffentlichkeit statt. Statistisch *nicht erfaßt* werden insbesondere die traditionellen Holdinggesellschaften der Schweizer Industrie, die sich ausschießlich durch die Emission von Anleihen öffentlich an den Kapitalmarkt wenden. Wiederum wird eine Unterteilung in inländisch und ausländisch beherrschte Finanzgesellschaften vorgenommen.

Filialen ausländischer Banken

Die in der Schweiz rechtlich unselbständigen Niederlassungen ausländischer Banken werden in der Statistik separat erfaßt und nicht der Gruppe 5 b), also den ausländisch *beherrschten* Banken zugeschlagen. Beide Kategorien werden im Begriff der „Auslandsbanken" zusammengefaßt. Diese unterhalten einen eigenen Verband. In der Bilanz der Filialen ausländischer Banken dominiert das Interbankgeschäft mit dem Ausland. Ebenfalls erheblich – aber nicht in den Bilanzen ausgewiesen – ist das Treuhandgeschäft.

Die Privatbankiers

Die Privatbankiers waren die ersten Banken in der Schweiz. Ihre Gründungen reichen teilweise in die Mitte des 18. Jahrhunderts zurück. Ihre Haupttätigkeit liegt im Wertschriftengeschäft, in der Vermögensverwaltung sowie dem Emissions- und Plazierungsgeschäft. Wegen des Übergewichts des sog. indifferenten Geschäfts verfügt die Bilanzentwicklung bei den Privatbankiers über eine vergleichsweise geringe Aussagekraft.

Nunmehr sei versucht anhand der sich auf die dargestellten acht Gruppen beziehenden Bankenstatistik einige Schwerpunkte des Strukturwandels im schweizerischen Bankensektor herauszuschälen. Die Analyse der Bilanzen kann dafür als Ausgangspunkt genommen werden. Derart läßt sich der zunehmende Einfluß der Großbanken gut dokumentieren. Darüber hinaus muß jedoch die Einnahmenstruktur untersucht werden, weil das indifferente Geschäft stark an Bedeutung gewonnen hat.

Die Tabelle 3 läßt den Anteil der einzelnen Bankengruppen am Bilanztotal erkennen. Daraus geht deutlich der erhebliche Anteilsgewinn der Großbanken hervor. Dieser Strukturwandel vollzog sich hauptsächlich zulasten der Kantonalbanken sowie der Regionalbanken und Sparkassen. Der Vormarsch der Großbanken war nach dieser Darstellung in den 60er Jahren am ausgeprägtesten. Er ist zu einem großen Teil auf die Intensivierung des Massengeschäftes zurückzuführen. Spektakuläre Anteilssteigerungen erzielten die Großbanken vor allem bei den Hypothekaranlagen und bei den Spar- und Depositeneinlagen. In den traditionellen Geschäftssparten – beispielsweise bei den Kontokorrentkrediten und festen Vorschüssen – hielt sich der Vormarsch der Großbanken dagegen in viel engeren Grenzen. Diese Bemerkungen beziehen sich auf das *Inlandsgeschäft*.

Wie aus der Tabelle 4 hervorgeht, hat das vor allem von den Großbanken forcierte *Auslandsgeschäft* kontinuierlich an Bedeutung gewonnen. Der erwähnte Anteilsgewinn der Großbanken, wie er in der Tabelle 3 ersichtlich wird, ist teilweise auf diesen Umstand zurückzuführen. In diesem Zusammenhang ist insbesondere die bedeutende Zunahme des Gewichts der Interbankgeschäfte auf beiden Seiten der Bilanz zu nennen. Wegen fiskalischer Belastungen hat sich ein eigentlicher *Geldmarkt* in der Schweiz nie entwickeln können. Deshalb sind die Großbanken in eine Vermittlerrolle zwischen den inlandsorientierten Banken und den ausländischen Geldmärkten hineingewachsen, was seinen Niederschlag im überdurchschnittlichen Anteil der Interbankgelder in den Großbankenbilanzen findet.

Wenden wir uns nunmehr den Gewinn- und Verlustrechnungen der Banken zu. Hier interessiert nicht so sehr die Gewinnentwicklung als vielmehr die Veränderung der Anteile der wichtigsten Posten auf der Einnahmenseite. Darin kommt der *Strukturwandel in bezug auf die Bedeutung der einzelnen Geschäftssparten* zum Ausdruck. Die Tabelle 5 zeigt deutlich den Bedeutungsverlust des Zinsdifferenzgeschäfts. Dafür sind nicht zuletzt die knapper gewordenen Margen im nationalen wie im internationalen Kommerzgeschäft verantwortlich. Stark zugenommen haben demgegenüber die Erträge aus dem bilanzneutralen Geschäft – insbesondere die Kommissionen aus dem Emissions- und Börsengeschäft. Unter der Rubrik „Kommissionen" werden ferner die Gebühren aus der Vermögensverwaltung verbucht. Dies geht auch aus den entsprechend großen Posten bei den Privatbankiers in der Tabelle 6 hervor. Diese Tabelle macht deutlich, daß die Großbanken auch in den heiß umkämpften Disziplinen des indifferenten Geschäfts durchaus mitzuhalten vermögen, wenn man solches aus der Ertragslage schließen darf. *Ihr Anteil lag 1987 bei gut 45% – nicht allzu weit unter ihrem Bilanzsummenanteil.*

4. *Ausblick*

Wir haben gesehen, daß das Prunkstück des Finanzplatzes Schweiz, nämlich der Kapitalmarkt, wegen des Vordringens der Euromärkte unter erheblichen Druck geraten ist. Anpassungen sind in Gang gekommen, welche auf eine kontinuierliche Übernahme angelsächsischer Usanzen und Geschäftspraktiken hinauslaufen. Mit einigen Stichworten in diesem Zusammenhang haben wir uns beschäftigt: dem Aufbrechen des Großbankensyndikats und dem zunehmenden preislichen Wettbewerb, welcher sich u.a. in der Einführung eines *grauen Marktes* äußert. Ein weiteres Stichwort wird im anschließenden Korreferat aufgegriffen, nämlich die Innovationsfreude auf dem schweizerischen Kapitalmarkt. Hier sei nur soviel verraten, daß auch in dieser Hinsicht die Herausforderung der Euromärkte durchaus angenommen worden ist.

Aus den obigen Ausführungen dürfte somit die Notwendigkeit eines weitergehenden Anpassungsprozesses gerade auf dem schweizerischen Kapitalmarkt deutlich geworden sein. Man hätte durchaus auch ein anderes Beispiel – etwa den Aktienmarkt – wählen können. Die Botschaft wäre dieselbe geblieben. In praktisch allen Sparten des indifferenten Geschäfts ist der Wettbewerb deutlich härter geworden. Dies wird Auswirkungen auf das „klassische Bankgeschäft" im Inlandsmarkt haben. Entsprechend dürfte der *Konzentrationsprozeß im Bankwesen,* der in den 60er Jahren ausgeprägt war, sich in den 70er Jahren aber verlangsamte, wieder eine Beschleunigung erfahren. Insbesondere ist mit einer Aufhebung einiger sogenannter Konvenien zu rechnen – das sind Absprachen der Banken untereinander über diverse Konditionen und Geschäftspraktiken. Mit der Zeit dürften die *Zinskonvenien* ohne Zweifel aufgehoben werden. Davon wären gerade die kleinen, spezialisierten Institute negativ betroffen, so daß vermehrte Zusammenschlüsse und Übernahmen unvermeidlich würden.

Insgesamt zeigt sich, daß vor allem die Großbanken sich unverändert in einer vorteilhaften Lage befinden. Sie vermögen die notwendigen Anpassungen aus einer Position der Stärke heraus zu betreiben.

Tabelle 1

Anleihens- und Aktienemissionen in Schweizerfranken

Jahr	Inlandsmarkt	Auslandsmarkt		Total
		öffentl. Anleihen	Privat-plazierungen	
1960	1 240	559	n.v. [1]	1 799
1965	2 997	285	n.v. [1]	3 282
1970	3 945	866	1 769	6 580
1975	8 794	2 490	7 162	18 446
1980	10 080	5 486	9 438	25 004
1985	12 284	17 265	19 135	48 684
1987	17 331	17 680	18 355	53 366

[1] Eingeschlossen in: „öffentliche Anleihen, Auslandsmarkt"

Quelle: Schweizerische Nationalbank, Monatsberichte (diverse Ausgaben)

Tabelle 2

Der Markt für Auslandsanleihen nach Währungen *

Jahr	SFr.	US$	Yen	Total	Euroan-leihen
1960	171	630	–	1 188	–
1965	88	1 689	–	2 359	888
1970	313	1 405	217	2 446	3 522
1975	3 414	6 712	67	11 217	8 743
1980	7 470	2 709	1 543	17 924	20 394
1985	14 873	4 917	6 255	31 229	136 543
1987	24 301	7 416	4 071	40 253	140 535

* in Mio. US$

Quelle: OECD

Tabelle 3

Prozentuale Verteilung der Bilanzsumme nach Bankgruppen

Jahr	1960	1965	1970	1975	1980	1985	1987
Kantonalbanken	33,6	30,2	22,7	23,1	20,7	18,5	18,6
Großbanken	29,7	33,1	45,0	45,5	48,9	50,7	51,1
Regionalbanken u. Sparkassen	22,6	19,5	13,0	11,6	9,4	8,3	8,4
Darlehens- u. Raiffeisenkassen	3,4	3,1	2,3	2,7	2,7	2,7	2,8
Übrige Banken	5,4	8,7	10,9	12,3	13,6	14,7	14,1
davon: ausländisch beherrscht	n.v.	n.v.	n.v.	7,9	9,2	9,8	8,7
Finanzgesellschaften	1,5	2,2	2,7	2,4	2,3	2,5	2,3
davon: ausländisch beherrscht	n.v.	n.v.	n.v.	1,6	1,8	2,2	2,0
Filialen ausländischer Banken	1,4	1,5	2,3	1,8	1,9	2,1	2,2
Privatbankiers	2,4	1,7	1,1	0,6	0,5	0,5	0,6

Quelle: Das Schweizerische Bankwesen im Jahre 1987

Tabelle 4

*Aktiven und Passiven nach Inland und Ausland**

Jahresende	Aktiven Inland	Aktiven Ausland	Passiven Inland	Passiven Ausland	Total der Bilanzsumme
1960	51,3	7,8	51,3	7,8	59,1
1970	139,1	70,8	149,2	60,7	209,9
1980	306,7	182,5	347,3	141,9	489,2
1987	552,5	349,7	641,8	260,4	902,2

* in Mrd. sFr.

Quelle: Das Schweizerische Bankwesen im Jahre 1987

Tabelle 5

Einnahmen
(Total der Bankengruppen 1-5) *

	1960	1970	1980	1987
Zinsertrag (Saldo)	390	1 340	2 655	5 153
Ertrag der Wechsel und Geldmarktpapiere	129	612	1 139	1 972
Kommissionen (Saldo)	228	889	2 907	8 192
Ertrag aus Handel mit Devisen und Edelmetallen	n.v.	n.v.	1 675	2 146
Wertschriftenertrag	152	420	1 452	3 285

* in Mio. sFr

Quelle: Das Schweizerische Bankwesen im Jahre 1987

Tabelle 6

Einnahmen im Jahr 1987 nach Bankengruppen *

	Zinsertrag (Saldo)	Ertrag der Wechsel u. Geldmarkt-papiere	Kommissionen (Saldo)	Ertrag aus Handel mit Devisen u. Edelmetallen	Wertschriftenertrag
Kantonalbanken	1 208	40	480	112	512
Großbanken	2 132	1 747	4 358	1 293	1 538
Regionalbanken und Sparkassen	534	10	220	40	310
Darlehens- und Raiffeisenkassen	222	1	18	4	5
übrige Banken	1 056	175	3 117	697	919
Finanzgesellschaften	62	70	393	45	271
Filialen ausländischer Banken	48	82	238	133	55
Privatbankiers	61	2	626	187	49

* in Mio. sFr

Quelle: Das Schweizerische Bankenwesen im Jahre 1987

Innovationen und schweizerischer Finanzmarkt

(Korreferat zum Vortrag von Matthias S. Wolf)

von Heinz Zimmermann

Wenn man im Ausland, insbesondere in den Vereinigten Staaten, die Frage nach erfolgreichen schweizerischen Produkten stellt, so werden, neben Käse, insbesondere Bankdienstleistungen in einem Atemzug mit Uhren und Schokolade erwähnt. Zufälligerweise eignen sich die drei „Produkte" bestens, um Strukturveränderungen von Märkten respektive Produktinnovationen zu studieren. Im Bereich der Schokoladeprodukte sehe ich eigentlich keine nennenswerten Innovationen; im Gegenteil, das bekannteste schweizerische Produkt, die Toblerone, existiert seit genau 80 Jahren in völlig unveränderter Form und erwirtschaftet immer noch Spitzenumsätze. Das Beispiel zeigt, daß Märkte auch *ohne* oder eine *geringe* Innovationsrate durchaus wettbewerbsfähig sein können. Nun ist die Nachfrage nach Finanzdienstleistungen natürlich stärkeren Strukturveränderungen unterworfen als die Geschmäcker für Schokolade. Als Stichworte dazu mögen gelten: Zunehmendes Engagement institutioneller Investoren, zunehmende Variabilität wichtiger makroökonomischer Variablen wie Zinssätze und Wechselkurse, Nachfrage nach einem breiteren Spektrum von Anlagemöglichkeiten, Professionalisierung der Vermögensverwaltung und Performance-Ausrichtung, Nachfrage nach flexibleren und liquideren Risikoabsicherungsmöglichkeiten, nationale Unterschiede im regulatorischen Umfeld, und anderes mehr.

Die Uhrenindustrie andererseits dient heute als Paradebeispiel für ausgebliebene Innovationen aufgrund staatlicher Eingriffe. Die Uhrenstatute, welche jahrzehntelang die schweizerischen Produkte von der ausländischen Konkurrenz fernhielten, haben zu einer völlig unzweckmäßigen Industriestruktur und zu mangelnden Innovationsanreizen geführt, was am Ende mit volkswirtschaftlich hohen Anpassungskosten bezahlt werden mußte. Das Beispiel zeigt, daß staatliche Eingriffe einen wesentlichen Einfluß auf die Innovationstätigkeit einer Industrie ausüben, ein Punkt, auf den ich im Zusammenhang mit der Besteuerung von Finanztransaktionen noch eingehen werde.

Nun spricht man heute auch von mangelnder Innovation des Finanzplatzes. Damit trifft man in der Schweiz eine heilige Kuh, lag dieser Finanzplatz doch lange Zeit international auf einer Spitzenposition. Dr. Wolf hat uns in seinem Vortrag einen vorzüglichen Überblick über die Stärken und Schwächen des Finanzplatzes Schweiz geboten, insbesondere vor dem Hintergrund von dessen internationaler Wettwerbsfähigkeit. Ich möchte in meinem Korreferat einige kritische Bemerkungen über die Innovationstätigkeit auf dem schweizerischen Finanzmarkt anbringen. Nun möchte ich die Lage keineswegs dramatisieren; nach wie vor gibt es bedeutende Bereiche des Bankgewerbes, die durch die internationale Konkurrenz kaum tangiert werden. So beruht das Kreditgeschäft, das in der Schweiz nach wie vor einen sehr bedeutenden Teil der Bankaktivitäten darstellt, häufig auf komparativen Informations- und Transaktionsvorteilen der bereits involvierten Banken, so daß ich hier keine nennenswerten Markteinbußen erwarte.

Der Grund, weshalb eine Nachfrage nach Finanzmarktinnovationen besteht, hängt eng mit der Frage nach der ökonomischen Bedeutung von Finanzmärkten zusammen. Und hier ist die Unwissenheit stark verbreitet – gerade auch in Finanzkreisen und bei Ökonomen. Es sind nicht die Kritiker des kapitalistischen Systems oder frustrierte Anlageberater, welche heute über die zunehmende Divergenz oder eine überproportionale Aufblähung des Finanzsektors gegenüber der realen Wirtschaft sprechen, sondern Generaldirektoren von Banken und renommierte Ökonomieprofessoren. Eine systematische ökonomische Analyse der Finanzmärkte und Finanzmarktfunktionen ist leider wenig verbreitet. Dies schafft ein schlechtes Klima für dringend erforderlichen Strukturveränderungen.

Welches sind die Ansatzpunkte für Innovationen im Bereich der schweizerischen Finanzmärkte? Ich möchte dazu drei Ansatzpunkte und ihre ökonomische Begründung diskutieren:

1. *Börsenstrukturen*

Die schweizerischen Börsenstrukturen entsprechen in verschiedener Hinsicht nicht den Anforderungen eines internationalen Finanzplatzes. Neben einer Aufsplitterung der ohnehin schon geringen Liquidität auf verschiedene Börsenplätze muß insbesondere auch die Handelsstruktur kritisiert werden. Zumindest für die *Blue Chips* (d.h. die Papiere der bekanntesten Firmen) benötigt man einen Markt, auf dem die Transaktionsungewißheit durch ein *Market Maker System* reduziert wird. Dies drängt sich schon wegen des Handels derivativer Finanzinstrumente (*Optionen & Futures*) auf. So muß beispielsweise ein *Market Maker* im Optionshandel sehr schnell seine *Exposure* auf dem zugrundeliegenden Kassamarkt absichern können, um kein unerwünschtes Positionsrisiko einzugehen. Im gegenwärtigen System ist dies nur beschränkt möglich. Man ist auf gut Glück darauf angewiesen, daß eine Gegenpartei gerade die umgekehrte Transaktion vornehmen möchte; im *Market Maker System* sind Transaktionen jederzeit zum notierten Geld- oder Briefkurs möglich. Ein *Market Maker System* erlaubt insbesondere auch die Ausführung *simultaner* Transaktionen in unterschiedlichen Basiswerten. Dies ist insbesondere im Zusammenhang mit Indexkontrakten, d.h. Kontrakte, deren Basisobjekt ein Aktienindex darstellt, bedeutungsvoll. Bei der SOFFEX wird anfangs 1989 der Handel mit Indexoptionen aufgenommen. Hier muß es möglich sein, die wichtigsten Komponenten des Index innert kurzer Zeit (möglichst gleichzeitig) zu kaufen oder zu verkaufen. Im gegenwärtigen System gibt es zwar für die *Blue Chips* keine feste Reihenfolge der gehandelten Papiere mehr (sog. „permanenter" Handel), aber simultane Transaktionen sind nicht möglich. Dies erschwert die *Market Making-Aktivitäten* des Indexhandels erheblich. Daß ein *Market Making System* die Transaktionsungewißheit reduziert und die Liquidität des Marktes erhöht, ergibt sich nicht nur aus amerikanischen Erfahrungen; die ersten Erfahrungen der SOFFEX, wo das *Market Maker System* erstmals verwirklicht wurde, bestätigen diese Tatsache auf eindrückliche Weise. So zeigen die Umsatzstatistiken der SOFFEX, daß der äquivalente Aktienwert der Kontrakte (Aktien- und Aktienindexoptionen) nur geringfügig unter dem Börsewert der in Zürich, Basel, Genf und außerbörslich gehandelten Aktien liegt.

Die SOFFEX-Börse unterscheidet sich in einem weiteren Punkt vom Aktienmarkt: Man verfügt täglich über exakte Liquiditätsinformationen. Da viele Transaktionen am Aktienmarkt außerbörslich erfolgen können, fehlt hier diese Information. Sie wäre aber gerade bei relativ illiquiden Papieren sehr bedeutungsvoll, um beispielsweise den *Market Impact,* d.h. den volumenbedingten Preisdruckeffekt, als wesentliches Kostenelement einer Börsentransaktion, abschätzen zu können. Dies ist im gegenwärtigen System nicht möglich. Man erkennt, daß das SOFFEX-System einige wesentliche Strukturmerkmale einer modernen Börse umfaßt – Merkmale, die leider an den konventionellen Börsen noch nicht realisiert sind.

2. *Ausgestaltung von Finanzinstrumenten*

Ein weiterer „Innovationsbereich" liegt in der Ausgestaltung bestehender Finanzinstrumente. Hier sind primär zwei negative Faktoren zu erwähnen. Erstens verunmöglichen die aktuellen, aber auch die kürzlich vom Parlament beschlossene Auflockerung der Vinkulierungsvorschriften der Namenaktien einen aktiven Übernahmemarkt bei schweizerischen Publikumsgesellschaften. Namenaktionär wird, wer dem Management genehm ist, und da die Stimmenmehrheit stets bei den Namenaktien liegt, ist die Kontrolle des Managements durch den Kapitalmarkt ausgeschaltet. Ein inkompetentes Management kann unter solchen Bedingungen natürlich länger „überleben". Ein weiterer Punkt betrifft die „Schwere" der Titel. Empirische Untersuchungen zeigen immer wieder, daß ein „gut diversifiziertes" Portfolio mindestens 10 Aktien umfassen sollte. Bei einem durchschnittlichen, schweizerischen Aktienkurs von 3000 Frg. erfordert dies ein Kapital von 30.000 Franken. Damit ist praktisch ausgeschlossen, daß

Aktien ein weit verbreitetes Anlagemedium darstellen. Kleine Investoren versuchen ihr „Glück“ mit ein oder zwei Aktien – so quasi als Substitut für das Zahlenlotto. Nun sind es gerade die „kleinen“ Investoren (*retail customers*), welche an amerikanischen Aktienmärkten eine hohe Liquidität erzeugen. Ein aktuelles Beispiel dazu ist wieder die SOFFEX. Es ist nicht von ungefähr, daß der Optionskontrakt auf die „billigste“ Aktie, nämlich jene des Schweiz. Bankvereins, die höchste Liquidität aufweist. Es wäre deshalb zu begrüßen, wenn schweizerische Gesellschaften häufigere Kapitalteilungen durchführen würden.

3. *Institutionelle Restriktionen und „Spekulationsangst“*

Hohe Transaktionskosten stellen häufig einen Grund dar, daß Geschäfte ins Ausland resp. in weniger stark regulierte Gebiete abwandern. Dr. Wolf hat diesen Punkt ausführlich dargestellt. Ich möchte in diesem Zusammenhang einzig darauf hinweisen, daß Politiker zwei Sachen zu unterschätzen pflegen: Erstens die Phantasie der Finanzmarktakteure, und zweitens die Anpassungsgeschwindigkeit der Märkte. Dazu ließen sich eine Reihe aktueller Beispiele anführen, auf die ich hier aus Zeitgründen verzichten muß.

Ich möchte diesen Punkt mit der allgemeinen Bemerkung abschließen, daß die Entwicklung neuer Instrumente in der Schweiz *prinzipiell* einem relativ hohen, institutionell bedingten Risiko unterliegt. So wurden die SOFFEX-Aktienoptionen, um ein aktuelles Beispiel zu nennen, in einer Zeitperiode entwickelt, wo über die Stempelsteuerfreiheit lediglich ein positives Gutachten eines Rechtsprofessors und ein provisorischer, temporärer Entscheid der eidgenössischen Steuerverwaltung vorgelegen hat. Oder die Entwicklung der Indexoptionen wurde in Angriff genommen, ohne daß die Frage geklärt war, ob die daraus resultierenden Gewinne als Spiel- und Wettgewinne dem Lotteriegesetz unterliegen. Dies hängt damit zusammen, daß neue Instrumente und Märkte heute sehr viel schneller realisiert werden müssen, als administrative Entscheidungen erfolgen können. Anderseits widerspiegelt diese Erfahrung aber auch die große Unsicherheit, oder Unkenntnis, der Behörden gegenüber neuen Instrumenten. Daß Indexoptionen beispielsweise für die Portfolioabsicherung eine zentrale Rolle spielen, wird kaum erkannt. Und da es sich dabei – ungleich einer Versicherung – um nicht-diversifizierbare Marktrisiken handelt, muß zwingend jemand das zusätzliche Risiko tragen: und dies ist der böse Spekulant, der dann steuerlich ausgiebig zur Kasse gebeten wird. Ein funktionsfähiger Markt muß aber immer für *beide* Seiten der Transaktionen attraktiv sein. Wenn gerade durch Steuern versucht wird, „spekulatives“ Kapital den Finanzmärkten fernzuhalten, so reduziert man deren Liquidität und Informationseffizienz; beides sind aber zentrale Voraussetzungen dafür, daß Finanzmärkte ihre volkswirtschaftlich allokative Funktion erfüllen können. In der Zusammenführung zeitlich asynchroner und unterschiedlich motivierter Transaktionen (Absicherung/Spekulation, Risikoveränderungen, Fristentransformation), sprich in der Erzeugung von „Liquidität", liegt die eigentliche ökonomische Existenzberechtigung eines Finanzmarktes.

Die „Kosten" der Spekulation liegen allenfalls in einer erhöhten Volatilität der Märkte, oder umgekehrt formuliert: eine gewisse Volatilität ist erforderlich, damit überhaupt ein Anreiz zur Bereitstellung der erforderlichen Liquidität besteht. Das bedeutet, daß der sozialökonomische Effekt veränderter Kosten für Finanztransaktionen immer auf dem Hintergrund des *Tradeoffs* zwischen Liquidität resp. Volatilität einerseits und Informationseffizienz anderseits diskutiert werden sollte. Die öffentliche Diskussion beschränkt sich durchwegs auf die Feststellung, daß Spekulation die Volatilität erhöhe und damit das Finanzsystem destabilisiere. Meine Ausführungen zeigen, daß diese Betrachtung unzureichend ist: Es fallen keine Finanzmärkte vom Himmel – *beide* Seiten eines Marktes müssen einen Vorteil in einer Transaktion erkennen, und institutionelle Rahmenbedingungen wie Steuern, Marktstruktur, etc. haben einen wesentlichen Einfluß auf die Bereitschaft, Transaktionen anzubieten oder nachzufragen.

Ich komme damit zum Schluß meiner Ausführungen. Mir scheint die Skepsis, welche gegenüber neuen Instrumenten hervorgebracht wird, im allgemeinen kaum gerechtfertigt. Die Skepsis gründet häufig auf einem unzureichenden ökonomischen Verständnis der jeweiligen Märkte. Ich möchte wünschen, daß Portfoliomanager *Options- und Futuresmärkte* in der Schweiz, oder in Europa allgemein, mit derselben Selbstverständlichkeit verwenden wie ein entfernter Verwandter von mir, der eine riesige Weizenfarm in Wisconsin betreibt. Auf meine völlig naive und ernst gemeinte Frage, ob der Staat im Falle einer schlechten Ernte Ausgleichszahlungen leiste, entgegnete er mir verständnislos: „There is a futures market in Chicago, my dear. Aren't you teaching finance in Switzerland"? Zwar fehlt diese „Kultur" noch weitgehend im deutschsprachigen Raum; doch der erfolgreiche Start neuer Märkte wie die MATIF oder die SOFFEX, sowie die bevorstehende Eröffnung der DTB, sind hoffnungsvolle Ansatzpunkte für die weitere Entwicklung.

Das italienische Finanzsystem zwischen Markt und Bank

von Giangiacomo Nardozzi

Die Finanzgeschichte Italiens ist – genauso wie die deutsche – eine Geschichte von Banken und nicht von Beziehungen zwischen Bankinstituten und Märkten. Auch nach der Bankenkrise im Jahre 1931 und der Auflösung der nach dem deutschen Modell eingerichteten universellen Bank blieb das italienische Finanzsystem weiterhin von den Bankinstituten geprägt. Die Kapitalmärkte waren nur von beschränkter Bedeutung und von den Banken selbst abhängig.

Dasselbe geschah auch in Deutschland, wo die Universalbank heute die primäre Institution darstellt.

Das Zusammenleben zwischen Banken und sehr entwickelten, fortgeschrittenen Kapitalmärkten ist dagegen typisch für das Finanzsystem, das die Vereinigten Staaten durch die Gesetzgebung der 30er Jahre einführten.

Die *Theorie* der Finanzintermediation ermöglicht es nicht zu bestimmen, welches der beiden Modelle das beste ist: das amerikanische – das eine extreme Spezialisierung, eine begrenzte Bankintermediation sowie entwickelte und transparente Märkte voraussetzt – oder das deutsche, in dem die Finanzintermediation größtenteils ein im Rahmen des Kreditgeschäftes der Banken geleisteter *Kundendienst* ist.

Das amerikanische Modell geriet in der zweiten Hälfte der 70er Jahre in die Krise. Aufgrund seiner allzu großen Starrheit vermochte es die sehr hohen und insbesondere stark schwankenden Zinssätze der vorangegangenen zehn Jahre nicht zu bewältigen. Diese Erscheinung hat in den Vereinigten Staaten – sowie in anderen Ländern – zu einer starken Entwicklung der sonstigen Finanzmarktinstrumente zu Lasten der typischen Bankgeschäfte geführt. Die extreme Spezialisierung des amerikanischen Modells ermöglichte es aber den Banken nicht, sich auf nationaler Ebene an der Entwicklung der Finanzmärkte zu beteiligen. Eine Entwicklung, die ihren Spielraum auf der Passiv- und Aktivseite einschränkte. Daraus folgte gleichermaßen die Deregulierung sowie die Einführung einer neuen Reglementierung, die über die *Bank-Holding-Companies* die Frage der Spezialisierung in den Hintergrund drängte. Sie versetzte die Banken in die Lage einen größeren Teil der Finanzintermediation – wenn auch nur indirekt – zu kontrollieren.

Die rasante Entwicklung der Märkte hat jedoch auch im deutschen Universalbankmodell manche Korrekturen unentbehrlich gemacht. Eine dominierende Stellung der Banken auf dem Markt ist nicht die optimale Voraussetzung, um einem Finanzplatz – wie jenem von Frankfurt – die relevante Stellung im internationalen Finanzierungswettbewerb zu verleihen, die ihm aufgrund der Bedeutung Deutschlands in der Weltwirtschaft zukommen müßte.

Die Annäherung dieser beiden Modelle – also „mehr Bank" in den USA und „mehr Markt" in der BRD – spiegelt meines Erachtens den derzeitigen Anpassungsprozeß der Finanzsysteme in den wichtigsten Ländern wider.

Italien folgt schon seit geraumer Zeit diesem Trend. Bereits in der zweiten Hälfte der 70er Jahre wurde hier ein Modell des Finanzsystems aufgegeben, das sich zwar auf das im Bankgesetz vom Jahre 1936 festgelegte Prinzip der Spezialisierung stützte, den Banken jedoch die Möglichkeit gab, mit einem nahezu beispiellosen Grad an Bankintermediation zu Lasten der Märkte und der dort tätigen reinen Vermittlungsunternehmen den Markt zu dominieren. Die Gründe dieser allmählichen Distanzierung vom genannten Modell sind nicht so sehr im internationalen Anpassungstrend zu suchen, sondern vielmehr interner Natur. Es ging darum, ein überaus großes öffentliches Defizit zu finanzieren sowie der Unzulänglichkeit des nationalen Kredit- und Finanzssystems entgegenzuwirken, das nicht in der Lage war, den Wiederaufschwung der italienischen Industrie nach der schweren Krise der 70er Jahre zu gewährleisten.

1. Die radikale Änderung dieses in der Geschichte Italiens tief verwurzelten Modells hat einen starken Bankendisintermediationsprozeß auf der Seite der Passiva ausgelöst. Gleichzeitig förderte dies aber auch die Entwicklung von Geld- und Aktienmärkten. Diese verwandelten sich von Konkurrenten in Instrumente für die Banken, mit der Möglichkeit, direkt das Dienstleistungsangebot, das Verhandlungs- und Verwaltungsgeschäft für Wertpapiere und indirekt die Vermittlungstätigkeit durch Investmentfonds zu erweitern. Das ermöglichte es den Banken im Mittelpunkt der Finanzintermediation zu bleiben und zwar auch im Rahmen eines marktorientierten Systems.

2. Die Bankendespezialisierung zugunsten der Finanzintermediation führte auch in Italien – wie in fast allen Ländern – zur Einrichtung eines sogenannten „Mehrzweckbankkonzerns", mit Ausnahme der BRD, wo das Modell der „Allzweckbank" („Allfinanzbank") verbreitet ist. Dieser Trend findet seine Begründung in dem ganz besonders von der Notenbank verspürten Erfordernis, die im italienischen Bankgesetz verankerten Spezialisierungsprinzipien – wenn auch gruppenintern – durchzusetzen. Auf betriebswirtschaftlicher Ebene ist eine solche Maßnahme jedesmal dann gerechtfertigt, wenn sich die *economics of scope* vorteilhafter erweisen als die *economics of scale,* die sich aus der Konzen-

tration verschiedener Tätigkeiten in einem einzigen Bankinstitut ergeben. Die zweite EG-Richtlinie zur Koordinierung der Bankgesetze sieht diese Art von Gruppierung vor.

Die Durchsetzung des neuen italienischen Bankmodells, das sich 1993 mit dem Europäischen Binnenmarkt konfrontieren muß, erfordert die prompte Lösung *dreier Fragen*, sowie ein strategisches Engagement seitens der Banken und die Überwindung der bürokratischen Einstellungen jener Geldbehörden, die seit jeher an eine administrative Verwaltung des Kreditsystems gewohnt waren.

Die erste Frage betrifft die Billigung des Gesetzes über die Investementgesellschaften, die – im Einklang mit dem EG-Richtlinienentwurf über Finanzdienstleistungen – Mehrzweckfunktionen übernehmen und den institutionellen Rahmen für den Eintritt der Bankinstitute in die Börse liefern sollten.

Die zweite Frage bezieht sich auf die Beteiligung der Industrie an Bankinstituten. Die Reglementierung dieser Beziehungen erweist sich als angesichts der Vielseitigkeit der Tätigkeiten erforderlich, durch die die Banken eine vollständige und autonome Kredit- und Finanzkontrolle der Unternehmen ausüben. Dieses Problem tritt insbesondere in Italien und in den USA auf, es ist dagegen in der BRD kaum vorhanden. Offensichtlich besteht dort nicht die Gefahr einer Einmischung der Industrie in die Banktätigkeit, sonst wäre diese Einstellung, die für die anscheinend sehr wirksame Kontrolle der großen Industriekonzerne durch die wichtigsten deutschen Banken gefährlich sein könnte, nicht zu erklären.

In diesen Tagen wurde bekanntgegeben, daß das italienische Schatzministerium derzeit einen Gesetzesentwurf über die Kontrolle der Beteiligungen an Banken erarbeitet.

Die dritte Frage betrifft die Beziehungen zwischen den Banken und dem Staat, die Gegenstand einer zukünftigen Reform sein sollen. Die enge Verbindung der meisten Bankinstitute mit dem Staat führt oft zu mangelnder Effizienz, deren Ursache – wie Guido Carli vor einigen Tagen hervorhob – in der Ernennung von Personen zu suchen ist, die Ausdruck der wirtschaftlichen Macht politischer Parteien ist. Je mehr die Banken internationalem Wettbewerb ausgesetzt sind, desto mehr wird sich diese Ineffizienz in ihren wirtschaftlichen Ergebnissen niederschlagen.

Nachdem solche Probleme, auch mit Hilfe der kurzfristigen EG-Termine, gelöst sein werden, wird sich das italienische Finanzsystem einem internationalen Modell anpassen, das hinsichtlich der hier untersuchten Beziehungen zwischen Bank und Markt sehr komplex ist, weil es zwei kaum in Einklang zu bringende Ziele anstrebt: einerseits die für die *Bankkundschaft* wichtige Stabilität und andererseits die Wettbewerbsfähigkeit der Finanzdienstleistungen auf immer größeren und umfassenderen Märkten, deren Preisinstabilität ein Zeichen der Unsicherheit unserer Zeit ist.

Die Rolle der Universalbank im österreichischen Finanzsystem: Entwicklung – Bedeutung – Konsequenzen – Probleme

von Peter Mooslechner

Einleitung

Österreich gehört zusammen mit der Schweiz und der BRD zur Gruppe derjenigen Länder, in deren Finanzsystem das Universalbankenprinzip die dominierende Rolle spielt. Gleichzeitig vollzieht sich in den USA eine Entwicklung, die ausgeprägt weg von der regionalen und geschäftsspezifischen Aufteilung des Trennsystems und hin zum kontinentaleuropäischen Typ der Universalbank führt. Aber auch in einer Reihe von anderen Ländern waren die Deregulierungsmaßnahmen der letzten Jahre im Bereich der Finanzmärkte mehr oder weniger stark in Richtung Universalbankensystem orientiert.

Diese Systemdiskussion ist keineswegs neu und scheint – wie so vieles in ökonomischer Theorie und Wirtschaftspolitik – in ausgeprägten Wellen zu verlaufen. Man kann dabei den Eindruck gewinnen, daß jedes Land mehr das Bankensystem haben möchte, das es gerade zur Zeit nicht hat. Diese Diskussion hat sich in Österreich im Hinblick auf die Option einer Teilnahme am Binnenmarkt der Europäischen Gemeinschaft ab 1992 deutlich intensiviert. Sie greift eine Reihe von Problemfeldern (wieder) auf, die bereits in der Vergangenheit – und speziell in der Debatte auf dem Weg zur Novelle des Kreditwesengesetzes 1986 (KWG 1986) – eine wesentliche Rolle gespielt haben.

Unter diesen Vorzeichen kann eine Analyse der historischen Erfahrungen und Probleme des Bankensystems in Österreich vielleicht einen akzentuierten Beitrag zu einer Diskussion leisten, die in Italien ebenso wie in vielen anderen OECD-Ländern bereits in Gang gekommen ist.

Historische Entwicklung:
Von der ursprünglichen Spezialbank …

Historisch gesehen sind Banken immer in irgendeiner Form als Spezialbanken entstanden. Die ältesten Banken waren Handelsbanken, die den Zahlungsverkehr und die Finanzierung von Warengeschäften zwischen

Kaufleuten zum Geschäftsschwerpunkt hatten. Als Privatbankiers entwickelten sie in der Folge ein breiteres Spektrum differenzierter Finanzgeschäfte, das aber immer relativ deutliche bankspezifische Unterschiede behielt. Für die neuen Aufgaben Staats- und Industriefinanzierung entstanden mit den Großbanken (Aktienbanken) neue Spezialinstitute, die *economies of scale* bei Großfinanzierungen zu nutzen imstande waren. Hypothekenbanken mit ihrer spezifischen Geschäftsorientierung sowie Sparkassen und Genossenschaftsbanken (Kreditgenossenschaften) mit ihrer Kundengruppenorientierung runden das Bild eines Bankensystems ab, das eine eigentlich recht ausgeprägte Spezialisierung nach verschiedenen Kriterien abbildet.

Universalität als Geschäftsprinzip entwickelte sich dann als („automatische") Folge des Unternehmenswachstums bzw. als Geschäftsstrategie im schärfer werdenden Wettbewerb zwischen den expandierenden Banken. Das Systemmerkmal Spezialisierung läßt sich demgegenüber als Folge von Regulierung begreifen. Als Folge impliziter Regulierung (=Marktaufteilung), soweit eine bewußte Marktnischenstrategie meist kleinerer Banken von den Großen toleriert wurde und als explizite Regulierung, soweit entsprechende gesetzliche Regelungen eine genaue Aufteilung der Geschäftsfelder vorgaben. Globale Regulierungen der zweiten Art waren häufig Reaktionen auf ausgeprägte Fehlentwicklungen, etwa Finanzkrisen.

So stellt die Einführung des Trennsystems in den USA durch den *Glass-Steagall-Act* im Jahr 1933 ebenso eine unmittelbare Reaktion auf Börsenkrise und Bankenzusammenbrüche der Weltwirtschaftskrise dar, wie das Verbot des Interstate Banking in einem *Amendment* zum *McFadden-Act* im selben Jahr.

Demgegenüber wurden in Österreich die (geplanten) rechtlichen Konsequenzen aus dem Zusammenbruch des Bankwesens niemals gezogen. Vielmehr schuf die Sanierung der Creditanstalt in den Jahren 1932 ff. eine Art „Monopolbank" mit einem Geschäftsumfang, der jede weitere Systemdiskussion praktisch ausschloß. In der Folge bildeten die 1938 in Kraft gesetzten – und dem Universalbankenprinzip verpflichteten – deutschen Bankgesetze auch nach 1945 die wesentliche Grundlage des österreichischen Bankwesens. Schließlich wurde in der KWG-Novelle 1979 legistisch nachvollzogen, was die ökonomische Entwicklung lange schon präjudiziert hatte: Die Universalbank wurde zum Grundtypus der österreichischen Bank.

Das KWG 1979 war die erste umfassende Neuregelung der gesetzlichen Grundlagen des österreichischen Bankensystems nach dem Zweiten Weltkrieg. Es herrscht heute Einigkeit darüber, daß es keine zielgerichtete Neuordnung, sondern in erster Linie legistischer Nachvollzug bereits realisierter Entwicklungen war. Der Druck in diese Richtung war gerade aus dem Bankwesen selbst sehr stark, da sich Sparkassen, Kreditgenossenschaften und Hypothekenbanken gegenüber den Aktienbanken in ihren Expansionsmöglichkeiten eingeschränkt sahen. Das Nachhinken der gesetzlichen

Rahmenbedingungen hinter den tatsächlichen Marktbedingungen bringt in der ex-post-Betrachtung die etwas paradoxe Situation mit sich, daß ökonomische Effekte eines Gesetzes aus dem Jahr 1979 schon in den Jahren 1976 bis 1978 massiv festzustellen sind (z.B. Filialboom und Bilanzsummenwachstum).

Die KWG-Novelle 1986 verfolgte demgegenüber eine klar ausgeprägte ordnungspolitiche Orientierung. Eine Orientierung, die einen Anpassungsbedarf konstatiert, der auf die seit dem bzw. durch das KWG 1979 eingetretene Entwicklung zurückgeführt werden muß. Mindestens teilweise ist die Notwendigkeit zu einem Anpassungsprozeß in der Struktur der Bankensysteme aber auch international, d.h. durch den global raschen Wandel der Situation auf nationalen wie internationalen Finanzmärkten bedingt. Beispiele dafür sind die Novellierung des KWG in der BRD und der Systemwandel in den rechtlichen und faktischen Grundlagen des Bankensystems in den USA.

Diese Diskussion ist in Zusammenhang mit der Frage nach den Optionen Österreichs hinsichtlich des EG-Binnenmarktkonzeptes 1992 im Verlauf des Jahres 1988 neuerlich intensiv aufgenommen worden. Ausgehend von der Frage, inwieweit die Größenstruktur der österreichischen Banken ihre Wettbewerbsfähigkeit in bzw. gegenüber einem gemeinsamen EG-Bankenmarkt einschränkt, wurden und werden in dieser Diskussion die *alten* grundlegenden Problembereiche wieder aufgenommen, die in ihrem Kern auf die Systemfrage zurückgeführt werden können. Gerade für eine im internationalen Vergleich überwiegend kleinbetrieblich strukturierte Bankenlandschaft ist es unter dieser Perspektive entscheidend, inwieweit Spezialisierungs- bzw. Universalisierungsstrategien eine sinnvolle Option darstellen.

... *zur umfassenden Universal-Universalbank*

Ein rein am Geschäftsumfang orientierter Universalitätsbegriff reicht aber nicht aus, die spezifische Position der Universalbank im österreichischen Finanzsystem adäquat zur erfassen. Institutionell geht der Universalitätsanspruch weit über die eigentliche Bankbilanz hinaus: Bausparkassen, Investmentfonds, Sonderbanken und Beteiligungsfonds befinden sich ebenso im Eigentum/Einfluß der Universalbanken wie wesentliche Teile des Kreditkarten-, Leasing-, Börsen- und (neuerdings) auch des Versicherungsgeschäftes. Darüberhinaus ist der Bankenbesitz an Industriebeteiligungen in Österreich traditionell groß.

Übersicht 1 illustriert die Schlüsselposition der Universalbanken in der Gesamtheit der österreichischen Finanzmärkte anhand des Beispiels der 10 größten Universalbanken. Ihr an der Bilanzsumme gemessener Marktanteil erreichte Ende 1987 53,1% (inkl. Konzerne 56,8%). Bezieht man ihre

Größe allein auf die Bilanzsumme des Universalbankensektors des österreichischen Bankensystems, so steigt der Marktanteil der größten 10 auf 60,2% (inkl. Konzerne 64,4%), also auf nicht ganz 2/3 des österreichischen Universalbankenmarktes. Drei dieser 10 Institute sind gleichzeitig Spitzeninstitute eines Bankensektors und bringen damit im Wege der Interessensvertretung des gesamten Sektors eine über ihre eigene Bilanzsumme hinausgehende Bedeutung ein.

Mit nur zwei Ausnahmen decken diese 10 Universalbanken praktisch das gesamte Spektrum des österreichischen Finanzmarktinstrumentariums ab. Eine ganze Reihe von Teilmärkten können als ganz überwiegend von Banken dominiert angesehen werden. Nur am Leasingmarkt, bei Kreditkarten und besonders bei Versicherungsgeschäften gibt es ernsthaften Wettbewerb mit Institutionen außerhalb des Bankensystems.

Ergänzt man die geschäftsspartenorientierte Sicht um die Universalitätskriterien Kundenkreis und geographische Abgrenzung, so gewinnt der Universalitätsanspruch noch entscheidend an Schärfe. Tichy (1977, 1980) hat die Bedeutung dieser unterschiedlichen Faktoren für die Entwicklung des österreichischen Universalbankensystems in den verschiedenen Phasen prägnant herausgearbeitet:

- In einer ersten Phase bis etwa 1960 standen auf der Seite der Banken wie auf der Seite ihrer Kunden die Überwindung der Kriegsfolgen und die Normalisierung der Ausgangsposition im Vordergrund.
- Die zweite Phase, ungefähr die sechziger Jahre, war dann von einem ersten starken Wachstum der Sparfähigkeit und damit des Kundenpotentials gekennzeichnet. Das Wachstum der Bankensektoren erfolgte in dieser Phase durchaus ungleichmäßig, weil es von der regionalen und kundenspezifischen Konzentration der den verschiedenen Sektoren zugeordneten Banken getragen war.
- Eine dritte Phase ab 1970 ist dann durch das zunehmende Eindringen in die angestammten Kundenschichten der anderen Sektoren bestimmt. Es ist dies eine Phase zunehmenden Verdrängungswettbewerbs, die im Universal-Universalbankenprinzip des KWG 1979 und der bereits vorher erfolgten Filialfreigabe ihren Höhepunkt findet.
- Erst mit der konkreten Diskussion um die KWG-Novelle 1986 setzt dann ab etwa 1985 eine vierte Phase, eine Phase der Umorientierung, ein. Sie erfährt unter dem Eindruck der EG-Diskussion im Jahr 1988 eine neuerliche Intensivierung.

In der Entwicklung zum heutigen Typ der österreichischen Universalbank müssen somit unterschiedliche Konstellationen im Hinblick auf mehrere „Universalitätsfaktoren" unterschieden werden: einmal die Entwicklung zu einer Universalbank, die alle Geschäfte für eine bestimmte Kundenschicht anbietet. *Weiters* die Fortentwicklung dieses Typs zu einer

Übersicht 1

Die Finanzmarktposition der 10 größten österreichischen Universalbanken

	Bilanzsum.'87 (Konzern) in Mrd.ö.S	Beteiligung an: anderen Universal-banken	Bauspar-kassen	sonstigen Spezial-banken	Beteiligungs-fonds	Investement-fonds	Leasing-gesellsch.	Kreditkarten-gesellsch.	Versicherungs-gesellsch.
1. Creditanstalt (Bankenkonzern)	388,3 (472,7)	ja	ja	ja	ja	ja	ja	ja	ja
2. Girozentrale (Spitzeninstitut des Sparkassensektors)	276,4*	ja	ja	ja	ja	ja	ja	ja	ja
3. Länderbank (Bankenkonzern)	205,3 (247,3)	ja	ja	ja	ja	ja	ja	ja	ja
4. Zentralsparkasse (Mitglied des Sparkassensektors)	201,8	ja	ja	ja	ja	ja	ja	ja	ja
5. BAWAG	178,2	ja	ja	ja	ja		ja	ja	ja
6. Genossenschaftliche Zentralbank (Spitzeninstitut des Raiffeisensektors)	168,2	ja	ja	ja	ja	ja	ja	ja	ja
7. Postsparkasse	163,1	ja	ja	ja	ja	ja	ja	ja	ja
8. Erste Österreichische Sparkasse (Mitglied des Sparkassensektors)	136,3	ja	ja	ja	ja	ja	ja	ja	ja
9. OEVAG (Spitzeninstitut des Volksbankensektors)	57,8	ja	ja	ja	ja	ja	ja	ja	ja
10. Oberbank (Mitglied des CA-Bankenkonzerns)	41,1	ja	ja	ja	ja	ja	ja	ja	
Marktanteil der 10 größten Universalbanken	53,1% (56,8%)								
Marktcharakteristik			100% in Bankenbesitz	fast 100% in Bnk.besitz	fast 100% in Bnk.besitz	fast 100% in Bnk.besitz	von Banken dominiert	wesentlicher Bnk.einfluß	zunehmender Bnk.einfluß

* inkl. Bausparkasse

Übersicht 2

Der österreichische Universalbankenmarkt 1987

	Zahl	Bilanzsumme		
		in Mrd. ö.S		in %
Aktienbanken ohne Kontrollbank	49	1072,5		35,5
Bankiers	5	11,5		0,4
Sparkassensektor	129	841,5		27,9
Raiffeisensektor	884	605,2		20,0
Volksbankensektor	106	146,4		4,8
Landeshypothekenbanken	10	178,5		5,9
Postsparkasse	1	163,1		5,4
Summe Universalbanken	1184	3018,6	88,3	100,0
Bausparkassen	4	123,1		
Sonderbanken ohne Postparkasse	63	103,6		
Kontrollbank	1	173,7		
Summe Spezialbanken	68	400,5	11,7	
Alle Banken	1252	3419,1	100,0	

Universalbank, die alle Geschäfte für eine bestimmte Kundenschicht anbietet. Schließlich gewinnt auch noch die regionale Dimension an Bedeutung, indem die früher teilweise von den Kundenschichten her bestimmte regionale Orientierung zwischen und innerhalb der Sektoren zunehmend einer globalösterreichischen und internationalen Orientierung weicht.

Die Expansion der Wiener Großbanken in die Bundesländer und die forcierte Internationalisierungsstrategie vieler österreichischer Banken stellen für diese heute aktuellen Tendenzen illustrative Beispiele dar.

Gemessen an der Bilanzsumme umfaßt das Universalbankensegment per Jahresende 1987 88,3% des Marktvolumens. Von den verbleibenden 11,7% Spezialbanken weist ein großer Teil enge Verbindungen zu Universalbanken auf. Gemessen an ihrer Zahl sind fast 95% der österreichischen Banken heute – zumindest potentielle – Universalbanken.

Dominante Rolle der Banken in den Finanzierungsbeziehungen als Konsequenz

Funktionell folgt aus dieser Situation ein fast völlig auf das Bankensystem zentrierter Intermediationsprozeß. Gleich welches Finanzierungsinstrument, an den Banken führt in Österreich *de facto* kein Weg vorbei. Von der Staatsfinanzierung bis zum Wertpapiergeschäft, von der Börse bis zur Exportfinanzierung, die Universalbank ist in irgendeiner Form an der Mitteltransformation beteiligt. Dementsprechend liegt der (direkte und indirekte) Bankenanteil am Geldvermögen und an der Verschuldung des privaten Sektors extrem hoch. Hält man die Finanzierungsverflechtung einer Volkswirtschaft nicht für unbedeutend, so nimmt das (Universal-) Bankensystem in Österreich damit sicherlich eine – auch gesamtwirtschaftlich – zentrale (Macht-) Position ein.

Sowohl diese Macht als auch die damit verbundenen Wettbewerbsaspekte wurden und werden in Österreich – im Unterschied beispielsweise zu den USA und zu Ansätzen in der BRD – nicht thematisiert. Makroökonomisch, d.h. am gesamtwirtschaftlichen Marktergebnis interessiert, kann es aber problematisch sein, einen derart gesamtwirtschaftlichen Schlüsselsektor wie das Bankensystem beispielsweise von Kartellbestimmungen auszunehmen. Das wird insbesondere im Fall des Marktzutritts potentieller Konkurrenten deutlich. Ausgehend von einem labilen Oligopol-*gleichgewicht* läßt sich über das Ergebnis nach der Marktöffnung bestenfalls spekulieren. Klar ist nur, daß die österreichischen Banken auf einem liberalisierten EG-Bankenmarkt im Zweifelsfall die kleineren sind.

Für den Konsumenten von Bankdienstleistungen bietet das *Hausbankenkonzept* eines Universalbankensystems sicherlich einige Vorteile. Vor allem die Standardisierung des Angebots und seine Verfügbarkeit von einem einzigen Anbieter werden vielfach als angenehm empfunden. Gleichzeitig schränkt ihn diese Situation aber in seinen Wahlmöglichkeiten erheblich ein. Gerade das einheitliche Angebot von nur einem für ihn in erster Linie relevanten Anbieter zu überdies weitgehend standardisierten Konditionen macht eine echte Portfoliodifferenzierung praktisch nicht möglich. Die weitgehende Reduktion des Wertpapiermarktes auf einen Zwischenbankmarkt stellt dafür ein Beispiel dar. Sowohl in Österreich als auch in der BRD ist die ursprüngliche Konzeption der direkten Mitteltransformation zwischen *originären* Schuldnern und Gläubigern in Wertpapierform weitgehend verlorengegangen. Für die Universalbank stellte die Intermediatisierung dieser Märkte einfach ein willkommenes Wachstumspotential – auch auf Kosten der eigenen Rentabilität – dar. Die Veranlagung in ausländischen Wertpapieren bleibt für den Anleger unter diesen Bedingungen fast als einziges Instrument der Portfoliodifferenzierung verfügbar. Nicht zuletzt auch aus diesem Grund erlebt diese Veranlagungsform in den achtziger Jahren einen früher nicht gekannten Boom.

Aspekte der Marktdynamik in einem System mit Universalbankendominanz: einige ausgewählte Problemfelder aus österreichischer Sicht

Die 1986 als notwendig erachtete grundsätzliche Novellierung des Kreditwesengesetzes hat verdeutlicht, daß die erst 1979 erfolgte legistische Durchsetzung des Universalitätsprinzips nicht zu den *erwünschten* Marktergebnissen geführt hat. Vielmehr bildete sich eine für oligopolistisch strukturierte Märkte typische Konstellation aus, die durch den Wechsel von Phasen ruinösen Wettbewerbs mit Phasen ausgeprägter Kartellierungsbestrebungen gekennzeichnet war. Makroökonomisch mußte jede dieser Phasen als suboptimal erscheinen. Ruinöser Wettbewerb läßt um die Stabilität des Finanzsystems fürchten, Absprachen und Kartellierungsversuche belasten die reale Ökonomie mit zu hohen Kosten des Mitteltransfers.

Der längerfristige Strukturwandel im österreichischen Bankensystem ist im folgenden als Ansatzpunkt zur Ursachenforschung hinsichtlich des österreichspezifischen Anpassungsbedarfes in den Rahmenbedingungen des Bankwesens und des Bankenverhaltens zu verstehen. Einige ausgewählte Problemfelder sollen das ansatzweise illustrieren.

Ungebremstes Bilanzsummenwachstum als Kernproblem

Mit der Wirtschaftskrise der Jahre 1974/75 schwenkte das reale Wachstum auch der österreichischen Volkswirtschaft auf einen niedrigeren Wachstumspfad ein. Entgegen den theoretischen Erwartungen griff dieses abgeschwächte Realwachstum aber zunächst nicht auf die Finanzmärkte über. Ganz im Gegenteil verzeichneten Banken und Finanzmärkte einen ausgeprägten Wachstumsschub.

Zu einem wesentlichen Teil geht er zurück auf die in den siebziger Jahren gegebene Ausrichtung der österreichischen Banken auf das Bilanzsummenwachstum. Es bildet den Kern der Probleme, auf die die Novellierung des Kreditwesengesetzes 1986 abzielte. Krümmel (1985) stellt übrigens auch auf internationaler Ebene im Bankenverhalten einen „Hang zur Größe" als charakteristisches Wettbewerbselement fest, der sich in der dominierenden Ausrichtung der Geschäftspolitik auf das Bilanzsummenwachstum konkretisiert. In der theoretischen Literatur werden Einflüsse der Marktstruktur (oligopolistisches Verhalten, monopolistische Konkurrenz) und die Dominanz von Management- gegenüber Eigentümerinteressen als Ursachen dafür angeführt. Ansätze, die auf die empirische Entwicklung von Bankensystemen vielleicht stärker zutreffen als für den industriellen Bereich, für den sie entwickelt wurden.

Abbildung 1

Bilanzsumme der Kreditunternehmungen
(Veränderung d. Jahresendstände gegen d. Vorjahr in %)

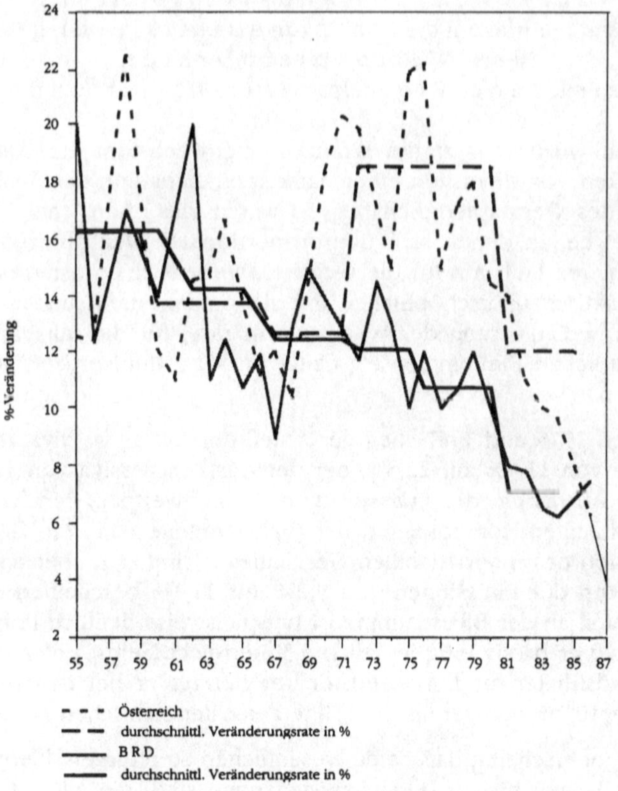

Die österreichische Konstellation läßt sich am prägnantesten am Vergleich des Bilanzsummenwachstums mit dem deutschen Kreditapparat illustrieren:

In den 15 Jahren von 1955 bis 1969 sind die Banken in Österreich und in der BRD weitgehend im Gleichschritt gewachsen. Sei Beginn der siebziger Jahre – parallel zur ersten Phase des intensivierten Wettbewerbs am österreichischen Universalbankenmarkt – ist dann das Expansionstempo des österreichischen Bankensystems markant höher. Und während sich das Bilanzsummenwachstum der deutschen Banken über mehr als 30 Jahre kontinuierlich abschwächt, erreicht das des österreichischen Bankensystems in den siebziger Jahren seine Höchstwerte. Erst seit Mitte der achtziger Jahre, im Vorfeld der KWG-Novelle, kommt es dann wieder zu einer

Angleichung des Bilanzsummenwachstums in beiden Ländern. Nur vor diesem historischen Hintergrund läßt sich der strukturelle Korrekturbedarf im österreichischen Bankensystem *richtig* interpretieren.

Wachsende Auslandsverflechtung, zunehmende Intermediatisierung des Wertpapiermarktes, sinkende Eigenkapitalausstattung

Getragen wurde das starke Bilanzsummenwachstum der österreichischen Banken vor allem von einer markanten Zunahme der Auslandsposition und des Wertpapiergeschäftes. Es waren dies offensichtlich die Geschäftsbereiche, in denen sich überproportionales Wachstum am *leichtesten* realisieren ließ: Am für die vergleichsweise kleinen österreichischen Banken praktisch unerschöpflichen internationalen Markt und durch forcierte Intermediatisierung der Wertpapiermärkte, für die mit einer überdurchschnittlichen Einkommenselastizität im Wachstumsprozeß gerechnet werden kann.

Zwischen 1975 und 1987 stieg der Anteil der Auslandsaktiva an der Bilanzsumme von 11,9% auf 22,3%, der der Auslandspassiva von 12,1% auf 23,2%. Mit Ausnahme der Emission von Bankenwertpapieren haben alle anderen wichtigen Komponenten der Bilanz Anteile verloren. Gegenüber der Explosion des internationalen Geschäftes nimmt sich aber der leichte Anteilsgewinn der Emissionen von 8,2% auf 11,1% bescheiden aus. Der Auslandsanteil an der Bilanzsumme ist beispielsweise deutlich höher als in der BRD, wo er passivseitig lediglich 5,3% erreicht. Selbst unter Einschluß der Auslandsfilialen und Auslandstöchter beträgt er bei den deutschen Banken mit 10,7% weniger als die Hälfte des österreichischen Wertes.

Interessant erscheint, daß beide wesentlichen Strukturverschiebungen in den Bankbilanzen hin zu Bereichen gegangen sind, die nach dem KWG 1979 zu einem wesentlichen Teil von der Unterlegungspflicht mit Eigenkapital ausgenommen waren. Man kann überdies davon ausgehen, daß in beiden Bereichen nur äußerst geringe Ertragsspannen zu verdienen sind und in einer rasch wachsenden Auslandsposition die Risken überproportional zunehmen. Das leitet über zu dem wesentlichen Ansatzpunkt der KWG-Novelle 1986, der Erosion der Eigenkapitalausstattung. Diese stellt eigentlich aber nur ein Spiegelbild der (Über-) Expansion der Bilanzsumme dar. Von 1970 bis 1980 ist die an der Bilanzsumme gemessene Eigenkapitalquote von 4,7% auf 2,8% zurückgegangen, bis 1985 ist sie weiter auf einen Tiefstwert von 2,5% gesunken. Seither ist sie als Folge des KWG wieder auf deutlich über 3% angehoben worden.

Abbildung 2

Aktivastruktur des österreichischen Bankensystems
(Anteile an der Bilanzsumme in %)

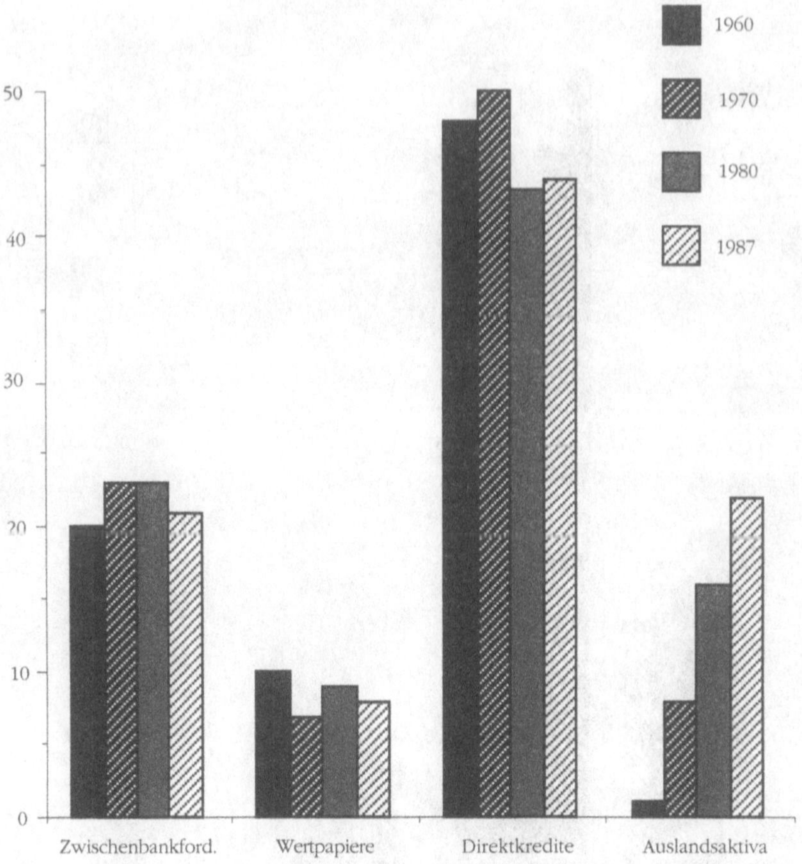

Zweigstellenausweitung als Wettbewerbsstrategie

Der im Bilanzsummenwachstum konkretisierte Wettbewerb um Marktanteile hat im Filialboom, vor allem der Jahre 1976 bis 1981, seinen vielleicht sichtbarsten Ausdruck gefunden. Die Zahl der Bankfilialen nahm in dieser Periode um 1750 auf 3716 zu, das war eine Steigerung um nicht weniger als 89%. Daß es sich dabei überwiegend um eine Netto-Ausweitung der Bankstellen gehandelt hat, zeigt der nur geringfügige Rückgang der Hauptanstalten um 172 im selben Zeitraum.

Abbildung 3

Passivastruktur des österreichischen Bankensystems
(Anteile an der Bilanzsumme in %)

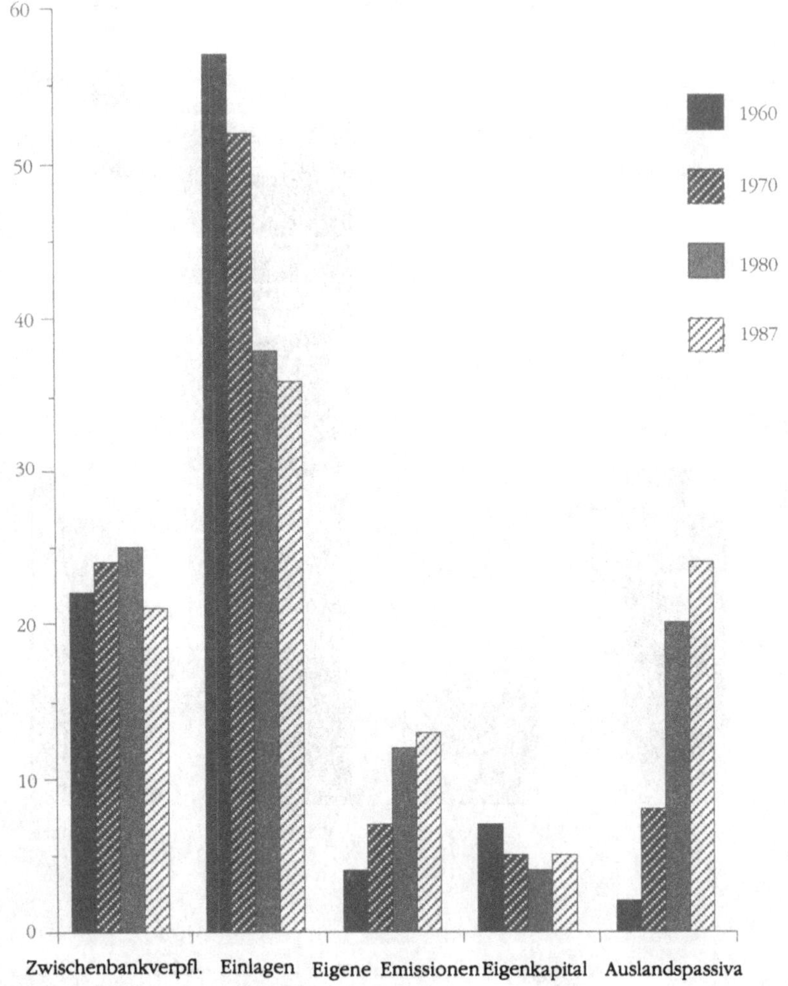

Obwohl nach den verfügbaren internationalen Vergleichen die Bankstellendichte in Österreich sehr hoch war und ist, stellte die Ausweitung des Zweigstellennetzes eine wichtige, vielleicht sogar die wichtigste Wettbewerbsstrategie – auf Kosten der Rentabilität – dar.

Ein in der Entwicklung des Universalbankenmarktes besonders markantes Ereignis war die Expansion der Wiener Großbanken in die Bundeslän-

Abbildung 4

Das Filialnetz der österreichischen Banken
(Zahl der Filialen)

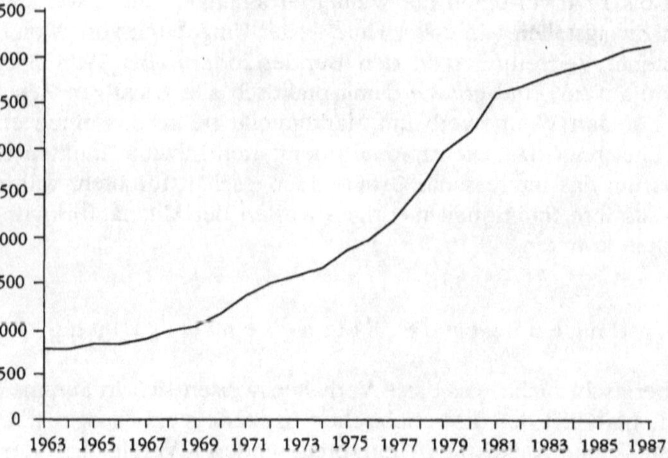

Veränderungsrate gegenüber dem Vorjahr in %

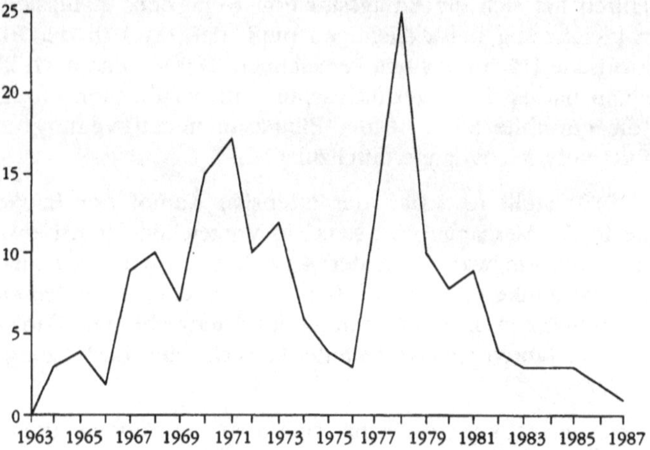

der. Es war dies praktisch der letzte Schritt weg vom regional differenzierten System der Kundengruppenorientierung hin zum gesamtösterreichisch tätigen Typ der umfassenden Universal-Universalbank.

Noch bis 1970 verfügten die Wiener Großbanken außer wenigen traditionellen Zweigstellen – in erster Linie in der Umgebung von Wien – kaum über potente Vertretungen in den Bundesländern. Bis 1985 stieg dann diese Zahl auf 285 und erfaßte damit praktisch alle wichtigen Zentren des Landes. Für den Wettbewerb um Marktanteile stellte das einen entscheidenden Einschnitt dar. Die regional orientierten Institute mußten dadurch einerseits um das interessante Großkundengeschäft fürchten, während sie andererseits ihre traditionell niedrigen Kosten der Mittelaufbringung nicht mehr halten konnten.

Ungenügende Ertragsentwicklung

Es überrascht nicht, daß diese Verhaltensweisen sich in Summe negativ auf die Rentabilität des österreichischen Bankensystems ausgewirkt haben. Nach den – sehr vorsichtig zu interpretierenden – Vergleichen der OECD liegen österreichische und japanische Banken nach ihrer Ertragskraft an letzter Stelle unter den OECD-Ländern. Es erscheint bemerkenswert, daß auch die japanischen Banken in den letzten 10 Jahren international weit überdurchschnittlich gewachsen sind.

Die verstärkte Universalbankenorientierung im österreichischen Bankensystem hat diese Situation ab 1975 weiter verschlechtert. Erst in den letzten 3 Jahren hat sich die Ertragssituation wenigstens stabilisiert, auch wenn man gleichzeitig berücksichtigen muß, daß etwa in der BRD die Banken historische Höchstgewinne verzeichnen. Der – wenn auch kleine – Mindestgewinn hat es den österreichischen Universalbanken offenbar ermöglicht, die gewählte Strategie der Bilanzsummenausweitung und der Marktanteilskämpfe relativ lange durchzuhalten.

Revell (1980) stellt fest, daß der intensive Kampf der Banken um Marktanteile in der Vergangenheit stets ein Vorzeichen für Krisensituationen im Bankensystem war. Nach der Krise kam es dann regelmäßig zu wettbewerbsbeschränkenden Absprachen, um den erlebten *ruinösen* Wettbewerb einzuschränken. Die Entwicklung des österreichischen Bankwesens in den letzten 15 Jahren stellt in vielerlei Hinsicht eine Bestätigung dieser Vorstellung dar.

Mikro- wie makroökonomisch hat sich aber mit zunehmender Dauer dieser Entwicklung ein umfassender Anpassungsdruck aufgebaut, der eine grundsätzliche Neuorientierung der Rahmenbedingungen unabdingbar gemacht hat. Es bleibt abzuwarten, inwieweit die – am Universalitätsprinzip grundsätzlich festhaltende – KWG-Novelle 1986 tatsächlich dauerhafte Problemlösungen erbringt.

Abbildung 5

Ertragskennziffern 11 österreichischer Großbanken (in % der Bilanzsumme)

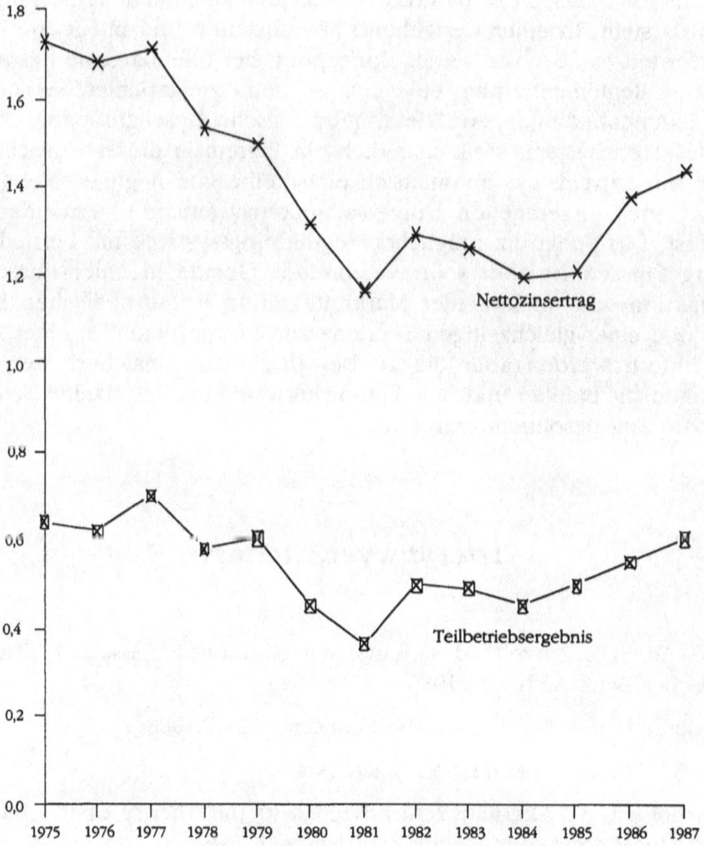

Fazit: Kann man aus den österreichischen Erfahrungen mit dem Universalbankensystem etwas lernen?

Die Schlußfolgerungen aus den österreichischen Erfahrungen mit der ausgeprägten Universalbankenorientierung der vergangenen rund 15 Jahre lassen sich eigentlich recht kurz zusammenfassen:

Ein fast völlig am Universalitätsprinzip orientiertes Bankensystem scheint immanente Entwicklungstendenzen zu begünstigen, die den Intentionen stabiler und funktionsfähiger Finanzmärkte entgegengerichtet sind.

Es bilden sich „unerwünschte“ Verhaltensweisen und Marktkonstellationen aus, die aus dem Marktmechanismus selbst nicht notwendigerweise eine Korrektur erfahren.

Daraus folgt aber nicht, daß das Universalbankensystem keine sinnvolle Option darstellt. In einer weitgehend liberalisierten und integrierten Umwelt erfordert es aber von seiner Konzeption her offenbar eine besonders sorgfältige Reglementierung, eine entsprechend zielgerichtete Gestaltung seiner Rahmenbedingungen. Die angelsächsische Geschäftsspartengliederung des Trennsystems stellt sicherlich ein Extrem in dieser Hinsicht dar. Freilich ein Extrem, das automatisch eine Reihe von negtiven Nebenwirkungen eines ungeregelten Universalbankensystems zu vermeiden imstande ist. Das Spektrum möglicher Regulierungssysteme mit befriedigenden Ergebnissen ist aber sehr viel breiter. Gerade in einer Phase der Kombination von umfassender Marktintegration im europäischen Bankwesen und einer gleichzeitigen Tendenz zur Universalbank in einer Reihe von Ländern werden aber die zu bewältigenden Unsicherheiten gleichermaßen für Banken und Regulierungsinstitutionen des Bankwesens auf absehbare Zeit besonders groß sein.

Literaturverzeichnis

Arnold, W.: Die Novelle des deutschen Kreditwesengesetzes, Österreichisches Bank-Archiv, 3, 1985

Arrivederci, bancantiquata, in: The Economist, 24.9.1988

Ausch, K.: Als die Banken fielen, Wien 1968

Baltensperger, E.: Alternative Approaches to the Theory of the Banking Firm, in: Journal of Monetary Economics, 1, 1980

Bothwell, J.: Profitability, Risk, and the Separation of Ownership from Control, in: The Journal of Industrial Economics, 3, 1980

Bronold, K.: Die Bestrebungen zu einer Neufassung des Kreditwesengesetzes seit 1949, Österreichisches Bank-Archiv, 2, 1979

Büschgen, H.: Das Universalbankensystem, Frankfurt 1971

Christl, J.: Wettbewerb und Ertragslage im österreichischen Bankensystem, Wien 1988 (Typoskript)

Dixon, R. / Gunther, A.: Margins, Concentration and Oligopolistic Interdependence, in: The Economic Record, Juni 1986

Fama, E.: Banking in the Theory of Finance, in: Journal of Monetary Economics, 1, 1980

Federal Reserve Bank of Chicago: Bank Structure and Competition, Chicago, verschiedene Jahre

– Toward Nationwide Banking: A Guide to the Issues, Chicago 1986

Federal Reserve Bank of Kansas City: Restructuring the Financial System, Kansas City 1987

Friedman, J.: Oligopoly Theory, Cambridge 1983

Gilbert, R.: Bank Market Structure and Competition: A Survey, in: Journal of Money, Credit and Banking, Part 2, November 1984

– A Comparison of Proposals to Restructure the U.S. Financial System, in: Federal Reserve Bank of St. Luis Review, Juli/August 1988

Hahn, O.: Struktur der Bankwirtschaft, Berlin 1981

Handler, H. / Mooslechner, P.: Hintergründe und ökonomische Aspekte der Novellierung des Kreditwesengesetzes 1986, in: Monatsberichte des österreichischen Instituts für Wirtschaftsforschung, 12, 1986

Kernbauer, H.: Währungspolitik in der Zwischenkriegszeit, Wien 1987 (Typoskript)

Kindleberger, Ch.: A Financial History of Western Europe, London 1984

Krümmel, H.: Bedeutung und Funktionen des Eigenkapitals in der modernen Kreditwirtschaft, Österreichisches Bank-Archiv, 6, 1985

Litan, R.: What Should Banks Do?, Brookings Institution, Washington 1987

Monsen, R. / Chiu, J. / Cooley, O.: The Effect of Separation of Ownership and Control on the Performance of the Large Firm, in: Quarterly Journal of Economics, August 1968

Möschel, W.: Das Trennsystem in der US-amerikanischen Bankwirtschaft: Eine normative und faktische Analyse, Baden-Baden 1978

OECD. Financial Markets: The Challenge of Modernisation, Paris 1988 (Teiltyposkript)

Peischer, J.: Filialpolitik der Geldinstitute: Notwendigkeit oder Prestige?, WISO, 1, 1980

Revell, J.: Costs and Margins in Banking: An international Survey, OECD, Paris 1980

– Costs and Margins in Banking: Statistical Supplement 1978-1982, OECD, Paris 1985

Sörgel, A.: Die eigentlichen Hausherren der Republik? – Macht und Einfluß der Großbanken, in: Blätter für deutsche und internationale Politik, 1, 1986

Tichy, G.: Drei Phasen des Strukturwandels im österreichischen Kreditapparat, Österreichisches Bank-Archiv, 8, 1977

– Zu einigen wichtigen Strukturmerkmalen des österreichischen Kreditapparates, Österreichisches Bank-Archiv, 9, 1977

– Strukturwandel im Kreditapparat und die auf uns zukommenden Finanzierungsprobleme, Österreichisches Forschungsinstitut für Sparkassenwesen, in: Vierteljahres-Schriftenreihe, 4, 1980

– Bankregulierung und Eigenkapitalbildung, in: Quartalshefte der Girozentrale, 4, 1984

– Die Eigenkapitalschwäche des österreichischen Kreditapparats: Eine Folge zu hoher Intermediatisierung?, Österreichisches Bank-Archiv, 8, 1983

Tobin, J.: The Commercial Banking Firm: A Simple Model, in: Scandinavian Journal of Economics, 4, 1982

– On the Efficiency of the Financial System, in: Lloyds Bank Review, Juli 1984

Ziele und Grundlagen der schweizerischen Geldpolitik

von Tobias F. Rötheli *

1. *Einleitung*

Die Schweizerische Nationalbank hat ähnliche Ziele wie andere Zentralbanken in der ganzen Welt. Zu diesen gehört die Sicherung der Vollbeschäftigung der volkswirtschaftlichen Ressourcen und die Gewährleistung eines stabilen Preisniveaus. Jede Zentralbank arbeitet jedoch in ihrem spezifischen nationalen Rahmen und hat den Bedürfnissen der einheimischen Bevölkerung und den wirtschaftlichen Realitäten Rechnung zu tragen. Die großen Unterschiede zwischen einzelnen Volkswirtschaften reflektieren sich demzufolge auch in großen Unterschieden einzelner nationaler Geldpolitiken. So scheint es für Peru zweckmäßig zu sein, eine Inflationsrate von 87% pro Jahr (Durchschnitt der letzten zehn Jahre) zu akzeptieren, da außer der Notenpresse wenig andere Formen der Finanzierung des Staatshaushaltes zur Verfügung stehen. Die Schweiz hat vergleichsweise eine weit geringere Inflationsrate, nämlich 3%, erlebt. Die folgenden Ausführungen geben Hinweise auf die wirtschaftlichen Hintergründe, die dies ermöglicht haben. In Abschnitt zwei wird auf die Verhältnisse auf den Schweizer Faktormärkten eingegangen und die Stabilisierungspolitik der Schweizerischen Nationalbank diskutiert. Abschnitt drei befaßt sich mit den Vorteilen, den Voraussetzungen und den Methoden einer auf Preisniveaustabilität ausgerichteten Geldpolitik.

2. *Vollbeschäftigung*

Als erstes sollen einige Gründe aufgezeigt werden, die dazu führen, daß die schweizerische Wirtschaft unabhängig von der verfolgten Geldpolitik meist nahe an ihrer Kapazitätsgrenze operiert.

Die Schweiz hat sich, mit Ausnahme von Rezessionsjahren, immer einer sehr tiefen Arbeitslosenrate erfreut. Gegenwärtig beträgt die Arbeitslosenquote 0,8% der erwerbsfähigen Wohnbevölkerung. Diese im Vergleich mit anderen Industrieländern sehr vorteilhafte Arbeitsmarkt-

* Ich danke Eveline Ruoss und Hans-Jürg Büttler für hilfreiche Kommentare.

situation hat verschiedene Gründe. Als erstes sei auf die konsensorientierte Politik der Schweizer Gewerkschaften hingewiesen. Seit dem historischen Friedensabkommen zwischen dem Schweizerischen Metall- und Uhrenarbeiterverband und dem Arbeitgeberverband der Metall- und Maschinenindustrie im Jahre 1937 hat die Schweiz keinen Streik von nationaler Bedeutung mehr erlebt. Anstelle eines auf Umverteilung orientierten gewerkschaftlichen Verhaltens hat sich über die Jahrzehnte eine auf die Konkurrenzfähigkeit der Wirtschaft orientierte und von Produktivitätsfortschritten abhängige Lohnpolitik herausgebildet. Die Schweiz hat auch keinen gesetzlich geregelten Minimallohn. Anstelle von flexiblen, von der Geschäftslage abhängigen Löhnen, haben sich in vielen Wirtschaftszweigen sogenannte implizite Verträge durchgesetzt. Derartige Regelungen erlauben den Arbeitsmarktteilnehmern eine vorteilhafte Aufteilung des Einkommensrisikos und stabilisieren die Beschäftigung über den Konjunkturzyklus [1].

Ein zweiter Grund für die tiefen Arbeitslosenzahlen liegt in der schweizerischen Einwanderungspraxis. Während der Rezession Mitte der siebziger Jahre wurde der Bestand an ausländischen Arbeitskräften deutlich reduziert. Gegen Ende der siebziger Jahre setzte der wirtschaftliche Aufschwung ein, und seither wächst die Zahl der Gastarbeiter in der Schweiz wieder an. Von Jahr zu Jahr hängt dabei der Zustrom ausländischer Arbeitskräfte vom Bedarf der sie beschäftigenden Industrien ab. Damit besteht ein Regulativ, welches das Arbeitsangebot an die Entwicklung der Arbeitsnachfrage anpaßt.

Als dritter Grund für die anhaltend tiefe Arbeitslosigkeit ist die schweizerische Sozialgesetzgebung zu nennen. Obwohl die Sozialpolitik dazu beigetragen hat, ein hohes Maß an sozialer Sicherheit zu garantieren, hat sie kaum zu Formen der Abhängigkeit von staatlichen Hilfen geführt [2]. Die Sozialversicherungen sind so konzipiert, daß im Bedarfsfall in hinreichendem Maße geholfen wird; sie geben aber Anreize, von dieser Hilfe bald wieder unabhängig zu werden. Arbeitslosenunterstützung z.B. wird nur gewährt, wenn sich der Betroffene bereit hält, eine zumutbare offene Stelle auszufüllen. Sind gesundheitliche Gründe für Arbeitsunfähigkeit verantwortlich, so sind andere Instanzen um die Unterstützung besorgt. In solchen Fällen gehört zur finanziellen Unterstützung auch ein Programm zur Rehabilitierung des Betroffenen mit dem Ziel, ihn wirtschaftlich wieder selbsttragend zu machen.

Aus diesen Ausführungen wird klar, daß Arbeitslosigkeit für die schweizerische Geldpolitik kein vorrangiges Problem darstellt. Die Diskussion um die Philips-Kurve, der *Trade-off* zwischen Inflation und Arbeitslosigkeit, hat deshalb in der Schweiz nie die Bedeutung erlangt, die sie in anderen

---

1 Vgl. Etter.

2 Vgl. Segalman.

Ländern hatte. Das bedeutet nicht, daß in der Schweiz ein Konsens darüber besteht, die Geldpolitik habe keine realen Wirkungen und solle daher nicht zu konjunkturpolitischen Zwecken eingesetzt werden. Die Kapazitäten der Schweizer Wirtschaft sind nicht immer voll ausgelastet. Rückgänge in der Gesamtnachfrage zeigen sich in vermehrter Kurzarbeit, einer Verminderung der temporär in der Schweiz arbeitenden Ausländer und in unausgelasteten Betriebskapazitäten. Zumindest in Zeiten rückläufiger Gesamtnachfrage, etwa in Folge einer realen Aufwertung des Schweizer Frankens, kann also eine expansive Geldpolitik die Ressourcenauslastung positiv beeinflussen. In der theoretischen Diskussion hat sich allerdings mehr und mehr die Überzeugung durchgesetzt, daß dieser reale Effekt der Geldpolitik langfristig verschwindet und einer Erhöhung des Preisniveaus Platz macht. D.h. eine Erhöhung der Wachstumsrate der Geldmenge führt letztlich nur zu einer höheren Inflationsrate. Langfristig gibt es somit keinen *Trade-off* zwischen Arbeitslosigkeit und Inflation: Die langfristige Philips-Kurve ist vertikal. Zudem werden Geldmengenerhöhungen, wenn sie regelmäßig erfolgen, antizipiert und verlieren zusehends an Wirkung auf reale Größen [3].

Auch wenn die Geldpolitik kurzfristige Effekte auf die Beschäftigung hat, so heißt dies nicht unbedingt, daß wir diese Effekte sinnvoll zur Konjunktursteuerung verwenden können. Friedman hat vor einem solchen Einsatz der Geldpolitik gewarnt. Er betonte dabei vor allem lange und variable zeitliche Verzögerungen zwischen geldpolitischer Maßnahme und realen Effekten, die in einer destabilisierenden Wirkung einer aktivistischen Geldpolitik resultieren können. Seiner Ansicht nach ist eine Geldpolitik, welche sich auf eine mäßige und stetige Ausdehnung der Geldmenge beschränkt, optimal. Neuere Arbeiten haben gezeigt, daß sich die langen und variablen *Lags* in den Wirkungen der Geldpolitik mit relativ einfachen dynamischen Modellen erklären lassen [4]. Diese *Lags* stellen somit keine unüberwindbaren Probleme für die Stabilisierungspolitik mehr dar.

Seit der Arbeit von Poole hat sich ein Teil der geldtheoretischen Literatur mit der Frage befaßt, wie optimale Feedbackregeln aussehen müßten, um die Schwankungen einer Volkswirtschaft zu stabilisieren. Diese Feedbackregeln erweitern die einfache Geldmengenregel und machen typischerweise das Geldmengenwachstum abhängig von Veränderungen des Zinses oder des realen Wechselkurses. Optimal ist eine solche Feedbackregel in dem Sinne, daß ihre Befolgung ein gewichtetes Mittel aus

---

[3] Die empirische Forschung in der Schweiz hat keine eindeutigen Resultate zur Frage der realen Wirkungen der Geldpolitik erbracht. Während Genberg und Swoboda und Rötheli, *Das Volkseinkommen,* in ihren Untersuchungen signifikante Effekte von Geldmengenveränderungen auf die reale Produktion in der Schweiz fanden, konnte Wasserfallen mit einem anderen methodischen Vorgehen keine solchen Effekte nachweisen.

[4] Vgl. Niehans, *Theorie.*

Output- und Preisniveauschwankungen minimiert. Um eine vorteilhafte Feedbackregel zu konstruieren, muß allerdings eine ganze Menge an quantitativen Resultaten über das Funktionieren der Volkswirtschaft vorliegen. Dazu gehören auch Kenntnisse über die Natur und das Zusammenwirken der Schocks, die auf den Güter- und Finanzmärkten auftreten [5].

Die Schweizerische Nationalbank hat sich nie zu einer starren Feedbackregel bekannt. Beeinflußt durch die Literatur über flexible Wechselkurse hat sich bei uns jedoch die Vorstellung durchgesetzt, daß eine unerwartete Richtungsänderung z.B. in der amerikanischen Geldpolitik zu einer heftigen Reaktion des nominellen Wechselkurses führen kann. Die damit einhergehende Abweichung des realen Wechselkurses vom kaufkraftparitätischen Wert führt im Falle einer Aufwertung zu einem Rückgang der Konjunktur. Diese Überlegungen leiteten die Schweizerische Nationalbank 1978, als sie, in Anbetracht einer massiven Aufwertung des Schweizer Frankes gegenüber dem Dollar und Währungen anderer wichtiger Handelspartner, die Geldversorgung stark ausdehnte [6].

Um sich Raum für solche Eingriffe offen zu lassen, betont die Schweizerische Nationalbank bei der alljährlichen Publikation ihres Geldmengenzieles ihre Bereitschaft, von diesem Ziel abzugehen, wenn es stabilitätspolitisch erforderlich ist. Wie und warum Geldmengenziele in der Schweiz gesetzt werden, ist Thema des nächsten Abschnittes.

3. *Preisniveaustabilität*

Ein stabiles Preisniveau erspart einer Volkswirtschaft die mannigfaltigen Kosten der Inflation [7]. Kosten entstehen selbst, wenn die Inflation korrekt antizipiert wird. So müssen zum Beispiel für intertemporale Vergleiche zukünftige nominelle Größen deflationiert werden. Inflation führt auch zu einem Anstieg der nominellen Zinsen und damit zu einer Erhöhung der Opportunitätskosten der Geldhaltung. Dies hat zur Folge, daß das Publikum seine Geldhaltung einschränkt. Damit geht ein Teil des Nutzens aus der Verwendung von Geld verloren. Inflation kann, in verschiedenen Formen, die Profite von Unternehmungen reduzieren. Ein einfaches Beispiel dafür sind nicht-indexierte Steuerskalen, welche mit höherer Inflation zu höherer Steuerlast führen.

---

[5] Eine entsprechende Untersuchung von Penati zeigt, daß für Spanien eine eher starre Geldmengenregel stabilitätspolitisch optimal ist. Optimal ist diese Politik für Spanien selbst, wenn das Ziel der Outputstabilisierung gleich stark gewichtet wird wie das Ziel der Preisniveaustabilisierung.

[6] Vgl. Niehans, *Geldpolitik,* für eine Darstellung der Geldpolitik bei überschießenden Wechselkursen.

[7] Vgl. Niehans, *Theorie,* Kap. 7 und Modigliani Kap. 2.6.

Die Wirkungen ungewisser Inflation können durch Indexierung vermindert werden. Die Berechnung und Anwendung von Indexformeln ist allerdings auch mit Kosten verbunden. Indexregeln können zudem den unerwünschten Effekt haben, daß sie Veränderungen relativer Preise auf indexierte Größen übertragen und so zu Marktungleichgewichten führen. Dies ist ein wichtiger Grund dafür, daß viele Verträge nicht indexiert werden [8]. Anstelle der Indexierung beobachtet man, daß Verträge häufig neu ausgehandelt werden. Ein weiterer Effekt der Inflation ist Umverteilung. Wird Inflation nicht korrekt antizipiert, so gewinnen auf den Kreditmärkten die Schuldner auf Kosten ihrer Gläubiger. Zwar bedeutet die Umverteilung keinen volkswirtschaftlichen Nettoverlust, sie veranlaßt jedoch die Marktteilnehmer nach Möglichkeiten zu suchen, um zukünftige individuelle Verluste zu vermeiden. Ein Rückzug der Sparer aus den Kreditmärkten führt z.B. zu einer Verknappung der finanziellen Ressourcen und zu einer ineffizient hohen Eigenfinanzierung der Unternehmungen. Auch die Möglichkeit einer Versicherung des Inflationsrisikos, etwa mittels Optionen, schafft die volkswirtschaftlichen Kosten ungewisser Inflation nicht aus der Welt. Niemand ist willens, ein Risiko ohne Entschädigung zu tragen.

Neben den bisher erwähnten Effekten kann Inflation auch zu Fehlentscheidungen auf Unternehmens- und Konsumentenebene führen, wenn nominelle und reale Größen nicht korrekt unterschieden werden. Schätzungen über das gesamte Ausmaß der durch die Inflation verursachten Kosten gibt es kaum. Dazu sind auch die Vorstellungen verschiedener Ökonomen über die Fähigkeit der Wirtschaft, sich mit Inflation zurechtzufinden, zu unterschiedlich. Eine Vielzahl von Ökonomen betrachten aber die Kosten der Inflation als beträchtlich und den Wohlfahrtsverlust durch die verringerte Geldhaltung als Untergrenze und wahrscheinlich Bruchteil dieser Kosten.

In der Schweiz hat sich in der Folge der hohen Teuerung Anfang der siebziger Jahre ein Konsens dahingehend ergeben, daß die Geldpolitik der Inflationsbekämpfung erste Priorität zu geben habe. Der erste Schritt in Richtung stabiles Preisniveau wurde mit dem Abgang vom System fixer Wechselkurse getan. Unter dem System von Bretton Woods hatte die Aufgabe der Schweizerischen Nationalbank im wesentlichen darin bestanden, durch Käufe und Verkäufe von Dollars gegen Schweizer Franken den Wechselkurs zwischen diesen Währungen konstant zu halten. Dies führte zu einer Übertragung der amerikanischen Inflation auf die Schweiz. Arbitrage auf den Märkten für international gehandelte Güter führte dazu, daß sich Dollarpreise und Frankenpreise dieser Güter parallel entwickelten. Konkurrenzkräfte bewirkten, daß die Preise der nicht-gehandelten Güter dem Preisanstieg der gehandelten folgten. Die nominelle

---

8 Gray behandelt das Thema optimaler Lohnindexierung für den Fall, daß eine Volkswirtschaft nominellen und realen Schocks ausgesetzt ist.

Geldmenge stieg derweil, ohne daß die Nationalbank es verhindern konnte.

Mit dem Übergang zu flexiblen Wechselkursen im Jahre 1973 wurde die Nationalbank in die Lage versetzt, die Teuerung zu bremsen. Die seither betriebene Geldpolitik basiert auf ökonometrischen Untersuchungen, welche zeigen, daß die nachgefragte reale Geldmenge systematisch durch das reale Volkseinkommen und den Zins beeinflußt wird [9]. Diese Arbeiten erbrachten keine Evidenz dafür, daß der Teil der Geldnachfrage, der nicht durch die beiden genannten Größen bestimmt wird, sich permanent vergrößert oder verringert. Damit sind Bedingungen gegeben, unter welchen die Notenbank durch die Kontrolle der Geldmengenentwicklung den langfristigen Verlauf des Preisniveaus bestimmen kann.

Eine Hilfe für eine auf Preisniveaustabilität ausgerichtete Geldpolitik ist ein nicht-defizitäres staatliches Budget. Ein Überhang der staatlichen Ausgaben über die Steuereinnahmen muß entweder durch Neuverschuldung oder durch die Geldpresse finanziert werden. In Ländern wie Peru, in denen die Steuereinnahmen weit hinter den Staatsausgaben zurückbleiben, verschlechtern sich die Konditionen, zu denen der Staat Mittel aufnehmen kann, zunehmend. Anstelle einer schwierigen Erweiterung der Steuerbasis, entscheiden sich Regierungen in dieser Situation meist für die Inflationssteuer. Selbst in Ländern wie den USA, kommt die Notenbank unter politischen Druck, mehr Staatsschuld zu monetisieren, wenn die wachsende Verschuldung die Realzinsen in die Höhe treibt.

In der Schweiz begann 1971 eine Periode defizitärer Bundeshaushalte. Nach fast zwanzig Jahren mit Budgetüberschüssen, wurde die Passivierung eingeleitet durch Mehrausgaben für Infrastruktur, Forschung und soziale Sicherheit. Die Zollsenkungen, welche mit der EWG ausgehandelt wurden, sowie die Rezession 1974/75 führten zu einer Stagnation der Steuereinnahmen. Das resultierende Budgetdefizit (1,1% des BSP 1976) hielt sich aber im internationalen Vergleich durchwegs auf tiefem Niveau. Durch eine sukzessive Erhöhung, vor allem der Warenumsatzsteuer sowie eines gezielten Abbaus von Subventionen, gelang es, das Budgetdefizit, das 1976 für den Bund 1,6 Mrd. Franken betragen hatte, bis 1986 in einen Überschuß von 2 Mrd. umzuwandeln [10]. Die Anstrengungen und der Erfolg der schweizerischen Finanzpolitik haben es der Nationalbank wesentlich erleichtert, an ihrem Ziel der Inflationsbekämpfung festzuhalten.

---

[9] Vgl. Rötheli, *Money Demand,* für eine aktuelle Schätzung der schweizerischen Geldnachfrage. Diese Arbeit gibt auch einen Überblick über frühere Arbeiten zum Thema Geldnachfrage und eine Diskussion der Rolle der Geldnachfrageschätzungen in der schweizerischen Geldpolitik.

[10] Vgl. Probst für eine detaillierte Beschreibung der Maßnahmen zur Budgetsanierung.

Die Schweizerische Nationalbank hat seit 1975 ihre Politik der Geldmengenkontrolle mit der Publikation von Geldmengenzielen verbunden. Von 1975 bis 1978 setzte sie Ziele für das Wachstum von M1, und seit 1980 werden Ziele für die monetäre Basis veröffentlicht. Die Festlegung des monetären Ziels, jeweils gegen Jahresende für die Dauer des nächsten Jahres, beruht dabei auf den quantitativen Ergebnissen der erwähnten Geldnachfrageuntersuchungen. Diesen Studien zufolge kann erwartet werden, daß die Inflation auf Null sinkt, wenn die Geldmenge über einen längeren Zeitraum nur in dem Maße steigt, wie die Veränderungen des realen Einkommens und des Zinses die Geldnachfrage erhöhen.

Da die Geldmengenziele die zukünftige monetäre Entwicklung betreffen, müssen die Determinanten der Geldnachfrage prognostiziert werden. Weil dies für den Zins fast unmöglich ist, beschränkt sich diese Projektion auf den Verlauf des realen Volkseinkommens. Multipliziert man das erwartete Wachstum des realen Einkommens mit der Einkommenselastizität der Geldnachfrage, so erhält man beispielsweise eine Leitgröße für das Geldmengenwachstum, das mit dem Ziel null Inflation vereinbar ist. Implementiert wird die Geldpolitik hauptsächlich durch Käufe und Verkäufe von ausländischen Devisen.

Der Verlauf der Geldmenge folgte nicht immer dem anvisierten Zeitpfad. Die Schweizerische Nationalbank versuchte, vor allem in den siebziger Jahren, Schwankungen des Wechselkurses zu dämpfen. Insbesondere in Phasen starker realer Aufwertung des Schweizer Frankens, in denen sich die Exportkonjunktur deutlich verschlechterte, verkaufte die Nationalbank am Devisenmarkt Franken und ließ so eine Erhöhung der monetären Basis zu. In dieses Kapitel gehört die schon erwähnte Episode von 1978. Während Abweichungen der Geldmengenentwicklung vom Zielpfad die Regel waren, haben sich diese Abweichungen längerfristig fast vollkommen ausgeglichen. Entsprechend konnte auch die Inflation deutlich vermindert werden. Teilt man die Zeit zwischen 1973 und 1987 in drei Fünfjahresperioden, so zeigt sich die Senkung des Preisniveautrends deutlich: Von 5,6% sank die durchschnittliche Jahresteuerung auf 4,2% und weiter auf 2,3%.

Die gegenwärtige Situation der schweizerischen Geldpolitik ist durch zwei institutionelle Änderungen geprägt. Zum ersten hat im Juni 1987 mit dem „Swiss Interbank Clearing" (SIC) ein neues „Online" Zahlungssystem seine Tätigkeit aufgenommen [11]. Das SIC bedeutet einen Effizienzgewinn für die Banken, indem es ihnen erlaubt, ihre Transaktionen untereinander mit weniger Notenbankgeld als bisher abzuwickeln. Zum zweiten sind anfangs 1988 neue Liquiditätsvorschriften in Kraft getreten. Diese Vorschriften bringen für die Banken eine Senkung der gesetzlich geforderten Liquidität und führen somit zu einer weiteren Senkung der Nachfrage nach Noten-

---

11 Vgl. Vital Mengle.

bankgeld [12]. Auf diese Entwicklung hat die Nationalbank mit einer Reduktion der Giroguthaben der Banken und damit der monetären Basis reagiert. Es ist gegenwärtig nicht abzusehen, wann diese Anpassung abgeschlossen sein wird. Man erwartet jedoch, daß diese Veränderungen keine bleibenden Probleme für die Geldpolitik schaffen werden.

4. *Schlußbetrachtung*

Die Schweizerische Nationalbank hat sich seit dem Übergang zu flexiblen Wechselkursen hauptsächlich auf die Reduktion der Inflation konzentriert. Diese Politik wurde durch die auf Budgetausgleich bedachte Finanzpolitik und die Existenz wirksam aufs Gleichgewicht hinarbeitender Kräfte auf dem Arbeitsmarkt erleichtert. Obwohl die Inflation deutlich gedrosselt werden konnte, ist sie noch nicht ganz zum Verschwinden gebracht. Angesichts der langfristig vertikalen Philips-Kurve einerseits und der Kosten der Inflation andererseits, wird es vorteilhaft sein, den Preisniveautrend, d.h. die systematische Infiation, gänzlich zu beseitigen.

Die Geldpolitik kann zwar – neben der Beseitigung des Preisniveautrends – zur Verminderung von Konjunkturschwankungen beitragen. Der Einsatz der Geldpolitik zu diesem Zweck muß aber genau kalkuliert werden. Je weiter die geldpolitische Konjunkturstabilisierung nämlich geht, umso größer sind deren volkswirtschaftliche Kosten infolge transitorischer Preisniveauschwankungen.

Literaturverzeichnis

(Im Anmerkungsteil werden die *kursiv* gesetzten Kurztitel verwendet.)

Birchler, W.: Neue Liquiditätsvorschriften und Geldpolitik, in: Geld, Währung und Konjunktur, Quartalsheft der Schweizerischen Nationalbank, Nr. 1, 1988, S. 75-81

Etter, Ch.: Löhne und Beschäftigung im Konjunkturverlauf, Berner Beiträge zur Nationalökonomie, Bern und Stuttgart 1984

Friedman, M.: The Lag in Effect of Monetary Policy, in: Journal of Political Economy, 69, 1961, S. 447-466

Genberg, H. / A. *Swoboda*: External Influences on the Swiss Economy under Fixed and Flexible Exchange Rates, Grüsch 1983

Gray, J.A.: Wage Indexation: A Macroeconomic Approach, in: Journal of Monetary Economics, Bd. 2, 1976, S. 221-235

---

[12] Vgl. Birchler.

Modigliani, F.: Raffaele Mattioli Lectures, Cambridge 1986

Niehans, J.: *Geldpolitik* bei überschießenden Wechselkursen, in: Außenwirtschaft, 34, 1979, S. 119-219

– *Theorie* des Geldes, Bern und Stuttgart 1980

Penati, A.: Monetary Targets, Real Exchange Rates and Macroeconomic Stability in: European Economic Review, 28, 1985, S. 129-150

Poole, W.: Optimal Choice of Monetary Policy Instruments in a Simple Stochastic Macromodel, in: Quarterly Journal of Economics, 82, 1970, S. 197-216

Probst, P.: Die Finanzpolitik des Bundes 1971-1986, in: Die Volkswirtschaft, 61, 1988, S. 21-25

Rötheli, T.: *Das Volkseinkommen* und die internationalen Kapitalbewegungen, Berner Beiträge zur Nationalökonomie, Bern und Stuttgart 1986

– *Money Demand* and Inflation in Switzerland: An Application of the Pascal lag Technique, in: Review of the Federal Reserve Bank of St. Louis, 70, 1988, S. 43-51

Segalman, R.: Welfare and Dependency in Switzerland, in: Public Interest, 82, 1986, S. 106-121

Vital, Ch. / D. Mengle: SIC, Switzerland's New Electronic Interbank Payment System, in: Federal Reserve Bank of Richmond Economic Review, 74, 1988, S. 12-27

Wasserfallen, W.: Makroökonomische Untersuchungen mit rationalen Erwartungen. Empirische Analysen für die Schweiz, Berner Beiträge zur Nationalökonomie, Bern und Stuttgart 1985

Entwicklungen der italienischen Geldpolitik: Vergangenheit und Zukunft

von Giacomo Vaciago

I. *Einleitung*

Die Auseinandersetzungen zum Thema Geldpolitik können sich auf besondere, mit spezifischen Ereignissen verbundene Aspekte beziehen, oder aber im allgemeinen auf Fragen der Methodik des vorherrschenden Geldregimes. Mit „Regime" seien hier die Regeln gemeint, die der Strategie und der Taktik der Geldpolitik zugrundeliegen, und daher die Wahl der angestrebten *Endziele*, auf die die Geldpolitik ausgerichtet ist, deren Prioritäten, die spezifischen *Zwischenziele*, die damit verbundenen *operativen Zielsetzungen*, und schließlich die verschiedenen *Instrumente*, die dabei zur Anwendung kommen. Es ist kein leichtes Unterfangen definieren zu wollen, welches Geldregime in den 80er Jahren den Vorrang gehabt hat. Einfach ist es deshalb nicht, da es eine – wie wir noch sehen werden – schrittweise Entwicklung in der Strategie und in der Taktik der Geldpolitik gegeben hat: das, was zu Beginn dieser Zeitspanne gegolten hatte, galt vor kurzem schon wieder nicht mehr. Doch ist es auch nützlich, weil eine Bewertung der einzelnen Ereignisse auf geldpolitischer Ebene (z.B. die Wiedereinführung der direkten Kontrolle über das Bankkreditwesen im Januar 1986 und dann im September 1987) von dem vorherrschenden Geldregime und dessen Grenzen einfach nicht absehen kann. Das ist die Perspektive, in der die folgende Analyse zu sehen ist. Nachdem die Bedingungen definiert worden sind, die die Strategie und die Taktik der Geldpolitk regeln, wird versucht festzustellen, ob dieses System in dem Sinne konsequent ist, daß es kompatibel mit dem bestehenden Übertragungsmechanismus der Geldpolitik und gleichzeitig in bezug auf das Erreichen der von den Geldbehörden vorgegebenen Endziele effizient ist. Dabei ist sowohl der Entwicklung des Wirtschaftssystems in dem in Betracht gezogenen Zeitraum Rechnung zu tragen, als auch der Änderungen, die sich in der Geldpolitik ergeben haben.

Man kann bereits vorausschicken, daß dabei drei kritische Faktoren eine Rolle spielen, daß es drei ungelöste Probleme gibt, die die Konsequenz des heute in Italien vorherrschenden Geldregimes schmälern. Die drei Widersprüche, die im folgenden näher analysiert werden, betreffen: die Funktionsbedingungen der Kapitalmärkte; das Ungleichgewicht der

Staatsfinanzen; die Devisenabkommen im Rahmen des EWS. Eine jede dieser drei Fragestellungen stellt einen potentiellen Störungsfaktor des heute herrschenden Geldregimes in dem Sinne dar, daß er der beschlossenen geldpolitischen Strategie und Taktik zuwiderlaufen kann. Von der Lösung dieser Fragen hängen überdies auch die Zukunftsaussichten der italienischen Geldpolitik ab. Es ist kein Zufall, daß sie sich heute „in der Mitte der Furt" befindet: die bereits vorgenommenen Ändeungen weisen auf das Ufer hin, auf das man sich zubewegt, doch läuft man immer noch Gefahr, von einer Welle auf das andere Ufer zurückgeschlagen zu werden!

2. *Die „Disziplin" im EWS*

Um das „Regime" der 80er Jahre zu erläutern, ist es nützlich von der Wende auszugehen, als Italien 1979 dem EWS beigetreten ist. Offensichtlich wird das in Abb.1, wo die radikale Verlangsamung des Geldmengenwachstums ganz klar zum Ausdruck kommt. In der zweiten Hälfte der 70er Jahre wuchs die Geldmenge jährlich um mehr als 20%. Anders ausgedrückt, die Geldpolitik kam dem Inflationsprozeß und den ihn hervorrufenden Schocks von innen oder außen entgegen. Ende 1979 ist eine deutliche Veränderung zu erkennen, und die Wachstumsrate der Geldmenge verringert sich in den folgenden sechs Jahren auf die Hälfte.

Die durch den Beitritt zum europäischen Abkommen über Wechselkursstabilität bedingte Einschränkung zwingt die Währungspolitik dazu, gegenüber der Inflation nicht mehr so akkommodierend zu sein. Das verringerte Geldmengenwachstum beginnt 1979, als der Inflationsprozeß – als Folge des zweiten Erdölschocks – noch steigende Tendenz aufweist. Anders ausgedrückt, die Verlangsamung des Geldmengenwachstums geht der folgenden Senkung der Inflationsrate voran und beschränkt sich nicht einfach darauf, sie zu begleiten. Trotzdem muß dem Monetarismus nicht unkritisch beigepflichtet werden, um die Verbindung zwischen Geldmenge und Inflation zu unterstreichen: im hier untersuchten Fall Italien besteht die Verbindung in der Wechselkursstabilität, der im Verlauf des Jahres 1980 seitens der Geldbehörden Priorität verliehen wurde, um die Inflationserwartungen in Grenzen zu halten. Die Geldmengenrestriktion, die die damalige Wechselkurspolitik erforderte, diente dazu, das neue Geldregime der 80er Jahre einzuleiten.

Hinzuzufügen ist, daß die Wirtschaftsfachleute von der Strategieanpassung der Geldpolitik erst *ex post* erfuhren und diese nicht schon *ex ante* in dem Moment angekündigt wurde, als der Beitritt Italiens zum EWS beschlossen wurde. Im Rahmen der Diskussionen, die dem EWS-Start vorangingen, hatten unsere Regierungsbehörden – und sogar die Banca d'Italia [1] – Bedenken hinsichtlich der Kosten einer solchen Anpassung

---

[1] Siehe diesbezüglich Baffi, P.: Il sistema monetario e la partecipazione dell'Italia, 1978, neu veröffentlicht in Ciocca, P. (Hrsg.): La moneta e l'economia, Bologna 1983.

Abbildung 1

Geldmenge (in Milliarden Lire)

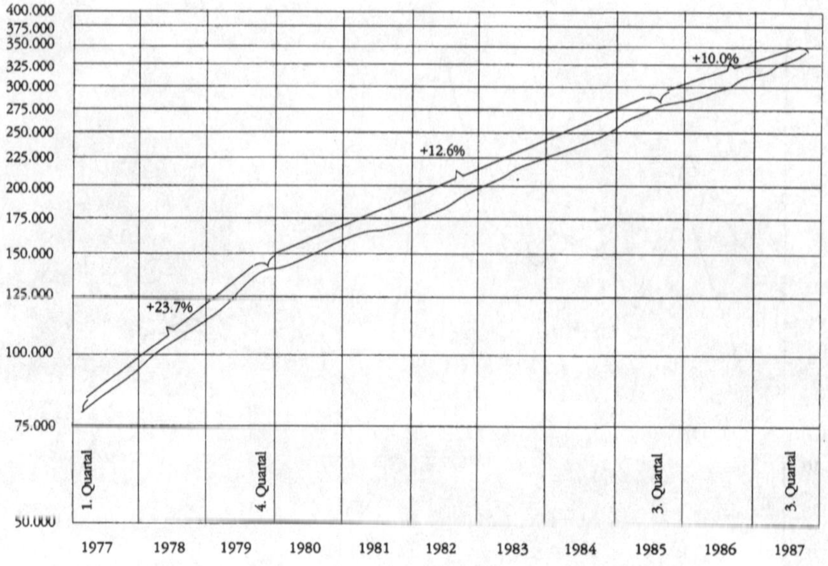

Quelle: Federal Reserve Bank of St. Louis

sowie hinsichtlich der Risiken angemeldet, die ein solches System für das Entwicklungspotential der italienischen Wirtschaft mit sich bringen würde. Es kam daher nicht zu dem positiven Effekt auf die Inflationserwartungen, den eine derartige inflationsdämpfende Veränderung im Geldregime eigentlich haben sollte, wenn diese Veränderung angekündigt wird und glaubwürdig ist. Das System hat also *ex post,* auf eigene Kosten lernen müssen, daß die Geldpolitik nunmehr nicht so akkommodierend sein würde, und daß die Wechselkurspolitik bestimmt. Die „Regime"-Änderung dehnte sich nicht mit ebensolcher Bestimmheit auf das gesamte Inlandskreditvolumen aus, das die Summe der Finanzierungen für den privaten Sektor und den Finanzierungsbedarf des staatlichen Sektors umfaßt. Wie aus Abb. 2 ersichtlich ist, stiegen in den 70er Jahren sowohl die Zentralbankgeldmenge als auch das gesamte Inlandskreditvolumen schneller. Dieser Trend veränderte sich in den 80er Jahren. Im Jahrzehnt zuvor liegt das Wachstum des Zentralbankgeldes im Schnitt bei dem des gesamten Inlandskreditvolumens, 1978 sogar darüber.

Abbildung 2

Zentralbankgeld und inländisches Kreditvolumen
Veränderungsraten auf Basis von Jahresendständen

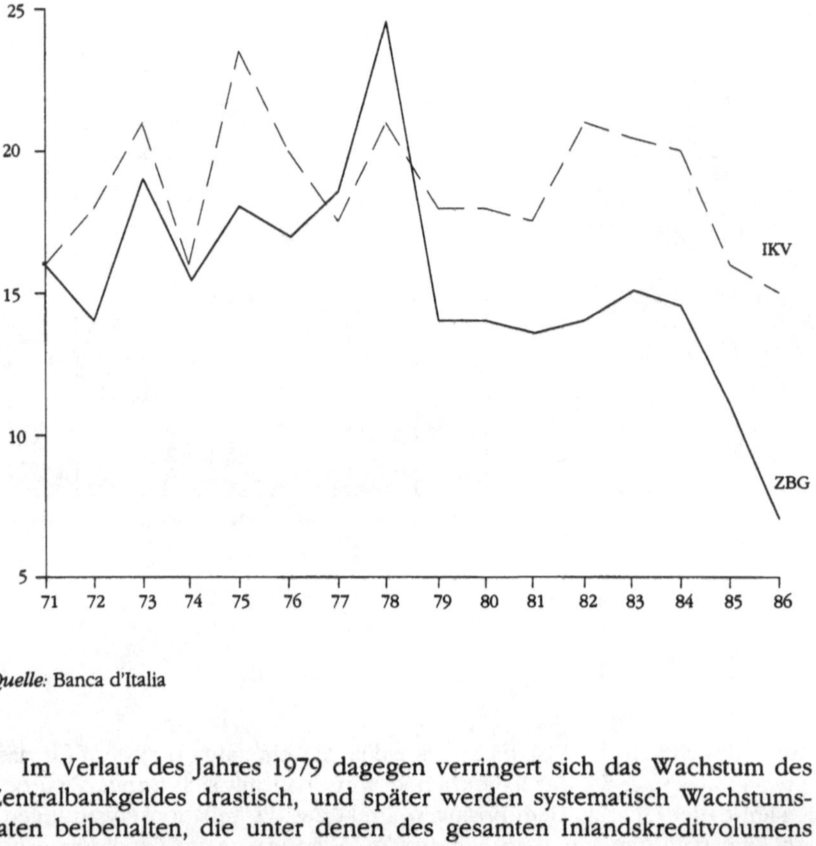

Quelle: Banca d'Italia

Im Verlauf des Jahres 1979 dagegen verringert sich das Wachstum des Zentralbankgeldes drastisch, und später werden systematisch Wachstumsraten beibehalten, die unter denen des gesamten Inlandskreditvolumens liegen. Das Wachstum der Gesamtfinanzierung (darin inbegriffen der Finanzierungsbedarf des staatlichen Sektors) verlangsamte sich erst um die Mitte der 80er Jahre merklich, als der Inflationsrückgang schon erreicht war. Die schwache Monetisierung der öffentlichen Schulden, in der sich die 80er Jahre vom vorhergehenden Jahrzehnt unterscheiden, ist eine wesentliche Komponente des neuen „Regimes", wie auch die nicht mehr akkommodierende Wechselkurspolitik. Dies sind die wichtigsten Veränderungen, die die EWS-„Disziplin" mit sich brachte.

3. *Autonomie in der Geldpolitik*

Der Beitritt Italiens zum EWS zwingt zu einem geänderten Verhalten in der Geldpolitik. Daraus folgt ein zweifaches Problem: einerseits die Fähigkeit der Zentralbank, sich selbst d.h. die Schöpfung von Zentralbankgeld unter Kontrolle zu halten, andererseits die Intensität, mit der sich dies auf die Aggregate überträgt, die das Wirtschaftssystem beeinflussen, also auf die Geldmenge und das Kreditvolumen. Das erste ist eine Frage der *Autonomie,* inwieweit die Passiva der Zentralbank unter ihrer eigenen Kontrolle stehen und nicht direkt oder indirekt von der Politik abhängen, im besonderen vom Finanzierungsbedarf der öffentlichen Hand. Das andere Problem ist hingegen eine Frage der *Effizienz* und betrifft die Schnelligkeit und die Intensität, mit der die währungspolitischen Eingriffe über die Finanzintermediäre und die Kapitalmärkte übertragen werden, um so das Erreichen der geldpolitischen Zielsetzungen zu garantieren. Die Steuerbarkeit der Geld- und Kreditaggregate hängt von beiden Faktoren ab, und es ist nicht immer leicht zu unterscheiden, ob die mangelnde Kontrolle der Geldpolitik, die in diesen Jahren zu registrieren war, auf die unzulängliche Selbständigkeit oder die mangelhafte Effizienz zurückzuführen war.

Wenn man den kurzfristigen Verlauf der Geld- und Kreditaggregate überprüft, die die Banca d'Italia als *Zwischenziele* bevorzugt hat, erkennt man (siehe Abb. 3), daß die Tendenz zur Verlangsamung von ausgeprägten zyklischen Schwankungen begleitet war. Relativ kurze Perioden, in denen jede der beiden Zwischenzielgrößen sich zuerst schneller und dann wieder langsamer entwickelt, mit entsprechenden Auswirkungen auf den kurzfristigen Verlauf der *Endzielgrößen* Inflation und Zahlungsbilanzausgleich.

Wie erklärt sich dieser mangelnde Grad an Kontrolle über die Geld- und Kreditaggregate? Untersuchen wir zunächst einmal die erste Art von Problemen, die wir als „Autonomie" der Zentralbank definiert haben. Worauf es hier ankommt ist die Fähigkeit der Banca d'Italia, das Wachstum des Zentralbankgeldes festzusetzen und dieses zu jeder Zeit zu garantieren, unabhängig von der Entwicklung des Finanzierungsbedarfs des öffentlichen Sektors. Diese Autonomie ist natürlich begrenzt, wenn der Finanzierungsbedarf des Staates direkt oder indirekt das Wachstum des Zentralbankgeldes beinflußt. Im Laufe der 80er Jahre war das zwar nicht mehr so oft der Fall, aber zu Beginn der von uns untersuchten Zeitspanne schon. Zwei für den Fall Italien charakteristische Besonderheiten müssen dabei hervorgehoben werden. Erstens verfügt das Schatzministerium bei der Banca d'Italia über einen automatischen Rahmenkredit, der es ihm ermöglicht, 14% seiner Ausgaben mit Zentralbankgeld zu finanzieren. Zu einer Zeit, als die Ausgaben des Schatzministeriums schnell stiegen, standen also 14% des jährlichen Anstiegs als automatische Geldfinanzierung der öffentlichen Schulden zur Verfügung. Erst vor kurzem, als die Ausgaben des

Abbildung 3

Bankkredite und Geldmenge
(12-Monats-Wachstumsraten)

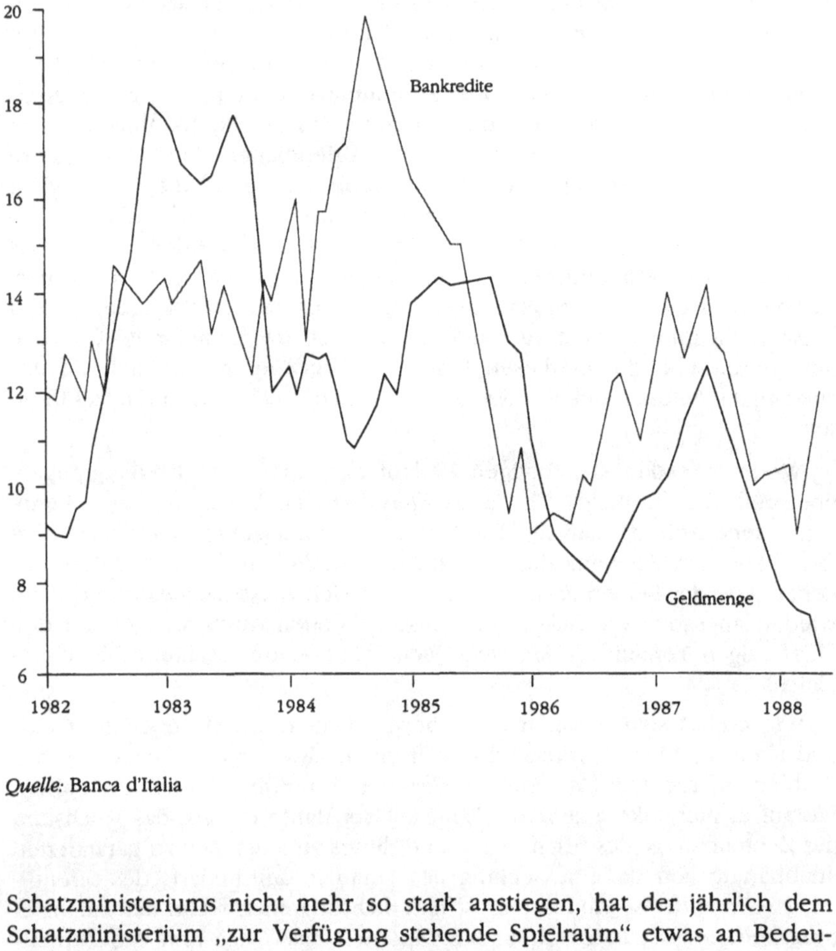

Quelle: Banca d'Italia

Schatzministeriums nicht mehr so stark anstiegen, hat der jährlich dem Schatzministerium „zur Verfügung stehende Spielraum" etwas an Bedeutung verloren. Das zweite Kennzeichen der Defizitfinanzierung bestand in der von der Banca d'Italia in den Jahren 1975-1981 eingegangenen Verpflichtung, die gesamte Emission von ordentlichen Schatzscheinen (Buoni Ordinari del Tesoro, BOT) zu garantieren. Auf diese Weise war für jede Ausgabe *de facto* eine obere Grenze für die Rendite der ordentlichen Schatzscheine garantiert, da die Banca d'Italia alle nicht abgesetzten Wertpapiere aufkaufte. Im Juli 1981 wurde diese Verpflichtung aufgegeben. Diese Trennung zwischen dem Schatzministerium und der Banca d'Italia zwang das Schatzministerium in den darauffolgenden Jahren, die Rendite der ordentlichen Schatzscheine schneller den Nachfragebedingungen anzupassen. Dementsprechend gewann die Banca d'Italia eine größere Selbständigkeit bei der Schöpfung des Zentralbankgeldes [2].

Man kann also sagen, daß sich erst schrittweise im Lauf der 80er Jahre im neuen „Regime" der Geldpolitik eine unerläßliche Grundbedingung für deren Funktionieren ergeben hat, d.h. eine größere Autonomie der Zentralbank bei der Steuerung des Zentralbankgeldes. Solange das Schatzministerium einen großen „zur Verfügung stehenden Spielraum" in Anspruch nehmen konnte, um mit dem Zentralbankgeld seinen eigenen Bedarf zu finanzieren, und/oder die Banca d'Italia alle Emissionen von ordentlichen Schatzscheinen absicherte, konnte die Zentralbank vor allem kurzfristig in nur sehr beschränktem Maße ein vorgesehenes Wachstum des Zentralbankgeldes garantieren. Genauer betrachtet ist allerdings noch eine (wenngleich nicht förmliche und höchstens indirekte) Verpflichtung erhalten geblieben. Das hängt mit der Struktur der öffentlichen Schulden selbst zusammen, die in Italien ungewöhnlich kurzfristig ausgerichtet sind. Die Steuerung der Schöpfung von Zentralbankgeld basiert auf der Flexibilität der kurzfristigen Zinssätze, die sich aber in unserem Fall in beträchtlichem Maße auf die Kosten der öffentlichen Schulden auswirken, da ein Großteil derselben aus kurzfristigen Wertpapieren (BOT) oder aus indexierten Wertpapieren besteht, deren Rendite sich nach der der kurzfristigen Wertpapiere richtet (CCT). Eine klare Einschränkung der Autonomie der Geldpolitik liegt in diesem Falle in der Schnelligkeit begründet, mit der die Steuerung des Zentralbankgeldes – bei einem bestimmten Bedarf des Schatzministeriums – eine Steigerung des Bedarfs selbst zur Folge hätte. Es gäbe keine Autonomie in der Geldpolitik, wenn ihre Eingriffe zur Verringerung der nicht-monetären Finanzierung des Schatzministeriums den Bedarf an Finanzierung ohne Grenzen steigen ließe und so eine Kostensteigerung hervorrufen würde, die wiederum eine Wertpapieremission notwendig machen würde! Dieser Grenzfall erscheint heute nicht realistisch; dennoch hilft er, den Autonomiegrad der Geldpolitik abzustecken: die Autonomie ist proportional zur Fristigkeit der öffentlichen Schulden, d.h. bei langfristigen festverzinslichen Wertpapieren am größten. Diese Autonomie wird allerdings, abgesehen von der Fristigkeit, auch durch das bestehende Ungleichgewicht in den öffentlichen Finanzen eingeschränkt. In den 70er Jahren war dieses Ungleichgewicht hauptsächlich „real", d.h. durch steigende Inflation, gemildert, die einerseits die bestehenden Staatsschulden entwertete, andererseits zu ständig höheren Steuereinnahmen führte (zurückzuführen auf den „fiscal drag"). In den 80er Jahren hat der Inflationsrückgang dazu geführt, daß das Ungleichgewicht, das zu Beginn real und durch die Inflation gedämpft war, nun dazu neigte,

[2] Siehe diesbezüglich Majononi, G. / Zautzik, E.: Techniques of Monetary Control in Italy: Developments and Problems, in: B.I.S., Changes in Money-Market Instruments and Procedures: Objectives and Implications, Basel 1986.

„finanziell" zu werden, d.h. durch die steigende Last der Zinsen hervorgerufen. Eine nicht-akkommodierende Geldpolitik, die eine Beschränkung der Inflation gewährleistet, erfordert eine energischer Korrektur der Haushaltspolitik, wenn verhindert werden soll, daß es zu einer Steigerung der Verschuldung durch hohe Zinssätze kommt.

4. *Wirksamkeit der geldpolitischen Steuerung*

Es wurde bereits gesagt, daß im Laufe der 80er Jahre die Autonomie der Banca d'Italia stetig gestiegen ist, da dem Schatzministerium weniger Finanzierungsmöglichkeiten durch Zentralbankgeld eingeräumt wurden. In anderen Ländern erreicht diese Autonomie ein Maximum, weil das Schatzministerium in diesen Ländern keine Möglichkeit hat, an der Schaffung von Zentralbankgeld teilzuhaben, das ausschließlich in Markttransaktionen der Zentralbank ihren Ursprung hat. Desweiteren wurde bereits darauf hingewiesen, daß es bei der Autonomie der Geldpolitik *de facto* eine Grenze gibt: das Ungleichgewicht der öffentlichen Finanzen und die Struktur der öffentlichen Schulden. Das Ungleichgewicht bei denn öffentlichen Finanzen ist in Italien stärker ausgeprägt als in anderen Ländern und die Schulden haben eine kürzere Laufzeit. Eine Grenze für die geldpolitische Autonomie ist durch die Folgen gegeben die sie im öffentlichen Defizit hervorrufen kann. Sie sind um so größer, je kürzer die Laufzeit der Schulden ist.

Neben diesen Fragestellungen sind in den 80er Jahren weitere aufgetreten, die im Widerspruch zu einem „Regime" der Geldpolitik stehen, das dazu dienen soll, die Geld- und Kreditaggregate auf inflationsdämpfende Weise zu kontrollieren. Der Übergang von einer Strategie, die auf der direkten Kontrolle beruht, zu einer Strategie, die mit der Veränderung der Zinssätze [3] arbeitet, setzt voraus, daß die Finanzmärkte entwickelt sind und effizient arbeiten – angefangen beim kurzfristigen Segment, das dem Zentralbankgeldmarkt am nächsten liegt, über das Segment, das die Aktiva und Passiva der Banken betrifft, bis zum Segment des Wertpapiermarktes. Anders ausgedrückt – die Impulse, die durch die Eingriffe der Geldpolitik übertragen werden, müssen sich so schnell und so stark wie möglich auf die gesamte Zinssatzstruktur ausdehnen, die dazu beiträgt, die Entwicklung der Geldmenge und des Kreditvolumens zu bestimmen. Im Falle Italiens bestätigt die Erfahrung der letzten Jahre [4], daß diese Übertragung nur langsam und in unvollständigem Maße vor sich geht: die große Volatilität der kurzfristigen Zinssätze auf dem Zwischenbankmarkt wird von einer ebenso großen relativen Starrheit der Bankenzinssätze begleitet; das Kre-

---

[3] Siehe in diesem Zusammenhang Caranza, C. / Fazio, A.: L'evoluzione dei metodi di controllo monetario in Italia: 1974-1983, „Bancaria", September 1983.

[4] Siehe Vaciago, G.: Credito e moneta, obiettivi intermedi della politica monetaria e gestione della banca, Materiali Assbank, Mailand 1987.

ditwachstum ist deshalb wenig kontrollierbar. Das hängt mit einer Reihe von Gründen zusammen, von denen bislang nur einige eliminiert wurden.

Zunächst einmal läßt die lange Erfahrung mit direkter Kontrolle über die Anlagen die Banken zögern, ihre Zinssätze zu verändern. Der Verzicht auf eine Höchstgrenze der Bankanlagen als normales Kontrollinstrument hat den Wettbewerb der Banken auf dem Anlagemarkt verschärft, da sie mit der Verringerung des Wertpapierportefeuilles den Auswirkungen der Geldpolitik auf die Mittelaufnahme entgegentreten können. Die periodische Wiedereinführung der Höchstgrenze (sowohl zu Beginn des Jahres 1986 als auch im Herbst 1987) hat die Reaktion der Banken auf die Ankündigung, daß das Wachstum der Kredite im Vergleich zu den vorgegebenen Zielsetzungen zu groß war, verändert. In anderen Ländern läßt eine Überschreitung der Zwischenziele auf einen Anstieg der Zinssätze schließen, und zwar schon vor den Eingriffen seitens der Geldpolitik; dies stellt ein „selbststabilisierendes" Element des Systems dar. In unserem Fall jedoch hat sich oft das Gegenteil beobachten lassen: ein übermäßiges Wachstum des Kreditvolumens läßt einen Korrektureingriff in Form einer Wiedereinführung von „Obergrenzen" erwarten, was zu einer unerwarteten Reaktion führt, und zwar zu einer weiteren Wachstumsbeschleunigung bei Bankanlagen.

Weitere Ursachen der unvollständigen Übertragung geldpolitischer Impulse über die Zinssätze sind der mangelnden Entwicklung der Märkte zuzuschreiben. Der Zwischenbankenmarkt ist noch immer von bilateralen Beziehungen und der direkten Übertragung von Mitteln beherrscht und erst ein kleines Segment ist schon als regelrechter Markt organisiert; der Bankeinlagenmarkt, d.h. der Markt für handelbare Einlagenpapiere steckt noch in den Kinderschuhen; der Markt für kurzfristige Wertpapiere von Unternehmen entwickelt sich zwar, aber vorerst noch inoffiziell; der Markt für staatliche Wertpapiere hat erst vor relativ kurzer Zeit eine ehrgeizige Reform erlebt, die übrigens noch nicht abgeschlossen ist.

Die Einstellung der letzten Jahre und demnach die eingeschlagene Richtung sind relativ klar, doch die Realisierung dieser Strategie erfolgt nur schrittweise und in den jeweiligen Finanzmarktsegmenten unterschiedlich schnell. Das Resultat ist, daß bislang die Steuerbarkeit der Geld- und Kreditaggregate [5] nicht vollends durch die Übertragung der Impulse der Geldpolitik über die Zinssätze gewährleistet ist: die Finanzstruktur – und im besonderen die Beziehungen zwischen Banken und Märkten [6] – sind noch

---

[5] Einen weiteren Beitrag in diesem Sinne hat es mit der Abschaffung der Grundpreise der BOT gegeben, wodurch die Struktur der kurzfristigen Zinssätze flexibler geworden ist und die „Botschaften", die die Banken vom *open market* der Banca d'Italia sowie von den Renditen der kurzfristigen Schatzpapiere erhalten, bestimmter geworden sind.

[6] Siehe Vaciago, G.: Evoluzione della politica monetaria e riflessi sulle aziende di credito, in: Rivista Milanese di Economia, Januar-März 1986.

nicht dem Geldregime angepaßt, das in den 80er Jahren eingeführt wurde. Es nimmt nicht wunder, daß es in dieser Strategie hie und da zu Rückschlägen gekommen ist, im besonderen bei Währungskrisen wie zu Beginn des Jahres 1986 und im Sommer 1987.

Die Möglichkeit von Wechselkurskrisen stellt den dritten Aspekt dar, der als potentielles Element der Inkonsequenz des neuen Regimes der Geldpolitik hervorgehoben werden muß. Die Effizienz der Kontrolle der Zwischenziele ist bei tendentiell festen Wechselkursen und schrittweiser Aufhebung der Wechselkurskontrolle – wie z.B. in den letzten Jahren – geringer. Dafür besteht – im Gegensatz zu den anderen Ländern, die dem Stabilitätsabkommen beigetreten sind – auch weiterhin der breitere Schwankungsspielraum (±6%) für die Lira im EWS. Dieser breitere Schwankungsspielraum wurde vor 10 Jahren, aufgrund der im Vergleich zu den anderen Ländern viel höheren Inflationsrate in Italien vereinbart. Es mußte genügend Spielraum für die Handhabung eines effektiven Wechselkurses bleiben – ohne Raum für Spekulationen zu schaffen –, bis in Italien die Inflationsrate auf ein Niveau gebracht wurde, das dem in den stärkeren Ländern näher war [7]. Diese beim Beitritt zum EWS vereinbarte Ausnahmebestimmung war angebracht und auch zu Recht angewendet worden. Leider vergaß man dabei allerdings die Bedingungen festzulegen, zu denen eine schrittweise Schmälerung des Schwankungsspielraums zu verwirklichen gewesen wäre. Das Inflationsdifferential hat sich seither nach und nach verringert, doch der 6% Spielraum ist beibehalten worden. Heute wird er auf verschiedene Weise von unseren Behörden gerechtfertigt:

1. Der Schwankungsspielraum muß breiter sein als in anderen EWS-Ländern, weil wir die Divisenkontrollen abbauen und weil es während des Liberalisierungsprozesses von Nutzen ist, über mehr Bewegungsfreiheit in Wechselkursangelegenheiten zu verfügen;

2. Ein breiterer Schwankungsspielraum ist notwendig, um zu verhindern, daß uns von Deutschland aus ein unzulängliches Wirtschaftswachstum auferlegt wird;

3. Schließlich – so meinte auch vor kurzem der Gouverneur der Banca d'Italia – muß solange ein breiterer Schwankungsspielraum beibehalten werden, bis die Korrekturmaßnahmen zur Beseitigung des Ungleichgewichts in den öffentlichen Finanzen angelaufen sind.

Jedes dieser Argumente hat seine richtigen Elemente, doch sollten sie zumindest den etwaigen „Kosten" gegenübergestellt werden, die ein breiterer Wechselkursschwankungsspielraum mit sich bringt. Man kann nämlich sagen, daß durch diesen größeren Spielraum ein zusätzlicher Risikofaktor bei den Investitionen durch Ausländer auf den italienischen Finanzmärkten gegeben ist und daß dieses Risiko eine entsprechende

---

[7] In diesem Zusammenhang siehe Baffi, P., S. 273, vgl. Anm. 1.

„Prämie" mit sich gebracht hat, durch die in Italien die kurzfristigen Zinssätze höher als in den anderen EWS-Ländern sind. Es besteht also eine gewisse Ungereimtheit zwischen der Wechselkursstabilität, die wir beibehalten wollen und die dazu führen würde, daß die Unterschiede zwischen den Zinssätzen in Italien und denen in anderen EWS-Ländern eliminiert würden, und der Tatsache, daß dies nicht schon *ex ante* hat anerkannt werden wollen. Es wird eine höhere Entwertung der Lira befürchtet als dann *ex post* realisiert wird und das drückt sich in Zinssätzen aus, die viel höher als nötig sind. Der Grad an Freiheit, den wir da beibehalten, ist also nicht kostenlos; aus diesem Grund scheint es angebracht, diesen Aspekt neu zu überdenken.

5. *Schlußfolgerungen*

Die italienische Geldpolitik hat sich in den 80er Jahren in ausgeprägter Weise entwickelt. Das „Regime" wurde dahingehend verändert, daß es sich im Rahmen der Regelungen nach dem Beitritt zum EWS inflationshemmend auswirkte. Die Bedingungen, zu welchen dies in wirksamer Weise erreicht werden konnte, wurden allerdings erst in den darauffolgenden Jahren nach und nach geschaffen und dieser Prozeß ist noch nicht abgeschlossen. Unsere Geldpolitik scheint noch immer „mitten in der Furt" zu stehen, da weder die Autonomie der Banca d'Italia noch die Erfordernis zur Steuerung der Geld- und Kreditaggregate vollständig verwirklicht wurden. Was in diesem Zusammenhang zählt, sind nicht so sehr die förmlichen Aspekte – z.B. eine förmliche Erklärung der Unabhängigkeit der Banca d'Italia vom Schatzministerium – sondern vielmehr wesentliche Aspekte, die mit dem Ungleichgewicht der öffentlichen Finanzen, der Struktur der öffentlichen Schulden und der Unvollkommenheit der Finanzmärkte verbunden sind. Durch Fortführung und Abschluß der erforderlichen Reformen dürfte ein weiterer Zuwachs an „Souveränität" der Geldpolitik zu erzielen sein. Dies sollte rechtzeitig geschehen, damit diese „Souveränität" dann auf ein europäisches Niveau übertragen werden kann, wenn der Prozeß der Integration der Geld- und Finanzmärkte auf EG-Ebene anhält und abgeschlossen wird.

Zum Problem der Gründung einer Europäischen Notenbank aus der Sicht der Bundesrepublik Deutschland

von Hans-Hermann Francke

A. *Zur Problemstellung*

Das Wort von Jacques Rueff aus dem Jahre 1950: „L'Europe se fera par la monnai, où ne se fera pas", ist oft zitiert worden, wenn die Bildung einer europäischen Währungsunion diskutiert wurde. Ebenso ist das Abkommen über das Europäische Währungssystem (EWS bzw. EMS) von Anfang an auf eine Weiterentwicklung der monetären Integration konzipiert worden. Als jedoch Anfang dieses Jahres deutsche und französische Regierungsvertreter offiziell konkrete Absichten äußerten, nationale geldpolitische Kompetenzen einzuschränken und eine einer Europäischen Zentralbank vergleichbare Institution zu gründen, hat dies in der Bundesrepublik Deutschland erhebliche Überraschung ausgelöst. Überrascht war vermutlich nicht nur die allgemeine Öffentlichkeit; vielmehr schien es so, als sei auch die Deutsche Bundesbank vor den politischen Absichtserklärungen nicht konsultiert worden. Jedenfalls lösten diese keineswegs europäische Begeisterung aus, sondern sowohl aus Kreisen der Bundesbank als auch von publizistischer und wissenschaftlicher Seite wurden massive Warnungen und beschränkende Forderungen erhoben.

Die Warnungen reichten vom Hinweis auf die möglichen Inflationsgefahren bis zu grundsätzlichen theoretischen Erwägungen einer mangelnden Eignung einer staatlich verordneten europäischen Einheitswährung für den heterogenen Wirtschaftsraum der europäischen Gemeinschaft. Vor allem wurde die Forderung erhoben, eine mögliche Europäische Notenbank mit ähnlichen Autonomierechten gegenüber den staatlichen Regierungsinstanzen auszustatten wie sie für die Deutsche Bundesbank gelten. Hinter der Autonomieforderung stand die – immerhin durch Erfahrung gestützte – Vermutung, daß eine autonome Notenbank eher in der Lage sei, sich den staatlichen Finanzierungswünschen zu widersetzen und damit inflationierende Geldangebotserhöhungen zu vermeiden.

Bemerkenswerterweise waren die Reaktionen auf die Notenbankpläne in den europäischen Partnerländern wesentlich weniger heftig und – gemessen an den überwiegenden Abwehrreaktionen in Deutschland – eher positiv. Damit drängt sich die Hypothese divergierender, politischer Interessenlagen bei der Beurteilung der unterschiedlichen nationalen Nutzenerwartungen gegenüber der Gründung einer Europäischen Notenbank auf. Diesen – mehr polit-ökonomischen Aspekt – werde ich daher in den Vordergrund stellen, wenn ich mich im folgenden mit einigen Problemen einer möglichen Europäischen Notenbank befassen werde.

Meine Überlegungen sind in drei Teile gegliedert. Zunächst werde ich das gegenwärtige Europäische Währungssystem in bezug auf seine unterschiedliche nationale Interessenerfüllung diskutieren. Sodann werde ich das unterschiedliche Interesse an einer autonomen Europäischen Notenbank abwägen. Schließlich werden Möglichkeiten überlegt, eine Europäische Notenbank in das Weltwährungssystem zu integrieren.

B. *Anpassungsstrategien und internationale Interessenkonflikte im bestehenden Europäischen Währungssystem (EWS)*

I. Konstruktionsmerkmale und Effizienz des EWS

Das im März 1979 in Kraft getretene EWS [1] weist drei zentrale Konstruktionselemente auf [2]:

- Erstens wurde die europäische Währungseinheit (ECU) eingeführt. Sie dient als Bezugsgröße für die Interventionsverpflichtungen der beteiligten Notenbanken, als Recheneinheit und Zahlungsmittel.
- Zweitens wurden Interventionsverpflichtungen zwischen den Notenbanken vereinbart, um die nominalen Wechselkurse der beteiligten Währungen in einem *Paritätengitter* bilateraler Wechselkurse so zu stabilisieren, daß die maximalen Schwankungsmargen auf +/- 2,25% (für die italienische Lira +/- 6%) begrenzt werden. Da für jede Währung gegenüber allen anderen obere und untere Interventionspunkte bestehen, ist *formal* eine symmetrische Verteilung der Interventionslasten gegeben. Veränderungen der Leitkurse (*Realignments*) bedürften der Zustimmung aller beteiligten Länder.
- Drittens wurde ein Kredithilfesystem vereinbart, damit die Notenbanken ihren Interventionspflichten in den jeweils benötigten fremden Währungen unbegrenzt nachkommen können. Die Kreditvergabe erfolgt durch den Europäischen Fond für Währungspolitische Zusammenarbeit (EFWZ). Diesem haben die Notenbanken dafür 20% ihrer jeweiligen Gold- und Devisenreserven übertragen, um einen ausreichenden ECU-Anfangsbestand zu finanzieren.

---

[1] Vgl. Ausschuß der Präsidenten der Zentralbanken der Mitgliedsstaaten der Europäischen Wirtschaftsgemeinschaft (Hrsg.), Textsammlung zum Europäischen Währungssystem, 1985.

[2] Ähnlich bei Bofinger sowie Issing.

Im Mittelpunkt dieser Konstruktionselemente stehen ohne Zweifel die Interventionsverpflichtungen; denn der Sinn eines Festkurssystems besteht vor allem darin, den daran beteiligten Notenbanken „... eine dringend benötigte Disziplin oder Beschränkung aufzuerlegen“ [3]. Insofern ist die *innere Logik* des EWS, durch das Instrument der Interventionsverpflichtungen die beteiligten Notenbanken zu einer disziplinierenden Koordination der nationalen Geldpolitiken zu zwingen [4]. Demgegenüber treten andere Argumente für ein Festkurssystem, wie z.B. relativ – d.h. im Vergleich zu einem System flexibler Wechselkurse – geringe Preisstrukturverzerrungen auf den Binnenmärkten oder gar bessere Kalkulationsmöglichkeiten, zurück. Zu prüfen ist daher, inwieweit die Regelungen der Interventionsverpflichtungen dem Disziplinierungsziel genügen, oder – genauer – ob die Interventionsvorschriften geeingnet sind, das Geldangebotsverhalten der betroffenen Notenbanken marktgerecht, d.h. inflationsvermeidend, zu beeinflussen.

Die *formale* Regelung, die jede Notenbank sowohl bei Erreichen der unteren als auch oberen Abweichungsgrenze zur Intervention zwingt, scheint „starken“ wie „schwachen“ Währungen symmetrische Interventionslasten bzw. Anpassungszwänge aufzuerlegen. Tatsächlich werden jedoch überwiegend *asymmetrische Anpassungen* im Sinne einer Förderung der Geldwertstabilisierung bewirkt, weil Notenbanken mit „schwacher“ Währung bei ihren Interventionen wegen steigender Kreditverpflichtungen (die innerhalb von 9 1/2 Monaten beim EFWZ zu begleichen sind) Währungsreserven verlieren. Um entweder einer Abwertung zuvorzukommen oder den Reserveverlust zum Stillstand zu bringen, ist daher eine restriktive Politikanpassung im Land mit „schwacher“ Währung erforderlich. Demgegenüber gewinnt das Land mit „starker“ Währung Reserven, wobei sich die Notenbank meist (jedenfalls gilt dies in der Vergangenheit für die Deutsche Bundesbank) um eine Sterilisierung der im eigenen Währungsgebiet auftretenden Liquiditätseffekte bemühen wird [5].

Die Regelungen der Interventionsverpflichtungen genügen also im Prinzip dem Disziplinierungskriterium. Gleichwohl – und entgegen zahlreichen eher euphorischen Statements – ist die bisherige Effizienz des EWS in bezug auf das Stabilisierungsziel m.E. durchaus skeptisch zu beur-

---

[3] Siehe v. Hayek, A., S. 100. Weiter heißt es dort: „Der Zwang, in bezug auf Gold oder andere Währungen einen festen Einlösewert aufrechtzuerhalten, sorgte in der Vergangenheit für die einzige Kontrolle, die die monetären Instanzen davon abhielt, dem immerwährenden politischen Druck nach billigem Geld nachzugeben. Der Goldstandard, feste Wechselkurse oder jede andere Form obligatorischen Umtauschens zu einem festen Satz diente keinem anderen Zweck als jenen, die Geld schaffen, eine solche Disziplin aufzuerlegen und ihnen durch automatische Regulierung die Macht zu nehmen, willkürlich die Geldmenge zu ändern“.

[4] Vgl. Bofinger.

[5] Vgl. auch Bofinger.

teilen. Skepsis wird vor allem durch den Tatbestand erzeugt, daß von 1979 bis heute nicht weniger als elf *Realignments* stattgefunden haben, also Situationen entstanden sind, in denen es nicht gelungen ist, den Zwang zu harmonischer Disziplin auszuhalten. Darüber hinaus sind die dabei oft mühselig gefundenen „politischen Kompromisse" meist (zu) spät und nicht immer im „richtigen" Ausmaß erreicht worden [6].

Alle *Realignments* haben eine Aufwertung der DM zum Gegenstand gehabt. Mit anderen Worten, die Bundesrepublik Deutschland ist das führende „Starkwährungsland" im EWS-Verbund gewesen. Aber nicht nur deshalb wird das EWS auch als „German Monetary System" bezeichnet, um eine Etikettierung zu benutzen, die Rüdiger Dornbusch zugeschrieben wird. Damit soll wohl zum Ausdruck gebracht werden, daß – trotz der durchaus erfolgreichen Etablierung des ECU – die DM das dominierende Interventionsmedium im EWS ist, weil die Außenbeziehungen der im EWS verbundenen Währungen zu den Weltfinanzmärkten wesentlich von den DM-Dollar- bzw. DM-Yen-Kursentwicklungen bestimmt werden. Diese hervorgehobene Bedeutung der DM ist nicht – wie häufiger zu hören ist – auf die relative Größe der deutschen Volkswirtschaft oder des umlaufenden DM-Währungsvolumens zurückzuführen; denn sowohl Frankreich als auch Italien kommen der Bundesrepublik im Größenvergleich von Sozialprodukt und umlaufender Geldmenge relativ nahe, bzw. übertreffen diese Länder zusammen die deutschen Werte bei weitem. Vielmehr ist die Ursache für das Etikett „German Monetary System" in der relativ konservativen, geldwertorientierten Politik der Deutschen Bundesbank zu sehen, die die internationale Nachfrage nach der DM als Reservemedium begründet hat. Innerhalb des EWS spielt die Bundesbank damit die Rolle eines stabilitätspolitischen Schrittmachers, der seine Geldwertdisziplin exportiert, auch wenn der Stabilisierungseffekt in den Partnerländern in unterschiedlicher Intensität wirksam geworden ist.

Immerhin, zieht man – anstelle der Konstanz der nominalen Wechselkurse – die Entwicklung der Geldwertstabilität als Effizienzkriterium heran, so fällt das Urteil über die Performance des EWS günstiger aus. Zum einen ist seit Bestehen des EWS in den am Wechselkursverbund beteiligten Ländern die durchschnittliche Inflationsrate deutlich gesunken, und zwar auf etwa die Hälfte (im Zeitraum der Jahre 1981-1986). Zum anderen ist die Inflationsrate in den EWS-Ländern damit wesentlich stärker gesunken als in den Währungsgebieten der übrigen EG-Partner (Großbritannien, Spanien, Griechenland, Portugal). Schließlich hat auch die Differenz der jährlichen Inflationsraten zwischen den am EWS beteiligten Ländern und dem Hartwährungsland Bundesrepublik Deutschland deutlich abgenommen, während dies für die übrigen EG-Partner nicht gilt. Insofern ist eine deutliche Harmonisierungstendenz erkennbar [7].

---

[6] Issing, S. 63.

[7] Issing, S. 65.

Dieser positive Befund ist jedoch einzuschränken, weil sich die im EWS beobachtete Entwicklung vor dem Hintergrund weltweit zunehmender Geldwertstabilisierung vollzogen hat und weil die relative Instabilität der übrigen EG-Partner dort schon immer, d.h. auch vor Einführung des EWS, bestanden hat.

II. Divergierende nationale Interessen am EWS?

1. Diese Effizienzanalyse wirft einige Probleme auf, wenn man nach dem jeweiligen polit-ökonomischen Interesse der am EWS beteiligten Länder fragt. Zunächst scheint der Tatbestand der im Durchschnitt gesunkenen Inflationsrate ein allgemeines Interesse an der EWS-Mitgliedschaft zu begründen, wenn man davon ausgeht, daß jedes Land für sich eine möglichst geringe Inflationsrate erreichen möchte. Gleichwohl stellen sich schon hier zwei Fragen: Zum einen bleibt unklar, warum nicht jedes Land bei der Rückführung der Inflationsrate für sich allein hätte genauso erfolgreich sein können, bzw. welche Hilfe ihm dabei durch das EWS zuteil wurde. Zum anderen drängt sich die Frage nach dem deutschen Interesse am EWS auf; denn, wenn die Inflationsraten in der Bundesrepublik immer – und zwar schon vor Einführung des EWS – relativ niedriger waren als in den Partnerländern, dann ist der Stabilisierungsnutzen für die Bundesrepublik nicht erkennbar. Der zweite – nicht erfüllte – Effizienztatbestand, nämlich die nicht erreichte Stabilität der nominalen Wechselkurse, legt zusätzliche Problemstellungen nahe. Zu fragen ist, warum die beteiligten Länder es so oft zu *Realignments* haben kommen lassen, obwohl sie im Prinzip an einer Konvergenz der Inflationsraten interessiert waren. Außerdem erscheint wiederum die Frage nach dem Nutzen von *Realignments* für unterschiedliche Länder erklärungsbedürftig.

2. Diskutieren wir zunächst das Interesse der sogenannten „Weichwährungsländer" am EWS, also derjenigen, deren Währungen in der Vergangenheit in der Regel abgewertet wurden. Die spontane Antwort, daß diese Länder unmittelbar von der deutschen Stabilisierungspolitik profitiert haben, ist zu vordergründig, weil zwei Gegenargumente zu berücksichtigen sind. Erstens hätten diese Länder auch ohne Mitgliedschaft im EWS-Festkurssystem – also bei flexiblen Wechselkursen gegenüber den anderen Währungen – durch geldpolitische Restriktion die nationalen Inflationsraten zurückführen können. Zweitens belastete sie die EWS-Mitgliedschaft mit zusätzlichen Kosten für den Fall, daß sie bei ihren Deflationsbemühungen scheiterten bzw. eine höhere Inflationsrate hinnehmen mußten oder wollten als die Bundesrepublik Deutschland; denn die Interventionsverpflichtungen zur Stützung der eigenen Währung waren mit Reserveverlusten verbunden, das nationale Zinsniveau stieg wegen notwendiger restriktiver Maßnahmen, und/oder es waren Kapitalverkehrs-

kontrollen zur Verteidigung der Währungsparität erforderlich. Wenn es dann doch zu Abwertungen kam, war dies innenpolitisch unpopulär und konnte von potentiellen Wählern als Mißerfolg der jeweiligen Regierungen gedeutet werden. Warum nahmen die Regierungen dieser Länder dann trotzdem diese *Kosten* des Disziplinierungszwanges des EWS auf sich?

Zwei einander ergänzende Hypothesen erscheinen überzeugungskräftig. Die eine besteht darin, daß die Regierungen die Durchsetzbarkeit einer von ihnen durchaus gewollten Restriktionspolitik innenpolitisch erleichtert sahen, wenn sie ihre Verantwortlichkeiten für kurzfristig unpopuläre Stabilisierungsmaßnahmen auf internationale Verpflichtungen bzw. außenwirtschaftliche Zwänge abwälzen konnten. Mit anderen Worten, es sollte stabilitätspolitische Handlungsfreiheit gewonnen werden, ohne den notwendigen Wählerkonsens zur Machterhaltung zu verlieren. Während diese Hypothese unmittelbar in den Kontext der politischen Ökonomie gehört, ist eine zweite Hypothese vorgetragen worden, die sich auf erwartungstheoretische Wirkungszusammenhänge der neueren Makroökonomie stützt [8].

Folgt man der Interpretation des Phillipskurvenzusammenhangs, wie sie von Barro, Sargent, Lucas u.a. im Rahmen der Verhaltensannahme „rationaler Erwartungen" vorgetragen wurde, so hat eine expansive Geldpolitik nur dann eine Steigerung des Outputs -und/oder der Beschäftigung zur Folge, wenn sie von den betroffenen privaten Wirtschaftssubjekten nicht vorhergesehen wird. Ebenso kann eine überraschende Zunahme der Inflationsrate mit Output und/oder Beschäftigungssteigerungen einhergehen, wenn die Nominallöhne bzw. -preise für bestimmte Kontraktperioden fixiert sind. Dagegen wird eine vorhergesehene monetäre Expansion nur die Inflationsrate erhöhen, weil die Wirtschaftssubjekte ihre Inflationserwartungen entsprechend anpassen, bzw. wird eine erwartete Erhöhung der Inflationsrate ohne die politisch gewünschten Output- und Beschäftigungssteigerungen erfolgen. Für eine Geldpolitik, die eine – wenn auch möglicherweise nur vorübergehende – Output- und/oder Beschäftigungsexpansion anstrebt, wird daher das Überraschungsmoment zur Effizienzbedingung.

Die zu referierende Hypothese, die das ablaufpolitische Interesse von „Weichwährungsländern" an einer Mitgliedschaft im EWS erklären soll, lautet nun, daß die EWS-Mitgliedschaft die Effizienzbedingungen einer expansiven Geldpolitik verbessern kann, weil dadurch die Möglichkeiten, *überraschende* politische Maßnahmen zu ergreifen, vergrößert werden. Dabei kann die Erhöhung des „Überraschungserzeugungspotentials" (meine Formulierung) m.E. auf drei Gründe zurückgeführt werden:

a) Weil die DM als *de facto* Leitwährung des EWS von der Deutschen Bundesbank durch eine angekündigte, relativ stetige Geldmengenkon-

---

[8] Vgl. zum folgenden Melitz.

trolle vergleichsweise geldwertstabil gesteuert wird, wird auch die Entwicklung der Geldpolitik bzw. der Inflationsraten der übrigen im EWS integrierten Währungen stabiler bzw. voraussehbarer eingeschätzt; d.h. der Disziplinierungszwang des EWS-Festkurssystems erzeugt wegen der DM-Stabilität auch eine gewisse Konfidenz in den übrigen EWS-Mitgliedsländern.

b) Weil die zur Aufrechterhaltung der nominalen Währungsparitäten erforderlichen Interventionen der Notenbanken von Außenstehenden nur schwer beobachtbar und interpretierbar sind, erhöhen sich die Informationskosten für die Beurteilung der tatsächlichen geldpolitischen Situation in den „Weichwährungsländern". Infolgedessen bleiben Anpassungen bzw. potentielle Abweichungstendenzen im Paritätengitter des EWS relativ länger unbekannt.

c) *Realignments* erfolgen daher bezüglich ihres Zeitpunktes meist überraschend. Sie überraschen zusätzlich, weil Ausmaß und Art Gegenstand spontaner, politischer Verhandlungen sind. Kurz nach erfolgten *Realignments* ist das „Überraschungserzeugungspotential" größer als unmittelbar vor einer erneuten Wechselkursanpassung.

Die so begründete Erhöhung des geldpolitischen „Überraschungserzeugungspotentials" verbessert also die Möglichkeiten der Geld- und Fiskalpolitik, vorübergehende Output- und Beschäftigungseffekte zu erzielen. Neben dem polit-ökonomischen Interesse einer leichteren Durchsetzung unpopulärer Restriktionsmaßnahmen haben „Weichwährungsländer" also möglicherweise ein Interesse an der EWS-Mitgliedschaft, weil ihre ablaufpolitische Effizienz vergrößert wird.

3. Indes, damit stellt sich die Frage, worin denn das deutsche Interesse am EWS besteht. Im Sinne unserer bisherigen Argumentation bietet die EWS-Mitgliedschaft keinerlei Vorteile für die Bundesrepublik Deutschland; eher könnten aus deutscher Sicht Nachteile befürchtet werden, weil das EWS eine grundsätzliche geldpolitische Rücksichtnahme und Hilfestellung auf die anderen Mitgliedsländer erfordert, welche die eigenen Stabilisierungsbemühungen erschweren könnten. Gleichwohl erscheinen mir vier Aspekte zur Begründung des deutschen Interesses bedeutsam.

Zunächst ist auf die historische Situation bei Gründung des EWS hinzuweisen. Damals – im Zusammenhang mit dem zweiten Ölpreisschock – geriet die Bundesrepublik in ein Leistungsbilanzdefizit, und – auch weil die Bundesbank die selbst angekündigte Wachstumsrate der Zentralbankgeldmenge deutlich überschritt – es begann eine Phase sich beschleunigender Inflationierung. Nicht die Verteidigung, sondern die Wiedergewinnung monetärer Stabilität war damals vordringlich. Insofern war die geldpolitische Grundsituation in Deutschland – und damit auch das Interesse am EWS – gegenüber der gegenwärtigen Lage anders. Aber es hat auch damals nicht an warnenden Stimmen gegenüber einer deutschen EWS-Mitgliedschaft gefehlt. Wichtiger erscheint daher der zweite Aspekt.

Nach der Flexibilisierung der Wechselkurse geriet die DM im Verlauf der 70er-Jahre immer mehr in die Rolle einer internationalen Reservewährung, die neben dem Dollar (und später auch dem Yen) Bedeutung hatte. Der Deutschen Bundesbank war dies damals ausgesprochen unangenehm, weil sie ihre Kontrollmöglichkeiten über das Geldangebot eingeschränkt sah und sich durch das Größenmißverhältnis zwischen monetärer und realwirtschaftlich-politischer Bedeutung der Bundesrepublik überfordert sah. Die Anlehnung an die europäischen Partnerländer durch das EWS versprach hier sowohl eine gewisse Korrektur dieses Mißverhältnisses als auch ein stärkeres Gegengewicht gegen die wachsende Instabilität der amerikanischen Geldpolitik.

Ein weiterer Vorteil, den die Bundesrepublik angeblich aus ihrer EWS-Mitgliedschaft zieht, ist vor allem von französischer Seite hervorgehoben worden. Da die *Realignments* im EWS meist relativ spät – d.h. nach einer längeren kursstützenden Interventionsphase – erfolgen und – jedenfalls in der Vergangenheit – immer zu Aufwertungen der DM führten, sind die „Weichwährungen" wiederholt über längere Zeiträume überbewertet gewesen. Für die deutsche Exportindustrie sind durch diese Unterbewertung der DM erhebliche Wettbewerbsvorteile entstanden. Der deutschen Währungspolitik ermöglichte das EWS so eine langfristige Unterbewertungsstrategie, ohne dabei einen *klassischen* Abwertungswettlauf riskieren zu müssen, der wegen der dominanten Bedeutung der Dollarparität für die Geldwertentwicklung in Deutschland unbedingt zu vermeiden war. Gegen dieses Argument können wichtige Einwendungen vorgetragen werden [9], aber es erscheint nicht ohne Relevanz.

Schließlich erscheint mir bedeutsam, daß auch die Bundesbank aus den EWS-Verpflichtungen den Vorteil größerer Handlungsfreiheit bezieht. Die enge Bindung an einen – zwar selbst formulierten – zuweilen jedoch wegen des damit verbundenen Rechtfertigungszwanges lästigen Zielkorridors für das monetäre Zwischenziel, die Zentralbankgeldmenge, wird gelockert, wenn Zielverfehlungen durch den Hinweis auf europäische Verpflichtungen vor der Öffentlichkeit leichter *entschuldigt* werden können. Aus der Sicht des Anhängers strikter monetärer Stabilisierungspolitik ist dies Verhalten wenig wünschenswert; aus dem Verständnis des Machterhaltungsziels von Bürokratien, und um solche handelt es sich bei Zentralbanken, erscheint es leicht verständlich [10].

---

[9] Die Relevanz der Argumente wird natürlich durch die jeweils zugrunde gelegte Zahlungsbilanztheorie bestimmt.

[10] Vgl. dazu u.a. Brunner sowie Mayer.

C. *Zum Interesse an einer autonomen Europäischen Zentralbank*

I. Ursachen für die Gründungsabsicht

1. Da für alle Mitgliedsländer des EWS im o.a. Sinne ein positives Interesse an der Mitgliedschaft nachgewiesen werden konnte, stellt sich zunächst die Frage, wie die Gründungsabsichten für eine Europäische Zentralbank motiviert sind.

Beginnen wir wieder zunächst mit Überlegungen zum Interesse der „Weichwährungsländer" an der Gründung einer Europäischen Zentralbank.

Bemerkenswerterweise beginnt die schon zitierte Arbeit von Hayeks zur „Entnationalisierung des Geldes" mit dem Hinweis auf den Plan, „...daß sich die Länder des Gemeinsamen Marktes gegenseitig durch formalen Vertrag binden, weder dem Handel in ihren gegenseitigen Währungen (inclusive Goldmünzen) noch einer in gleicher Weise freien Ausübung von Bankgeschäften seitens jeder in einem ihrer Territorien gesetzlich niedergelassenen Bank irgendwelche Hindernisse in den Weg zu legen" [11]. Von Hayek begrüßt diesen Plan ausdrücklich, weil er seinem eigenen Vorschlag zur Geldemisssion unter Wettbewerbsbedingungen der Geldemittenten nahekommt. Für ihn wird dadurch den monetären Institutionen die „dringend benötigte Disziplin auferlegt, weil" ‚gutes Geld' ‚schlechtes Geld' verdrängt, so daß die Entwertung des umlaufenden Geldes durch ‚schädliche' Maßnahmen der Notenbanken nicht länger ‚vertuscht' werden kann". Dagegen wird die Alternative dieses Planes, nämlich die Gründung einer supranationalen Europäischen Zentralbank und die Einführung einer europäischen Einheitswährung, von von Hayek strikt abgelehnt [12]. Inzwischen steht die Realisierung der Finanzmarktliberalisierung in der EG für 1992 bevor. Aber, obwohl der von von Hayek begrüßte Plan nun endlich Wirklichkeit werden soll, werden zugleich Absichten geäußert, die von ihm unerwünschte Alternative Europäische Zentralbank zu etablieren. Es scheint, als würden die auf Einführung einer stabilitätsorientierten Geldordnung gerichteten Gestaltungsvorschläge des liberalen Ökonomen (wieder einmal) durch die Handlungen der politisch Mächtigen konterkariert.

Damit sind dann auch die Interessen der „Weichwährungsländer" an einer Europäischen Zentralbank erklärt: weil die Finanzmarktliberalisierung die Funktionsfähigkeit des bisherigen EWS erheblich in Frage stellt, soll dieses durch die Gründung einer Europäischen Zentralbank abgelöst werden. Denn, wenn die nicht-marktmäßigen Maßnahmen zur Wechselkurskontrolle, wie z.B. Kapitalverkehrskontrollen, Einschränkungen der

---

[11] von Hayek, S. 1 f.

[12] Ebd., S. 2 ff.

Niederlassungsfreiheit von Banken usw. wegfielen, dann würden auch – wie von Hayek prognostiziert – die Möglichkeiten der Zentralbanken beseitigt, trotz *vertuschter* ‚unzureichender monetärer Disziplin über längere Zeit die vom EWS geforderten' festen nominalen Währungsparitäten aufrechtzuerhalten. Die *Kosten* der „Weichwährungsländer", die sie für die Mitgliedschaft in dem disziplinierenden Festkurssystem EWS aufzubringen hätten, würden so ansteigen, daß die Alternative Europäische Zentralbank für sie günstiger würde. Zwar würden mit dieser auch die o.a. Nutzen der „Weichwährungsländer" aus der EWS-Mitgliedschaft beseitigt, doch nicht vollständig. So würde die Möglichkeit erhalten bleiben, in der Öffentlichkeit die Verantwortung für unpopuläre Restriktionspolitik der nun supranationalen Währungsbehörde anzulasten. Ebenso bestünde eine Wahrscheinlichkeit dafür, daß expansive fiskalpolitische Maßnahmen immer noch gewisse „Überraschungserzeugungspotentiale" nutzen könnten, solange die Europäische Zentralbank über eine ausreichende *credibility* verfügen würde, auch wenn diese geringer wäre, als die der Deutschen Bundesbank.

2. In diesem Sinne ist es verständlich, daß die Gründung einer Europäischen Zentralbank aus deutscher Sicht mit erheblicher Skepsis beurteilt wird. Allerdings ist dabei zwischen der Sichtweise von Politikern und der der Bundesbank zu unterscheiden. Daß einige deutsche Politiker den Plan, eine Europäische Zentralbank zu gründen, gefördert und begrüßt haben, ist auf ihre grundsätzliche Begeisterung für die europäische Integration und/oder die Absicht zurückzuführen, damit eine Gegenleistung für das Entgegenkommen der EG-Partnerländer in anderen strittigen Fragen zu erbringen. Daß sie sich dabei relativ unbekümmert über zentrale Elemente der deutschen Notenbankverfassung hinweggesetzt haben, mag damit zusammenhängen, daß die Autonomie der Deutschen Bundesbank bei manchen Politikern schon immer Unbequemlichkeiten und demokratisches Mißtrauen erzeugt hat.

Demgegenüber sind aus Kreisen der Deutschen Bundesbank gegenüber dem Plan einer Europäischen Zentralbank eindeutige Vorbehalte oder gar Ablehnung geäußert worden. Abgesehen davon, daß mit Gründung einer Europäischen Zentralbank die o.a. Vorteile entfallen würden, die die Deutsche Bundesbank aus ihrer Führungsrolle im bisherigen EWS zieht, wurde vor allem auf Gefahren für die Geldwertstabilität in der Bundesrepublik hingewiesen. Im Mittelpunkt aller Warnungen standen jedoch Befürchtungen, daß mit der Gründung einer Europäischen Zentralbank die Autonomie der Deutschen Bundesbank verlorengehen würde. Entsprechend wurde die Forderung erhoben, eine mögliche Europäische Zentralbank mit ähnlichen Autonomierechten auszustatten, wie sie die deutsche Notenbankverfassung für die Bundesbank vorsieht.

II. Zum Autonomieproblem einer Europäischen Notenbank

1. Zwar wird immer wieder zu recht betont, daß die – im internationalen Vergleich – relativ niedrige Inflationsrate in der Bundesrepublik wesentlich auf die Autonomie der Deutschen Bundesbank zurückzuführen sei, doch werden dabei zwei wesentliche Probleme vernachlässigt. Erstens ist die Autonomie der Bundesbank *de jure* nur sehr beschränkt verwirklicht. Zweitens muß die Autonomie einer Notenbank nicht zwigend zu einer stabilitätsorientierten Politik führen.

Daß die Deutsche Bundesbank *de jure* nur über eine beschränkte Autonomie gegenüber der Regierung verfügt, äußert sich schon in den sie unmittelbar betreffenden Vorschriften des Notenbankgesetzes. Darin wird ihr zwar Unabhängigkeit von Weisungen der Regierung zugestanden, aber es heißt auch, daß sie die wirtschaftspolitischen Maßnahmen der Regierung zu unterstützen habe. Diese Einschränkung der gesetzlich verliehenen Autonomie wird entscheidend dadurch bekräftigt, daß das Gesetz über die Deutsche Bundesbank keineswegs Verfassungsrang besitzt: es genügen einfache, parlamentarische Mehrheiten, um es zu ändern. Diese Beschränkung der Autonomie der Notenbank erscheint im übrigen für eine moderne Demokratie nach allem Rechtsverständnis zwigend; entsprechende interpretierende Äußerungen auch von Seiten des Verfassungsgerichts – zeigen darin Übereinstimmung. Die Deutsche Bundesbank hat also in der Vergangenheit nur *de facto* über eine weitgehende Autonomie verfügt, weil die Regierung und das Parlament darauf verzichtet haben, diese einzuschränken.

Ihre *de facto* Autonomie hat die Deutsche Bundesbank für eine geldwertorientierte Stabilitätspolitik genutzt, weil ihre in der Vergangenheit verantwortlichen Entscheidungsträger dieses *wollten*. Ohne Zweifel wäre oft eine andere Politik denk- und machbar gewesen. Nicht die Autonomie einer Notenbank ist daher entscheidend für ihren Stabilisierungserfolg, sondern der Wille sie entsprechend zu nutzen. Aber ob dies geschieht, ist nicht für immer prognostizierbar.

Um ihre *de facto* Autnomie zu erhalten, hat die Notenbank in einer Demokratie laufend Kompetenz und Verantwortlichkeit nachzuweisen. Kompetenz wird durch Zielerreichungsgrade dokumentiert. Verantwortlichkeit kann sie durch offenbare Handlungsmaßstäbe nachweisen, die sie sich selbst setzt, damit die Öffentlichkeit sie darin mißt bzw. kritisch diskutiert. Die Formulierung von selbst gesetzten Regelbindungen, wie z.B. Geldmengenzielen, findet hier – im Gegensatz zu ihrer oft strittigen, wirkungstheoretischen Fundierung – ihre unstrittige, politische Rechtfertigung; denn dadurch wird die für eine demokratisch verfaßte Öffentlichkeit notwendige geldpolitische Diskussionsfähigkeit verbessert. Diese ist jedoch unverzichtbar, wenn Notenbanken *de facto* Autonomie eingeräumt werden soll.

2. Für das Autonomieproblem einer möglichen Europäischen Zentralbank leiten sich daraus drei Thesen ab:

- Erstens ist es m.E. ausgeschlossen, eine Europäische Zentralbank *de jure* mit uneingeschränkter Autonomie auszustatten, weil dies als weder mit demokratischen Grundprinzipien vereinbar, noch politisch durchsetzbar erscheint.
- Zweitens ist eine erstrebenswerte *de facto* Autonomie auf den laufenden Konsens der europäischen Regierungen angewiesen. Angesichts der gegenwärtig andauernden, wirtschaftspolitischen Differenzen und divergierenden Interessenlagen der EG-Mitgliedsländer erscheint ein derartiger Konsens kaum herstellbar.
- Drittens ist auch eine *de facto* Autonomie ordnungspolitisch nicht hinreichend, weil sie zusätzlich auf eine stabilitätspolitische Verantwortlichkeit der Entscheidungsträger in der Europäischen Notenbank angewiesen ist. Dazu sind Regelbindungen für geldpolitische Zwischenziele erforderlich, damit die allgemeine Diskussionsfähigkeit einer europäischen Geldpolitik erhalten bleibt.

Die Forderungen nach Regelbindungen für europäische monetäre Zwischenziele wirft zusätzliche Probleme auf. Soweit man dabei an Geldmengenregeln denkt, sind mindestens zwei Fragen zu klären. Zum einen ist die relevante Währung zu bestimmen. Für die Protagonisten einer europäischen Einheitswährung wird dies der ECU sein, wobei meist darauf hingewiesen wird, daß die inzwischen weit fortgeschrittene, private Verwendung des ECU unter dem EWS-Regime als grundsätzliche Akzeptanz dieser *Kunst-Währungseinheit* gedeutet werden könne. Eine solche Begründung erscheint jedoch irreführend. Die bisherige private Nachfrage nach ECU resultiert wesentlich daraus, daß der ECU von den Wechselkursrisiken und Kapitalverkehrskontrollen des EWS teilweise bewußt freigehalten wurde. Sobald die völlige Finanzmarktliberalisierung eingeführt wird, entfallen diese Ursachen für die private ECU-Nachfrage. Wahrscheinlich wird dann – ganz in von Hayeks Sinne – die überlegene Währungseinheit DM die Rolle des ECU übernehmen [13]. Später – bei Einführung der Europäischen Zentralbank – die Verwendung des ECU zu verordnen, kann mit Durchsetzungsrisiken und Wohlfahrtsverlusten verbunden sein. Vor allem sind das Ausmaß und die Stabilität der ECU-Nachfrage schwer prognostizierbar, so daß die Voraussetzung für die Festsetzung einer ECU-Geldmengenregel fehlt.

Zum anderen ist die Definition der Bezugsgröße für eine europäische Geldmengenregel problematisch. Die von der Deutschen Bundesbank benutze Maßgröße, „Wachstum des Produktionspotentials", ist schon für die Bundesrepublik fragwürdig [14]. Änderungsvorschläge liegen vor. Wie aber

---

[13] Issing, S. 73.

z.B. eine mehrjährige „Realtrendorientierung“ [15] mit den notwendigen „Elastizitätsreserven“ für den Währungsraum des ECU gehaltvoll zu definieren wäre, erscheint gegenwärtig völlig unklar.

D. *Europäische Zentralbank und Weltwährungssystem*

I. Liberale Alternativen der Geldordnung

1.Die Wurzeln des EWS liegen ohne Zweifel in der Unordnung des Weltwährungssystems zu Beginn der 70er Jahre. Nachdem das *Bretton-Woods-System* durch die mangelnde, geldpolitische Disziplin der amerikanischen Notenbank zusammengebrochen war, wurde zunächst 1972 der Europäische Wechselkursverbund, die sogenannte „Schlange im Tunnel“ geschaffen. Dem Europäischen Wechselkursverbund folgte dann später, insbesondere aufgrund französischer Initiativen, das EWS, weil die ersten Erfahrungen mit gegenüber dem Dollar *floatenden* Wechselkursen eher die Gegner allgemein flexibler Wechselkurse zu bestätigen schienen als die Befürworter; denn das zentrale Effizienzkriterium jedes Wechselkurssystems, die Herstellung von Austauschbeziehungen zwischen Währungen im Sinne der *Kaufkraftparitätentheorie,* wurde im System flexibler Wechselkurse nicht erreicht. Stattdessen dominierten Perioden, in denen die Bewegungen der nominalen Wechselkurse durch das sogenannte „Überschießungsphänomen“ bestimmt wurden, weil anstelle träge reagierender, realer Leistungsströme Finanzmarkttransaktionen mit hoher Geschwindigkeit das Geschehen auf den Devisenmärkten bestimmten. Finanzmarkttransaktionen wurden wesentlich von Erwartungen über die zukünftige amerikanische Geld- und Finanzpolitik geleitet, so daß die „Abkoppelung“ vom Dollar und den Veränderungen des amerikanischen Nominalzinsniveaus für zahlreiche Befürworter des EWS zum vorherrschenden Motiv wurde [16]. Nachdem dann – jedenfalls in den Augen dieser Befürworter – die effiziente Funktionsfähigkeit des EWS in den 80er Jahren nachgewiesen wurde, entstanden zunehmend Vorschläge und dezidierte Pläne, auch das Weltwährungssystem wieder in ein Fixkurssystem umzugestalten, wobei oft die Konstruktionsmerkmale des EWS als Vorbild verwendet wurden. M.E. sollte derartigen Plänen mit Skepsis begegnet werden.

2. Für eine *liberale,* nationale wie internationale Geldordnung existieren drei grundsätzliche Modellvorstellungen [17]. Die erste entspricht der Lösung von Hayeks, also der privaten Konkurrenz als Kontroll-Steuerung des Geldangebots. Die erste Alternative hierzu ist ein Fixkursstandard, der

[14] Vgl. u.a. Oberhauser.

[15] Vgl. Neumann.

[16] Issing, S. 80.

[17] Vgl. zum folgenden Brunner, S. 12 ff.

allerdings in unterschiedlicher Form verwirklicht werden kann, als Gold- oder Silberstandard, als *Commodity-Reserve-Standard* oder als Devi-senstandard. Die zweite Alternative ist ein konstanter Geldmengenwachstumsstandard, in dem die Notenbanken verpflichtet sind, lediglich für eine im voraus festgelegte Wachstumsrate der von ihnen emittierten Geldmenge zu sorgen.

Geht man davon aus, daß die von Hayek'sche Lösung wegen des staatlichen Anspruchs auf das Geldemissionsmonopol unrealistisch ist, so sind die beiden letzteren Geldordnungsmodelle miteinander zu vergleichen, die sich auf Geldverfassungen beziehen, in denen die Geldemission ausschließlich oder wesentlich staatlichen Notenbanken vorbehalten ist. Im Gegensatz zu anderen Geldordnungen, die das Geldangebot staatlicher Willkür überlassen, zeichnen sich beide Modelle jedoch dadurch aus, daß sie staatliche Eingriffe bzw. Manipulationsmöglichkeiten, die auf den Geldwert gerichtet sind, beschränken, weil sie die Notenbanken an Regeln für das Geldangebot binden. Gleichwohl unterscheiden sich diese Alternativen bezüglich dreier wichtiger Konstruktionsmerkmale: der Kontroll- bzw. Steuerungsaufgabe der Notenbank, der Preisniveau- bzw. Geldwertstabilisierungseignung sowie der Anpassungsmechanik an exogene monetäre und reale Schocks.

Die Kontroll- bzw. Steuerungsaufgabe der Notenbank bezieht sich in einem Fixkurssystem auf die Sicherstellung einer Wertrelation, nämlich der des von ihr emittierten Geldes zu dem jeweiligen Standard, also Gold, Güterbündel oder anderen Währungen. Damit sind u.U. relativ komplizierte Informationsprobleme zu lösen; insbesondere dann, wenn einfache Preisrelationen, wie z.B. Goldpreise, wegen Produktionsknappheiten ausscheiden. Die Informationsprobleme bei der Kontrolle des Geldmengenwachstums sind dagegen für eine Notenbank wesentlich leichter zu lösen. Vor allem aber fehlt einem Fixkurssystem eine feste Verankerung des Preisniveaus, weil der Standard erheblichen Wertschwankungen unterliegen kann. Dies trifft sowohl auf Waren- als auf Währungsstandards zu. Demgegenüber kann ein vorgegebenes, konstantes Geldmengenwachstum, weil es unabhängig von den zufälligen Preisveränderungen spezieller Standardgüter zu formulieren ist, wegen seiner Orientierung an der allgemeinen Produktionsentwicklung eher für ein stabiles Preisniveau sorgen. Schließlich erfolgen in einem Fixkurssystem die Anpassungen an exogene monetäre und reale Schocks durch Veränderungen der Inflationsrate, die dann allgemeine Output- und Beschäftigungsveränderungen zur Folge haben. Dagegen führen in einem auf konstantes Geldmengenwachstum festgelegten System exogene Schocks zu Veränderungen der realen Wechselkurse, von denen vor allem die außenhandelsabhängigen Wirtschaftsbereiche betroffen werden [18].

[18] Ebd.

Welches dieser Systeme für ein Land vorteilhaft ist, kann nicht grundsätzlich entschieden werden, sondern hängt von seinen spezifischen Strukturmerkmalen und denen seiner Umwelt, d.h. den Ländern ab, mit denen es durch enge Austauschbeziehungen verbunden ist.

II. Integrationsmöglichkeiten einer Europäischen Zentralbank in das Weltwährungssystem

1. Diese grundsätzlichen Geldordnungsmodelle sind auch für ein Weltwährungssystem relevant. Ebenso wie die von Hayek'sche Lösung markieren das Fixkurssystem und das System konstanten Geldmengenwachstums Alternativen einer Weltgeldordnung. Für das Fixkurssystem liegen jüngere, historische Erfahrungen durch die Geschichte des *Bretton-Woods-Systems* vor. Es ist daran gescheitert, daß das Leitwährungsland USA die Standardwertrelation bei der Geldemission nicht mehr erfüllte, so daß der resultierende Inflationsprozeß auf die übrigen Mitgliedsländer übertragen wurde. Die dort resultierenden Output- und Beschäftigungsverwerfungen führten dann zur Aufkündigung der Mitgliedschaft im *Bretton-Woods-System*. Im Fixkurssystem des EWS folgt das Leitwährungsland Bundesrepublik *cum grano salis* einer konstanten Geldmengenregel. Insofern liegt hier eine relativ feste Verankerung des Preisniveaus vor, so daß auch die Übertragungen der Inflationsrate im EWS erträglich bleiben, solange sich die Mitgliedsländer freiwillig der Systemdisziplin unterwerfen. Daß das Leitwährungsland Bundesrepublik eine konstante Geldmengenwachstumsrate mit der Konsequenz nach außen *floatender* Wechselkurse herstellt, ist im übrigen zwingend, weil der gegenwärtige Zustand des Weltwährungssystems Fixkurslösungen ausschließt; denn solange die führende internationale Reservewährung, der US-Dollar, weder einem Standard, noch einer konstanten Geldmengenregel folgt, würde jedes weltweite Fixkurssystem wieder schnell zusammenbrechen.

2. Damit kann auch die abschließende Frage nach den Integrationsmöglichkeiten einer Europäischen Zentralbank in das Weltwährungssystem beantwortet werden. Erste Voraussetzung der Teilnahme an einem weltweiten Fixkurssystem wäre, daß das weiterhin führende Leitwährungsland USA entweder einem Standard oder einer Regel konstanten Geldmengenwachstums folgen würde. Da die Standardlösung jedoch mit Risiken und Informationsproblemen belastet ist, wäre das Geldmengenwachstumsmodell vorzuziehen. Hoffnungen oder gar Vorschläge, daß eine Europäische Zentralbank den ECU als dominierende internationale Reservewährung emittieren könnte, der EG-Raum also zum führenden Leitwährungsland werden könnte, sind angesichts der internationalen Größen- und Machtverhältnisse illusorisch. Aber auch wenn die USA eine feste Geldmengenregel befolgen sollten, wäre ein weltweites Fixkurssystem nicht unbedingt die überlegene Lösung. Zu prüfen ist weiterhin, ob die Übertra-

gung exogener Schocks durch Anpassungen der Inflationsrate geringere Risiken für den EG-Raum erzeugt als die Schockübertragung durch Veränderungen der realen Wechselkurse. Da die EG-Länder den bei weitem größten Teil ihres Außenhandels innerhalb der Gemeinschaftsgrenzen abwickeln, erscheinen die Schockübertragungen durch Wechselkursanpassungen weniger risikoreich.

Insofern wäre die Integration einer Europäischen Zentralbank in ein weltweites Fixkurssystem wahrscheinlich die unterlegenere Lösung. Besser wäre es, wenn eine Europäische Zentralbank einer festen Geldmengenregel folgen und den Wechselkurs der Europawährung nach außen *floaten* lassen würde. Die politischen Voraussetzungen für eine solche europäische Geldverfassung sind jedoch – wie oben dargelegt – schlecht. Dagegen erfüllt das EWS, wenn 1992 die Finanzmarktliberalisierung erfolgt, die Vorteilhaftigkeitskriterien einer effizienten Geldordnung. Bleiben wir also beim EWS!

E. *Zusammenfassung*

Politische Absichtserklärungen, das bisherige EWS so weiter zu entwickeln, daß eine Institution entsteht, die einer Europäischen Zentralbank nahe kommt, sind in der Bundesrepublik Deutschland mit großer Zurückhaltung aufgenommen worden, während in anderen Partnerländern eher Zustimmung geäußert wurde. Diese unterschiedliche Reaktion ist auf differierende, wirtschaftspolitische Interessenlagen der am europäischen Währungsverbund beteiligten Länder zurückzuführen.

In bezug auf das gegenwärtige EWS resultiert das positive Interesse der sogenannten „Weichwährungsländer" aus dem Nutzen einer erweiterten politischen Handlungsfähigkeit für restriktive geldpolitische Maßnahmen sowie vergrößerter ablaufpolitischer Effizienz wegen gestiegener „Überraschungserzeugungspotentiale" im Sinne der erwartungstheoretisch fundierten neueren Makroökonomik. Demgegenüber bezieht die deutsche Geldpolitik aus der EWS-Mitgliedschaft einen geringeren Nutzen. Immerhin profitiert sie von dem durch das EWS gestärkten Gegengewicht gegen den Dollar, von Unterbewertungseffekten der DM, die innerhalb des EWS Exportvorteile erzeugen, sowie von polit-ökonomischen Rechtfertigungserleichterungen der geldpolitischen Entscheidungsträger.

Die für 1992 in Aussicht genommene Finanzmarktliberalisierung in der EG würde die ordnungspolitische Effizienz des EWS nach dem Prinzip einer von Hayek'schen Entnationalisierungslösung vergrößern. Dagegen wirft die Gründung einer Europäischen Zentralbank neue, schwerwiegende Probleme der europäischen Geldordnung auf. In der deutschen Öffentlichkeit wird vor allem das Autonomieproblem diskutiert. Jedoch erscheint die Forderung, eine Europäische Notenbank mit ähnlichen Autonomierechten auszustatten wie die Deutsche Bundesbank, nicht problemgerecht, weil sie weder dem grundsätzlichen Demokratieverständnis entspricht, noch für eine geldwertorientierte europäische Notenbankpolitik hinreichend ist. Erforderlich scheinen statt dessen Regelbindungen, die – unabhängig von ihrer wirkungstheoretischen Effizienz – die *credibility* der Notenbank durch Diskussionsverantwortung erhöhen.

Geldmengen-Regelbindungen für eine Europäische Notenbank fördern auch ihre effiziente Integration in das Weltwährungssystem. Der analytische Vergleich einer an eine Geldmengenregel gebundenen Geldordnung mit einem Fixkurs-Standard-System zeigt m.E. die Überlegenheit ersterer für eine Europäische Notenbank. Diese Überlegenheit resultiert aus Informationsvorteilen bei der Kontroll- und Steuerungsaufgabe, einer besseren Verankerung des Preisniveaus, sowie geringeren Risiken bei der Anpassung an exogene Schocks. Insofern erscheint das durch Finanzmarktliberalisierung verbesserte EWS effizienter als die Gründung einer Europäischen Notenbank.

Literaturverzeichnis

Bofinger, P.: Das Europäische Währungssystem und die geldpolitische Koordination in Europa, in: Kredit und Kapital, 21. Jg., 1988, S. 317 ff

Brunner, K.: Konzepte der Geldordnung in einer freiheitlichen Wirtschaftsordnung, in: Starbatty, J., Tübingen 1981, S. 7 ff

Gutowski, A. (Hrsg.): Geldpolitische Regelbindung: theoretische Entwicklungen und empirische Befunde (Schriften des Vereins für d. Socialpolitik, N.F. Bd. 161), Berlin 1987

Hayek, F.A.: Entnationalisierung des Geldes, Tübingen 1977

Issing, O.: Wechselkursstabilisierung, EWS und Weltwährungssystem, Hamburg 1988

Mayer, Th.: The Debate About Monetarist Policy Recommendations, in: Kredit und Kapital, 20. Jg., 1987, S. 281 ff

Melitz, J.: Monetary Discipline, Germany and the European Monetary System, in: Kredit und Kapital, 21. Jg., 1988, S. 481 ff

Neumann, M.J.M.: Auf dem Weg zu einer Realtrendorienterung der Geldpolitik, in: Sparkasse, 102. Jg., 1985, S. 88 ff

Oberhauser, A.: Kritische Thesen zu einer strikt potentialorientierten Geldmengenpolitik, in: Gutowski, A. Berlin 1987, S. 123 ff

Starbatty, J. (Hrsg.): Geldordnung und Geldpolitik in einer freiheitlichen Gesellschaft, Tübingen 1981.

Die Bedeutung der deutschen Wirtschaft für das internationale Wirtschaftswachstum unter besonderer Berücksichtigung der Globalisierung der Geld- und Kreditmärkte

von Gerhard Zeitel

I.

1. *Differenzierungsnotwendigkeit der bundesdeutschen Beitragsmöglichkeiten*

Es erscheint mir nicht zweckmäßig, die Bedeutung der deutschen Wirtschaft für das internationale Wirtschaftswachstum global zu behandeln. Das Gewicht einzelner Einflußfaktoren – wie die zwischenstaatlichen Güter- und Dienstleistungsströme, die Verflechtung der Geld- und Kapitalmärkte, der Unternehmungsaktivitäten u.a. – differiert stark. Ebenso sind die internationalen Wirtschaftsbeziehungen zu unterschiedlich entwickelt, um global eine angemessene und aussagekräftige Würdigung zu erreichen.

Dies gilt insbesondere im Hinblick auf Tendenzen zu regionalen Blockbildungen, wie sie am ausgeprägtesten in der Europäischen Gemeinschaft deutlich werden. Entsprechend allgemeinen wirtschaftspolitischen Erkenntnissen und Erfahrungen sind die internationalen Wirtschaftsbeziehungen zwischen den höherentwickelten Volkswirtschaften wesentlich enger und die gegenseitigen Einflüsse auf das Wirtschaftswachstum größer, als das im Verhältnis zu den weniger entwickelten Staaten der Fall ist. Schließlich resultieren erhebliche Abweichungen in den internationalen Einflußmöglichkeiten auf das wirtschaftliche Wachstum aufgrund der wirtschaftlichen und gesellschaftlichen Ordnungsdifferenzen, die für die praktische Gestaltung maßgeblich sind. Dies gilt besonders für die internationalen Wirtschaftsbeziehungen zwischen vornehmlich marktwirtschaftlich gestalteten Ordnungssystemen einerseits und prinzipiell zentralverwaltungswirtschaftlich organisierten Staaten andererseits. Bei diesen Ländern unterliegen die internationalen Wirtschaftsbeziehungen einer weitgehenden staatlichen Kontrolle, die die internationalen Einwirkungen mehr oder weniger begrenzen.

Ich möchte mich im folgenden daher in erster Linie auf die Hauptaspekte im Bereich der hochentwickelten und vornehmlich marktwirtschaftlich organisierten Staaten beschränken. Im letzten Teil meiner Ausführungen werde ich auf einige Besonderheiten in den Wirtschaftsbeziehungen der Bundesrepublik Deutschland zu den Ländern der Dritten Welt sowie den sozialistischen Ostblockstaaten eingehen.

2. *Ausgangsbedingungen für den bundesdeutschen Beitrag*

Die Bedeutung eines Staates für das internationale Wirtschaftswachstum wird zunächst von seiner wirtschaftlichen Potenz beeinflußt. Die Bundesrepublik hat – gemessen am Bruttoinlandsprodukt der Mitgliedsländer der OECD – einen Anteil von 8% [1]. Gemessen an der Höhe des Sozialprodukts pro Kopf der Bevölkerung nimmt sie einen vorderen Rang ein.

Zieht man die für unsere Fragestellung bedeutsamen Güterströme des Außenhandels heran, so zeigt sich, daß die Bundesrepublik zwar bei den Exporten und Importen absolut eine Spitzenposition einnimmt, ihr anteiliges Gewicht indessen bei den OECD-Ländern nur bei 16% bzw. 12% liegt.

Das Gewicht beider Ströme, gemessen am Bruttoinlandsprodukt der OECD insgesamt, beträgt 2,0% bzw. 1,6%. Der internationale Einfluß Bundesrepublik Deutschland aufgrund der Außenhandelsverflechtung ist freilich erheblich größer als er im Sozialprodukt zum Ausdruck kommt. Das ist auch binnenwirtschaftlich beachtlich.

Nun wirken nicht nur die internationalen Güter- und Einkommensströme auf das wirtschaftliche Wachstum ein, sondern in zunehmendem Maße auch die internationalen Geld- und Kapitalströme. Diese sind durch die nationale Vermögens- und Finanzierungssituation geprägt. Darauf hat wiederum die nationale Währungspolitik erheblichen Einfluß. Die Bundesrepublik hat am internationalen Kapitalmarkt seit längerer Zeit eine herausragende Gläubigerposition.

Die für den währungspolitischen Gestaltungsrahmen nicht uninteressanten Gold- und Netto-Devisenreserven der Notenbank beliefen sich auf 68 Mrd. DM.

Für das internationale Wirtschaftswachstum ist, soweit hierfür die Finanzierungsbedingungen beachtlich sind, das Gewicht der Bundesrepublik gewiß bedeutsamer, als es allein aufgrund der Handelsbeziehungen erkennbar wird.

Nun erscheint es mir für unser Thema beachtlich, daß für die internationalen Beziehungen in einer gegebenen Situation auch grundlegende Gestaltungsprobleme der Binnenwirtschaft nicht außer Betracht bleiben sollten. Damit meine ich nicht die üblichen Konjunktur-, sondern spezielle

---

[1] Die Zahlenangaben beziehen sich im folgenden auf das Jahr 1986, wenn nichts anderes angegeben.

Strukturprobleme. Diese bestehen gegenwärtig nicht nur in allenthalben zu beobachtenden Anpassungszwängen aufgrund des rasanten technologischen Fortschritts, sondern auch bei zwei weiteren Besonderheiten in der Bundesrepublik Deutschland, nämlich

- der demographischen Entwicklung, die durch die weltweit niedrigste Geburtenrate gekennzeichnet ist und
- der immer schwerer zu bewältigenden Kostenlast aus dem weit ausgebauten sozialen Sicherheitssystem.

Beide Faktoren bestimmen in starkem Maße die von den Unternehmungen zu tragende Steuer- und Sozialabgabenlast sowie den budgetären Handlungsspielraum des Staates.

Nach diesen skizzenhaften Bemerkungen zur Ausgangslage in der Bundesrepublik Deutschland lassen Sie mich einzelne Aspekte näher erörtern.

II.

1. *Der Beitrag aufgrund der Struktur der Außenhandelsverflechtung*

Auch wenn die Bundesrepublik im Verhältnis zu vergleichbaren höherentwickelten Staaten relativ hohe Außenhandelsrelationen aufweist, so haben die hierdurch ausgelösten Einkommensimpulse auf das Wachstum im Ausland einen relativ geringen Einfluß, wie ich angedeutet habe. Sie sind freilich umgekehrt für den Wachstumsprozeß in der Bundesrepublik von erheblichem Gewicht, weil ein Anstieg der Exporte bis in die Gegenwart hinein stets ein entscheidendes Anstoßelement eines konjunkturellen Aufschwungs bildete. Bei der marktwirtschaftlichen Offenheit der Gütermärkte in der Bundesrepublik gegenüber dem Ausland resultiert hieraus ein entsprechender Importsog ausländischer Güter, der in steigendem Maße nicht nur bei Rohstoff-, sondern vor allem auch bei Fertigwaren zum Ausdruck kommt, die 2/3 der Importe ausmachen.

Bedeutsamer als die Importstruktur erscheint mir die Zusammensetzung der Exporte für den Einfluß der bundesdeutschen Wirtschaft auf das Ausland. Insoweit, als dieser in einem vergleichsweise hohen Anteil von Investitions- und Ausrüstungsgütern besteht, trägt die Bundesrepublik dazu bei, die investiven und technologischen Voraussetzungen für den Wachstumsprozeß im Ausland spezifisch zu fördern. Die Aufrechterhaltung dieser Förderimpulse setzt freilich voraus, daß die betroffenen Unternehmungen einen ständigen technologischen Innovations- und Adaptionsprozeß vollziehen. Hierzu sind sie nur imstande, wenn sie die Forschung und Entwicklung bzw. Investitionen finanzieren können. Das bedingt wiederum eine entsprechende Ertrags- und Ersparnisbildung. Während die private Ersparnisbildung in der Bundesrepublik sich auf einem relativ hohen Niveau befindet (12-14% der verfügbaren Einkommen), kann dies für die Ertragslage nicht gesagt werden. Nicht zuletzt aufgrund des gestiegenen internationalen Wettbewerbsdrucks auf den offenen Märkten sind die realisierbaren Ertragsspannen niedriger als in den meisten vergleichbaren Staaten.

Das gezeichnete Bild bedarf freilich einer differenzierteren Betrachtung im Hinblick auf die Situation in der EG. Die Bundesrepublik wickelt mehr als die Hälfte ihrer Exporte und ebenso ihrer Importe mit den Mitgliedsländern ab. Das zeigt die hohe Penetration des EG-Marktes. Die Bundesrepublik hat am Bruttosozialprodukt der EG einen Anteil von 21,8%, an den gesamten Exporten von 30,7% und bei den Importen 24,5%.

Es ergibt sich auch insofern eine Verschiebung, als bei den Exporten Güter des gehobenen Konsums und bei den Einfuhren Fertigwaren stärkeres Gewicht haben. Bei der genannten Importquote kann davon ausgegangen werden, daß der Einfluß der Bundesrepublik auf das wirtschaftliche Wachstum in den Mitgliedsländern keine marginale Größe mehr darstellt, sondern durchaus beachtlich ist. Ein Prozent mehr Wachstum in der Bundesrepublik dürfte bei gegebenen Importquoten zu einem Wachstumsimpuls in den Mitgliedsstaaten in der Größenordnung von 1,0% führen. In diesem Zusammenhang sollte nicht übersehen werden, daß die Bundesrepublik auch für den Haushalt der EG nicht nur den absolut höchsten Betrag zahlt, sondern ebenso der mit Abstand höchste Nettobeitragszahler ist. Dadurch wird der integrationspolitische Wachstumsimpuls sicher gefördert.

Ich habe bereits angedeutet, daß eine rein quantitative Betrachtung kein ausreichendes Urteilskriterium für den internationalen Wachstumseinfluß bildet. Mitentscheidend scheinen mir qualitative Elemente zu sein, wie sie namentlich durch die ordnungspolitischen Rahmenbedingungen geprägt werden. Hier gilt für die Bundesrepublik, daß sie weitgehend auf Kontingentierungen und Preisregulierungen bei den laufenden Güterbeziehungen verzichtet. Ebenso ist die Investitionstätigkeit der Ausländer im Inland und der Inländer im Ausland weitgehend frei.

Beinhaltet schon die Lieferung von Ausrüstungs- bzw. Investitionsgütern einen erheblichen Technologietransfer zur Förderung des Wachstums im Ausland, so kann dies ebenso für die bundesdeutsche Investitionstätigkeit in anderen Ländern gesagt werden. Der Stand der Direktinvestitionen der Bundesrepublik Deutschland im Ausland belief sich Ende 1987 auf 149 Mrd. DM. Sie haben sich in den letzten zehn Jahren ständig erhöht. Dabei entfielen 38% auf Mitgliedsländer der EG, 10% auf andere europäische Länder, 28% auf die USA und 24% auf andere Staaten, insbesondere Südamerika. Zusammenfassend erscheint mir für den güterwirtschaftlichen Einfluß auf das internationale Wirtschaftswachstum der bedeutendste Beitrag der Bundesrepublik in der Offenheit der Märkte für die ausländischen

Konkurrenten zu liegen. Sie hat sich noch immer auf Dauer als bester Wachstums- und Wohlfahrtsmotor für höher entwickelte Staaten erwiesen.

2. *Die Beitragsmöglichkeit aufgrund der internationalen Kapitalverflechtung*

Neben den güterwirtschaftlichen Bestimmungselementen des internationalen Wirtschaftswachstums werden zunehmend diejenigen Impulse bedeutsam, die von den zwischenstaatlichen Finanzbeziehungen ausgehen. Die internationalen Geld- und Kapitalmärkte haben sich seit Beginn der 80er Jahre nahezu revolutionär entwickelt, und zwar sowohl in bezug auf das Volumen als auch die Ausgestaltung. Globalisierung und Sekurisation lauten die Stichworte zur Kennzeichnung der Entwicklung, auf die ich im einzelnen nicht weiter eingehen kann. Vielmehr interessieren hier mehr die Rückwirkungen, die sich für das internationale Wirtschaftswachstum und den deutschen Beitrag hierzu ergeben.

Zunächst erscheint mir bedeutsam, daß sich die zwischenstaatlichen Finanzströme stark von den rein güterwirtschaftlich bedingten Zahlungsvorgängen gelöst haben und eigenständigen Einflüssen unterliegen, nicht zuletzt auch solchen spekulativer Art. Der Umfang und die Struktur des internationalen Kredit- bzw. Kapitalangebotes und der Nachfrage wirken auf das wirtschaftliche Wachstum der Länder ein. Die internationalen Zins- bzw. gesamten Finanzierungskonditionen sowie die davon nicht unabhängigen nationalen Wechselkurse haben unmittelbaren Einfluß auf die Investitionstätigkeit sowie die Ex- und Importe der Unternehmen.

Die Bundesrepublik Deutschland gehört nach den USA und Japan zu den größten Kredit- und Kapitalgebern an den internationalen Finanzmärkten. Sie ist indessen nicht im gleichen Maße wie diese Länder Kreditnehmer.

Die Bundesrepublik trägt also dazu bei, die Finanzierungsbedingungen für das wirtschaftliche Wachstum in anderen Ländern zu erleichtern. Im Unterschied zu anderen Staaten sind insbesondere die öffentlichen Kredite zum überwiegenden Teil nicht an nationale Güterkäufe gebunden, wodurch die Effizienz des Mitteleinsatzes für die Empfängerländer erhöht wird.

Die globale Penetration der Finanzmärkte hat zu einem verschärften Wettbewerb nicht nur unter den international tätigen Banken, sondern insbesondere durch die Instrumente der Sekurisation (NIF's, Ruf's u.a.) zu einer größeren Beteiligung der international operierenden Unternehmungen geführt. Hierdurch haben sich die internationalen Finanzierungskonditionen der Unternehmungen beachtlich verbessert – eine Entwicklung, von der die mittleren und kleineren Unternehmungen freilich kaum profitieren. Die stark gestiegenen internationalen Finanztransaktionen tragen insgesamt sicherlich dazu bei, die Effizienz des Kapitaleinsatzes international und national zu erhöhen, soweit es gelingt, spekulative Übersteigerungen bzw. Fehlentwicklungen zu vermeiden, was offensichtlich für die internationale Kreditaufsicht Schwierigkeiten bereitet.

Entscheidend kommt es indessen auf die Funktionsfähigkeit des internationalen Währungssystems an, die wiederum stark von der Politik der Notenbank beeinflußt wird. Die Deutsche Bundesbank und die Bundesregierung haben in den letzten Jahrzehnten einen bedeutenden Beitrag zur Stabilisierung und Fortentwicklung des internationalen Währungssystems im Rahmen des IWF geleistet, insbesondere durch Beteiligung an zahlreichen Sonderkrediten bzw. Fazilitäten im Rahmen der internationalen Währungsorganisationen (IWF, WB, IFL). Er geht weit über das Gewicht der Bundesrepublik für den internationalen Handel hinaus und hat auch ordnungspolitisch eine andere Dimension. Darauf möchte ich noch einmal zurückkommen.

Ebenso möchte ich nicht den beachtlichen Beitrag der bundesdeutschen Privatbanken zum internationalen Kapitaltransfer unerwähnt lassen, insbesondere im Zusammenhang mit der Ölkrise und notwendig gewordenen Umschuldungsaktionen.

Der währungspolitische Beitrag der Bundesrepublik betrifft in besonderem Maße die Wechselkursgestaltung. Regierung und Notenbank haben entsprechend der ordnungspolitischen Grundlinie in der Bundesrepublik die Auffassung, daß die grundlegenden Markttendenzen in einer flexiblen Wechselkursgestaltung zum Ausdruck kommen sollen. Dementsprechend wurde die starke Aufwertung der DM, insbesondere gegenüber dem Dollar um rund 80% in den letzten Jahren, hingenommen. Bedenken bestehen dagegen in bezug auf „irreguläre" bzw. „spekulative" sowie einseitige nationale Kursmanipulationen aus nationalen Sonderinteressen. Bedenken bestehen auch gegen quantitativ formal fixierte Handlungsregelungen. Die verfolgte währungspolitische Linie in der Bundesrepublik Deutschland hat nicht zuletzt darin eine positive Bestätigung gefunden, daß die DM als Verrechnungseinheit und Reservemedium international besonderes Vertrauen genießt. Sie bildet auch ein Teilelement des Währungskorbes im IWF.

Noch größeres Gewicht hat die Währung und Währungspolitik der Bundesrepublik für das europäische Währungssystem. Dessen Funktionsfähigkeit und Wert für die europäische Integration ist kaum noch bestritten. Diese Stabilität im EWS wird entscheidend geprägt von der zugewachsenen Leitwährungsfunktion der DM. Hierfür ist die Notenbankpolitik ausschlaggebend und diese ist eindeutig von dem Primat bestimmt, die Kaufkraft des Geldes zu sichern. Wirtschaftliches Wachstum ist nach vorherrschender Auffassung in der Bundesrepublik am besten zu gewährleisten, wenn der Geldwert nicht inflationären, freilich auch nicht deflationären Einflüssen unterliegt, sondern das Preisniveau möglichst stabil bleibt.

Diese Grundrichtung der Währungspolitik in der Bundesrepublik ist insoweit neuerdings gefährdet, als die Notenbank, namentlich infolge der immensen internationalen Kapitaltransfers, ihrer Rolle im EWS und in den internationalen Währungsinstitutionen, die Geldmenge und Zinsentwicklung nicht mehr so beherrschen kann, wie das in früheren Jahrzehnten möglich war. Die Globalisierung der Finanzmärkte hat also auch ihren Preis, der nicht zuletzt in erhöhten Kurssicherungskosten der Außenhandelsunternehmen zum Ausdruck kommt. Umso bedeutsamer wird die Stabilität im Rahmen des EWS.

3. *Die Bundesrepublik Deutschland als ordnungs- und prozeßpolitisches Beispiel*

Mit den bisherigen Ausführungen habe ich bereits angedeutet, daß der Einfluß der Bundesrepublik auf das internationale Wirtschaftswachstum nicht allein aus der quantitativen Analyse der Güter- und Zahlungsströme abgeleitet werden kann.

Vielmehr verdienen die darin auch sichtbar werdenden Grundvorstellungen der wirtschaftlichen Ordnungspolitik sogar noch mehr Beachtung. Die internationale Position und Beitragsmöglichkeit der Bundesrepublik gründen auf ein Ordnungssystem, das auf marktwirtschaftliche Effizienz ausgerichtet ist. Es wird durch ein ausgebautes soziales Sicherheitsnetz da ergänzt, wo die marktwirtschaftlichen Ergebnisse sozial nicht befriedigen und gesellschaftliche Unstabilität produziert wird. Marktsystem und Sozialinstitutionen haben nicht die erwünschten Effekte, wenn die Staatsordnung nicht stabil bleibt. Das ist die Erkenntnis in der Bundesrepublik, die auf bitteren Vergangenheitserfahrungen beruht. Vielleicht liegt die größte Bedeutung der Bundesrepublik in der Beispielhaftigkeit der ordnungs- und prozeßpolitischen Verfahrensweise zur Sicherung der wirtschaftlichen Stabilität und Stetigkeit, die auf Geldwertstabilität gründen. Dabei soll gewiß nicht verkannt werden, daß es aus guten Gründen in anderen Ländern abweichende Ziel- und Prioritätsvorstellungen gibt. Diese sind freilich nicht ohne Konsequenz für die internationale Kooperationswilligkeit und -fähigkeit.

Damit habe ich Grundprobleme der internationalen Wirtschafts- und Währungskoordination bzw. -kooperation berührt, die ich wenigstens in zwei Bereichen noch ansprechen möchte.

4. *Besonderheiten im Hinblick auf die Dritte Welt und den Ostblock*

Für die Möglichkeit eines Staates, einen Beitrag zum internationalen Wirtschaftswachstum zu leisten, hat die Offenheit der Märkte – wie ausgeführt – zentrale Bedeutung und ebenso die Fähigkeit, am internationalen Güteraustausch und Kapitalverkehr intensiv zu partizipieren.

Bei den Entwicklungsländern der Dritten Welt sind diese beiden Voraussetzungen aus Gründen, die hier nicht erörtert werden können, nur in beschränktem Umfang gegeben. Die Bundesrepublik kann daher zum wirtschaftlichen Wachstum dieser Länder nicht im gleichen Maße und in gleichartiger Weise beitragen wie bei den wirtschaftlich höher entwickelten Staaten. Die Möglichkeiten konzentrieren sich vor allem auf

- die Öffnung der Märkte für den Absatz von Produkten dieser Länder,
- direkte Investitionen und Kapitalhilfe,
- unentgeltliche Übertragungen.

In Bezug auf die Offenheit der Märkte ist die Bundesrepublik weitgehend eingebunden in die Handelsregelung der EG und andere internationale Abkommen. Auf diesem Wege kann daher kaum ein weiterer Beitrag zum Wachstum in diesen Ländern geleistet werden, abgesehen von einem möglichst hohen Anteil von Ausrüstungsgüterlieferungen. Ebenso halten sich die unentgeltlichen Übertragungen aus der BRD im Rahmen vergleichbarer westlicher Länder und liegen damit gewiß unter den Erwartungen der Entwicklungsländer. Beachtlich sind die öffentlichen und privaten Kapitalhilfen sowie die Unterstützung, die die Arbeit der internationalen Institutionen durch die Bundesrepublik erfährt. In Bezug auf Kapitalhilfen hat freilich die Überschuldung zahlreicher Entwicklungsländer zu den bekannten Problemen geführt, die eine Fortsetzung der bisherigen Verfahrensweise schwerlich gestattet.

Wiederum anderer Natur ist der Einfluß der Bundesrepublik auf das wirtschaftliche Wachstum in den sozialistisch gestalteten Ostblockstaaten. Die geographische Nähe, eine lange Tradition in den wirtschaftlichen Beziehungen zu diesen Ländern und die besondere Struktur der Exportwirtschaft haben dazu geführt, daß die Bundesrepublik in den Außenhandelsbeziehungen zu diesen Staaten eine herausragende Stellung einnimmt. Das gilt sowohl für den Güteraustausch als auch für die Kreditbeziehungen.

Die sich in den Ostblockstaaten abzeichnenden Änderungen in der Wirtschaftsgestaltung, die in ihrer Ausformung letzlich weder eindeutig sind, noch in kurzer Zeit zustande kommen dürften, lassen erwarten, daß die Austauschbeziehungen mit der Bundesrepublik eher noch größer werden.

5. *Grenzen der Beitragsmöglichkeiten*

Zusammenfassend möchte ich zum Ausdruck bringen, daß die Bundesrepublik in der jüngsten Vergangenheit und in der Gegenwart sicher einen Beitrag zum internationalen Wachstum leistet, der über die im Sozialprodukt zum Ausdruck kommende Rangposition vergleichbarer Länder hinausgeht. Für die zukünftige Entwicklung des deutschen Beitrages, insbesondere seine Steigerungsmöglichkeit, sollte nicht übersehen werden, daß die Bundesrepublik binnenwirtschaftlich gegenwärtig erhebliche strukturelle Anpassungsschwierigkeiten überwinden muß. Sie liegen vor allem in dem rasanten technologischen Wandlungsprozeß begründet, der bei der hohen internationalen Verflechtung Rationalisierungsmaßnahmen und Strukturänderungen notwendig macht. Diese müssen bei eingeengter Ertragsspanne der Unternehmen realisiert werden. Die niedrige Rendite der Sachinvestitionen und international höhere Realzinsen bei Finanzanlagen sowie internationale Spitzenlohnkosten wirken hemmend auf die Investitionstätigkeit im Inland. Der Anpassungsprozeß wird ohnedies durch sozial orientierte Arbeitsmarktregelungen (Arbeitszeit, Tariflöhne und Kündigungsschutz) zusätzlich erschwert, so daß die Beseitigung der sehr hohen Arbeitslosigkeit erhebliche Dauerprobleme schafft. Sie sind nach vorherrschender Auffassung auch nicht durch besondere Beschäftigungsprogramme zu lösen, weil diese nur vorübergehende Belebungseffekte haben und überdies finanzpolitisch unerwünschte Konsequenzen auslösen. Zu den Sozialkosten der Arbeitslosigkeit kommen noch demographisch bedingte Finanzierungslasten, insbesondere die Rentenversicherung. Daraus resultiert eine hohe Steuer- und Abgabenquote, die zu Standortverlagerungen bei Unternehmensinvestitionen und Finanzanlagen anreizt. Ich möchte um Verständnis bitten, wenn ich diese Situation nicht weiter analysiere. Ich wollte indessen abschließend wenigstens einige Gründe für die Grenzen der internationalen Beitragsmöglichkeit der Bundesrepublik andeuten.

Außenhandel der Bundesrepublik im Jahre 1986
(Bruttoinlandsprodukt: 1 937 Mrd. DM)

	Gesamt		Europäische Gemeinschaft		Staatshandelsländer		Entwicklungsländer	
	Mrd. DM	%	Mrd. DM	%	Mrd. DM	%	Mrd. DM	%
Export	526	100	267	51	26	5	56	11
Import	414	100	216	52	21	5	53	13

Struktur des Außenhandels der Bundesrepublik 1986

	Importe		Exporte	
	Mrd. DM	%	Mrd. DM	%
Gesamt	413,7	100,0	526,4	100,0
- Investitionsgüter	40,8	9,9	124,3	23,6
- Sonstige Ausrüstungsgegenstände und Fertigwaren	144,3	34,9	204,5	38,9
- Rohstoffe, Halbwaren, Vorerzeugnisse	152,0	36,7	125,5	23,8
- Verbrauchsgüter	76,6	18,5	72,1	13,7

Quelle: Statistisches Jahrbuch 1987, S. 272 f.
Statistisches Jahrbuch 1988, S. 255 ff., 268, eigene Berechnungen

Direktinvestitionen der BRD
(in Mrd. DM)
Stand am Jahresende

	'77	'78	'79	'80	'81	'82	'83	'84	'85	'86
Gesamt	52	60	70	84	102	109	123	146	147	149
EG	19	21	24	29	30	36	39	47	51	57
übrige eur. Länder	9	10	11	12	15	10	11	13	13	15
USA	8	11	15	18	26	28	35	44	44	42
Rest	16	18	20	25	31	35	38	42	39	35

Quelle: Statistisches Jahrbuch 1984, S. 571
Statistisches Jahrbuch 1985, S. 570
Statistisches Jahrbuch 1988, S. 573

Außenhandel der OECD im Jahre 1986 (Bruttoinlandsprodukt: 25 500 Mrd. DM)

	Gesamt in Mrd. DM	Bundesrepublik Deutschland		aus der bzw. in die Bundesrepublik	
		Anteil		Anteil	
		Mrd. DM	%	Mrd. DM	%
Export	3 183	526	16,5	331	12,5
Import	3 350	414	12,4	433	16,5

Außenhandel der EG im Jahre 1986 (Bruttoinlandsprodukt: 8 879 Mrd. DM)

	Gesamt in Mrd. DM	Bundesrepublik Deutschland		aus der bzw. in die Bundesrepublik	
		Anteil		Anteil [1]	
		Mrd. DM	%	Mrd. DM	%
Export	1 711	526	30,7	216	18,2
Import	1 688	414	24,5	267	21,0

[1] Der Anteil der Bundesrepublik Deutschland ist errechnet aus den Summen der Ausfuhren/Einfuhren der EG- und OECD-Länder ohne die Ausfuhren/Einfuhren der Bundesrepublik Deutschland.

Quelle: Statistisches Jahrbuch 1987, S. 272 f.
Statistisches Jahrbuch 1988, S. 695 f., 727 und eigene Berechnungen

Außenhandel des COMECON 1985
(in Mio. US $)

	OECD		BRD		Japan		USA		Frankreich		Italien	
	abs.	%	abs.	%	abs.	%	abs.	%	abs.	%	abs.	%
Import	33788	100	7327	22	3314	10	3191	9	2909	9	2631	8
Export	38974	100	8083	21	1733	4	2110	5	3751	10	4946	13

Quelle: Vienna Institute for Comparative Economic Studies: COMECON Foreign Trade Data 1986, London 1988, S. 268, 284-306, eigene Berechnungen

Entwicklung an den einzelnen Bankplätzen
(Stand Ende 1987)

Auslandsposition der Banken in	Forderungen Mrd. US $	Verbindlichkeiten Mrd. US $	Saldo Mrd. US $
Europäische berichtende Länder zusammen	2 140,0	2 171,0	-31,0
darunter			
- Großbritannien	875,6	927,6	-52,0
- Frankreich	266,4	271,4	- 5,0
- Deutschland (BR)	206,0	131,8	+74,2
Banken in den USA zusammen	508,9	532,4	-23,5
Japan	576,9	592,0	-15,1
Kanada	52,9	73,3	-20,4
Übrige berichtende Länder	878,5	832,7	+45,8
Insgesamt	4 157,2	4 201,4	-44,2

Währungszusammensetzung der grenzüberschreitenden Positionen der an die BIZ berichtenden Banken (Stand Ende 1987) in Mrd. US $

Währung	Forderungen	Verbindlichkeiten	Saldo
US-Dollar	1 696,4	1 855,3	-158,9
D-Mark	445,6	419,5	+26,1
Schweizer Franken	205,6	206,8	-1,2
Japanischer Yen	436,4	361,0	+75,4
Pfund Sterling	120,5	161,0	-40,5
ECU	78,5	69,4	+9,1

Quelle: BIZ: 58. Jahresbericht, S. 133 f.

Kapitalverkehr der Bundesrepublik mit dem Ausland 1987

	Mrd. DM
Langfristiger Kapitalverkehr	
Gesamte deutsche Nettokapitalanlagen im Ausland	-62
- Direktinvestitionen	-16
- Wertpapieranlagen	-25
- langfr. Kreditverkehr	-18
- Sonstiges	-3
Gesamte ausl. Nettokapitalanlagen in der BRD	+39
- Direktinvestitionen	+ 4
- Wertpapieranlagen	+33
- langfr. Kreditverkehr	+ 2
Saldo des gesamten langfr. Kapitalverkehrs	-24
Saldo des gesamten kurzfr. Kapitalverkehrs	-20
Nettokapitalexport	44

Quelle: Monatsberichte der Deutschen Bundesbank, August 1988, S. 77

Podiumsdiskussion

Probleme und Perspektiven des Europäischen Währungssystems

Teilnehmer: Beniamino Andreatta, Guido Carli, Karl Häuser, Gerhard Zeitel
Moderator: Heinz Kienzl

Kienzl: Meine Damen und Herren, wir beginnen jetzt mit der Diskussion der Probleme des Europäischen Währungssystems. Als Diskussionsleiter – aus mir unerfindlichen Gründen sagt man jetzt weltweit Moderator – darf ich voranstellen, was gestern schon klar gesagt wurde, daß ein Währungssystem nur funktionieren kann, wenn die *fundamentals* der Teilnehmer am Währungssystem in Ordnung sind oder wenigstens zusammenpassen; wenn die *fundamentals* nicht zusammenpassen, dann kann das Währungssystem nicht funktionieren. Wir haben das anfangs der 70er Jahre bei den Bretton-Woods-Institutionen studieren können und umgekehrt können wir es studieren im Europäischen Währungssystem, wo jene Staaten, deren *fundamentals* gut zusammenpassen, ohne Schwierigkeiten die immer wieder auftretenden Spekulationen abwehren können, während wenn die *fundamentals* – also Einkommensentwicklungen, Zinsen, Leistungsbilanz etc. – nicht zusammenpassen, die Schwierigkeiten unüberwindlich werden. Nun darf ich vorschlagen, daß wir vielleicht von links nach rechts die Diskussion beginnen. Darf ich sie bitten, Herr Professor Häuser.

Einleitungsstatements

Merkmale und Weiterentwicklungen des Europäischen Währungssystems

Häuser: Ich wurde bereits stutzig bei der Vorbemerkung von Prof. Andreatta, als er bemerkte, daß ein Neutraler aus Österreich, dessen Währung außerhalb stehe, hier als Moderator fungieren solle. Wird die österreichische Währung nicht berührt durch das EWS? Ganz sicher befindet sie sich im Sog des EWS, aber das ist eine kleine Vorbemerkung neckischer Art.

Sie frugen nach den *fundamentals*. Die Konstruktion des EWS beruht im wesentlichen auf drei solcher fundamentalen Faktoren. Der erste betrifft die Einführung einer eigenen Rechnungswährung, einer Kunstwährung; des ECU. Der zweite ist eine Art Kreditsystem zwischen den Zentralbanken zur Verrechnung untereinander. D.h. wenn Salden entstehen, soll es möglich sein, mit nationalen Währungen und mit Hilfe von ECUs solche Salden mehr oder weniger automatisch auszugleichen. Der dritte Faktor ist ein Festkurssystem, also eine Art Wiederingangsetzung eines auf Europa begrenzenten Bretton-Woods-Systems. Dies scheinen mir die wesentlichen Merkmale des Europäischen Währungssystems zu sein. Darauf hat ja auch Herr Prof. Francke gestern in seinem Vortrag hingewiesen. Die Weiterentwicklung dieses Systems, die man sich in verschiedener Weise vorstellen kann, geht im wesentlichen in drei Richtungen; Erstens sind die jetzt noch existierenden Bandbreiten zu verengen, zweitens die noch außenstehenden Länder hineinzubringen – das sind vor allem das Vereinigte Königreich, aber auch Spanien und Portugal – sowie die in Zukunft neu hinzukommenden Länder, und drittens ist eine weitere engere Koordinierung der Währungs- und Finanzpolitik anzustreben, um möglichst Anpassungen der Wechselkurse künftig zu vermeiden, bzw. wenn schon nicht zu vermeiden, dann in zeitlich größeren Abständen vorzunehmen, also geringer werden zu lassen, auch hinsichtlich der Abwertungsraten. In dieser Hinsicht hat das EWS sicherlich im Laufe der Zeit große Fortschritte gebracht. Wir haben, wenn ich das recht in Erinnerung habe, seit Beginn des EWS, seit 1979, 10 *realignments*, also Wechselkursanpassungen, gehabt, und man kann einen deutlichen Trend feststellen, daß diese Anpassungen im Zeitverlauf seltener geworden sind, daß es also weniger rasch notwendig war, Wechselkurse einander anzupassen, und überdies, daß bei den Anpassungen die Auf- und Abwertungsraten tendenziell geringer geworden sind. Ich glaube, daß man daraus schließen kann, daß das System konvergierend gewirkt und insofern zu seinem Vorteil gearbeitet hat.

Voraussetzungen für den Übergang vom EWS zur Währungsunion

Carli: Ich glaube, ich werde mich nicht so kurz fassen. Zuerst einmal möchte ich an die Worte meines Vorredners Prof. Kienzl anknüpfend Stellung zum Problem nehmen: Ein Währungssystem setzt ein ausgewogenes Verhältnis der *fundamentals* voraus. Ich glaube, richtig verstanden zu haben. Ich möchte mich auf die vorhergehende Diskussion beziehen, insbesondere auf den Zahlungsbilanzüberschuß der Bundesrepublik Deutschland, auf die Notwendigkeit, diesen Überschuß zu reduzieren und auf die für dieses Ziel erforderliche Politik.

Die Europäische Gemeinschaft bewegt sich in Richtung vollständige Liberalisierung des Kapitalverkehrs bis Juni-Juli 1990, wobei Ungleichgewichte in den Leistungsbilanzen bestehen, Überschüsse von seiten der BRD und der Niederlande, Defizite von Großbritannien, von Frankreich, in gewissem Maße auch von Italien und Spanien. Bei einigen wird die Befürchtung laut, daß es bei Nichteinführung von geeigneten Politiken zur Reduzierung der Ungleichgewichte zu einem Rückgriff auf die Schutzklauseln kommen werde, weil ja die vollständige Liberalisierung des Kapitalverkehrs an die Inanspruchnahme von Schutzmaßnahmen gebunden sei.

Ich möchte diesbezüglich nur feststellen, daß gegenwärtig auf verschiedenen Ebenen die Diskussion im Gange ist, ob die Reduzierung der Zahlungsbilanzüberschüsse durch Wechselkursveränderungen zu erreichen sei oder durch entsprechende politische Maßnahmen mit dem Ziel, das Gleichgewicht zwischen Investitionen und Ersparnissen wiederherzustellen. In den USA, so scheint mir, sind die Hauptverfechter dieser Maßnahmen McKinnon und Dornbusch. McKinnon ist der Ansicht, daß, sobald ein ausgewogenes Verhältnis zwischen Investitionen und Ersparnissen hergestellt ist, die Leistungsbilanz automatisch ins Gleichgewicht kommt. Dornbusch spricht sich für einen Eingriff beim Wechselkurs aus, da seiner Meinung nach das Verhältnis zwischen Investitionen und Ersparnissen nur langsam zu verändern ist. Um noch einmal auf die BRD und Großbritannien zurückzukommen, so haben wir es mit zwei Ländern zu tun, von denen eines im Vergleich zu den Investitionen einen Überschuß an Ersparnissen vorzuweisen hat, das andere hingegen hat gemessen an den Investitionen ein Defizit an Sparen zu verzeichnen. Das Vereinigte Königreich ist ein Land, das trotz eines ausgeglichenen oder sogar positiven Budgetsaldos ein Defizit in der Leistungsbilanz aufweist, weil nämlich die Investitionen die Ersparnisse übersteigen. Abschließend kann ich dazu sagen, daß meines Erachtens nach derartige Ungleichgewichte eben von dieser Seite einer Korrektur bedürfen und auf keinen Fall nur durch eine Wechselkursänderung zu beenden sind.

Nun, ich bin der Meinung, daß ein Währungssystem, das sich auf dem Weg zu einer Währungsunion befindet, folgender Voraussetzungen bedarf:

1. vollständige Freiheit beim Kapitaltransfer, ganz gleich, ob der Kapitalverkehr kurz- oder langfristig ist.

2. diese eben genannte Freiheit beim Kapitalverkehr muß mit festen oder kaum schwankenden Wechselkursen verknüpft sein. Unter diesem Blickwinkel betrachtet ist nämlich der Italien – sowohl nach unten als auch nach oben – eingeräumte Schwankungsspielraum von 6% nicht zu vereinbaren mit dem anvisierten Ziel einer Währungsunion. Ich möchte allerdings hinzufügen, daß die Währungsunion die Bedingung der Irreversibilität stellt. Und diese wiederum setzt eine koordinierte Wirtschafts- und Finanzpolitik voraus. Kurz und gut, die Erfahrung zeigt uns, daß Import- und Exportfreiheit bei Waren, Import- und Exportfreiheit bei Kapital, feste Wechselkurse und die Beibehaltung eines großen

Handlungsspielraums im Bereich der Wirtschafts- und Finanzpolitik nicht miteinander vereinbar sind.

Wenn man Import- und Exportfreiheit von Waren und Kapital sowie eine Autonomie bei der Wirtschafts- und Finanzpolitik wünscht, so muß man auf feste Wechselkurse verzichten. Will man hingegen die Wechselkurse fixieren und eine autonome Wirtschafts- und Finanzpolitik beibehalten, so muß man früher oder später den Handlungsspielraum beim Import von Waren oder beim Import- und Export von Kapital eingrenzen. Es handelt sich hierbei um ein System, bei dem man entweder auf feste Wechselkurse verzichtet oder auf die Autonomie in der Wirtschafts- und Finanzpolitik oder restriktive Maßnahmen im Waren- oder Kapitalverkehr einführt. Ich glaube, daß von diesen Überlegungen ausgehend, sich einhellig nur eine Lösung abzeichnet: hat man sich die Schaffung einer Währungsunion zum Ziel gesetzt, so muß Import- und Exportfreiheit im Waren- und Dienstleistungsbereich sowie Import- und Exportfreiheit im Kapitalverkehr zugestanden werden, ebenso feste Wechselkurse, jedoch begleitet von einer rigorosen Koordinierung der Wirtschafts- und Finanzpolitik der einzelnen Länder. Das ist die Grundvoraussetzung! Wenn diese nicht erfüllt wird, dann – glaube ich – läßt sich nur schwer eine Europäische Zentralbank diskutieren.

All dies stellt die Bedingung, daß die Zielsetzungen der Währungsunionspolitik nach außen hin Zielsetzungen sind, die ihrerseits miteinander koordiniert wurden. Die Währungsunionspolitik muß auf die Wechselkursstabilität gegenüber Dollar und Yen ausgerichtet sein, oder anders gesagt, sie muß einen breiten Schwankungsspielraum einräumen.

Nun stellt sich aber folgendes Problem: wie ist die angestrebte Währungsstabilität innerhalb der Union zu vereinbaren mit einer relativen Stabilität der Wechselkursverhältnisse gegenüber den beiden genannten Währungen. Da muß man sich nun fragen, welches das Ziel sein soll, das eine etwaige Zentralbank, der alle anderen untergeordnet sind, anstrebt. Meiner Meinung nach müßte das Ziel darin bestehen, die Währungsstabilität zu garantieren und nicht die Währungsstabilität und auch die Wechselkursstabilität. Wenn ich von Wechselkursstabilität spreche, dann beziehe ich mich auf die Wechselkursverhältnisse gegenüber den unionsexternen Währungen. Diese beiden Ziele sind nicht miteinander vereinbar.

Abschließend möchte ich sagen, daß es zweier Grundvoraussetzungen bedarf, um eine Währungsunion zu verwirklichen. Und zwar:

- der vollständigen Liberalisierung des mittel- und kurzfristigen Kapitalverkehrs und eines Systems für stabile Wechselkursverhältnisse oder zumindest schmale Schwankungsspielräume, die für alle Länder gelten;
- Irreversibilität, was mit anderen Worten enge Koordinierung der währungspolitischen Maßnahmen bedeutet, Festlegung und Bildung eines Ziels, dem alle anderen Maßnahmen untergeordnet werden. Meine

Meinung diesbezüglich ist, daß das Ziel darin bestehen muß, Währungsstabilität innerhalb der Währungsgemeinschaft zu garantieren und dieses Ziel schließt die Wechselkursstabilität gegenüber externen Währungen, also Dollar und Yen, aus.

Verbesserung des Gleichgewichts zwischen entwickelten und unterentwickelten Ländern der EG

Zeitel: Ich kann unmittelbar anknüpfen an das, was Herr Dr. Carli zum Schluß ausgeführt hat. Das sind die Grundprinzipien, die man bei einer Währungsunion verfolgen muß. Wenn man nach diesen Prinzipien urteilt, dann hat das Europäische Währungssystem seit seiner Gründung eigentlich einen bemerkenswerten Erfolg zu verzeichnen, insofern vor allem, als es in der Koordination der Wirtschaftspolitik – nicht im Sinn einer formalen Abstimmung, sondern im faktischen Ergebnis der national verfolgten Politiken – doch zu einer beträchtlichen Annäherung geführt hat.

Wenn es ein Fundament einer Währungsunion, die auf Stabilität ausgerichtet ist, gibt, dann können wir erfreulicherweise in Europa feststellen, daß die Divergenzen in der Preisentwicklung sich sehr vermindert haben, und daß es vielleicht noch einen Spielraum in der Anpassung gibt, der ausgeschöpft werden kann. Aber die Fakten lassen den Schluß zu, daß es zu einer größeren Annäherung auch ohne formale Koordination in den beteiligten Staaten gekommen ist. Ich will das Verhältnis der Europäischen Währungsunion nach außen auslassen. Hier werden wir mit einer Rückkehr zu festen Kursen nicht rechnen können und das Gesamtsystem wird auf Flexibilität begründet bleiben. Das ist alles, was auf diesem weiten internationalen Feld erreichbar ist, das spekulative Übertreibungen in den Wechselkursbewegungen kennt, wie wir leider in den letzten Jahren feststellen mußten, und ich persönlich bin fest davon überzeugt, daß auch etwas geschehen muß, um die spekulativen Elemente der internationalen Kapitalbewegungen einzudämmen, wenn wir hier nicht explosive Entwicklungen haben wollen. Ich lasse aber diesen Teil aus, weil ich glaube, daß es da kaum eine große Divergenz gibt. Ich halte auch die amerikanischen Positionen, wie sie von Herrn Dr. Carli vorgetragen wurden, für beide Seiten ein wenig extrem. Wir werden beide Rücksicht üben müssen.

Ich will nur mit einem Satz erwähnen, daß für uns die Europäische Währungsunion und der Beitritt Englands unverzichtbar ist. England hat als Finanzmarkt in der Bewältigung der internationalen Finanzströme und auch als Land eine so große Bedeutung, daß wir es eigentlich nicht hinnehmen können, daß England güterwirtschaftlich mit Europa verbunden bleibt und in der monetären Sphäre alle Freiheiten, um es noch deutlicher zu sagen, alle Vorteile einer solchen Beziehung, wahren möchte, wie das Mrs. Thatcher will, ohne die Pflichten anzuerkennen, die sich aus einem stärkeren Währungsverbund ergeben. Ob und wann England der Europäischen Währungsgemeinschaft beitreten wird, halte ich für eine kritische Frage, aber wenn ich die Dinge richtig beurteile, wehrt sich England vor einer Entscheidung in dieser Frage.

Wenn das Ziel der Europäischen Währungsunion die Währungsstabilität sein sollte und davon sind wir voll überzeugt, dann ergeben sich daraus auch Konsequenzen für die Weiterentwicklung. Aus meiner Sicht haben Herr Genscher und auch Frankreich die Frage einer formellen Europäischen Zentralbank zu sehr hochgepuscht. Eine Notenbank wird es sicherlich in Europa eines Tages geben, aber ich halte dieses Projekt noch für Zukunftsmusik. Da ich zu den fundamentalen Problemen, also Freizügigkeit im Güterverkehr, Freizügigkeit im Kapitalverkehr keine Ergänzung zu machen habe und wir *de facto* auch die Liberalisierung des Kapitalverkehrs beschlossen haben, bleibt die Frage, wo die eigentliche Lücke im System besteht. Das ist die Frage der Finanzautonomie, der wir uns ja in der Europäischen Währungs- und Wirtschaftsgemeinschaft mit Riesenschritten nähern, und das Gebiet der Besteuerung. Und sicher ist die Geld- und Währungsverfassung eine der schwierigsten Fragen. Aber wenn man einmal die Geschichte der Entwicklung von Notenbanken betrachtet, so ist es immer ein Werdegang von der vollen politischen Integration, und zwar der politischen Integration in ihrem ökonomischen Kern, bis zu einem funktionsfähigen Finanzausgleich. Wir können uns hier für eine Weile an dieser Frage vielleicht ein bißchen vorbeimogeln, indem wir das Problem der Übertragung von Währungsreserven aus einem Überschußland in ein Defizitland ein bißchen großzügiger handhaben. Und sicher können die Kreditnahmemöglichkeiten zum kurzfristigen Ausgleich der Zahlungsbilanzprobleme noch erweitert werden, aber die entscheidende Frage bleibt die Finanzautonomie. Ich kann mir das nicht anders vorstellen, als daß wir in der Europäischen Gemeinschaft stärker danach fragen müssen, ob der Funktionsmechanismus, so wie er gegenwärtig konstruiert ist, im Finanzausgleich zwischen denjenigen Ländern, die etwas weiterentwickelt sind, und denjenigen, die nicht so entwickelt sind, auf längere Sicht auch im Zusammenhang mit einer Europäischen Notenbank beibehalten können. Ich glaube das nicht.

Der Finanzausgleich im europäischen System funktioniert pervers. Länder, die hochentwickelt sind, bekommen relativ große Zahlungen als Folge des Agrarmechanismus aus der Europäischen Gemeinschaft; Länder, die nachweisbar Regionen haben, die besonders rückständig sind, kommen relativ zu kurz. Also ich meine, daß wir ins Auge fassen müssen, daß wir im europäischen Bereich, wenn wir einen engeren Verbund wollen, die Fragen eines Finanzausgleichs von den wirtschaftsstärkeren zu den wirtschaftsschwächeren Regionen stärker in den Mittelpunkt bringen müssen. Die bisherigen Versuche den Regionalfonds oder den Sozialfonds aufzustocken, nehmen sich angesichts der umgekehrt laufenden Agrarströme relativ bescheiden aus. Und zu einer Koordinierung einer Wirtschaftspolitik, die notwendig ist, gehört letztlich auch eine andere Organisation des europäischen Finanzausgleichs, den wir meines Erachtens bislang zu wenig beachtet haben.

Eine letzte Bemerkung zum ECU. Der ECU hat eine erstaunliche Akzeptanz gehabt. Ich glaube, daß er im Sinne einer Absicherung gegenüber Währungsunsicherheit gesehen werden muß. Hier steht wieder das System in der Wechselkursgestaltung vorne an. Umso mehr dürfen wir auch damit rechnen, daß der ECU im täglichen Geschäftsverkehr so wie bisher und auch in der nächsten Zukunft nicht die Bedeutung erlangen wird, wie manche erwarten. Die Schlüsselfrage für die weitere Entwicklung aus meiner Sicht lautet: Gelingt es, zu einer größeren Konvergenz der Wirtschafts-, Finanz- und Währungspolitik zwischen den Staaten zu kommen?

Ist dies der Fall, dann werden wir auch eine Europäische Notenbank etablieren können. Ist dies nicht der Fall, dann werden wir mit der Übergangslösung, die wir gegenwärtig im System haben, längere Zeit arbeiten müssen. Dann wird die Erfordernis der Stabilität des Wechselkurses innerhalb des Verbundes vorläufig aus meiner Sicht schwer zu realisieren sein, und wir werden weiterhin von Zeit zu Zeit *realignments* haben. Unverzichtbar – und hier stimme ich wiederum voll zu – halte ich die Irreversibilität der einmal getroffenen Entscheidungen, d.h. wenn Zweifel daran bestehen, daß die Freizügigkeit im Kapitalverkehr, daß die Freizügigkeit im Güterverkehr nicht aufrecht erhalten, sondern wieder eingeschränkt werden wird, dann werden wir nicht zu jener vertrauensvollen Entwicklung auch in den Kapitalströmen kommen, die ich für unerläßlich halte.

Notwendigkeit einer Europäischen Notenbank oder Stärkung des EWS durch stabilere Wechselkurse

Andreatta: Das Europäische Währungssystem ist in diesen Jahren im wesentlichen ein Bretton-Woods-System, das funktioniert hat. Die Rollenverteilung in diesem asymmetrischen System ist eindeutig gewesen. Alle Zentralbanken, mit Ausnahme einer, haben sich zum Ziel gesetzt, den Wechselkurs gegenüber der DM zu halten, während ein Land den Spielmacher gestellt hat, daß heißt die Veränderungen getragen hat, um dem System monetäre Sicherheit zu verleihen und den Wechselkurs zu bestimmen. Dieses Land hat fast immer den Wechselkurs gegenüber dem Dollar und den anderen Währungen über den Markt bestimmt. Das tragende Element dieser Struktur war die Nichtfreizügigkeit des Kapitals. Die schwachen Währungen konnten relativ leicht den Wechselkurs halten, weil kein freier Kapitalverkehr vorlag. Ich glaube, wir stehen nicht vor einer Option, die es durchzusetzen gilt oder nicht, wenn wir uns die Frage nach der Evolution des Europäischen Währungssystems stellen. Wenn wir diese Option nicht erfüllen, so werden uns zukünftige Krisen dazu zwingen, die Regeln des Systems zu ändern und es auszubauen, sonst wird das System zugrundegehen oder explodieren.

Die Freizügigkeit des Kapitals, wie Prof. Carli eben gesagt hat, ist nur schwer in Einklang zu bringen mit den verschiedenen politischen Aspekten, selbst wenn Wirtschafts- und Finanzpolitik koordiniert sind, weil eine gewisse Zeit dazu erforderlich ist. Die Koordinierung erfolgt nicht sofort, aber selbst wenn sie *ex ante* in die Wege geleitet wurde, so besteht das Problem der Glaubwürdigkeit und daher reicht eine Koordinierung der Währungspolitik oder der Währungs- und Haushaltspolitik nicht aus, um das System im Falle des freien Kapitalverkehrs zusammenzuhalten. Wir können uns vorstellen, daß dieser Kapitalverkehr gewaltig sein wird, wenn Aussicht auf eine Paritätsänderung besteht und, um es bildhaft darzustellen, daß der Diener dann vom Herrn bedient wird: das heißt die Spekulation zwingt zu einer Wechselkursänderung und die *fundamentals* – das Preisniveau usw. – müssen sich *ex post* an der Spekulation orientieren. Wenn dem so ist, dann müssen wir schnellstens auf ein System hinarbeiten, das die Möglichkeit der Wechselkursanpassung ausschließt.

Unsere deutschen Kollegen werden vielleicht mitleidvoll lächeln, wenn ein Italiener sagt, daß man den Weg von unwiderrufbar stabilen Wechselkursen gehen muß. Ich interpretiere die Aussagen von Dr. Carli in bezug auf die Unwiderruflichkeit der Wechselkursstabilität. Aber ich erinnere daran, daß dieses Land 25 Jahre lang die gleichen Inflationsraten gehabt hat wie wir, daß Frankreich Inflationsraten gehabt hat wie die BRD und daß in schwierigen Situationen, angesichts unterschiedlicher Inflationsraten und Inflationsneigungen, bei den Gewerkschaften und den Unternehmern die Hoffnung besteht, daß nach einiger Zeit, nach einigen Jahren, die verantwortlichen Behörden eingreifen werden, um die Parität zu verändern. Eine Erklärung bezüglich der Unwiderruflichkeit der Paritäten führt meines Erachtens zur Veränderung des Verhaltens, das seinerseits die Neigung zur Inflation bedingt, und zwingt die italienischen Gewerkschaften – wie auch die spanischen oder französischen – sich dem Problem zu stellen, was nun auf dem Arbeitsmarkt in Stuttgart und Düsseldorf geschieht, denn andernfalls wird das Problem der Arbeitslosigkeit dann gravierend sein.

Daher glaube ich, daß mit den nun auf ein Minimum zurückgegangenen Inflationsraten, dieser Schritt unvermeidbar sein wird, wenn wir die Kapitalfreizügigkeit beibehalten wollen. Es kann sein, daß anfänglich eine Reihe von Korrekturen und Anpassungen vorgenommen werden müssen. Vielleicht werden wir auch Krisen durchmachen und Kapitalabflüsse haben. Womöglich gerade in dem Augenblick, in dem der Dollar schwach ist und bereits Kapital vom amerikanischen Markt in die BRD strömt, weitere Milliarden Dollar werden vom belgischen oder italienischen oder französischen Markt kommen und das Meistern der Situation recht kompliziert erscheinen lassen. Also müssen wir für Krisenzeiten eine Maßnahme vorsehen, die wir heute in Nichtkrisenzeiten treffen, und die das System nicht aus den Angeln heben wird.

Hier bieten sich zwei Möglichkeiten an: die Alternative, die Dr. Carli vorzuziehen schien, nämlich daß die Unwiderruflichkeit der Wechselkursfixierung den inländischen Währungsbehörden überlassen wird, ohne jegliche institutionelle Veränderung, ohne die Schaffung einer gemeinsamen Zentralbank.

Dieser Vorschlag weist positive Aspekte auf und der wichtigste positive Aspekt dabei ist, daß die Bundesbank in diesem Fall der Spielmacher des Systems bleibt. Nicht so sehr aufgrund der weisen Geschäftsfühung der Bundesbank, sondern weil die Bundesbank in einem politischen und sozialen Umfeld tätig ist, wie es nun mal das deutsche ist, wo man der Wechselkursstabilität – das haben wir auch in diesen Tagen wiederholt vernehmen können – größte Bedeutung beimißt. Und das ist zweifelsohne wichtig.

Es gibt aber auch Nachteile. Die Glaubwürdigkeit der anderen Zentralbanken zwingt dazu, die Zinssätze 5 oder 10 Jahre lang merklich höher zu halten, wenn man der Hypothese einer unwiderruflichen Parität Wahrheitsgehalt verleihen möchte. Es kann, auch für die BRD, zu schwierigen Situationen kommen. Wenn man nämlich keinen Währungspool geschaffen hat, dann kann es sein, daß auf dem relativ kleinen deutschen Devisenmarket die Folgen des Kapitalverkehrs spürbar werden. Dabei kann die DM – und mit ihr alle weiteren Währungen – vielleicht übertrieben hohe Aufwertungen gegenüber den externen Währungen erfahren. Da muß man sich also fragen, ob die Glaubwürdigkeit der ganzen Situation nicht erhöht würde, wenn man die europäische Währungspolitik in die Hände einer Behörde, einer unabhängigen europäischen Aufsichtsbehörde gäbe. Ich glaube nicht, daß zu diesem Zweck eine Erweiterung Europas Sinn hätte. Meiner Meinung nach, und ich glaube auch der deutsche Bundeskanzler teilt diese Ansicht, ist eine gewisse Aufteilung Europas notwendig, daß eben einige Länder den anderen voranschreiten. Ich bin einverstanden mit dem, was die deutschen Kollegen gesagt haben und mir scheint, daß die Schaffung einer Europäischen Notenbank in einem Augenblick, in dem die gemeinschaftlichen Institutionen relativ unbedeutend sind – ihre Politik zeugt von Schwäche – angebacht wäre. Aber das Abkommen, an dem die in Hannover nominierten Experten gerade arbeiten, garantiert, so glaube ich, zumindest auf juristischer Ebene, eine sehr große Autonomie.

Sicher, es ist absolut wichtig, daß eine europäische Aufsichtsbehörde, die ohne die deutsche Glaubwürdigkeit operiert, eine große Autonomie gegenüber den Parlamenten und der europäischen Exekutive sowie gegenüber den nationalen Aufsichtsbehörden hat. Eine bundesstaatliche Struktur, die jeder Zentralbank – insbesondere der Bundesbank – spezifische Aufgaben zuerkennt. Ich stelle mir vor, daß die Devisengeschäfte, so wie es in den USA durch die *Federal Reserve* in New York erfolgt, von der deutschen Bundesbank getätigt werden – ebenso sollte das *Open Market Comittee* dieser Aufsichtsbehörde ein *Open Market Comittee* sein, das alle politischen Elemente ausschließt, indem etwa auch eine Minderheit von einem Veto Gebrauch machen kann. Ich denke da an die Niederlande und die BRD, die eine entsprechend vertretene Minderheit wären und das Recht hätten, jegliche Entscheidung zu blockieren, indem sie sich auf die Stabilitätsklausel berufen, deren Grundlage irgendeine monetaristische Regel bildet. Es ist nur allzu offensichtlich, daß diese Aufsichtsbehörde nicht unbedingt Tag für Tag eine monetaristische Regel pedantisch erfüllen muß, aber dann, wenn eine Vetominderheit ihr Recht in Anspruch nimmt, hat die Einhaltung dieser Regel den absoluten Vorrang.

Angesichts einer solchen Situation hat der ECU keine Daseinsberechtigung mehr und allein der feste Kurswert der Währungen untereinander wird ausschlaggebend sein. Das Fortbestehen des ECU hat dann nur noch philatelistische Bedeutung. Ich glaube, daß mit diesen Garantien die Möglichkeit einer Währungsordnung auf europäischer Ebene viel eher garantiert wird als in einer Übergangsphase, wenn nämlich die Kurse nur durch das Verhalten der einzelnen inländischen Notenbanken gesichert werden. Trotz allem ist mir klar, daß, falls eine solche Lösung nicht verwirklicht werden kann, es unerläßlich sein wird, parallel zur Liberalisierung des Kapitalverkehrs die Stärkung dieses Systems vorzunehmen, indem man auch bei der jetzigen Struktur einen Mechanismus zur Beibehaltung der Wechselkurse vorsieht.

Ich möchte aber noch eine letzte Thematik ansprechen. Das eben erwähnte Problem der europäischen Zentralbank ist für Europa ein Politikum. Die deutschen Experten teilen die Besorgnis der deutschen Bundesbank. Wären sie ebenso gelassen und ruhig, wenn sich 160 Millionen Franzosen, Belgier, Spanier und Italiener zu einem „lateinischen Bündnis" mit festen Wechselkursen, einer Zentralbank und breiten Schwankungsspielräumen gegenüber der DM zusammenschließen würden oder würde sie das noch mehr in Sorge versetzen?

Ich würde das Interesse der europäischen Industrie an einer Stituation, in der Währungskomplikationen mit dem Internationalisierungsprozeß zusammenwirken, in der Bankkommissionen den Zollabgaben gleichkommen, bei der komplexe Währungsoperationen innerhalb des vereinheitlichten Binnenmarktes erforderlich sind, nicht unterschätzen. Der Druck, dem dieses Interesse in einigen Ländern ausgesetzt ist, vor allem dort, wo die Währung schwach und in denen die Sorge um die schlecht gestellte Währung größer ist, könnte dazu führen, daß man mit einer wesentlich kleineren Gemeinschaft zusammenarbeitet, als mit derjenigen, die mit der BRD ohne den Beitritt von anderen Mitgliedern geschaffen werden könnte. Vielen Dank.

Diskussion

Kienzl: Meine Damen und Herren, ich möchte jetzt einen Vorschlag unterbreiten. Herr Prof. Andreatta hat ja eine so große Fülle von Fragen aufgeworfen, daß sie wahrscheinlich in einer Woche, wenn überhaupt, nicht beantwortet werden könnten. Aber wir wollen uns jetzt das Leben noch etwas schwerer machen und bitten die Damen und Herren aus dem Zuhörerkreis, auch Fragen zu stellen und dann werden wir versuchen, in einem abschließenden Gespräch vom Podium, vom Forum aus, diese zu beantworten. Ich würde Sie bitten, immer zu sagen, welchen der Herren Professoren Sie ansprechen wollen, von wem Sie also eine Antwort erwarten. Darf ich also um Wortmeldungen bitten. Sie wollen gleich etwas sagen, Herr Prof. Häuser. Bitte.

Häuser: Danke. Ich würde gerne zu zwei oder drei Punkten Stellung nehmen. Zunächst zu der mehrfach erörterten Frage der Konvergenz der Finanz- und Währungspolitik. Es ist, glaube ich, unstreitig hier, daß sie erforderlich ist, und die pragmatische Frage wird sein, ob und wieweit es zu einer derartigen Annäherung auf politischem Wege einfach durch das gegenseitige Verständnis kommt. Ich persönlich bin pessimistisch, daß man hier einfach nur auf *common sense* setzen kann. Ich glaube vielmehr, daß man sich hier stärker auf das verlassen muß, was man den Disziplinierungszwang des Europäischen Währungssystems nennt, das heißt auf die Tatsache, daß ein Land jeweils vor der Frage steht: Verhält es sich diszipliniert, koordiniert es seine Währungs- und Finanzpolitik so, daß es den Wechselkurs halten kann? Und wenn es sich nicht oder nur unvollkommen anpaßt, dann resultiert daraus das Risiko einer Währungsparitätsänderung. Das ist der sogenannte Disziplinierungszwang. Natürlich führt dieser Diziplinierungszwang sehr leicht dazu, daß die DM sozusagen zum Südenbock wird, weil sie als härteste Währung gilt und insofern die Maßstäbe setzt. Dazu in aller Kürze vielleicht zwei Sätze. Erstens, diese Position wird in Deutschland, zumal von der Bundesbank, als eine Last empfunden. Zum zweiten, gäbe es die DM nicht, rein hypotetisch, so wäre das Problem dennoch vorhanden: Es wäre unverändert dasselbe Problem hinsichtlich der danach härtesten Währung.

Ein anderer Punkt, der angesprochen worden ist, ist die Frage des Einflusses des Dollars: mit anderen Worten, des Außeneinflusses auf das EWS. Zunächst zu dem Hinweis von Präsident Carli zur amerikanischen Kontroverse. Ich meine, wenn man hier überhaupt zwischen diesen beiden Alternativen zu wählen hat, daß der Dornbusch-These der Vorzug zu geben ist. Denn die Realität hat ja gezeigt, daß es ein Überschießen der Wechselkurse in einem Maße gab, das weit ab von den realen Faktoren lag. Wenn der Dollar sich abwertet, ohne das dahinter reale Faktoren in einem adäquaten Ausmaße stehen, d.h. wenn der Dollar sich innerhalb von zweieinhalb Jahren auf die Hälfte reduziert, dann ist das einfach jenseits aller Bezüge zur Realität. Das ist das Überschießen der Währungen, insofern ein spekulatives Element: Ein Element, das bewirkt, daß es eine große zeitliche Verschiebung in der Anpassung von monetären und realen Faktoren gab.

Dazu vielleicht noch eine Bemerkung im Hinblick auf die Folgen für das Europäische Währungssystem. Diese Dollaränderungen treffen die einzelnen Partnerwährungen in Europa in unterschiedlichem Maße, einfach schon durch die Tatsache, daß ein großer Teil dieser spekulativen Bewegungen sich in einigen Währungen stärker auswirkt als in anderen. Ich glaube, ich brauche dazu nicht mehr zu sagen. Andererseits gibt es – und niemand wüßte das besser als Herr Präsident Carli – die Konsultation der Zentralbanken untereinander, und die funktioniert, soweit ich das beurteilen kann, fabelhaft. Die Zentralbanken stehen täglich in ständigem Telefonverkehr miteinander, tauschen sich aus, helfen sich gegenseitig aus usw. Hier hat das EWS wirklich schon viel erreicht.

Zum Schluß zur Europäischen Zentralbank. Das ist ein uferloses Thema, denn man kann sich sehr viele Lösungen vorstellen. Das sagt sich leicht dahin, eine Europäische Zentralbank. Das Thema beginnt damit, daß diese Einrichtung erst dann einen Sinn hat, wenn sie wirklich eine europäische Funktion ausübt für eine europäische Währung, und das heißt, daß nationale Rechte an den Zentralbanken und nationale Autonomie auf diesem Gebiet abgegeben wird, delegiert wird nach Brüssel. Aber welches Land ist in welchem Maße dazu bereit? Es gibt u.a. eine sehr deutliche Äußerung, zunächst von außerhalb. Die britische Premierministerin hat kürzlich gesagt: „Niemals werden wir das tun!"

Kienzl: Vielen Dank, Herr Professor. Es gibt allerdings das englische Sprichwort „Never say never". Das scheint Frau Thatcher nicht bedacht zu haben, aber trotzdem gibt es ernst zu nehmende Leute, die sagen, in diesem Jahrtausend kommt es nicht zur Europäischen Zentralbank. Wenn wir's erleben werden wir es sehen. Darf ich jetzt vielleicht noch dem einen oder anderen Zuhörer die Chance geben, Fragen zu stellen.

Mooslechner: Ich möchte kurz darauf hinweisen, daß wir hier, natürlich auf neuer historischer Basis, aber im Grunde doch eine Diskussion führen, die in der langen Geschichte der Wirtschaftspolitik schon sehr oft geführt worden ist und bei der auch in gewisser Weise die Fragen immer dieselben geblieben sind. Darum diskutieren wir auch die Fragen hier, weil wir noch immer keine befriedigende Lösung dafür haben. Ich möchte vielleicht etwas schärfer noch, als es hier am Podium gewesen ist, ein paar für mich entscheidende Fragen herauszuarbeiten versuchen. Erster Punkt: meiner Interpretation nach sind Versuche mit Währungssystemen eigentlich immer daran gescheitert, daß politisch keine Einigung mehr über die makroökonomischen Anpassungslasten erzielt werden konnte und sehr viele der Diskussionsbeiträge haben das ja auch in der zukünftigen Orientierung angesprochen. Meine Frage wäre nun: Ist es absehbar, daß eine solche Einigung in dem Sinn erzielt werden könnte, daß wir ein Wechselkurssystem finden, das automatisch diese Anpassungslasten regelt und

– damit wird es noch schwieriger – die Anpassungslasten sogar in der richtigen Richtung regelt? Wenn wir nämlich, wie es die aktuelle Situation zu sein scheint, Leistungsbilanzüberschüsse als das Positive und Leistungsbilanzdefizite als das Negative ansehen, dann würde jedes Wechselkurssystem, das dem Rechnung trägt, automatisch einen restriktiven Bias aufweisen. Was wir also finden müssen ist eigentlich ein Wechselkurssystem, das die Anpassungslasten asymmetrisch den Überschußländern auferlegt, um gesamtwirtschaftlich, global, weltwirtschaftlich einen expansiven Anpassungsdruck erreichen zu können. Zweite Frage ganz kurz dazu. Ist es einfach aufgrund der Konstellation USA – Bundesrepublik – um nur das als Beispiel jetzt herauszunehmen und anhand dieses Beispiels die Dornbusch-Position zu qualifizieren – ist es eigentlich absehbar, daß wir ein Wechselkurssystem finden können, das uns gleichzeitig, simultan mit geringen Schwankungen, Gleichgewichte am internationalen Güter- und Kapitalmarkt garantieren kann. Ich glaube, wir sind auch ökonomisch-theoretisch noch nicht so weit, daß wir uns endgültig dazu äußern können. Und eine dritte, ganz kurze Bemerkung: Manchmal können die Ökonomen auch von fremden Wissenschaften oder ganz fremden Tätigkeiten etwas lernen. Ich z.B. habe in dieser Sitzung hier aus der Simultanübersetzung gelernt: wir sollten uns mehr bemühen, den Begriff „Währungsstabilität" in der Diskussion präziser zu fassen. Es ist sicherlich nicht hilfreich, wenn ein und derselbe Begriff einmal für ein System fixer Wechselkurse und im nächsten Moment wieder für die interne Preisniveaustabilität verwendet wird.
Danke vielmals.

Kienzl: Danke Herr Mooslechner. Das hat ja schon Konfuzius gesagt: Wenn er ein allmächtiger Herrscher wäre, würde er als erstes verordnen, daß alle Begriffe geklärt werden. Also nichts Neues.

Darf ich bitten, daß wir vielleicht, im Forum eine Schlußrunde machen. Vielleicht wäre es möglich, folgende Fragen auch noch zu behandeln: Möglichkeiten der Spekulationsabwehr, denn man darf ja nicht vergessen, es gibt in allen Kommerzbanken Devisenhändler und die werden ja von ihrer Direktion aufgefordert, ein Geschäft zu machen. Und das Geschäfte-Machen-Versuchen der Devisenhändler ruft dann in den Zentralbanken Abwehrreaktionen hervor. Also was der eine als ein Geschäftmachen ansieht, betrachtet der andere als eine Spekulation, die ihm sein Wechselkursgefüge durcheinander bringt. Ein weiteres Problem wäre: Wenn wir die Funktion von Notenbankpräsidenten ansehen, und ich habe in meiner Zeit eine Menge kennengelernt, angefangen vom alten großen Åsprink über Burns und Volcker und Pöhl und Leutwiler und Duisenberg und nicht zuletzt Carli, diese Zentralbankpräsidenten haben ja eine ganz außerordentliche Stellung gehabt. Sie haben die demokratisch gewählten Organe, Regierung, Parlament gemahnt, bestimmte wirtschaftspolitische Handlungen zu setzen und Positionen einzunehmen. Welche Rolle würde dann erst ein Präsident einer Europäischen Zentralbank spielen? Eine weitere Frage: Es hat Herr Präsident Carli eigentlich schon als selbstverständlich die drei

Währungsblöcke hingestellt, den europäischen, das was sich um den Dollar abspielt und um den Yen. Wir kämpfen vorläufig noch darum, die europäischen Währungen zu einem möglichst fixen Wechselkurssystem zu bringen, aber eine Europäische Zentralbank würde dann noch dazu die Aufgabe haben, im Sinne der weltweiten Arbeitsteilung auch möglichst stabile Wechselkurse zwischen den drei Blöcken zustande zu bringen. Das ist noch eine heroischere Anstrengung und intern ist natürlich dann die Frage: ist es richtig, mit Paritätsveränderungen den Illusionen der Gesellschaft Rechnung zu tragen, unter anderem den Wünschen von Gewerkschaften entgegen zu kommen, das heißt ihnen die Illusion zu geben, sie können ihre Einkommenswünsche erfüllt bekommen, dadurch daß die Zentralbank dann die Wechselkurse verändert? Das ist nichts besonders Theoretisches, sondern etwas sehr Praktisches. Die norwegische Zentralbank hat einmal die Krone abgewertet, nur damit die Gewerkschaften jene Lohnbewegung durchführen können, die sie sich vorgestellt haben. Ich kenne eine andere Zentralbank, die ungefähr das Gegenteil gemacht hat. Also steigen wir jetzt in die Schlußrunde ein. Herr Prof. Andreatta, ist es Ihnen recht, wenn wir jetzt mit Ihnen beginnen?

Eine Währungsbehörde auf gemeinschaftlicher Ebene und verschiedene Finanzbehörden auf nationaler Ebene

Andreatta: Ich bin einverstanden mit Ihrer Aussage, daß das Ansehen und der Einfluß der Zentralbank auch der Lohn- und Einkommenspolitik gegenüber von größter Bedeutung sind. Ich möchte hierzu noch etwas anschließen. Ich trage die Verantwortung – und da habe ich große Schuldgefühle – für den Beginn der Paritätsänderungen innerhalb des EWS. Es waren umfassende Paritätsänderungen, weil die Regierung, der ich damals angehörte, die Lira im Jahre 1981 um 6% abwertete. Das war der Anfang der Zweijahresphase, in der die Anpassungsprozesse jedesmal von beträchtlichem Umfang waren. Zwei Tage lang kämpfte ich im Ministerrat und versuchte meine Ansicht durchzusetzen und ein Gesetzesdekret zu erhalten, das die Indexierung der Löhne verhindern sollte. Hätte ich damals Erfolg gehabt – 2,5 Jahre später wurde das Dekret erlassen – dann wäre eine Abwertung der Lira nicht notwendig gewesen. Es hätte keinen Präzedenzfall gegeben, den die Regierung Mitterand dann im darauffolgenden Jahr hat vielfach ausnutzen können. Wahrscheinlich wären die Verhaltensvorschriften des EWS auch für Frankreich ein Muß gewesen und man hätte jene Ungewißheit, die die Anlaufphase des EWS bis 1983 kennzeichnete, vermeiden können. Also, mit Sicherheit kann man sagen, diese wechselseitigen Beziehungen bestehen. Ich glaube, daß ein europäisches Währungsabkommen – wir können es nennen wie wir wollen – die Landesgrenzen bestehen lassen würde, weil die EG-Finanzen ja sehr bescheiden sind. Die einzelnen Länder wären der Bedingung ausgesetzt, sich nicht mehr an die landeseigene Zentralbank wenden zu können sowie der Möglichkeit entkleidet, Geldscheine zu drucken, um ihre Finanzpolitik zu unterstützen. Daher scheint es mir, daß gerade die Dispersion einer einzigen Währungsbehörde auf EG-Ebene und von Steuerbehörden auf Landesebene ein wichtiges Element zur Garantie der europäischen Währungsstabilität darstellen würde. Was die Beziehungen zu Drittländern angeht, so glaube ich, daß zwischen den drei starken Währungen die Möglichkeit einer Stabilisierung besteht. Es wurden bereits zahlreiche Pläne zur Erreichung der Stabilität erstellt. Natürlich erfordert ein solches System gegenseitige Verpflichtungen, wie sie vom EWS in seiner gegenwärtigen Ausrichtung vorgegeben werden.

Das verlangt eine Form der Disziplin, ein Interesse, das die US-Regierung bisher nicht an den Tag gelegt hat. Weiterhin zum Thema USA: da glaube ich, daß es keine Wahl geben kann zwischen der These, wonach das Problem nur ein Problem der Haushaltspolitik sei und der These die besagt, daß eine weitere Abwertung nötig sei. Der Abwertung sind jedoch Grenzen gesetzt, da die USA bereits alle Ressourcen in Anspruch genommen haben, sie sind praktisch vollkommen ausgeschöpft. Weitere Rückschläge des Dollar-Kurses würden zu einem sofortigen Anstieg der US-Nachfrage führen und die US-Inflation antreiben. Was uns größte Sorge bereitet ist, daß die voraussichtlichen Sieger der amerikanischen Wahlkampagne – wir haben vor einiger Zeit mit Feldstein darüber gesprochen, Prof. Carli war auch dabei – das Haushaltsproblem für etwas sehr Schlimmes erachten, aber es ist kein *ad horas*-Problem. Es kann also sein, daß die Amerikaner als mögliche Lösung eine Abwertung des Dollars in Angriff nehmen, ohne die Begleitmaßnahmen zu treffen, die Dornbusch angesprochen hat, das heißt also eine entsprechende Währungs- oder Haushaltspolitik. Das stellt meiner Meinung nach die größte Gefahr für die Währungsbeziehungen dar.

Wechselkursstabilität und Finanzausgleich innerhalb der EG

Zeitel: Ich werde am besten mit der Frage, die Sie wegen der Währungsstabilität gestellt haben, beginnen. Währungsstabilität als Ziel einer Europäischen Währungsgemeinschaft und überhaupt in diesem Sinn bedeutet zunächst Stabilität der Preise nach innen, das heißt, was man mit Währungsstabilität meint, die hier allgemein von allen Herren als ein zentraler Punkt angesehen wird, ist die Preisstabilität innerhalb der Europäischen Gemeinschaft unter Berücksichtigung der verschiedenen Währungen. Ich glaube, da haben wir keinen Dissens. Ich möchte gerne einen Punkt noch einmal aufgreifen, den Herr Dr. Kienzl zum Schluß vorgebracht hat. Die internationalen Schwankungen, insbesondere gegenüber dem Dollar, haben in der Tat mit den fundamentalen Beziehungen wenig zu tun und sind mit Sicherheit durch spekulative Übertreibungen gekennzeichnet. Solche Bewegungen haben wir bisher, Gott sei Dank, innerhalb Europas nicht. Das wäre sicher auch eine Frage des zwischenstaatlichen Gebietsausgleichs, bei dem wir ja erst in den Anfängen stehen, und der dazu beizutragen hätte, daß solche spekulativen Kapitalbewegungen, die bei Freizügigkeit des Kapitalverkehrs an Gewicht gewinnen können, nicht aufkommen. Wenn sie nicht aufkommen sollen, dann sind wir sicher gut beraten, und auch da glaube ich erfreulich feststellen zu können, daß wir hier am Podium keine großen Divergenzen haben, wenn wir die Wechselkurse innerhalb der Europäischen Gemeinschaft möglichst stabil halten. Das ist in der Tat eine Frage des nationalen Disziplinierungszwanges. Das Bemühen, die Wechselkurse auch innerhalb Europas ohne häufige Anpassungen durchzuhalten, trägt zur Glaubwürdigkeit bei, wehrt die Spekulation ab und setzt die nationalen Lenkungsinstanzen eher in den Stand, disziplinierend zu wirken. Dann wäre also die weitere Entwicklung in Richtung auf eine noch größere Stabilität der Wechselkurse in der Europäischen Gemeinschaft, das heißt der Verzicht auf ein häufiges *realignment,* schon ein wesentlicher Fortschritt. Wegen der noch vorhandenen Schwierigkeiten im Bereich der nationalen Finanzautonomie, in der ich die größten Probleme sehe, können wir nicht hoffen, sehr schnell eine Notenbank zu bekommen, gewiß nicht vor dem Jahr 2000, sondern wesentlich später. Eine Zentralbank im Sinne einer einheitlichen Kontrolle, einer einheitlich ausgegebenen Währung, werden wir nicht erreichen. Aber ich kann mir vorstellen, daß wir wiederum auf die Linie größerer Glaubwürdigkeit, größerer Koordination und Übereinstimmung in den nationalen Staaten zurückfinden, wenn wir eine Zwischeninstanz schaffen können, die man eine wie immer geartete Europäische Währungsbehörde nennen kann. Diese auf das Fundament einer weitgehend autonomen Entscheidungsfähigkeit gegründete Institution könnte dazu beitragen, und sei es auch nur auf dem Wege von Empfehlung, das Kernproblem, nämlich die Koordination der Wirtschaftspolitik, ein Stück voranzutreiben, ohne daß wir damit bereits am Ziel wären, was ich nicht für möglich halte, ohne daß wir andere Formen des Finanzausgleichs finden. Denn anzunehmen, daß die Ungleichgewichte in der Europäischen Gemeinschaft beseitigt werden können, halte ich für eine Illusion. Wir haben in keinem Staat, in keinem Wirtschaftsgebiet innerhalb der Regionen, einen Zahlungsbilanzausgleich. Das können Sie innerhalb Italiens ganz leicht nachvollziehen, denn der Norden hat immer einen Überschuß gegenüber dem Süden. Dennoch funktioniert das System. Und warum funktioniert es? Weil im Hintergrund die auf nationaler Souveränität begründete Finanzausgleichsmöglichkeit gegeben ist. Ich halte es daher, wenn wir auf diesem Wege vorankommen wollen, für unmöglich, etwa zu glauben, wir könnten durch währungspolitische Manipulationen oder auch durch wirtschaftspolitische Interventionen das Problem der Ungleichgewichte in den Zahlungsbilanzen innerhalb der EG auf Dauer beseitigen. Dieses wird ein Dauerproblem sein. Wenn man es währungspolitisch nicht beseitigen kann, dann muß man die Lasten, die aus solchen Ungleichgewichten resultieren, auf dem Wege eines Finanzausgleiches abzufangen versuchen. Wenn ich das Wort internationaler oder europäischer Finanzausgleich in den Mund nehme, dann ist das sehr viel. Denn bisber haben wir von einem europäischen Finanzausgleich, der gewissermaßen geeignet wäre, die Lasten derjenigen Länder, die defizitär sind, etwas zu erleichtern, noch nicht viel gesehen. Von diesem Ziel sind wir noch meilenweit entfernt, und vorher werden wir auch nicht zu zufriedenstellenden Ergebnissen kommen.

Verbesserung der Zusammenarbeit zwischen den Notenbanken durch Konzentration der Reserven als Alternative zur Gründung einer Europäischen Notenbank

Carli: Die Erfahrung der letzten 40 Jahre zeigt, daß ein internationales Währungssystem, das sich auf feste Wechselkurse stützt, nur dann widerstandsfähig ist, wenn die Währung oder die Währungen, die den Tragpfeiler des Systems ausmachen, auf lange Sicht hin konstant ihre Kaufkraft behalten. Für das in Bretton Woods erstellte System begann nicht, wie oft behauptet wird, im Jahre 1971 die Krise, sondern 1973. Bis zu diesem Zeitpunkt stützte sich das internationale Währungssystem auf feste Wechselkurse. Zwischen 1971 und 1973 bildete der nichtkonvertierbare Dollar die Grundlage. Aber die Krise setzte ein, als sich die Inflationsrate in den USA über den Mechanismus des festen Wechselkurses auf die ganze Welt ausbreitete. Die Höhe der Inflation in den USA wurde als unannehmbar eingestuft. Folglich wechselte man im März 1973 vom System der festen Kurse zum System der flexiblen Kurse. Für das Europäische Währungssystem stellt die DM das tragende Element dar. Unsere Währungen hängen vom Kurs der DM ab und die Schwankungen bewegen sich innerhalb festgesetzter Grenzwerte. Die DM ist die Währung, die im Laufe der Zeit konstant ihre Kaufkraft in bezug auf Waren gehalten hat, jedenfalls konstanter als irgendeine andere Währung. Daher gehe ich bei meinen Überlegungen davon aus, daß ich es für besorgniserregend halte, von einem System abzukommen, das trotz seiner Mängel einen großen Einfluß ausgeübt hat, das trotz allem einen starken stabilisierenden Effekt auf das ganze Gebiet seines Zuständigkeitsbereiches gehabt hat.

Einen Schritt nach vorn in Richtung engere Zusammenarbeit zwischen Zentralbanken könnte die prototyphafte Schaffung einer Europäischen Zentralbank sein, die eine Vereinigung der Devisenreserven vornehmen könnte. Aber die Zentralisierung der Devisenreserven hat nur dann einen Sinn, wenn ein Einvernehmen über eine bestimmte Politik vorhanden ist, nämlich die Beibehaltung eines bestimmten Kurses gegenüber den beiden großen Außenwährungen Dollar-Yen garantiert wird. Es läßt sich nicht abstreiten, daß das System, so wie es bisher funktioniert hat, dazu führte, daß in einem gewissen Maß die dem EWS angeschlossenen Staaten auf die Währungssouveränität, die ihnen zugestanden hätte, wenn sie autonom die

Kurse gegenüber dem Dollar hätten festlegen können, verzichtet haben. Sicher hat dieser Verzicht in den einzelnen europäischen Ländern zu einem Aufflackern von nationalistischen Reaktionen geführt, die nach der jeweils im Land vorhandenen Tradition mehr oder weniger stark ausgeprägt waren. Vielleicht sind sie in Frankreich deutlicher als in Italien zu spüren gewesen.

Ich halte aber weiterhin an meiner Meinung fest, daß eine Annäherung an die erstrebte Währungsunion, die von einer einzigen Zentralbank geleitet wird, ein Einverständnis bei den Zielsetzungen voraussetzt. Ein wichtiger Schritt nach vorn würde schon die Übereinstimmung sein, welche Politik gegenüber dem Dollar und indirekt gegenüber dem Yen zu verfolgen sei. Doch gerade in jüngster Zeit haben wir öffentlich ein breites Spektrum an gegensätzlichen Meinungen bezüglich des Kursverhältnisses zwischen den EWS-Währungen und dem US-Dollar hören können.

Ich glaube, man sollte schrittweise vorgehen. Ein erster Versuch könnte darin bestehen, eine gemeinsame Politik gegenüber dem Dollar und dem Yen zu definieren. Höchstwahrscheinlich erscheint ein derartiges Vorgehen ein bißchen zurückhaltend, aber ich bin der Ansicht, daß das sofortige Einführen einer Europäischen Zentralbank – obwohl mit Recht sicher viel interessanter und einnehmender – doch in vielen Ländern Gegenreaktionen heraufbeschwören könnte. Ich habe volles Verständnis für etwaige Reaktionen dieser Art, denn ein Teil der deutschen Öffentlichkeit wäre sicher gegen eine solche Lösung, da sie dahingehend interpretiert werden könnte, daß die BRD auf ihre Währungssouveränität verzichten müßte, wo doch in den letzten Jahren gerade die BRD die größte Währungsstabilität aufweisen und nutzen konnte.

Ich glaube auch nicht, daß der Vorschlag von seiten eines französischen Ministers, im Innern der Gemeinschaft bestimmte Mechanismen vorzusehen, von großem Nutzen ist. Der Vorschlag zielte darauf ab, den französischen Franc als Reservewährung einzustufen. Das würde bedeuten, daß im Falle von EWS-internen Ungleichgewichten der Zahlungsbilanz das Land, das Zahlungsbilanzüberschüsse aufweist unbegrenzte Mengen an französichen Francs aufkaufen müßte, ohne daß dadurch Änderungen der Zahlungsbilanzpolitik erfolgen müßten.

Zum Schluß noch eine letzte Anmerkung. Ich verstehe bei diesem Vorschlag absolut nicht, warum die Zahlungsbilanzüberschüsse, die ein Land in Europa erzielt, für Entwicklungshilfe ausgegeben werden sollten. Meiner Meinung nach sind das alles eher verdächtige Vorschläge.

Ich glaube, daß es besser ist, den Weg in Richtung Europäische Währungsunion zu beschreiten und klar zum Ausdruck kommen zu lassen, daß diese Währungsunion sich die Währungsstabilität als Hauptziel gesteckt hat, dem alle anderen Zielsetzungen untergeordnet sind. Wenn man mit diesem Ziel vor Augen vorangeht, so wird nach mehrmaligen Anläufen eine Situation erreicht sein, die die Schaffung einer Europäischen Zentralbank ermöglicht. Ich möchte nicht, daß voreiliges Handeln dazu führt, einem beliebigen Ausschuß von Bankgouverneuren, denen ein größerer Handlungsspielraum eingeräumt wurde, das Etikett einer Europäischen Zentralbank anzuheften. Es ist besser, wenn die Öffentlichkeit nicht getäuscht wird.

Europäischer Währungsblock – Dollar / Yen – Währungsspekulation

Häuser: Ich kann dem, was Präsident Carli gesagt hat, wenig hinzufügen. Auch ich glaube, daß man hier nur ganz pragmatisch versuchen kann, weitere Fortschritte in der Währungsstabilität zu erzielen, sprich in der Stabilität der Währungseinheiten nach außen sowie in der internen Preisstabilität. Je mehr man dabei vorankommt, desto eher entsteht die Chance, zu einer wirklichen Währungsunion zu kommen.

Ich möchte zwei Punkte aufgreifen, die unser Vorsitzender erwähnt hat und die behandelt werden sollten. Da ist zum einen das Problem der Freizügigkeit des Kapitalverkehrs bzw. der Abwehr von Spekulationen und zum anderen das weltweite Währungsproblem der Beziehungen zwischen EWS, Dollar und Yen. Wenn man einerseits die Freizügigkeit des Kapitalverkehrs fordert und andererseits Maßnahmen zur Abwehr von Spekulationen wünscht, so erinnert das ein bißchen an die Forderung: „Wasch mir den Pelz, aber mach mich nicht naß!". Gewiß kann man solche Überlegungen zunächst einmal vornehmen. Es gibt einen Vorschlag von James Tobin, internationale Kapitalbewegungen mit Steuern zu belegen. Aber wollen wir das ernsthaft? Auch hier gilt die Regel: Je verläßlicher, je berechenbarer Währungspolitik ist, desto größer kann das Vertrauen und desto geringer der Anlaß zu spekulativen Bewegungen werden.

Ich möchte zu dem nächsten Problem übergehen, zu dem Problem „Europäischer Währungsblock – Dollar - Yen". Die Tatsache, daß wir in Europa zu einem Europäischen Währungssystem gekommen sind, hat meines Erachtens den ganz großen Vorteil gebracht, daß wir zunächst innerhalb Europas diese Gefahr von Spekulationen auf eine große Zahl von Währungen verteilen, gewissermaßen abfedern können, so daß es im Falle von Währungsstörungen nicht mehr allein eine Währung trifft. Das bedeutet natürlich aber auch, daß der ECU, die Symbolisation dieses Währungsgebietes, ebenso wie einzelne Währungen dieses Gebietes, allmählich in die Position einer Reservewährung rücken. Aber wiederum kann man darin einen Vorteil sehen, weil sich das Weltwährungssystem zunehmend auf drei Beine zu stützen beginnt, auf den Dollar, den Yen und die europäischen Währungen, während früher die Stütze ausschließlich der Dollar war. Insofern hat dieses System sicherlich einen Vorteil gebracht.

Ich würde gerne noch eine Bemerkung anschließen zu dem Problem des Beitritts Großbritanniens. Es ist mehr eine Vision, die ich in Kürze hier skizzieren möchte. Großbritannien stand in den 50er Jahren vor der ganz großen entscheidenden Frage, ob es dem Gemeinsamen Europäischen Markt beitreten soll oder nicht. Es hat sich damals anders entschieden, damals sicherlich noch durch starke Bindungen an den sich in einem Prozeß der Auflösung befindlichen *Commonwealth* begründet. Europa hat es bedauert und ist seinen Weg gegangen. Aber Großbritannien hat einsehen müssen, daß es viel verloren hat und daß es später, unter vielleicht härteren Bedingungen, beitreten mußte. Und ist es so verwegen anzunehmen, daß es mit dem Pfund und dem Europäischen Währungssystem eines Tages ähnlich sein wird?

Kienzl: Ja Herr Professor, ich darf Ihnen auch danken. Ich danke auch vielmals den anderen Teilnehmern am Forum, dem Publikum, das so geduldig ausgeharrt hat, und ich hoffe, Sie fühlen sich durch die Tagung ebenso bereichert wie ich.

Verzeichnis der Redner

Andreatta, Beniamino; Bologna

Bayer, Kurt; Wien

Carli, Guido; Rom

De Giovanni, Daniele; Bologna

Ehrlicher, Werner; Freiburg

Francke, Hans-Hermann; Freiburg

Häuser, Karl; Frankfurt am Main

Kienzl, Heinz; Wien

Mooslechner, Peter; Wien

Müller, Jürgen; Berlin

Nardozzi, Giangiacomo; Florenz

Prodi, Romano; Bologna

Rötheli, Tobias F.; Zürich

Schneider, Josef; Wien

Tomann, Horst; Berlin

Vaciago, Giacomo; Ancona

Wolf, Matthias S.; Zürich

Zeitel, Gerhard; Mannheim

Zimmermann, Heinz; St. Gallen

FSC
www.fsc.org
MIX
Papier | Fördert
gute Waldnutzung
FSC® C083411

Kolibri 360 GmbH
Ferdinand-Jühlke-Straße 7
99095 Erfurt, Deutschland
produktsicherheit@kolibri360.de

Druck:
CPI Druckdienstleistungen GmbH
im Auftrag der
Kolibri 360 GmbH
Ferdinand-Jühlke-Str. 7
99095 Erfurt